westermann

W0345409

Autoren: Andreas Böhringer, Bernhard Hauser, Wilhelm Keefer, Bernhard Thiersch

Herausgeber: Bernhard Hauser

Unter Mitarbeit von: Olaf Apel, Robert Grimm, Thomas Kempe, Annika Löhr, Stefan Lorscheid, Markus Peters, David Tepaße

# Informatik

für das Berufliche Gymnasium in Baden-Württemberg

1. Auflage

Bestellnummer 09395

Die in diesem Produkt gemachten Angaben zu Unternehmen (Namen, Internet- und E-Mail-Adressen, Handelsregistereintragungen, Bankverbindungen, Steuer-, Telefon- und Faxnummern und alle weiteren Angaben) sind i. d. R. fiktiv, d. h., sie stehen in keinem Zusammenhang mit einem real existierenden Unternehmen in der dargestellten oder einer ähnlichen Form. Dies gilt auch für alle Kunden, Lieferanten und sonstigen Geschäftspartner der Unternehmen wie z. B. Kreditinstitute, Versicherungsunternehmen und andere Dienstleistungsunternehmen. Ausschließlich zum Zwecke der Authentizität werden die Namen real existierender Unternehmen und z. B. im Fall von Kreditinstituten auch deren IBANs und BICs verwendet.

**Zusatzmaterialien zur Informatik für das Berufliche Gymnasium in Baden-Württemberg**

Für Lehrerinnen und Lehrer:

Lehrerhandbuch Download: 978-3-427-09399-2

BiBox westermann inkl. E-Book

BiBox Einzellizenz für Lehrer/-innen (Dauerlizenz): 978-3-427-09403-6
BiBox Kollegiumslizenz für Lehrer/-innen (Dauerlizenz): 978-3-427-09407-4

Für Schülerinnen und Schüler:

BiBox westermann inkl. E-Book

BiBox Einzellizenz für Schüler/-innen (1 Schuljahr): 978-3-427-09411-1

westermann GRUPPE



Druck und Bindung: Westermann Druck GmbH, Braunschweig

ISBN 978-3-427-**09395**-4

# Inhaltsverzeichnis

# Vorwort

Das vorliegende Buch ist auf die neuen Lehrpläne für berufliche Gymnasien abgestimmt, die ab dem Schuljahr 2021/2022 gültig sind.
Die Entwicklung der Informationstechnologien durchdringt alle Bereiche des gesellschaftlichen und beruflichen Lebens, und das mit zunehmender Geschwindigkeit. Dieser Prozess ist unumkehrbar. Wir stehen vor Entwicklungen, die nicht vorhersagbar sind. Fast alle Berufe, akademische wie nicht akademische, sind von der IT beeinflusst oder abhängig. Daher ist es notwendig, Grundkenntnisse der Informationstechnik zu erwerben, um die Chancen nutzen und die Risiken abwägen zu können.

Dieses Buch deckt die Inhalte der gymnasialen Oberstufe an beruflichen Gymnasien über alle drei Jahre ab. Die Inhalte sind in 8 Bildungsplaneinheiten (BPE) aufgeteilt.
In der **Eingangsklasse** werden in ungefähr 80 Unterrichtsstunden die Grundlagen gelegt. Diese sind aufgeteilt auf folgende Einheiten:

- BPE 1 – Tabellenkalkulation
  Sie erlernen den grundlegenden Umgang mit Excel und ähnlichen Programmen.
- BPE 2 – Entwicklung von Internetseiten
  Sie erlernen das Erstellen von einfachen HTML-Seiten.
- BPE 3 – Netze und vernetzte Gesellschaft
  Sie lernen die Funktionsweise von Computernetzen kennen sowie das Zusammenspiel der Netze im Internet.
- BPE 4 – Darstellung von Informationen
  Sie lernen, wie Daten, Texte, Bilder, Musik usw. im Rechner dargestellt und gespeichert werden.

In der **Jahrgangsstufe 1** werden in ungefähr 80 Unterrichtsstunden die Grundlagen der Programmierung und der Datenbanken gelehrt. Diese umfassen folgende Bereiche:

- BPE 5 – Grundlagen der Programmierung
  Sie erlernen mit einer einfachen Programmiersprache das Programmieren und sind im Anschluss in der Lage, einfache Programme zu schreiben.
- BPE 6 – Relationale Datenbanken
  Sie erlernen die Grundlagen von Datenbanken, das Verbinden einzelner Tabellen mittels Beziehungen zueinander (Relationen).

In der **Jahrgangsstufe 2** werden in ungefähr 64 Unterrichtsstunden die Themen *Datenstrukturen* und *Algorithmen* gelehrt und gesellschaftliche Aspekte betrachtet:

- BPE 7 – Algorithmen und Datenstrukturen
  Sie lernen den Aufbau und die Funktionsweise ausgewählter Algorithmen und Datenstrukturen kennen.
- BPE 8 – Gesellschaftliche Aspekte
  Sie beschreiben die gesellschaftliche Relevanz von Algorithmen und beurteilen die damit verbundenen Chancen und Risiken.

Mit diesem Rüstzeug ausgestattet können Sie gut vorbereitet in eine Berufsausbildung oder ein Studium starten. Während die IT als klarer Frauenberuf begann, finden sich heute in den meisten Bereichen vorrangig Männer. Wir hoffen, mit diesem Buch Schülerinnen und Schüler gleichermaßen für die IT begeistern zu können. Aus Gründen der Lesbarkeit wird im Text bei Begriffen, die sich auf Personengruppen beziehen, trotzdem die männliche Form verwendet. Angesprochen sind selbstverständlich alle Geschlechter.

Der Herausgeber
Bisingen, April 2021

# 1. Tabellenkalkulation

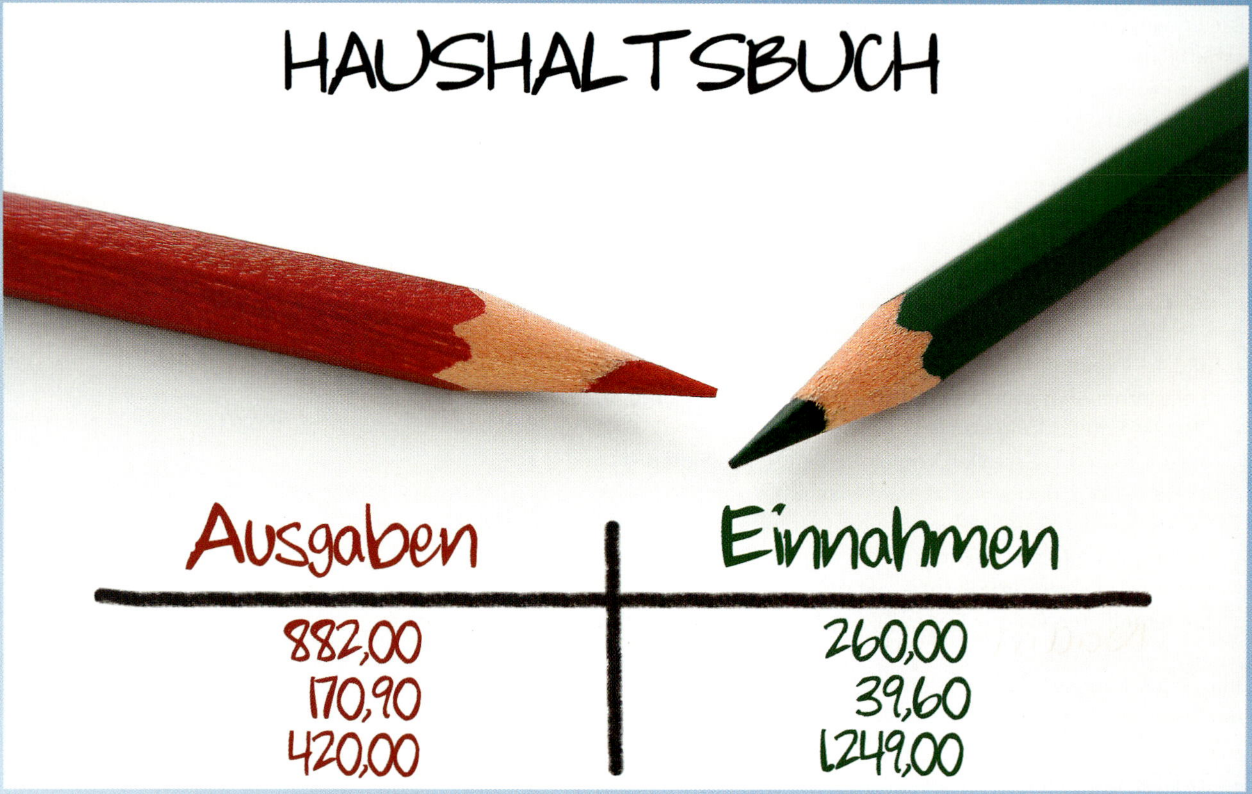


Kleine Listen, wie Einkaufsliste oder ein Haushaltsbuch mit einer Auflistung von Einnahmen und Ausgaben, sind im täglichen Leben sehr hilfreich und problemlos von Hand zu erstellen. Mit der Größe der Listen oder Tabellen wächst auch der Aufwand, diese von Hand zu erstellen. Wenn dann noch die Zahlen miteinander verrechnet werden sollen, steigt der Aufwand noch weiter...

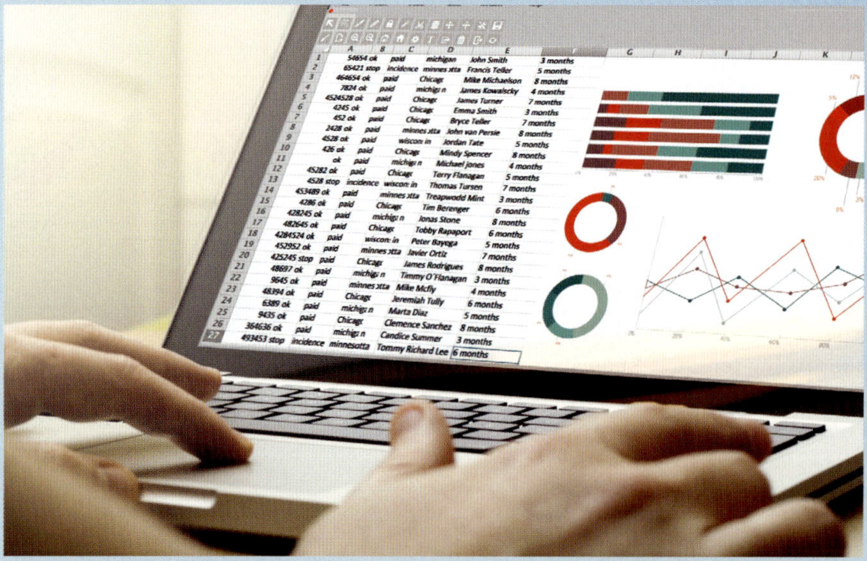

Große Zahlenkolonnen, wie beispielsweise die Umsätze von jedem Tag oder jeder Woche über das ganze Jahr, werden gerne in digitalen Listen oder Tabellen erfasst. Natürlich möchte man in solchen Listen auch die Umsätze aufsummieren oder anderweitig verrechnen.

Wenn man dann noch die Ergebnisse als Diagramme darstellen könnte, könnte man sich sehr schnell einen Überblick über die Umsätze verschaffen.

Genau dies, und noch einiges mehr, ist mit einem Tabellenkalkulationsprogramm möglich. Deshalb wurden derartige Programme bereits in den Anfängen der PC-Technik Anfang der 1980er-Jahre entwickelt. Diese Prinzipien sind also schon über 40 Jahre im Einsatz.

Im Englischen nennt man Tabellenkalkulationsprogramme „spreadsheets". Überall, wo Zahlenkolonnen ausgewertet werden müssen, kommen Tabellenkalkulationsprogramme zum Einsatz.

Dabei können die Tabellen wirklich sehr, sehr groß werden. Auch können Tabellen miteinander verknüpft werden.

Die große Schwester der Tabellenkalkulation ist die Datenbank (siehe Kapitel 6). Bei Datenbanken werden, ebenso wie in einer Tabellenkalkulation, Tabellen eingesetzt. Der Unterschied liegt darin, dass bei Datenbanken einzelne Daten aus mehreren Tabellen ausgelesen, verknüpft und angezeigt werden können. Dazu bedarf es einer Datenbank-Abfragesprache.

Einige typische Anwendungen für Tabellenkalkulation sind:
- Notenlisten in der Schule zum Erfassen der Einzelnoten und Berechnen der Endnoten
- Haushaltsplan mit automatischer Berechnung der Ausgaben
- Rechnungsformulare mit automatischer Berechnung der Summe und der Mehrwertsteuer

Tabellenkalkulation ist eine Standardanwendung in jedem Büro. Diese Programme verfügen über einen enormen Funktionsumfang, der von den meisten Anwendern nur minimal genutzt wird. Die Grundlagen der Handhabung sollten allgemein jedem geläufig sein.

In diesem Kapitel werden Situationsbeschreibungen verwendet, um Ihnen den Einstieg in eine realitätsnahe Problematik zu ermöglichen.

Sie wollen Daten erfassen, strukturiert speichern und verwalten. Sie wollen Daten aufbereiten und analysieren. Sie werten Daten zum Lösen von realen Problemen aus. Ein Tabellenkalkulationsprogramm ist ein grundlegendes Hilfsmittel, um Daten zu verarbeiten. Es ist eine Software für die interaktive Eingabe von Zahlen und Texten in Tabellenform. Die erste Tabellenkalkulation wurde bereits 1979 für den Apple II erstellt und heute gehört ein Tabellenkalkulationsprogramm zu jedem Office-Paket.

Ein Office-Paket (oder Office-Suite) ist eine Sammlung von Office-Programmen, also Werkzeugen, die man im Büro benötigt. Jede Office-Suite beinhaltet standardmäßig die folgenden Tools:
- Tabellenkalkulation – zum Erstellen, Verknüpfen und Verrechnen von strukturierten Daten
- Textverarbeitung – zum Schreiben von Briefen, Dokumentationen und Texten aller Art
- Präsentationsprogramm – zum Erstellen von Bildschirm-/Folienpräsentationen
- Zeichenprogramm – zum Erstellen von Skizzen und Grafiken
- Datenbank – zum Verwalten größerer Datenmengen, die mit einer Tabellenkalkulation nicht mehr handhabbar sind

Office-Pakete gibt es für jedes gängige Betriebssystem. Hier ein kleiner Überblick:
- Microsoft Office – das bekannteste Office-Paket, für Windows-PCs
- LibreOffice – Open-Source-Office-Paket, für Windows, Linux, MacOSX
- OpenOffice – Open-Source-Office-Paket, für Windows, Linux, MacOSX
- NeoOffice – auf OpenOffice basierendes Paket für MacOSX

Die gängigen Tabellenkalkulationsprogramme sind Excel von Microsoft und Calc aus der LibreOffice- bzw. OpenOffice-Suite. Die Programme sind von der Leistungsfähigkeit her vergleichbar. Auch die erstellten Tabellen sind weitgehend kompatibel. Die Bedienung ist in Vielem gleich oder zumindest ähnlich.

Microsoft-Programme sind proprietär. Das heißt, der Programmcode ist geheim und ist Eigentum von Microsoft. Man kauft sich nur ein Nutzungsrecht an dem übersetzten, ausführbaren Programm. Das Dateiformat, in dem die Daten abgespeichert werden, ist ebenfalls proprietär.

Open-Source-Software ist quelloffen. Das heißt, dass jeglicher Programmcode offen vorliegt. Die Programme sind kostenlos. Daten werden in einem genormten, offenen Dateiformat abgespeichert. Unzählige Programmierer arbeiten gemeinsam an diesen Programmen und kontrollieren sich gegenseitig. Auch das Betriebssystem Linux ist Open Source.

Die in diesem Kapitel gezeigten Funktionen und Übungen sind in Excel und Calc weitgehend identisch.

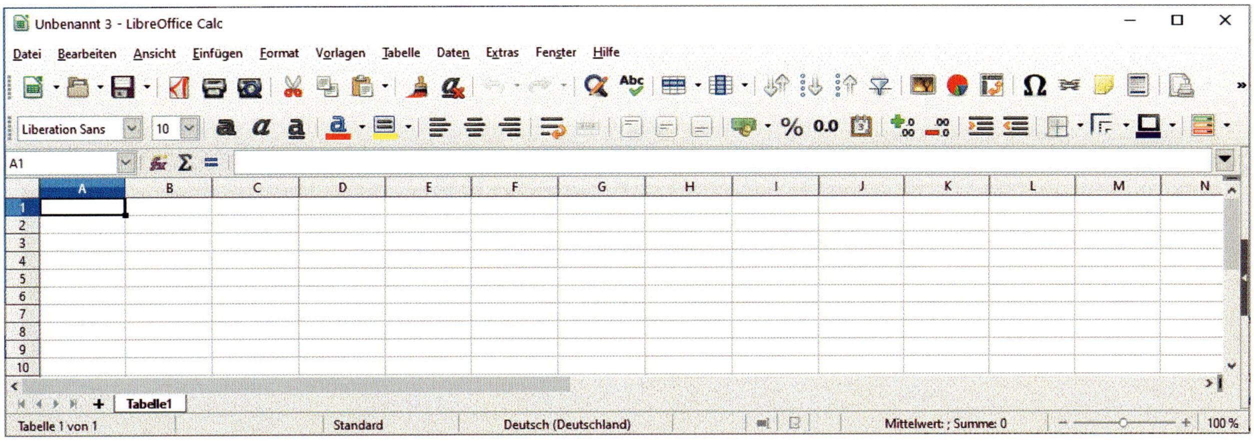


Abb. 1_1: Tabellenkalkulation mit LibreOffice Calc

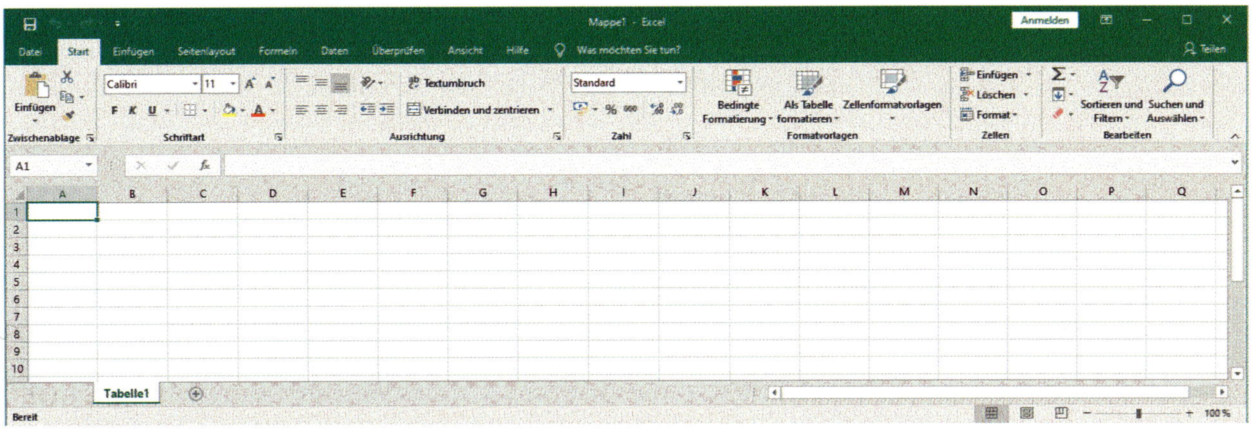


Abb. 1_2: Tabellenkalkulation mit Microsoft Excel

Am unteren Rand des Fensters sieht man einen Reiter mit der Bezeichnung „Tabelle1". Man ist nicht auf diese eine Tabelle beschränkt. Sie können viele Tabellen anlegen. Mit einem Rechtsklick auf den Tabellennamen kann man die Tabelle umbenennen.

**Der grundsätzliche Aufbau einer Tabelle**

Eine Tabelle ist ähnlich aufgebaut wie ein Schachbrett: Die Spalten sind mit Buchstaben durchnummeriert, die Zeilen mit Zahlen.

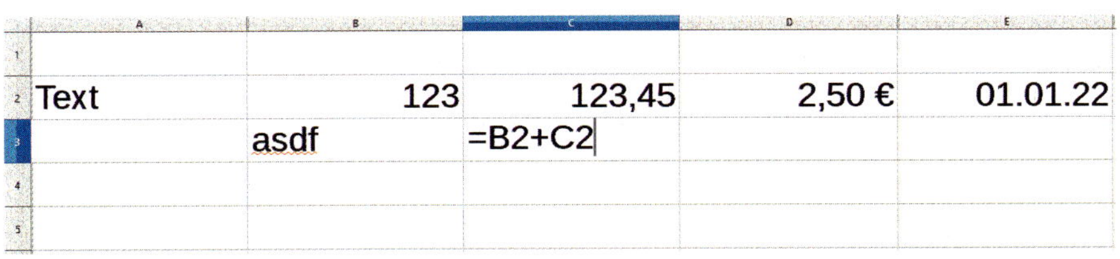


Abb. 1_3

Jede Zelle kann durch Angabe der Spalte und der Zeile adressiert werden. Im Beispiel oben steht ein Text in den Zellen A2 und B3. In B2 steht eine Ganzzahl, in C2 eine Zahl mit 2 Nachkommastellen. D3 einhält eine Zahl mit angehängter Einheit, hier € als Währungseinheit. Die Zelle E2 enthält ein Datum. In das Feld C3 wird gerade eine Formel eingegeben um zwei Felder zu addieren.

Texte stehen linksbündig in den Zellen, Zahlen rechtsbündig. Aber dies ist alles änderbar. Im Unterschied zu einer einfachen Tabelle, wie man sie auf einen Block schreibt oder mit einer Textverarbeitung erstellt, kann eine Tabellenkalkulation mehr. Sie kann rechnen und Inhalte vergleichen sowie mathematische und logische Operationen durchführen.

In diesem Kapitel Tabellenkalkulation kann die Tabellenkalkulation Excel von Microsoft verwendet werden, ebenso Calc aus der LibreOffice- oder OpenOffice-Suite. Es ist auch egal, auf welchem Betriebssystem die Anwendung läuft. Die Grundlagen sind bei allen Programmen weitgehend gleich. Die Bedienoberflächen unterscheiden sich hingegen. Man muss sich überlegen, mit welcher Oberfläche man besser klarkommt, ob man eine Software kauft oder ob man eine kostenlose Open-Source-Software verwendet. Die Dateien sind austauschbar – so kann jedes Programm die Dateien der anderen Programme lesen und meist auch bearbeiten.

## 1.1 Grundlegende Funktionen

Nach dem Start von Excel oder Calc sieht man eine leere Tabelle. Die Funktionen der Programme sind weitgehend gleich. Die grundlegende Bedienung ist identisch wie bei allen Standardprogrammen. Es gibt eine Menüzeile, darunter eine Werkzeugleiste und darunter die Rechenleiste. Diese bilden sozusagen den Kopf des Programmfensters. Darunter befindet sich der große Tabellenbereich. Die Tabellen können theoretisch zwar riesig werden, sind aber dennoch endlich. Sollte eine Tabelle größer werden, dann ist eine Datenbank (siehe Kapitel 6) deutlich besser geeignet.

| **Grenzen einer Tabelle** | | |
|---|---|---|
| | MS Excel | LibreOffice Calc |
| Max. Zeilenanzahl pro Tabelle | 1.048.576 | 1.048.576 |
| Max. Spaltenanzahl pro Tabelle | 16.384 | 1.024 |
| Max. Spaltenbreite | 255 Zeichen | > 1 Mrd. |
| Max. Zeichen pro Zelle | 32.767 | 32.767 |
| Max. Tabellenanzahl | Durch Arbeitsspeicher begrenzt | 256 |

Des Weiteren gibt es noch eine Reihe von Online-Tabellenkalkulationen, die ähnlich zu bedienen sind wie die Büro-Programme. Dabei muss keinerlei Software auf dem Rechner installiert werden. Die Tabellenkalkulation läuft im Internet auf einem Cloud-Server. Hierzu gehören auch Microsoft 365 (früher Office 365) und Google Docs.

## Allgemeine Bedienung

Klickt man mit der Maus in ein Feld, wird dieses umrandet. Man nennt es das „aktive Feld“. Jetzt kann man direkt Eingaben in dieses Feld vornehmen. Das Eingetippte sieht man in der aktiven Zelle und in der Rechenleiste oben. Ganz links wird in der Rechenleiste die Feldadresse angezeigt (hier B2).

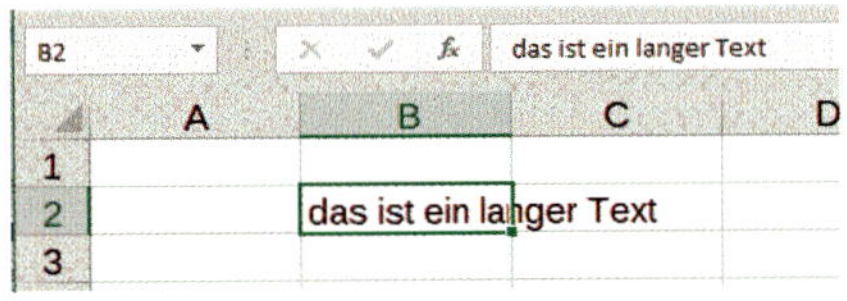


Abb. 1_4: Eingabe in ein Feld, in der Rechenleiste und in der aktiven Zelle erscheint der Text

Die Spaltenbreite und die Zeilenhöhe sind variabel. Passt ein Eintrag nicht in das Feld, so kann das Feld in der Breite angepasst werden. Führt man den Mauszeiger im Spaltenkopf (mit den Buchstaben) an die Grenze zweier Spalten, so kann man die Grenze mit gedrückter Maustaste verkleinern und vergrößern.

**M** Mit einem Doppelklick auf die rechte Kante der Spalte, die man anpassen möchte, wird vom Programm die optimale Breite eingestellt.
Mit einem Doppelklick auf die untere Kante der Zeile, die man anpassen möchte, wird vom Programm die optimale Höhe eingestellt.

Es gibt verschieden Datentypen, die eingegeben werden können. Die wichtigsten sind in der Tabelle aufgeführt:

| Datentypen | |
|---|---|
| Text | Besteht ein Eintrag aus Buchstaben oder Buchstaben-Zahlen-Kombinationen, wird dieser Eintrag als Text interpretiert.<br>– Texte werden linksbündig dargestellt.<br>– Eine Zahl kann als Text erfasst werden, indem der Zahl bei der Eingabe ein Hochkomma (Tastenkombination: Umschalttaste und #-Taste) vorangestellt wird. Das Gleiche gilt auch, wenn die Eingabe mit einem mathematischen Operator beginnt (z. B. +5 % Gewinn). |
| Zahlen | Besteht ein Eintrag ausschließlich aus Ziffern oder Ziffern mit einem Komma, so wird der Eintrag als Zahl interpretiert.<br>– Zahlen werden rechtsbündig dargestellt.<br>– Negative Zahlen müssen mit einem Minuszeichen (–) beginnen.<br>– Die letzte angezeigte Ziffer einer Zahl wird kaufmännisch gerundet angezeigt. (Unabhängig davon wird mit dem nicht gerundeten Inhalt der Zelle weiter gerechnet.)<br>– Sehr große Zahlen werden in Exponentialschreibweise angezeigt.<br>– Zahlen können mit nachgestellten Einheiten versehen werden, z. B. 10,00 € oder 123 km. |
| Datum | Besteht ein Eintrag aus einer Ziffernfolge aus wenigen Ziffern und einem oder zwei Punkten, so wird der Eintrag als Datum interpretiert.<br>– Datumswerte werden rechtsbündig dargestellt.<br>– Verschiedene Datums-Darstellungen sind möglich.<br>Die Eingabe von 1.2 wird als 01.Feb. dargestellt.<br>Die Eingabe von 1.2.20 wird als 01.02.20 dargestellt.<br>– Mit Datumsfeldern kann gerechnet werden.<br>– Als Datum wird intern die Anzahl der Sekunden seit 01.01.1970 gespeichert. |

**M** Um einen Zelleninhalt zu **löschen,** muss die entsprechende Zelle zunächst markiert werden (z. B. durch einfaches Anklicken). Beim Löschen ist darauf zu achten, dass dies über die **Entfernen-Taste** oder **Rücklöschtaste** vorgenommen wird. Wird die Löschung über die **Leertaste** vorgenommen, wird ein **Leerzeichen** (Blank, Zwischenraum) in der Zelle abgelegt. Die Zelle ist nicht leer, man sieht bloß nichts. Dies kann bei späteren Aufgabenstellungen zu Problemen führen.

→ Aufgabe 1 und 2

### 1.1.1 Einfache Formatierungen

Tabellen müssen anschaulich und ansprechend aussehen. Dazu müssen sie formatiert werden. Die universelle Funktion zum Formatieren von einzelnen Zellen, zusammenhängenden Bereichen oder nicht zusammenhängenden Zellbereichen, ist das Kontextmenü. Durch Ziehen der Maus über mehrere Zellen bei gleichzeitig gedrückter linker Maustaste, werden mehrere Zellen oder Bereiche markiert.

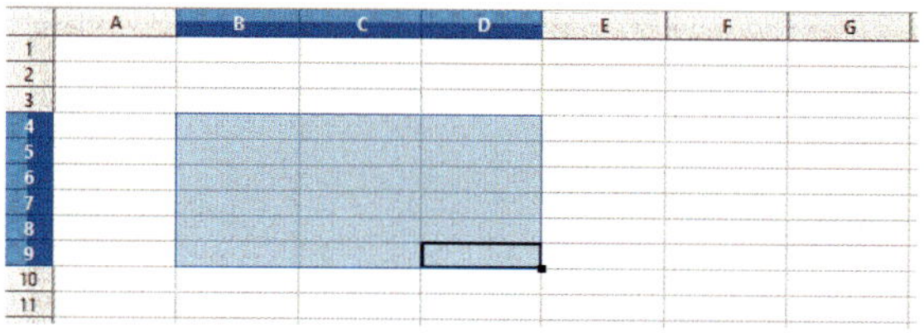


Abb. 1_5 Bereich markieren durch „Ziehen" mit der Maus

Durch Linksklick in einzelne Zellen bei gleichzeitig gedrückter „Strg"-Taste, werden alle angeklickten Zellen markiert.

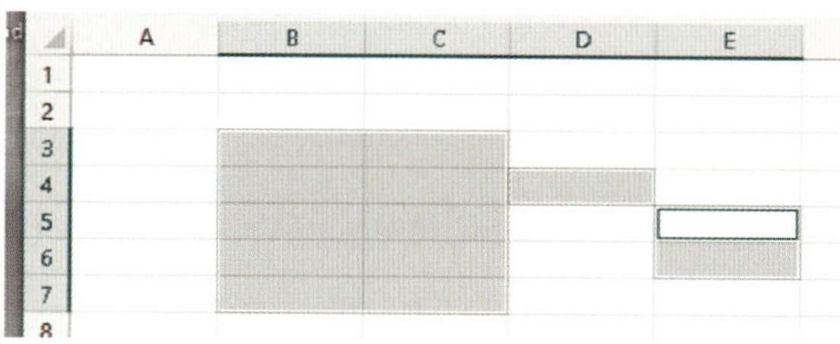


Abb. 1_6: Bereich markieren durch Linksklick + Strg-Taste

Durch Rechtsklick in eine Zelle oder in den markierten Bereich öffnet sich ein Kontextmenü.
Wählen Sie „Zellen formatieren". Hier können Sie Texte, Zahlen, Datum... formatieren. Ebenso können Sie die Schriftart und -größe anpassen, Rahmen um die Felder legen und vieles mehr.

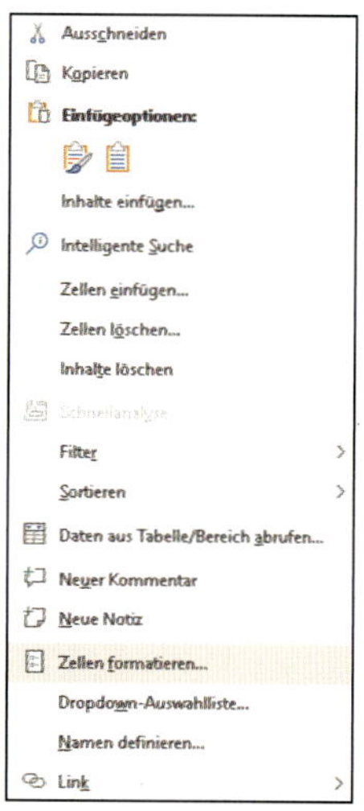


Abb. 1_7: Kontextmenü in Excel

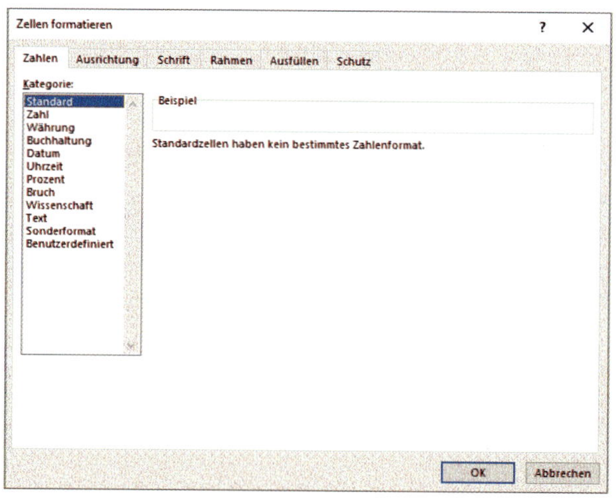


Abb. 1_8: Zellen Formatieren in Excel

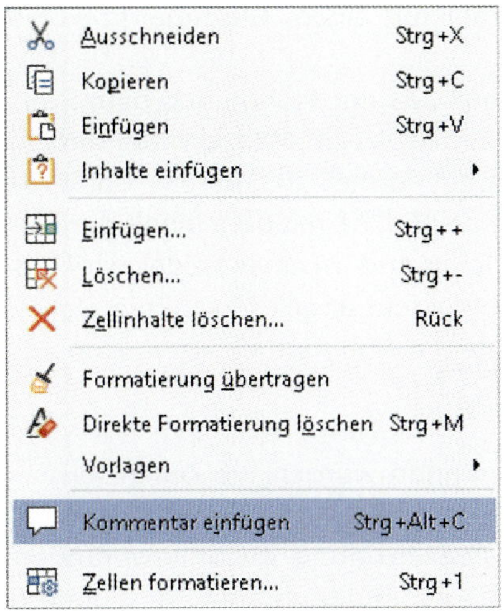


Abb. 1_9: Kontextmenü LibreOffice

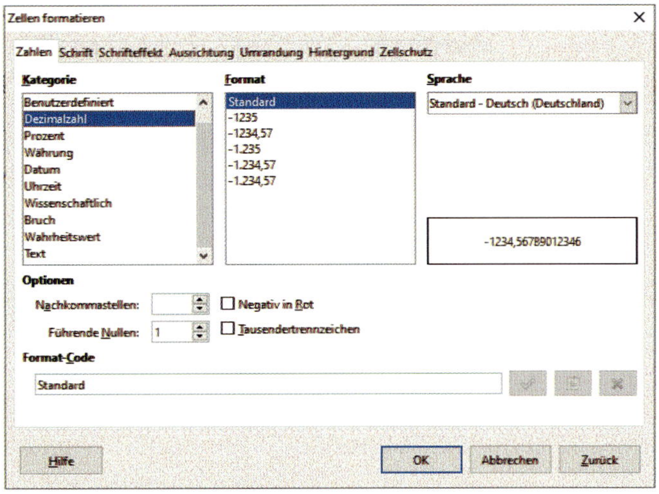


Abb. 1_10: Zellen formatieren LibreOffice

Die wichtigsten Formatierungsfunktionen kann man aber auch direkt über die Werkzeugleiste erreichen. Wenn man bei Excel auf die Registerkarte *Start* klickt, werden die Formatierungsfunktionen angezeigt. Ein kleiner Pfeil in der rechten unteren Ecke zeigt an, dass es noch mehr Optionen gibt, die sich öffnen, wenn man auf den Pfeil klickt.

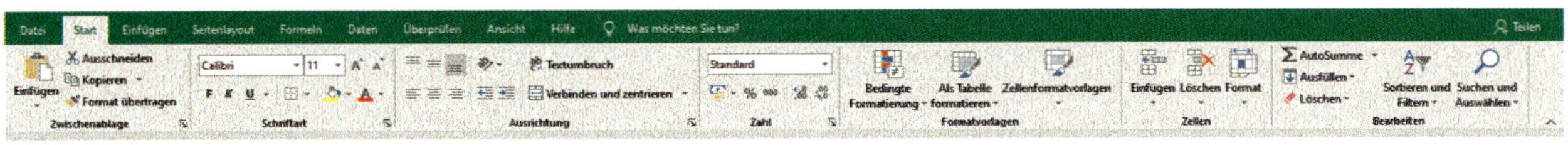

Abb. 1_11

Bei LibreOffice lassen sich viele Formatierungsfunktionen ebenso über die Werkzeugleiste erreichen.

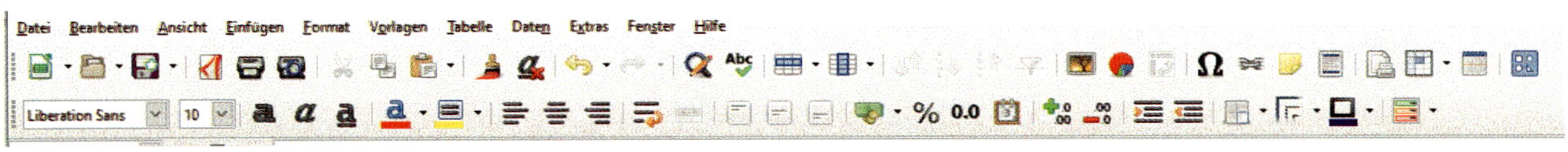


Abb. 1_12

Die Symbole der Office-Programme sind meist sehr ähnlich.

→ Aufgabe 3

## 1.1.2 Einfache Berechnungen

Der große Nutzen einer Tabellenkalkulation ist, dass man darin rechnen kann. Berechnungen werden durch die Eingabe von Formeln durchgeführt.

**M** Mit Formeln kann man in einer Tabelle rechnen. Statt der Formel wird das Ergebnis der Berechnung in der Zelle dargestellt. Klickt man in das Feld, dann wir oben in der Bearbeitungszeile die Formel angezeigt.

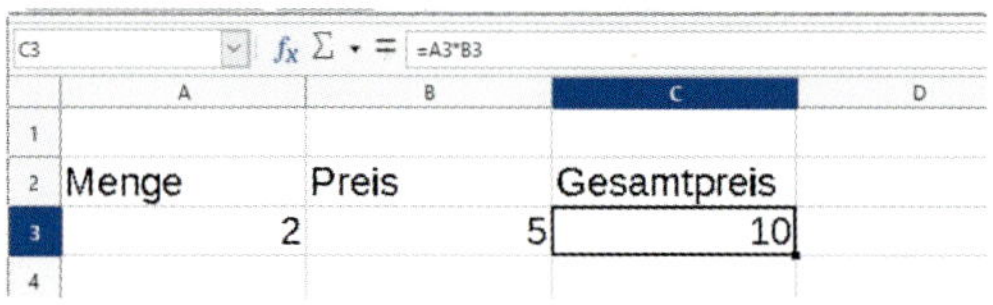


Abb. 1_13

Eine Berechnung beginnt immer mit einem Gleichheitszeichen (=), gefolgt von der Formel.
Im nebenstehenden Beispiel soll aus der Menge und dem Preis der Gesamtpreis berechnet werden – also Menge mal Preis. In das Ergebnisfeld C3 gibt man die Formel =A3*B3 ein. Das Programm multipliziert den Inhalt der Zell A3 mit dem Inhalt der Zelle B3. Das Ergebnis erscheint in der Zelle C3. Beim Ändern eines Feldes wird das Ergebnis sofort neu berechnet. Ist das Ergebnisfeld angeklickt (aktive Zelle), dann sieht man oben in der Bearbeitungsleiste die hinterlegte Formel. Zum Ändern der Formel klickt man in das Bearbeitungsfeld.

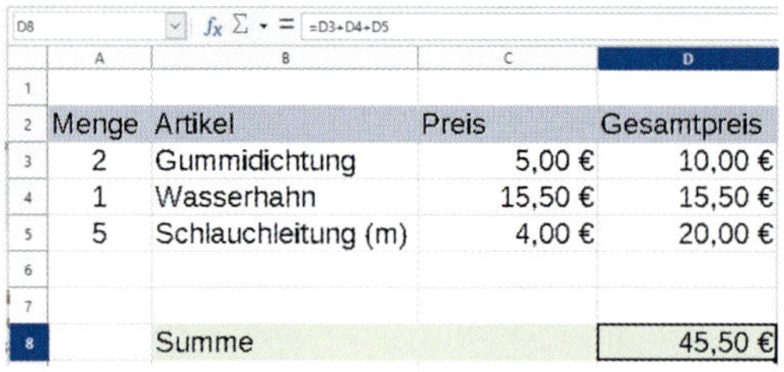


Abb. 1_14

Bei der nebenstehenden Kalkulation wurden die Zellen formatiert. Die Zeile 2 mit den Spaltenköpfen wurde zentriert, ebenso die Spalte *Menge*. Die Artikelbezeichnung bleibt unverändert linksbündig. Die Preise sind rechtsbündig und mit der Einheit € versehen.
Es wurden noch weitere Zeilen mit Artikeln hinzugefügt. Die Preise der einzelnen Posten werden in der untersten Zeile zu einer Gesamtsumme addiert. Die Zeile mit der Summe wurde fett formatiert. Die Formel zur Berechnung der Summe sieht man in der Bearbeitungszeile oben.

| **Einfache mathematische Operatoren** | | |
|---|---|---|
| Mathematischer Operator | Funktion | Formel in der Tabelle |
| + | Addition | = A1+B1 |
| - | Subtraktion | = A1-B1 |
| * | Multiplikation | = A1*B1 |
| / | Division | = A1/B1 |
| ∧ | Potenz | = A1∧B1 |

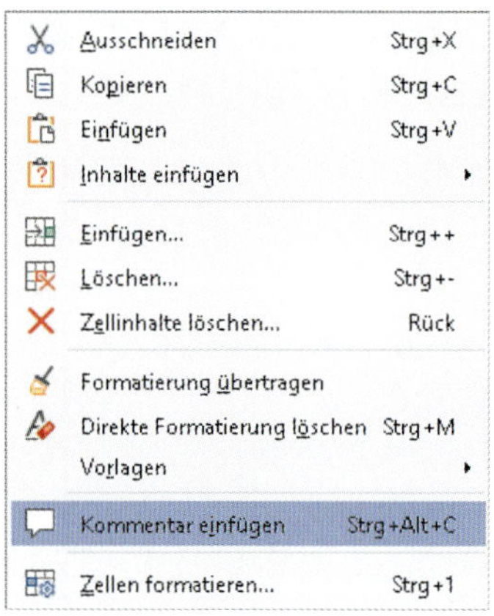


Abb. 1_15

### 1.1.2.1 Einfache Zahlenformate

Damit bei Zahlen die korrekte Einheit angezeigt wird, kann man das Zahlenformat anpassen.

Ein Rechtsklick auf die zu formatierende Zelle öffnet das Kontextmenü (siehe Abb. 1_15). Hier „Zellen formatieren" wählen. Es öffnet sich das Fenster „Zellen formatieren". Wählen Sie hier die Kategorie „Währung" und wählen Sie aus, wie die Zahlen dargestellt werden sollen (mit Minus-Zeichen oder in rote Schrift für negative Zahlen u. Ä.).

Bei anderen Erweiterungen wählen Sie die Kategorie „Benutzerdefiniert". Hier können Sie auch Einheiten wie „km" oder „km/h" erstellen.

**M** Einheiten wie „km" oder „€" usw. niemals selbst hinter die Zahl schreiben. Sonst wird der Zelleninhalt als Text interpretiert und man kann nicht damit rechnen.

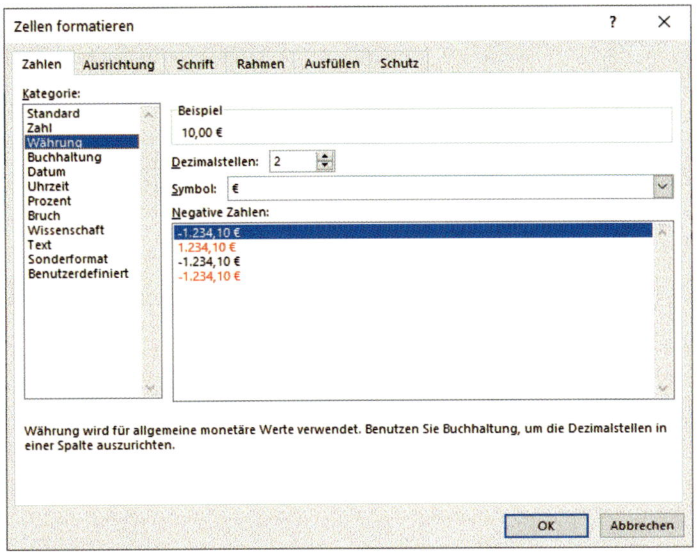


Abb. 1_16: Zahlenformat Währung

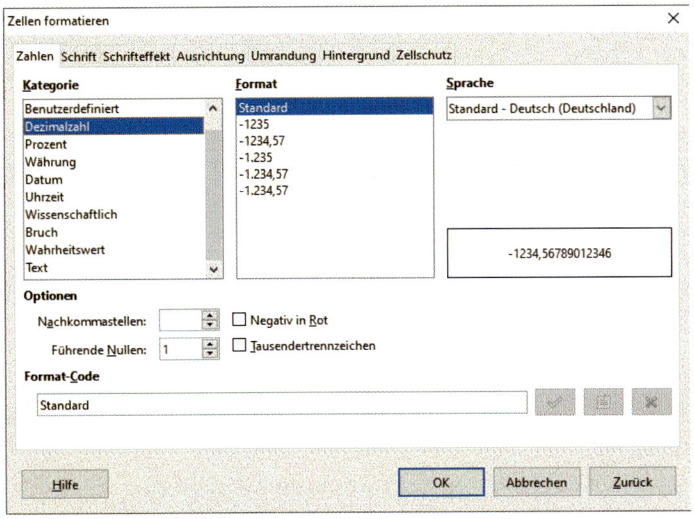


Abb. 1_17: Zahlenformat Dezimalzahl

→ Aufgabe 4

### 1.1.2.2 Einzelne Zellen kopieren

Wenn Sie die Aufgabe gelöst haben, überlegen wir uns, wie man die Formeln in die restlichen Felder einfügen kann. Jede einzelne Formel eintippen ist zwar möglich, aber keine Option. Vermutlich haben Sie gemerkt, dass die erste Zeile frei bleiben muss, weil wir die gefahrene Strecke nicht berechnen können ohne Angabe eines vorhergehenden Kilometerstands.

Wir aktivieren eine Zelle durch Anklicken. Dann kopiert man den Inhalt über das Kontextmenü (Rechtsklick in die Zelle) Auswahl „Kopieren“. Anschließend klickt man in das Feld in der darunter liegenden Zeile und fügt den Inhalt wieder über das Kontextmenü ein.

**M** Hotkeys sind Tastenkombinationen, die viel Klickarbeit ersparen.

| | |
|---|---|
| Kopieren | Strg + C |
| Einfügen | Strg + V |
| Ausschneiden | Strg + X |
| Undo – letzte Aktion rückgängig machen | Strg + Z |

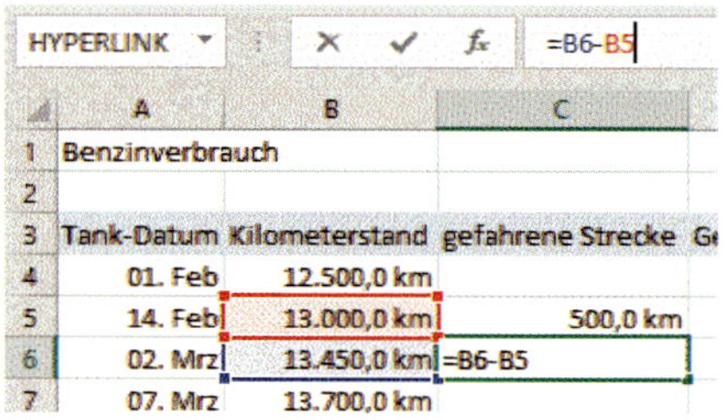

Abb. 1_18

Überprüfen Sie, was in der Zelle steht, in die Sie den Inhalt der Zelle mit der Formel hineinkopiert haben. Klicken Sie in die Zelle. Im Bearbeitungsfeld oben erscheint der Inhalt der Zelle. Klicken Sie in das Bearbeitungsfeld. Die Zellen, die in der Formel benutzt werden, werden farbig markiert. Sie sehen, dass die ursprüngliche Formel aus der Zelle C5 in die Zelle C6 eingefügt und verändert wurde. Sie wurde vom System angepasst, sodass sie wieder stimmt.

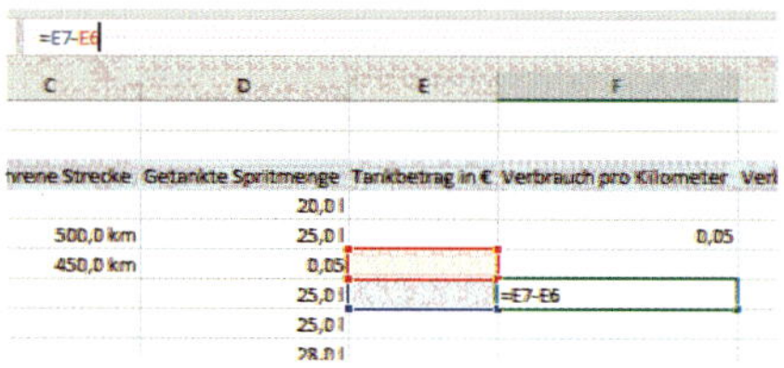

Abb. 1_19

Wir machen einen Test. Wir kopieren die Formel in einen freien Bereich (hier in die Zelle F7) und schauen uns an, was das Programm daraus macht.
Die Formel sieht so aus wie bisher, nur die Zellen haben sich geändert. Man könnte diese Formel verbal so ausdrücken: Nimm den Wert aus der Zelle links von der aktuellen Zelle und subtrahiere den Wert der Zelle, die darüber liegt.
Das heißt, die Zellbezüge sind relativ zu der aktiven Zelle.
Nachdem wir das gesehen und verstanden haben, löschen wir natürlich diese Zelle wieder.

Wir könnten nun die Zelle mit der Formel immer wieder kopieren und in die Zellen darunter einfügen. Aber es gibt noch eine bessere Lösung.

### 1.1.2.3 Zellen ziehen zum Kopieren und automatischen Ausfüllen

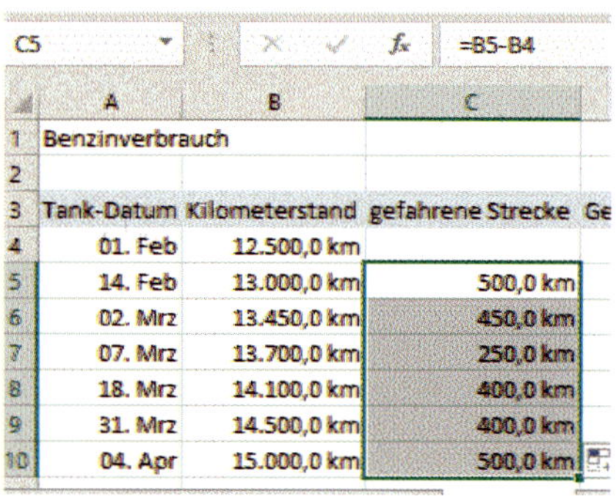

Abb. 1_20

Wir klicken in die Zelle, die wir kopieren möchten. Die Zelle wird zur aktiven Zelle, sichtbar durch die Umrandung und das kleine Quadrat rechts unten. Wir bewegen die Maus auf dieses kleine Quadrat und der Mauszeiger verändert sich zum Plus-Zeichen. Wenn wir auf dieses Quadrat klicken und die Maustaste gedrückt halten, können wir die Formel nach unten ziehen. Sie wird dann korrekt (mit relativer Adressierung) in alle Felder übernommen.

→ Aufgabe 5

**Ziehen zum automatischen Ausfüllen**
Wenn Sie beispielsweise links von Ihren Einträgen eine Spalte mit einer fortlaufenden Nummer füllen möchten, so füllen Sie die ersten zwei Zeilen. Markieren Sie diese Felder und ziehen Sie am kleinen Quadrat (am „Anfasser") nach unten. Die Zellen werden nun gefüllt und automatisch hochgezählt. Rechts unten wird der Wert angezeigt, der in diese Zelle eingetragen wird (hier 10).

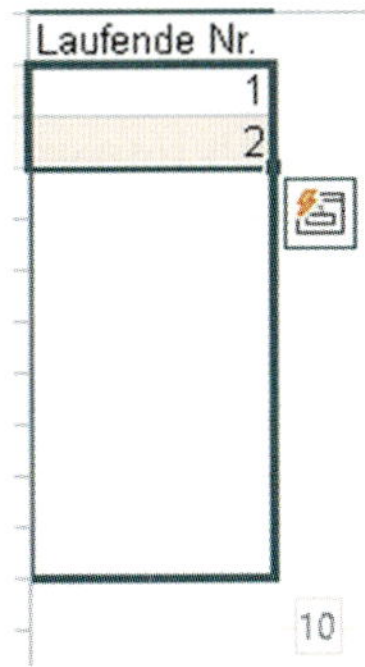


Abb. 1_21

Wenn Sie einen bestimmten Abstand zwischen den Werten möchten, so geben Sie mit den ersten Einträgen die Schrittweite vor. In diesem Beispiel wurde 1 und 3 vorgegeben. Das System füllt dann weiter aus mit 5, 7, 9, 11...
Rechts unten wird wieder der Wert eingeblendet, der in diese Zelle eingetragen wird (hier 19).

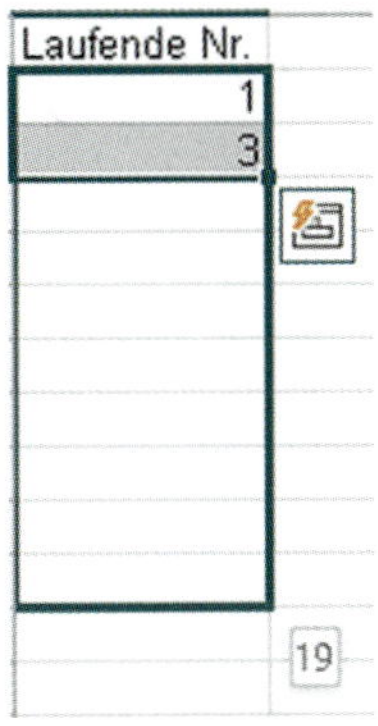


Abb. 1_22

### 1.1.2.4 Weitere Formatierungen

Die Spaltenüberschriften „Verbrauch pro Kilometer" und „Verbrauch pro 100 Kilometer" soll nur noch *Verbrauch* stehen. Diese beiden Felder werden zu einem Feld zusammengefasst.
Dazu werden mit gedrückter Maustaste die Beiden Zellen F3 und G3 aktiviert. Anschließend verbindet man die beiden Zellen.

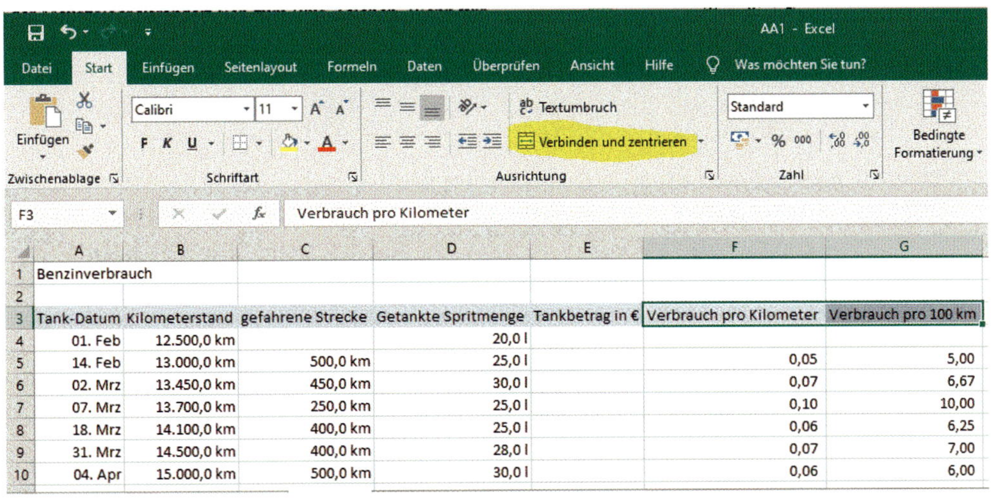


| | A | B | C | D | E | F | G |
|---|---|---|---|---|---|---|---|
| 1 | Benzinverbrauch | | | | | | |
| 2 | | | | | | | |
| 3 | Tank-Datum | Kilometerstand | gefahrene Strecke | Getankte Spritmenge | Tankbetrag in € | Verbrauch pro Kilometer | Verbrauch pro 100 km |
| 4 | 01. Feb | 12.500,0 km | | 20,0 l | | | |
| 5 | 14. Feb | 13.000,0 km | 500,0 km | 25,0 l | | 0,05 | 5,00 |
| 6 | 02. Mrz | 13.450,0 km | 450,0 km | 30,0 l | | 0,07 | 6,67 |
| 7 | 07. Mrz | 13.700,0 km | 250,0 km | 25,0 l | | 0,10 | 10,00 |
| 8 | 18. Mrz | 14.100,0 km | 400,0 km | 25,0 l | | 0,06 | 6,25 |
| 9 | 31. Mrz | 14.500,0 km | 400,0 km | 28,0 l | | 0,07 | 7,00 |
| 10 | 04. Apr | 15.000,0 km | 500,0 km | 30,0 l | | 0,06 | 6,00 |

Abb. 1_23

In der Spalte des Verbrauchs pro km soll nun die Einheit „l/km" hinter der Zahl erscheinen. Bei der Spalte des Verbrauchs pro 100 km soll die Einheit „l/100km" stehen.

Das Vorgehen ist wie bereits bei einfachen Zahlenformaten beschrieben. Man wählt hier „Benutzerdefiniert" und gibt ein, was nach der Zahl erscheinen soll. Auch Hervorhebungen durch farbige Hintergründe lassen sich in dem Fenster „Zellen formatieren" realisieren.

→ Aufgabe 6

Beim Ausdrucken einer Tabelle fällt Ihnen auf, dass die einzelnen Zellen auf dem Papier nicht sichtbar sind. Markieren Sie (durch Aufziehen mit der Maus) den Bereich, der mit Umrandung gedruckt werden soll.

Wählen Sie „Außen" und „Innen" und wählen Sie eine Linienart.

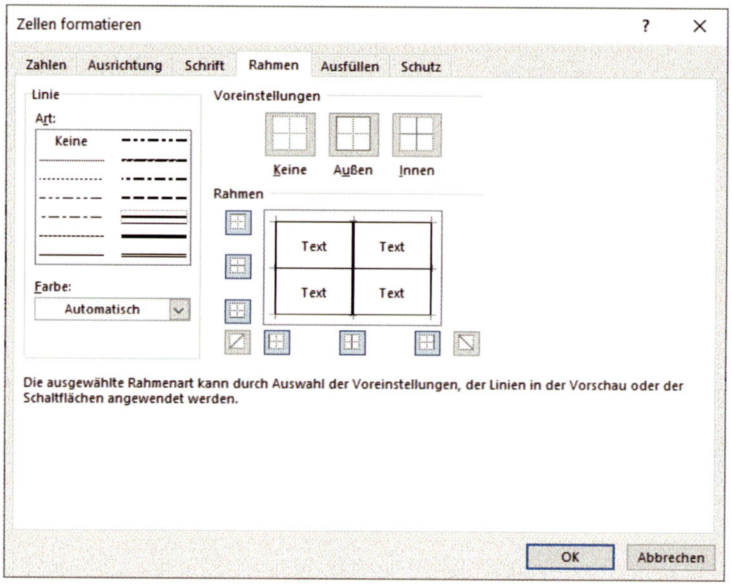


Abb. 1_24

So können unterschiedliche Bereiche unterschiedlich umrandet werden. Hinter dem Reiter „Ausfüllen" verbirgt sich das Einstellen der Hintergründe.

### 1.1.2.5 Bedingte Formatierung

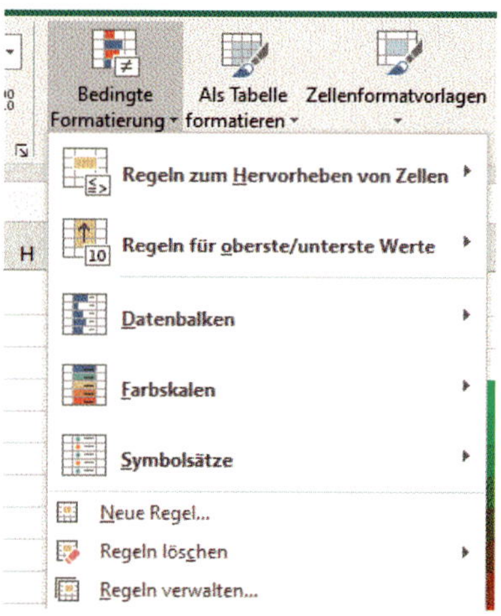


Abb. 1_25

Bedingte Formatierung heißt, dass die Formatierung je nach Bedingung unterschiedlich gemacht wird. In unserem Fall fällt in der Tabelle ein Wert besonders auf: ein Verbrauch von 10 l/100 km. In diesem Falle könnte man sich folgende Bedingungen ausdenken:

1. Die Zelle wird rot hinterlegt, wenn der Verbrauch über 9 l/100 km liegt
2. Die Zelle wird grün hinterlegt, wenn er Verbrauch unter 6,5 l/100 km liegt.
3. Werte größer als 6 und kleiner als 9 l/100 km sollen gelb hinterlegt werden

Markieren Sie als Erstes den Bereich, für den die bedingte Formatierung angewendet werden soll. Wählen anschließend Sie im Startmenü unter „Bedingte Formatierung“ „Neue Regel“.

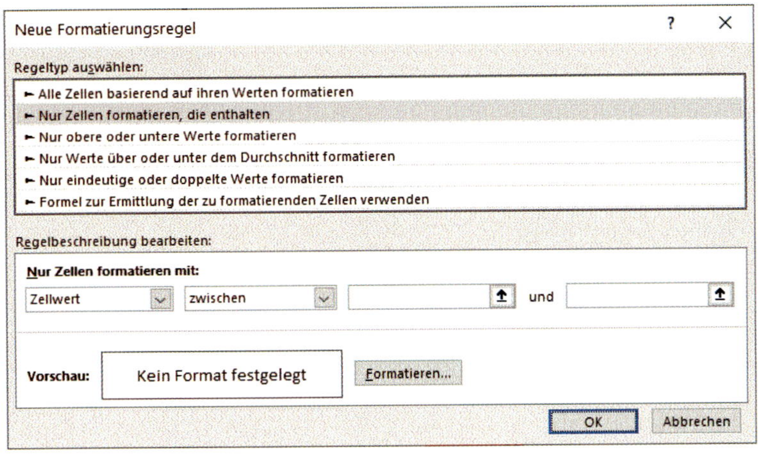


Abb. 1_26

Wählen Sie hier aus „Nur Zellen formatieren, die enthalten“ und geben Sie die erste Bedingung an. In unserem Fall also „Zellwert kleiner 6“ und als Format wählen wir „Ausfüllen“ und die Farbe Grün. Der Zellbereich, auf den die Bedingung angewendet wird, ist bereits vorgegeben.

Mit OK sieht man sofort das Ergebnis der Aktion. So verfahren wir weiter und hinterlegen Wert zwischen 6 und 10 mit Gelb und Werte größer 10 mit Rot.

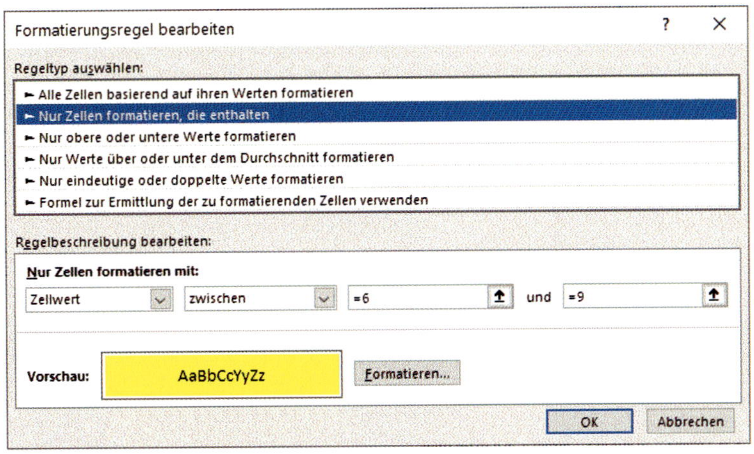


Abb. 1_27

Unter dem Menüpunkt „Regeln verwalten“ kann man sich alle Regeln anschauen und auch jederzeit bearbeiten.

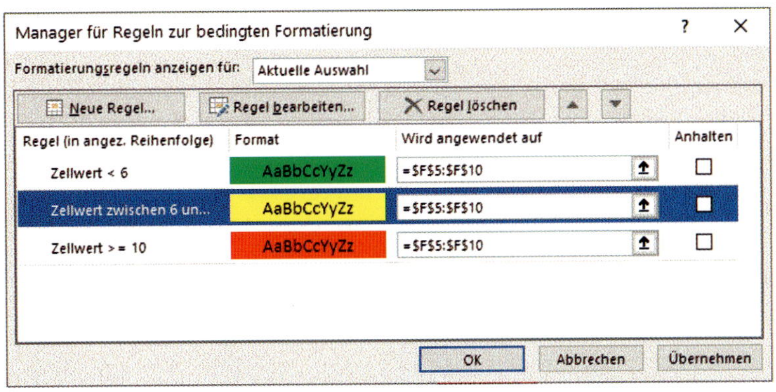


Abb. 1_28

| | A | B | C | D | E | F |
|---|---|---|---|---|---|---|
| 1 | **Benzinverbrauch** | | | | | |
| 2 | | | | | | |
| 3 | Tank-Datum | Kilometerstand | gefahrene Strecke | Getankte Spritmenge | Verbrauch pro Kilometer | Verbrauch pro 100 km |
| 4 | 01. Feb | 12500,0 km | | 20,0 l | | |
| 5 | 14. Feb | 13000,0 km | 500,0 km | 25,0 l | 0,05 l/km | 5,00 l/100km |
| 6 | 02. Mrz | 13450,0 km | 450,0 km | 30,0 l | 0,07 l/km | 6,67 l/100km |
| 7 | 07. Mrz | 13700,0 km | 250,0 km | 25,0 l | 0,10 l/km | 10,00 l/100km |
| 8 | 18. Mrz | 14100,0 km | 400,0 km | 25,0 l | 0,06 l/km | 6,25 l/100km |
| 9 | 31. Mrz | 14500,0 km | 400,0 km | 28,0 l | 0,07 l/km | 7,00 l/100km |
| 10 | 04. Apr | 15000,0 km | 500,0 km | 30,0 l | 0,06 l/km | 6,00 l/100km |

Abb. 1_29: Ergebnis der bedingt formatierten Verbrauchsspalte

Wenn Sie nun beispielsweise einzelne Einträge bei der getankten Spritmenge ändern, dann ändern sich auch die Verbrauchswerte und damit eventuell auch die farbigen Hintergründe.

### 1.1.3 Zahlenformat „Prozent“

Das Prozentrechnen ist eine wichtige Funktion. Das Wort Pro-Zent bedeutet übersetzt „von Hundert“.

Mathematisch ausgedrückt bedeutet der Ausdruck 10 % = 10 / 100 = 0,1.

Formatiert man ein Zahlenfeld als Prozentfeld, erscheint hinter der Zahl das Prozentzeichen.

Beispiel:

C2 | =A2*B2

| | A | B | C | D |
|---|---|---|---|---|
| 1 | Betrag | Aufschlag % | Aufschlag | Endbetrag |
| 2 | 20,00 € | 10% | 2,00 € | 22,00 € |

Abb. 1_30

Das Programm rechnet somit intern mit dem Faktor 1/100, sodass man direkt den Prozentwert in Tabellen eingeben kann.

# 1.2 Adressierungsarten

Situation: Sie sind in der Buchhaltungsabteilung/Rechnungswesen eingesetzt und sollen ein Rechnungsformular erstellen. Dabei soll ein Rabatt abgezogen werden. Die Höhe des Rabatts kann an anderer Stelle der Tabelle eingegeben werden und Sie müssen diesen Wert in Ihren Formeln benutzen.

**Relative Adressierung** haben wir bei der Berechnungsformel für die gefahrene Strecke schon kennen gelernt. Relativ bedeutet, dass die Adressen der Zellen auf die aktive Zelle bezogen sind. Umgangssprachlich lautet die Formel für die Berechnung aus diesem Beispiel: Nehme den Inhalt der Zelle, die sich 1 Schritt links befindet und subtrahiere den Inhalt der Zelle, die sich 1 Schritt nach links befindet.

**Absolute Adressierung** bezieht sich auf eine bestimmte Zelle – unabhängig von der aktiven Zelle. Um in einer Formel eine absolute Adresse zu verwenden, muss man die entsprechende Zelle fixieren, sodass sie beim Kopieren und Verschieben einer Formel nicht mit verschoben wird. Das Fixieren erreicht man durch Voranstellen eines Dollar-Zeichens ($).

$B$2 fixiert den Bezug auf die Zelle B2. $B fixiert die Spalte, $2 fixiert die Zeile.

**M** Absolute Adressen werden mit $-Zeichen fixiert.
**Tipp:** Im Bearbeitungsfeld den Mauszeiger vor die Adresse der zu fixierenden Zelle setzen und F4 drücken. So wird aus B2 beispielsweise $B$2

Das folgende Beispiel zeigt eine Anwendung.

→ Aufgabe 7

Ein Rechnungsformular soll den Rabatt für jeden einzelnen Posten ausweisen. Der Rabatt wird in das Feld D11 eingegeben. Die Formel für den Rabatt lautet =E5*$D$11.

F5 =E5*$D$11

| | A | B | C | D | E | F | G |
|---|---|---|---|---|---|---|---|
| 1 | | | | | | | |
| 2 | **Rechnung** | | | | | | |
| 3 | | | | | | | |
| 4 | Position | Artikel-nummer | Artikel-bezeichnung | Menge | Listenpreis pro Stück | Rabatt pro Stück | Gesamtpreis |
| 5 | 1 | 12345 | Waldhonig 500g | 10 | 9,00 € | 0,90 € | 81,00 € |
| 6 | 2 | 12346 | Blütenhonig 250g | 5 | 4,00 € | 0,40 € | 18,00 € |
| 7 | 3 | 12347 | Frühjahrshonig 500g | 10 | 8,00 € | 0,80 € | 72,00 € |
| 8 | 4 | 12348 | Eisblumenhonig | 1 | 10,00 € | 1,00 € | 9,00 € |
| 9 | | | | | | | |
| 10 | | | | | | | |
| 11 | | | Rabattstaffel: | 10% | | | |
| 12 | | | | | | | |
| 13 | | | **Gesamtpreis** | | | | **180,00 €** |
| 14 | | | | | | | |

Abb. 1_31

**H** Die Farben in der Formel korrespondieren mit den farblich umrandeten Feldern, wenn in das Eingabefeld geklickt wird.

# 1.3 Mit Funktionen Daten auswählen

## 1.3.1 Rechnen mit Bereichen

Berechnungen können nicht nur mit einzelnen Zellen, sondern auch mit mehreren Zellen oder Bereichen durchgeführt werden. Dafür gibt es spezielle Funktionen.

Um die Summe aus einem Bereich zu berechnen, kann man die Formel =Zelle1+Zelle2+... verwenden, was aber sehr mühsam ist. Eine bessere Alternative ist das Verwenden der Summen-Funktion. Noch einfacher wird es mit zusammenhängenden Bereichen. Die Angabe =SUMME(Zelle1:Zelle2) rechnet die Summe aus dem gesamten Bereich zwischen diesen beiden Zellen. Beispiel =SUMME(A1:G50) summiert den Bereich von A1 bis G50.

| Rechnen mit Zahlenbereichen | | |
|---|---|---|
| **Mathematischer Operator** | **Funktion** | **Formel in der Tabelle** |
| =SUMME(Zelle1;Zelle2;...) | Addition | Berechnet die Summe der Inhalte aller angegebenen Zellen |
| =SUMME(Zelle1:Zelle2) | Addition | Berechnet die Summe der Inhalte aller Zellen im Bereich von Zelle1 bis Zelle2<br>Beispiel: =Summe(B2:B12) summiert die Inhalte von B2 bis B12. |
| =MITTELWERT(Zelle1;Zelle2;...) | Durchschnitt | Berechnet den Mittelwert der Inhalte der angegebenen Zellen |
| =MITTELWERT(Zelle1:Zelle2) | Durchschnitt | Berechnet den Mittelwert der Inhalte der Zellen im Bereich von Zelle1 bis Zelle2 |
| =MIN(Zelle1;Zelle2;...) | Mindestwert | Gibt den Mindestwert aus einer Liste aus |
| =MIN(Zelle1:Zelle2) | Mindestwert | Gibt den Mindestwert aus einem Bereich aus |
| =MAX(Zelle1;Zelle2;...) | Maximum | Gibt den Maximalwert aus einer Liste aus |
| =MIN(Zelle1:Zelle2) | Maximum | Gibt den Maximalwert aus einem Bereich aus |

## 1.3.2 WENN-Funktion

Situation: Sie sollen, abhängig davon, wie viele Artikel bestellt wurden, Rabatt gewähren oder nicht. Bei einer Bestellmenge ab 20 Stück werden 10 % Rabatt gewährt, darunter wird kein Rabatt abgezogen.

Wenn das Tabellenkalkulationsprogramm in Abhängigkeit einer bestimmten Größe (hier: Menge) zwischen zwei verschiedenen Möglichkeiten (hier: Rabattsatz von 0 % und 10 %) wählen soll, empfiehlt sich die Nutzung der WENN-Funktion. Syntax der Funktion: =WENN(PRÜFUNG; DANN-Wert; SONST-Wert)
Nachfolgend ist der Aufbau der WENN-Funktion in Form eines Struktogramms dargestellt:

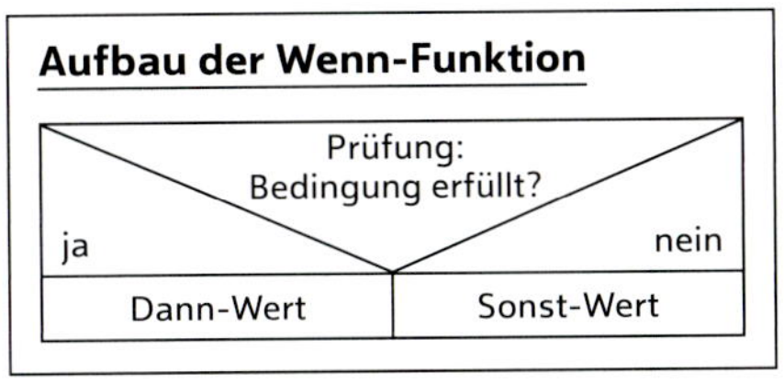


Abb. 1_32: Grundlegendes Struktogramm der WENN-Funktion

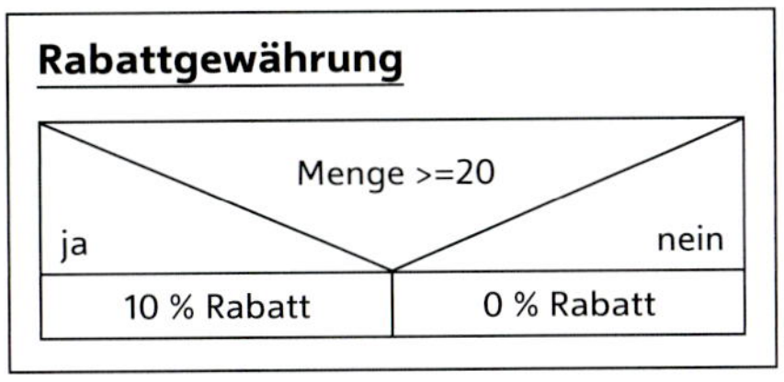


Abb. 1_33: Struktogramm der WENN-Funktion am Beispiel der Rabattgewährung

Das Tabellenkalkulationsprogramm prüft, ob der jeweilige Artikel in einer Menge von mindestens 20 Stück gekauft wurde. Stehen in der Rechnung zum jeweiligen Artikel weniger als 20 Einheiten, so erhält der Kunde keinen Rabatt. Wenn der Kunde allerdings von dem jeweiligen Artikel mindestens 20 Stück bezogen hat, wird ihm ein Mengenrabatt von 10 % gewährt. Die entsprechende Prüfung für die abgebildete Rechnung (siehe Abb. 1_34) in Zelle F23 lautet somit: =WENN(D23>=$A$38;

**H** Anmerkung: Ein gemischter Bezug ist hier ausreichend: statt $A$38 reicht auch A$38. Im Folgenden wird auf die Unterscheidung von absoluten und gemischten Bezügen nur eingegangen, wenn dies für die Lösung der Problemstellung relevant ist.

Wird diese Prüfung vom Tabellenkalkulationsprogramm als WAHR bestätigt, folgt hinter dem ersten Semikolon der dargestellte DANN-Wert. Fortführung des obigen Beispiels: =WENN(D23>=$A$38;$B$38

Da in diesem Fall die Prüfung allerdings zur Antwort FALSCH führt (denn in Zelle D23 steht die Menge „10"), benötigt das Tabellenkalkulationsprogramm noch die Angabe des sog. SONST-Wertes. Dieser wird hinter dem zweiten Semikolon angegeben. Fortführung des obigen Beispiels:
=WENN(D23>=$A$38;$B$38;$B$37)

**H** Die Zellen A38, B38 und B37 müssen „festgesetzt" bzw. absolut adressiert werden, damit beim Kopieren der Funktion bei jeder Position im Rechnungsformular die abgebildete Hilfstabelle berücksichtigt wird.

Nachfolgend ist die vollständige Funktion im Ausschnitt der Tabelle Rechnungsformular dargestellt. Die Zeilen 4 bis 18 und 27 bis 31 wurden ausgeblendet.

**Ausschnitt aus der Tabelle Rechnungsformular**

**Rechnung**

| Position | Artikel-nummer | Artikel-bezeichnung | Menge (Stück) | Listenpreis pro Stück | Rabatt (%) | Rabatt pro Stück | Gesamt-preis |
|---|---|---|---|---|---|---|---|
| 1 | 13792 | Textverarbeitung I | 10 | =WENN(D23>=$A$38;$B$38;$B$37) | | | |
| 2 | 11207 | Arbeiten mit dem PC | 25 | WENN(**Prüfung**; [Dann_Wert]; [Sonst_Wert]) | | | |
| 3 | 12430 | Tabellenkalkulation II | 20 | 24,90 € | | | |
| 4 | 13080 | Präsentieren leichtgemacht | 15 | 16,95 € | | | |

**Ausschnitt aus der Tabelle Rabattsätze**

| Menge ab ... | Rabattsatz (%) |
|---|---|
| 0 | 0 |
| 20 | 10 |

Abb. 1_34: Einführung der WENN-Funktion

**H** Anmerkung: Die folgende Funktion führt nicht zum richtigen Ergebnis: =WENN(D23>=$A$37; $B$37;$B$38). Die Prüfung (D23>=$A$37) bedeutet: „Wenn die Menge größer oder gleich 0 ist, dann ..." Alle Mengen (z. B. Position 1 = 10 Stück, Position 4 = 15 Stück usw.) erfüllen diese Bedingung. Für jede Menge wird so kein Rabatt (Rabatt = 0 %) gewährt. Der Grund dafür liegt darin, dass die „Arbeit" der Funktion dann endet, wenn sie eine positive Antwort (WAHR) erhält. Dies ist bei der o. g. Funktion bei 0 und jeder positiven Zahl gegeben.

→ Aufgabe 8

→ Aufgabe 9

Häufig treten Probleme bei der Wahl des richtigen mathematischen Zeichens auf, das für die zu erfüllende Aufgabe notwendig ist. Im Folgenden finden Sie einen Überblick über die bedeutendsten Zeichen:

| **Exkurs: Mathematische Operanden** | | |
|---|---|---|
| A1 > 10 | größer als die Zahl 10 sein | 11, 12, 13, ..., 999.999.999 |
| A1 > = 10 | entweder größer als die Zahl 10 oder gleich der Zahl 10 sein. | 10, 11, 12, ..., 999.999.999 |
| A1 = 10 | gleich (identisch mit) der Zahl 10 sein | 10 |
| A1 < 10 | kleiner als die Zahl 10 sein | 9, 8, 7, ..., –999.999.999 |
| A1 < = 10 | entweder kleiner als die Zahl 10 oder gleich der Zahl 10 sein | 10, 9 , 8, 7, ..., –999.999.999 |
| A1 < >10 | ungleich der Zahl 10 sein | –999.999.999 bis 9,9999999 bzw. 10,0000001 bis 999.999.999 |

## 1.3.3 Verschachtelte WENN-Funktion

Situation: Sie sind in die Abteilung Rechnungswesen zurückgekehrt. Herr Taube ist sehr zufrieden mit Ihrer bisherigen Automatisierung des Rechnungsformulars. Die Rabattgewährung soll in Zukunft differenzierter stattfinden, d. h., die Rabattstaffel hat sich erweitert. Herr Taube teilt Ihnen mit, dass bei einer Menge unter 10 Stück kein Mengenrabatt gewährt werden soll. Ab einer Menge von 10 Stück soll ein Rabatt von 10 %, bei Mengen ab 20 Stück ein Rabatt von 15 % gewährt werden. Ihre Aufgabe besteht darin, das Rechnungsformular dahin gehend zu verändern.

Wenn das Tabellenkalkulationsprogramm in Abhängigkeit einer bestimmten Größe (z. B. Abnahmemenge eines Kunden) zwischen mehr als zwei verschiedenen Möglichkeiten wählen soll, reicht die Nutzung der einfachen WENN-Funktion nicht mehr aus. In einem solchen Fall kann die Nutzung der verschachtelten WENN-Funktion zur Lösung des betriebswirtschaftlichen Problems genutzt werden.

Nachfolgend ist der Aufbau der verschachtelten WENN-Funktion in Form eines Struktogramms dargestellt:

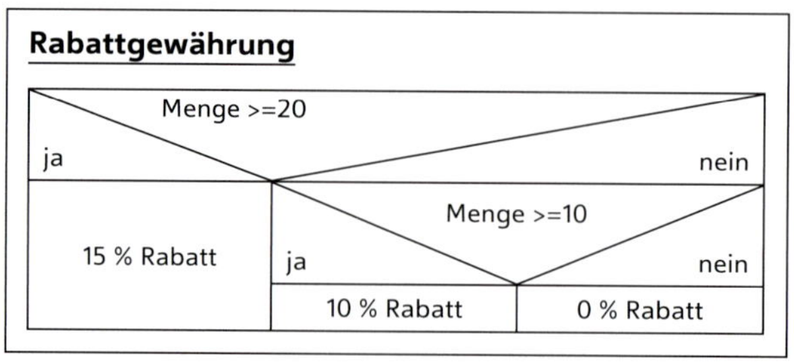


Abb. 1_35: Struktogramm der verschachtelten WENN-Funktion am Beispiel der Rabattgewährung

Im nachfolgenden Beispiel soll das Tabellenkalkulationsprogramm in den Zellen F23 bis F26 ermitteln, welcher Rabattsatz in Abhängigkeit von der jeweiligen Menge für den jeweiligen Artikel gilt. Für den Artikel mit der Position 1 (Art.-Nr.: 13792) wird aufgrund der Menge von 10 Stück ein Rabattsatz von 10 % gewährt. Zur Lösung des Problems muss zunächst mit der Eingabe der Funktion in der Zelle F23 begonnen werden. Wie aus der „einfachen" WENN-Funktion bekannt, beginnt die Eingabe wie folgt: =WENN(D23>=$A$39;$B$39;

**Ausschnitt aus der Tabelle Rechnungsformular**

**Rechnung**

| Position | Artikel-nummer | Artikel-bezeichnung | Menge (Stück) | Listenpreis pro Stück | Rabatt (%) | Rabatt pro Stück | Gesamt-preis |
|---|---|---|---|---|---|---|---|
| 1 | 13792 | Textverarbeitung I | | =WENN(D23>=$A$39;$B$39; | | | |
| 2 | 11207 | Arbeiten mit dem PC | 25 | 2 | WENN(Prüfung; [Dann_Wert]; [Sonst_Wert]) | | |
| 3 | 12430 | Tabellenkalkulation II | 20 | 24,90 € | | | |
| 4 | 13080 | Präsentieren leichtgemacht | 15 | 16,95 € | | | |

**Ausschnitt aus der Tabelle Rabattsätze**

| Menge ab ... | Rabattsatz (%) |
|---|---|
| 0 | 0 |
| 10 | 10 |
| 20 | 15 |

Abb. 1_36: Die verschachtelte WENN-Funktion

An dieser Stelle führt die Anwendung der „einfachen" WENN-Funktion nicht zum gewünschten Ergebnis. Statt eines SONST-Wertes verbleiben in diesem Beispiel noch zwei Möglichkeiten (nämlich 10 % oder 0 %). Bei der Eingabe der Zelle B38 als SONST-Wert würden die Rabattsätze 15 % und 10 % berücksichtigt. Es fehlt allerdings noch der verbleibende dritte Wert (0 %). Dieser kann nicht mehr eingetragen werden, da die „einfache" WENN-Funktion durch die Angabe eines DANN-Wertes und eines SONST-Wertes beendet ist.

An dieser Stelle ermöglicht das Tabellenkalkulationsprogramm, nicht nur eine Zelle (oder einen Wert bzw. Text) als SONST-Wert anzugeben, sondern eine komplett neue WENN-Funktion zu verschachteln. Mit dieser verschachtelten WENN-Funktion können die noch verbleibenden zwei Möglichkeiten erfasst werden.
Die Funktion kann somit wie folgt ergänzt werden:
=WENN(D23>=$A$39;$B$39;WENN(D23>=$A$38;$B$38;

Durch den fett hervorgehobenen Teil der WENN-Funktion wurden bereits zwei der drei Möglichkeiten berücksichtigt. Es fehlt nur noch eine Möglichkeit. Der Wert der Zelle B37 kann als SONST-Wert der zweiten WENN-Funktion angehängt werden:
=WENN(D23>=$A$39;$B$39;WENN(D23>=$A$38;$B$38;$B$37))
Zu beachten ist abschließend, dass am Ende der Funktion zwei Klammern geschlossen werden müssen, da zuvor zwei Klammern geöffnet worden sind.

**Hinweis – häufiger Fehler:** Damit die Funktion zu den richtigen Ergebnissen führt, ist es von großer Bedeutung, in welcher Reihenfolge die Menge geprüft wird. Die folgende Funktion berücksichtigt zwar ebenfalls alle Mengen, kommt aber zu einem Falschen Ergebnis:
=WENN(D23>= $A$37 ;$B$37 ;WENN(D23>=$A$38 ;$B$38 ; $B$39))
=WENN(D23>=0;0;WENN(D23>=10;10;15))

Menge

| | | | | | | | | | |
|---|---|---|---|---|---|---|---|---|---|
| 1 | 2 | 4 | 5 | 6 | 7 | 8 | 9 | 10 | .. |

Preis pro Erzeugnis

| | | | |
|---|---|---|---|
| 0 [%] | 10 [%] | 15 [%] | ... |

Bei Verwendung der obenstehenden Funktion würde auch bei einer Menge von 25 Artikeln die folgende Prüfung erfolgen: =WENN(25>=0;0; ...

Obwohl festgelegt wurde, dass eine Bestellmenge von 25 Stück zu einem Rabattsatz von 15 % führen soll, würde die WENN-Funktion hier den Rabattsatz von 0 % ausgeben. Der Grund dafür ist, dass die Prüfung (25 größer gleich 0) als wahr betrachtet und so der zugehörige DANN-Wert ausgegeben wird. Bei einer positiven Prüfung wird das zugehörige Ergebnis (DANN-Wert) ausgegeben und an dieser Stelle beendet. Die verbleibenden Bedingungen werden dann nicht mehr „untersucht". Nur wenn die erste zu untersuchende Bedingung zu einer negativen Antwort führt, wird die zweite Bedingung untersucht usw.

→ Aufgabe 10

## 1.3.4 In den Daten suchen – mit SVERWEIS

Situation: Wieder zurück im Bereich Rechnungswesen teilt Herr Taube Ihnen mit, dass aufgrund des Drucks der Mitbewerber die Rabattstaffel nochmals überarbeitet werden muss.
Nun soll der Rabattsatz aus einer Hilfstabelle (siehe Abb. 1_37: Der SVERWEIS) entsprechend der jeweiligen Menge in das Rechnungsformular eingetragen werden.

**H** Der BEREICH_VERWEIS wird im Rahmen des einfachen SVERWEIS nicht benötigt und wird erst im Rahmen des „erweiterten SVERWEIS" (Kapitel 1.3.6) thematisiert.

Wenn das Tabellenkalkulationsprogramm in Abhängigkeit einer bestimmten Größe (z. B. der Abnahmemenge eines Kunden) zwischen mehr als zwei verschiedenen Möglichkeiten wählen soll, kann neben der verschachtelten WENN-Funktion auch die Suchfunktion SVERWEIS gewählt werden.
Syntax der Funktion: =SVERWEIS(SUCHKRITERIUM; MATRIX; SPALTENINDEX; [BEREICH_VERWEIS])

Wie nachfolgend dargestellt, soll in der Spalte F der Rabattsatz des jeweiligen Artikels in Abhängigkeit der Menge ausgegeben werden. Für den Artikel „Textverarbeitung I" wird aufgrund der Menge von 10 Stück ein Rabatt von 10 % gewährt. Für die Zelle F23 gilt die folgende Funktion:

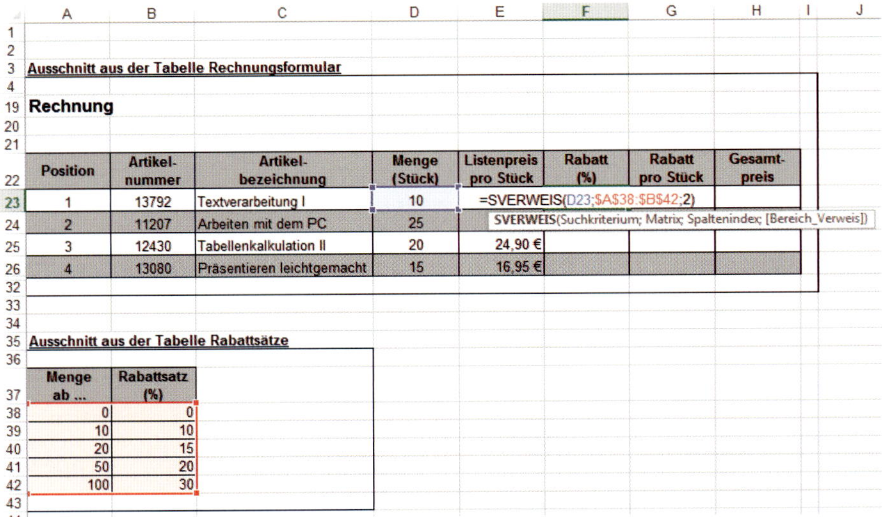

**Ausschnitt aus der Tabelle Rechnungsformular**

**Rechnung**

| Position | Artikel-nummer | Artikel-bezeichnung | Menge (Stück) | Listenpreis pro Stück | Rabatt (%) | Rabatt pro Stück | Gesamt-preis |
|---|---|---|---|---|---|---|---|
| 1 | 13792 | Textverarbeitung I | 10 | =SVERWEIS(D23;$A$38:$B$42;2) | | | |
| 2 | 11207 | Arbeiten mit dem PC | 25 | SVERWEIS(Suchkriterium; Matrix; Spaltenindex; [Bereich_Verweis]) | | | |
| 3 | 12430 | Tabellenkalkulation II | 20 | 24,90 € | | | |
| 4 | 13080 | Präsentieren leichtgemacht | 15 | 16,95 € | | | |

**Ausschnitt aus der Tabelle Rabattsätze**

| Menge ab ... | Rabattsatz (%) |
|---|---|
| 0 | 0 |
| 10 | 10 |
| 20 | 15 |
| 50 | 20 |
| 100 | 30 |

Abb. 1_37: Der SVERWEIS

Das S in der Funktion steht für senkrecht. Der SVERWEIS sucht das SUCHKRITERIUM (Inhalt der Zelle D23) in der angegebenen Matrix bzw. dem angegebenen Suchbereich ($A$38:$B$42) in der 1. Spalte von links, senkrecht von oben nach unten. Dabei geht das Programm wie folgt vor:

Zunächst wird geprüft, ob der Wert des SUCHKRITERIUMS (10) größer oder gleich dem ersten Wert der Matrix bzw. des Suchbereiches (A38) ist. Wenn die Prüfung erfolgreich verläuft, wird geprüft, ob das SUCHKRITERIUM auch größer oder gleich als der zweite Wert des Suchbereiches (A39) ist. Dieses Verfahren wird solange fortgesetzt, bis die Prüfung zu einem negativen Ergebnis führt. Im Beispiel ist das SUCHKRITERIUM D23 (10) größer als der Wert in der Zelle A38 (0) und gleich dem Wert in Zelle A39 (10), aber nicht größer oder gleich dem Wert in der Zelle A40 (20).

Der sogenannte SPALTENINDEX (;2) gibt an, welcher Inhalt der markierten Spalten als Ergebnis ausgegeben werden soll. In diesem Beispiel soll der Rabattsatz ausgegeben werden, sodass als SPALTENINDEX die Zahl 2 eingegeben werden muss. Das Tabellenkalkulationsprogramm wird nun den Wert der Spalte 2 ausgeben, bei dem die Prüfung („Ist die gesuchte Zahl größer oder gleich dem Grenzwert?“) das letzte Mal erfolgreich verlaufen ist (hier also den Inhalt der Zelle B39).

**H** Die Farben in der Formel korrespondieren mit den farblich umrandeten Feldern.

→ Aufgabe 11

**H** Als Voraussetzungen für das Funktionieren des SVERWEIS gilt, dass das Suchkriterium nicht unterhalb des kleinsten Wertes der 1. Spalte des Suchbereiches liegen darf, da die Funktion nur prüft, ob das Suchkriterium größer oder gleich dem jeweiligen Wert der 1. Spalte des Suchbereiches ist. Weiterhin müssen die Werte der 1. Spalte des Suchbereiches in einer aufsteigenden Reihenfolge (also 0 – 10 – 20 oder A – B – C) geordnet sein.

## 1.3.5 Erweiterung des SVERWEIS

Situation: Herr Taube teilt Ihnen mit, dass sich Kunden in der Vergangenheit häufig über falsch geschriebene Namen und Adressen beschwert haben. Teilweise seien Rechnungen gar nicht oder verspätet angekommen.
Herr Taube möchte, dass in einem weiteren Schritt zur Automatisierung der Rechnung durch Eingabe der Kundennummer in Zelle H15 der Kundenname und die Adresse im Anschriftenfeld (A7 bis A10) automatisch ausgegeben werden.

Bei dieser Problemstellung muss – abweichend vom Beispiel in Kapitel 1.3.5 – überprüft werden, ob der Wert, hier die Kundennummer 1019, tatsächlich in der Tabelle *Kunden* vorhanden ist. Die Kundennummern müssen eindeutig zugeordnet werden. Die Zuordnung zu einem Bereich, z. B. Kundennummer 1019 bis 1023, wäre hier nicht ausreichend.

Dieses Problem lässt sich durch die Erweiterung des SVERWEIS um ein zusätzliches Argument lösen. Der vollständige Aufbau des SVERWEIS lautet:
=SVERWEIS(SUCHKRITERIUM;MATRIX;SPALTENINDEX; [BEREICH_VERWEIS])

Der BEREICH_VERWEIS gibt an, ob die zur Matrix gehörenden Werte auf eine genaue Übereinstimmung geprüft werden sollen. Weiterhin können so Werte in einer Matrix überprüft werden, die nicht sortiert sind. Wird als BEREICH_VERWEIS FALSCH (oder auch 0) eingetragen, so geht das Programm von der Annahme aus, dass die Werte der ersten Spalte der Matrix auf genaue Übereinstimmung geprüft werden sollen. Der wesentliche Unterschied zum einfachen SVERWEIS besteht darin, dass von der Funktion nun lediglich die Prüfung erfolgt, ob der gesuchte Wert identisch mit dem Wert in der Matrix ist. Bei fehlender Übereinstimmung gibt das Tabellenkalkulationsprogramm in der jeweiligen Zelle die Fehlermeldung #NV (engl.: no value – übersetzt: der gesuchte Wert ist nicht vorhanden) aus. Die vollständige Funktion für die Zelle A7 lautet: =SVERWEIS($H$15;$A$37:$E$41;2;FALSCH)

→ Aufgabe 12 und 13

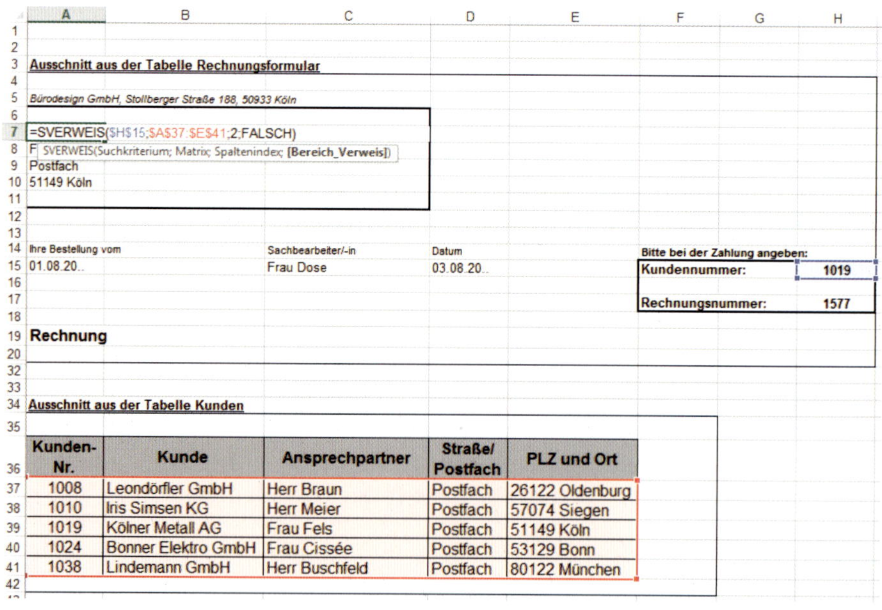


Abb. 1_38: Die Erweiterung des SVERWEIS

**H** Sind die Werte in der Matrix sortiert und soll ein Bereich überprüft werden (siehe einfacher SVERWEIS), so kann dies durch die Angabe WAHR als BEREICH-VERWEIS angegeben werden. Wird keine entsprechende Angabe gemacht, so geht das Programm ebenfalls von dieser Annahme aus.

## 1.3.6 Suchen mit WVERWEIS

Situation: Im Rahmen der Automatisierung der Rechnung in der Abteilung Rechnungswesen soll (wie beim SVERWEIS) der Rabattsatz aus einer Hilfstabelle entsprechend der jeweiligen Menge in das Rechnungsformular eingetragen werden. Herr Taube teilt Ihnen mit, dass die Hilfstabelle allerdings nicht wie beim SVERWEIS senkrecht, sondern in Zukunft waagerecht angeordnet werden soll.

Mit der Funktion SVERWEIS wurde durch die Eingabe von drei Argumenten ein gewünschter Wert innerhalb einer Hilfstabelle gesucht und der zugehörige Wert/Name etc. ausgegeben. Voraussetzungen für den SVERWEIS sind zum einen die aufsteigende Reihenfolge der Werte innerhalb der Hilfstabelle und zum anderen, dass die Hilfstabelle senkrecht aufgebaut ist. Das S im Funktionsnamen SVERWEIS besagt demnach, dass in einer senkrechten Hilfstabelle gesucht wird.

Ist die Hilfstabelle nicht senkrecht, sondern waagerecht dargestellt (siehe Abb. 1_39), so ist die Verwendung der Funktion SVERWEIS nicht möglich. Alternativ dazu muss die Funktion WVERWEIS verwendet werden, die analog aufgebaut ist. Das W steht hier für waagerecht. Die Syntax der Funktion lautet:
=WVERWEIS(SUCHKRITERIUM; MATRIX; ZEILENINDEX;[BEREICH_VERWEIS])

**Ausschnitt aus der Tabelle Rechnungsformular**

**Rechnung**

| Position | Artikel-nummer | Artikel-bezeichnung | Menge (Stück) | Listenpreis pro Stück | Rabatt (%) | Rabatt pro Stück | Gesamt-preis |
|---|---|---|---|---|---|---|---|
| 1 | 13792 | Textverarbeitung I | 10 | =WVERWEIS(D23;$B$37:$F$38;2) | | | |
| 2 | 11207 | Arbeiten mit dem PC | 25 | WVERWEIS(Suchkriterium; Matrix; Zeilenindex; [Bereich_Verweis]) | | | |
| 3 | 12430 | Tabellenkalkulation II | 20 | 24,90 € | | | |
| 4 | 13080 | Präsentieren leichtgemacht | 15 | 16,95 € | | | |

**Ausschnitt aus der Tabelle Rabattsätze**

| | | | | | |
|---|---|---|---|---|---|
| Menge ab ... | 0 | 10 | 20 | 50 | 100 |
| Rabattsatz (%) | 0 | 10 | 15 | 20 | 30 |

Abb. 1_39: Der WVERWEIS

Für die Zelle F23 gilt die folgende Funktion: =WVERWEIS(D23;$B$37:$F$38;2)

Wie beim SVERWEIS sucht auch der WVERWEIS den gewünschten Wert (d. h. die Zahl 10 aus der Zelle D23) in der Matrix (Suchbereich) ($B$37:$F$38). Da das Suchkriterium 10 zwar größer ist als die kleinste Zahl des Suchbereiches (hier die Zahl 0) und genau so groß ist wie die nächste Zahl 10, jedoch kleiner als die Zahl 20, wird als Ausgabewert der Inhalt der Zelle C38 ermittelt.

**H** Der BEREICH_VERWEIS wird im Rahmen des „einfachen" WVERWEIS nicht benötigt und kann weggelassen werden.

→ Aufgabe 14 und 15

**M** Der WVERWEIS unterliegt denselben Einschränkungen wie der SVERWEIS. Damit eine fehlerfreie Funktionsweise gewährleistet ist, muss neben einer aufsteigenden Reihenfolge innerhalb der MATRIX auch sichergestellt sein, dass sich das SUCHKRITERIUM nicht unterhalb der untersten Grenze des Suchbereiches befindet. D. h., der Wert –1 würde vom WVERWEIS nicht verarbeitet werden, da die Funktion die Suche erst ab der Zahl 0 durchführen kann. Auch die Fragestellung „Ist der gesuchte Wert größer oder gleich dem Grenzwert?" entspricht der des SVERWEIS.

## 1.4 Daten mit Diagrammen darstellen

Situation: Herr Thorsten Klein aus der Abteilung Rechnungswesen/Statistik möchte für die nächste Ausgabe der Betriebszeitung eine Übersicht über die Absatz- und Umsatzzahlen des vergangenen Geschäftsjahres erstellen. Um die reinen Zahlen etwas anschaulicher zu gestalten, soll mithilfe des Tabellenkalkulationsprogramms zunächst eine Gegenüberstellung der Brutto- und Nettoerlöse der gängigsten Artikel erstellt werden.

→ Aufgabe 16

Als Ausgangsbasis für das zu erstellende Diagramm dient die folgende Tabelle:

| | A | B | C | D | E | F | G |
|---|---|---|---|---|---|---|---|
| 1 | **Übersicht über den Absatz und den Umsatz des vergangenen Jahres** | | | | | | |
| 2 | | | | | | | |
| 3 | | | | | | | |
| 4 | | verkaufte Stückzahlen | | | | | |
| 5 | Artikel | 1. Halbjahr | 2. Halbjahr | Verkaufspreis | Bruttoerlöse gesamt | Rabatt gesamt | Nettoerlöse gesamt |
| 6 | Das Office Buch | 380 | 420 | 24,95 € | 19.960,00 € | 998,00 € | 18.962,00 € |
| 7 | Tabellenkalkulation II | 680 | 650 | 17,98 € | 23.913,40 € | 1.195,67 € | 22.717,73 € |
| 8 | Arbeiten mit dem PC | 420 | 370 | 22,40 € | 17.696,00 € | 884,80 € | 16.811,20 € |
| 9 | Internet für Anfänger | 830 | 850 | 12,90 € | 21.672,00 € | 2.167,20 € | 19.504,80 € |
| 10 | Präsentieren leichtgemacht | 490 | 590 | 16,95 € | 18.306,00 € | 1.372,95 € | 16.933,05 € |
| 11 | Textverarbeitung I | 940 | 1020 | 14,95 € | 29.302,00 € | 2.197,65 € | 27.104,35 € |
| 12 | Textverarbeitung II | 860 | 870 | 14,95 € | 25.863,50 € | 2.586,35 € | 23.277,15 € |

Abb. 1_40: Ausgangsdaten für die zu erstellenden Diagramme

In dem zu erstellenden Diagramm sollen die Werte *Bruttoerlöse gesamt* (Spalte E) sowie *Nettoerlöse gesamt* (Spalte G) für alle Artikel in Form eines Säulendiagramms dargestellt werden, da diese Darstellungsform den direkten Vergleich unterschiedlicher Werte ermöglicht.

Im ersten Schritt müssen die Werte markiert werden, aus denen das Programm später die Säulen erstellen soll. Im vorliegenden Fall sind dies die Zellen E6 bis E12 sowie G6 bis G12. Da hier ein nicht zusammenhängender Zellbereich vorliegt, empfiehlt es sich, zunächst die Zellen der Spalten E zu markieren. Bei anschließend festgehaltener STRG-Taste können die Zellen der Spalte G markiert werden. Die Werte, die später auf der x-Achse stehen werden (hier die Artikelbezeichnungen), werden an dieser Stelle bewusst nicht mit markiert. Der markierte Bereich hat folgendes Aussehen:

| | A | B | C | D | E | F | G |
|---|---|---|---|---|---|---|---|
| 1 | **Übersicht über den Absatz und den Umsatz des vergangenen Jahres** | | | | | | |
| 2 | | | | | | | |
| 3 | | | | | | | |
| 4 | | verkaufte Stückzahlen | | | | | |
| 5 | Artikel | 1. Halbjahr | 2. Halbjahr | Verkaufspreis | Bruttoerlöse gesamt | Rabatt gesamt | Nettoerlöse gesamt |
| 6 | Das Office Buch | 380 | 420 | 24,95 € | 19.960,00 € | 998,00 € | 18.962,00 € |
| 7 | Tabellenkalkulation II | 680 | 650 | 17,98 € | 23.913,40 € | 1.195,67 € | 22.717,73 € |
| 8 | Arbeiten mit dem PC | 420 | 370 | 22,40 € | 17.696,00 € | 884,80 € | 16.811,20 € |
| 9 | Internet für Anfänger | 830 | 850 | 12,90 € | 21.672,00 € | 2.167,20 € | 19.504,80 € |
| 10 | Präsentieren leichtgemacht | 490 | 590 | 16,95 € | 18.306,00 € | 1.372,95 € | 16.933,05 € |
| 11 | Textverarbeitung I | 940 | 1020 | 14,95 € | 29.302,00 € | 2.197,65 € | 27.104,35 € |
| 12 | Textverarbeitung II | 860 | 870 | 14,95 € | 25.863,50 € | 2.586,35 € | 23.277,15 € |

Abb. 1_41: Für das Säulendiagramm notwendiges Zahlenmaterial

Um aus diesen Werten ein Säulendiagramm zu erstellen, wird mit der Maus der Befehlsweg EINFÜGEN – DIAGRAMME (kleine Schaltfläche am rechten Rand – vgl. rote Markierung) gewählt. In dem Fenster, das sich nun öffnet, wird in der Registerkarte ALLE DIAGRAMME der in der Abbildung markierte Säulentyp (GRUPPIERTE SÄULEN) ausgewählt. Diese Vorgehensweise eignet sich besonders gut für Anwender, die sich hinsichtlich des Diagrammtyps noch nicht sicher sind. Die senkrecht dargestellten Diagrammtypen (vgl. grüner Pfeil) und die jeweils horizontal abgebildeten Diagrammuntertypen (vgl. roter Pfeil) bieten einen raschen Überblick über die zur Verfügung stehenden Möglichkeiten.

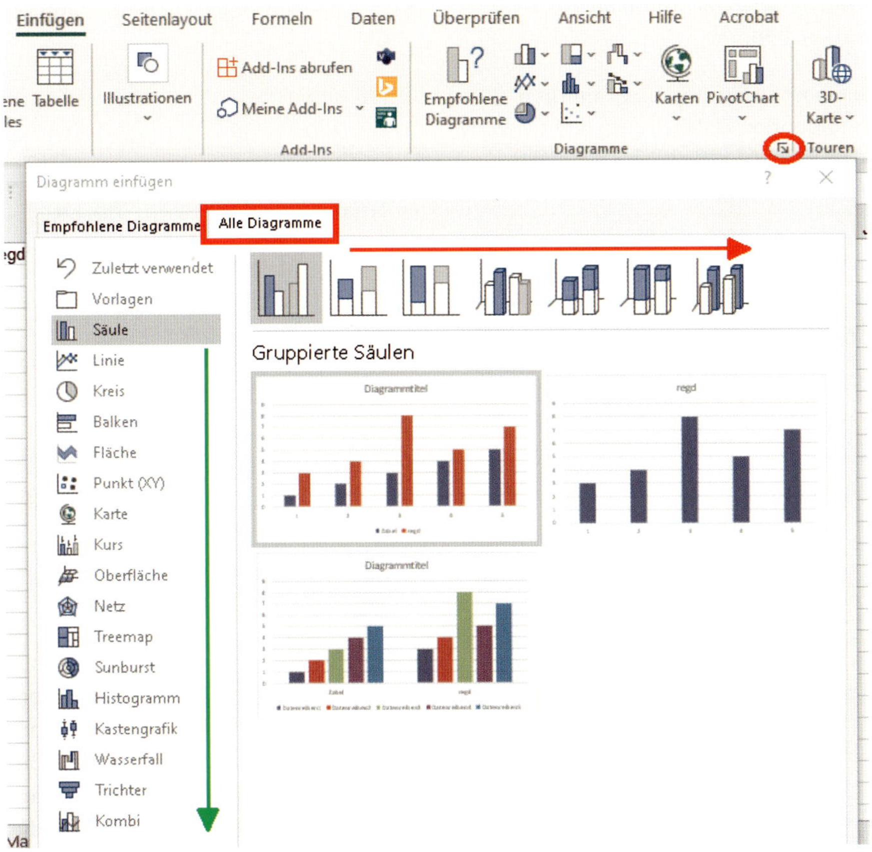


Abb. 1_42: Auswahl des Diagrammtyps GRUPPIERTE SÄULEN

Sofern der Anwender sich von vornherein schlüssig über die Auswahl des Diagrammtyps Säule ist, kann er statt der zuvor vorgestellten Vorgehensweise alternativ den Befehlsweg EINFÜGEN – DIAGRAMME – SÄULE wählen, sodass im sich nun öffnenden Fenster lediglich die unterschiedlichen Säulentypen angezeigt werden (die Abbildung stellt lediglich einen Auszug der vorhandenen Säulendiagrammtypen dar) und der richtige Diagrammtyp ausgewählt werden kann.

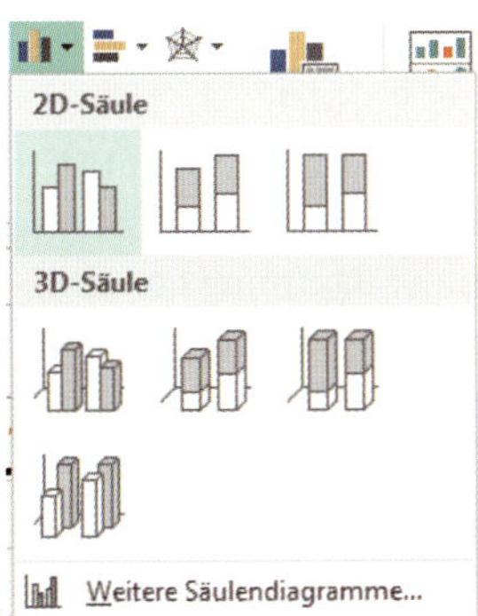


Abb. 1_43: Auswahl des Diagrammtyps GRUPPIERTE SÄULEN über den Befehlsweg EINFÜGEN – DIAGRAMME – SÄULE

Die unterschiedlichen Diagramm-(unter-)typen werden vom Programm erklärt, wenn die Maus einige Sekunden auf der Schaltfläche des gewünschten Diagramms zum Ruhen kommt. Im Fall des ausgewählten Diagramms öffnet sich beispielsweise folgender Kommentar:

**Gruppierte Säulen**

Verwenden Sie diesen Diagrammtyp für folgende Funktionen:
• Werte zwischen Rubriken vergleichen.

Verwenden Sie den Diagrammtyp in folgenden Fällen:
• Die Reihenfolge der Rubriken ist nicht wichtig.

Abb. 1_44: Erklärender Hinweistext zum ausgewählten Diagrammtyp GRUPPIERTE SÄULEN

Nach erfolgter Auswahl des Diagrammtyps wird auf dem Monitor das Diagramm in seiner Grundstruktur dargestellt. Es kann durch die nachstehend beschriebenen Schritte den Wünschen des Anwenders angepasst werden.

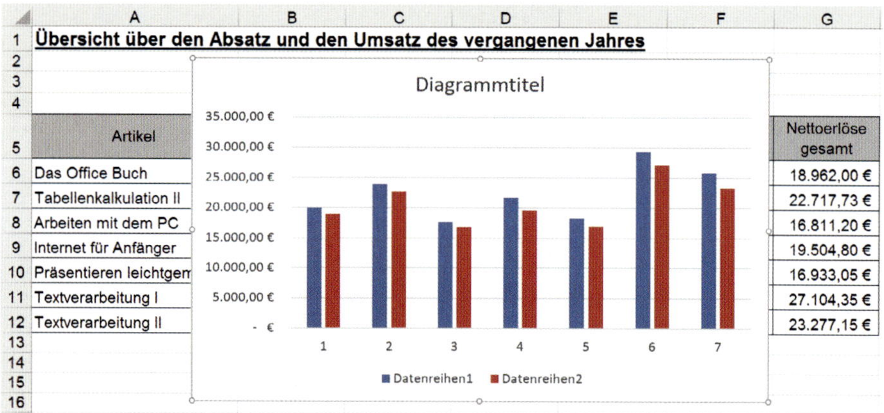


Abb. 1_45: Grundstruktur des Diagrammtyps GRUPPIERTE SÄULEN

Entspricht der ausgewählte Diagrammtyp doch nicht den Erwartungen, kann der Diagrammtyp nach Markierung des Diagramms problemlos über den Befehlsweg ENTWURF – TYP – DIAGRAMMTYP ÄNDERN abgeändert werden.

Zu beachten ist, dass das Programm automatisch in die DIAGRAMMTOOLS gewechselt ist, die aus den Registerkarten ENTWURF und FORMAT bestehen.

Im Bereich der Registerkarte ENTWURF wird zunächst über die Schaltfläche DATEN AUSWÄHLEN dafür Sorge getragen, dass die Legende statt der Bezeichnungen Datenreihen1 bzw. Datenreihen2 die korrekten Bezeichnungen zugewiesen bekommt. Nach dem Anklicken der Schaltfläche DATEN AUSWÄHLEN öffnet sich folgendes Fenster:

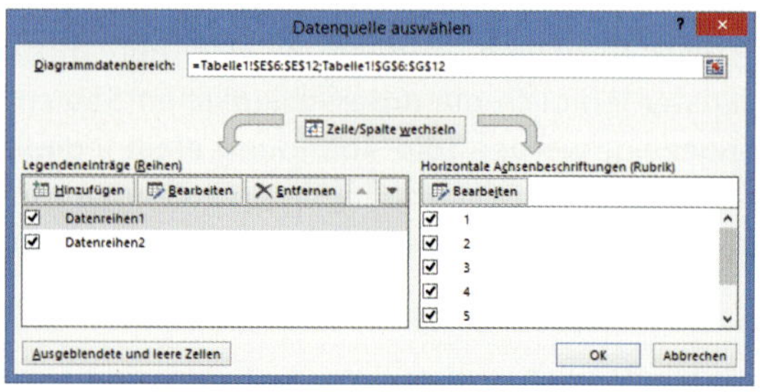


Abb. 1_46: Menü zur Umbenennung der Legende

Zur Änderung der Bezeichnung Datenreihen1 wird diese mit der Maus angeklickt (sie wird nun blau hinterlegt dargestellt). Durch einen anschließenden Klick auf die Schaltfläche *Bearbeiten* öffnet sich das folgende Fenster.

Abb. 1_47: Eingabeaufforderung zur Umbenennung der Datenreihe1

In diesem Fenster zeigt das Programm im Bereich *Reihenwerte* an, dass sich die Datenreihe1 aus den Werten der Zellen E6 bis E12 (aus dem Tabellenblatt Tabelle1) zusammensetzt. An dieser Stelle kann der gewünschte Legendentext (Bruttoerlöse gesamt) per Hand in das freie Feld des Bereichs *Reihenname* eingegeben werden. Eine andere Möglichkeit besteht darin, dass mit der Maus auf das Symbol am rechten Rand des Bereichs *Reihenname* (vgl. rote Markierung) geklickt wird. Im sich nun öffnenden Fenster (vgl. Abb. 1_48) besteht die Möglichkeit, mit der Maus einen Zellbezug zu der Zelle E5 des Tabellenblattes Tabelle1 herzustellen, um hierdurch den gewünschten Legendentext im Diagramm zu erstellen. Die Auswahl wird erneut mit dem Symbol am rechten Rand des nachstehend dargestellten Fensters abgeschlossen.

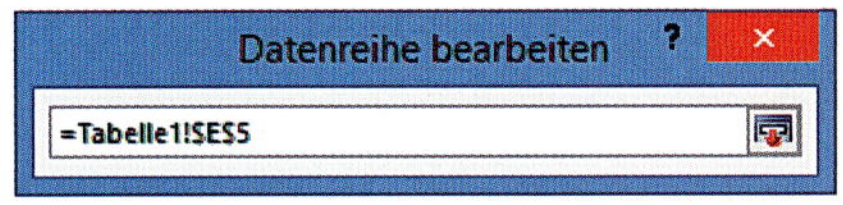


Abb. 1_48: Durch Zellbezug vorgenommene Auswahl zur Umbenennung der Datenreihe1

Nachdem auch die Datenreihe2 entsprechend umbenannt worden ist, hat das Diagramm im Bereich der Legende folgendes Aussehen:

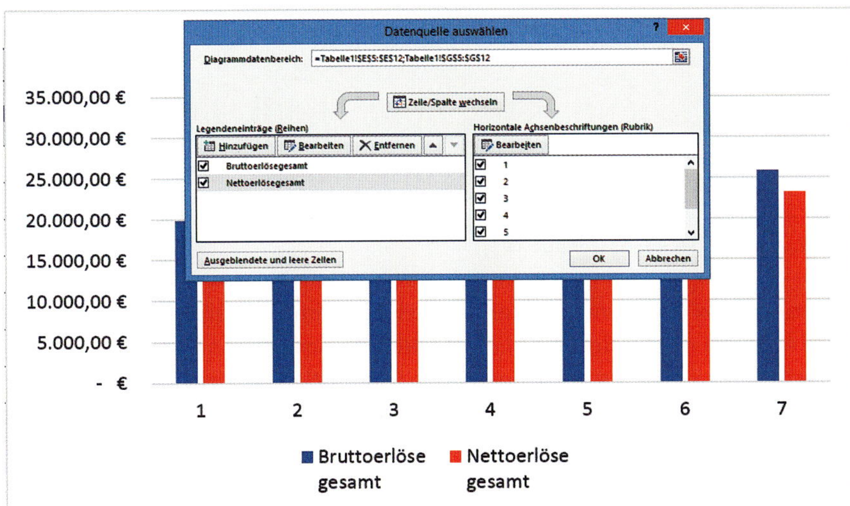


Abb. 1_49: Diagramm nach erfolgter Umbenennung der Datenreihen 1 und 2

Im selben Arbeitsschritt kann auch die fehlerhafte horizontale Achsenbeschriftung (x-Achse) umbenannt werden. Hierfür wird mit der Maus in den rechten Bereich (Horizontale Achsenbeschriftungen) gewechselt. Durch einen weiteren Klick auf die Schaltfläche *Bearbeiten* gelangt man in das nachstehend abgebildete Eingabefenster (vgl. Abb. 1_50). In diesem Fenster können mit der Maus die Zellen A6 bis A12 markiert werden, bevor nach Bestätigung der Eingabe das Diagramm, das in der Abb. 1_51 dargestellte Aussehen annimmt.

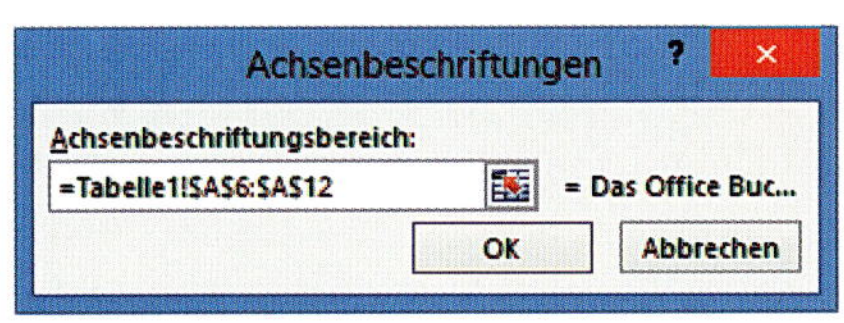


Abb. 1_50: Ausgewählte Zellen zur Umbenennung der x-Achse

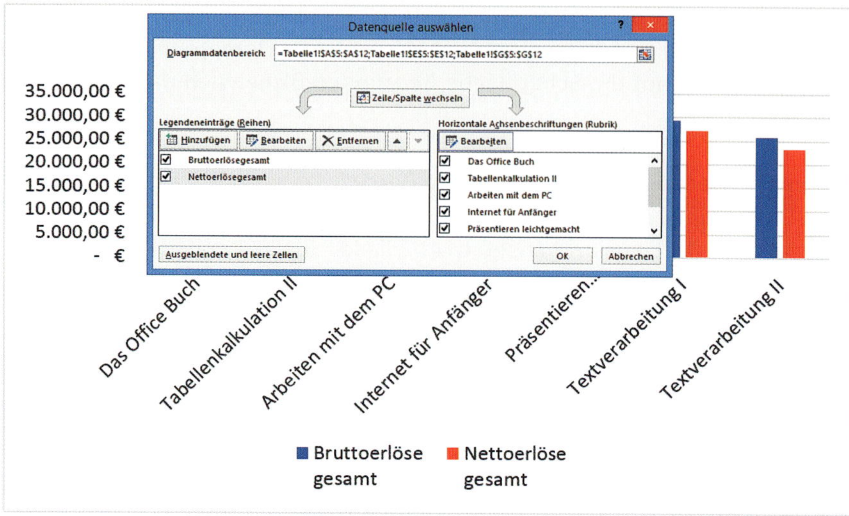


Abb. 1_51: Diagramm nach Umbenennung der x-Achse

Die Gruppe *Diagrammformatvorlagen* empfiehlt sich, um einem Diagramm rasch ein fertiges Format zuzuweisen. Für die weiteren Schritte wird aus den Vorlagen die in der nachstehenden Abbildung dargestellte Formatvorlage (Formatvorlage 14, vgl. roter Pfeil) ausgewählt:

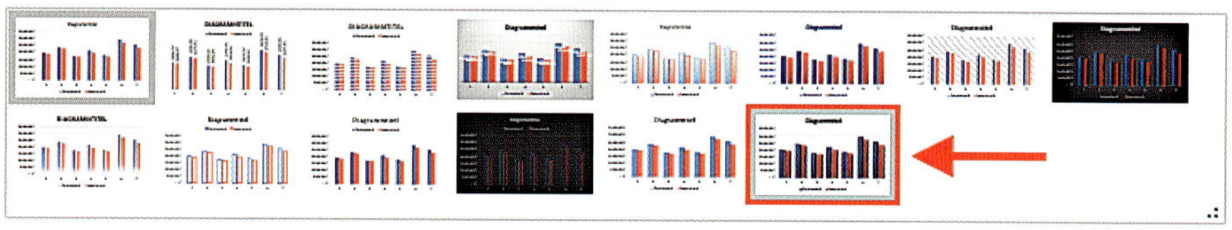

Abb. 1_52: Auswahl der Formatvorlage 14

In der Gruppe *Ort* ist zu entscheiden, ob das Diagramm unter der Tabelle angeordnet (Auswahl der Option *Objekt in:*) oder auf einem gesonderten Tabellenblatt dargestellt werden soll (Auswahl der Option *Neues Blatt:*). Für die weiteren Schritte wird die Option *Neues Blatt* ausgewählt. In die Fläche hinter der Auswahl kann zudem der Name des neu zu erstellenden Tabellenblattes eingegeben werden (hier: Brutto- und Nettoerlöse).

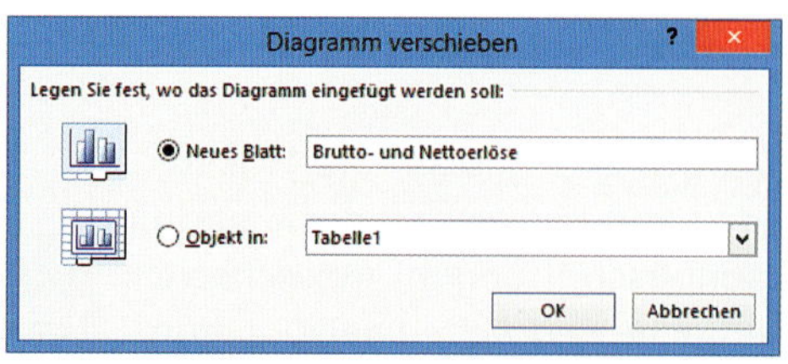


Abb. 1_53: Verschieben des Diagramms auf das neue Tabellenblatt „Brutto- und Nettoerlöse“

Durch die Darstellung auf einem gesonderten Tabellenblatt hat das Diagramm folgendes Aussehen:

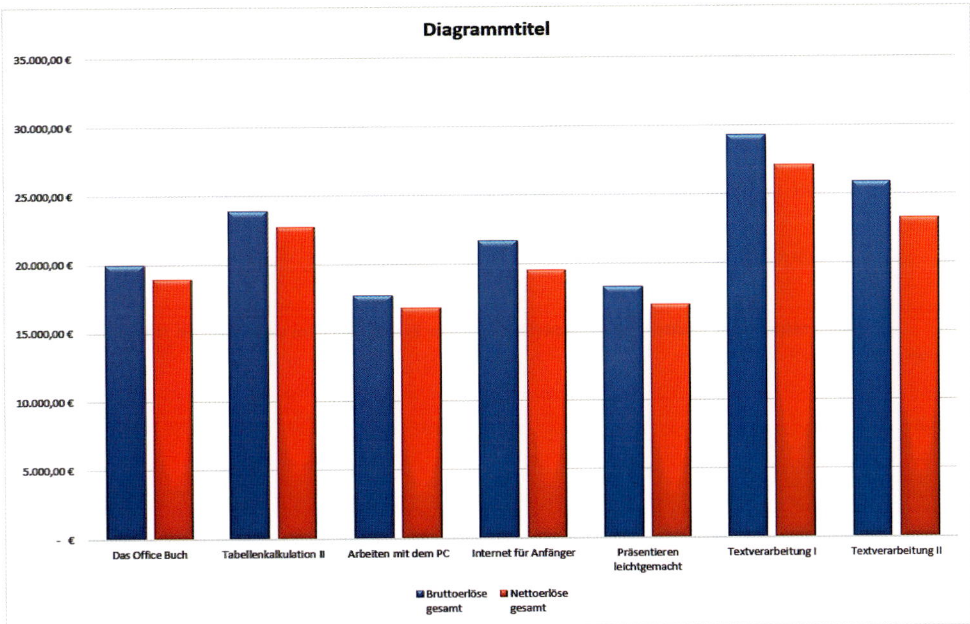


Abb. 1_54: Diagrammdarstellung auf dem neu erstellten Tabellenblatt

In der Gruppe *Diagrammtools* kann dem Diagramm unter anderem ein Schnelllayout zugewiesen werden. Für das hier zu erstellende Diagramm werden allerdings an dieser Stelle keine Änderungen vorgenommen.

Weiterhin befindet sich in der Gruppe *Diagrammlayouts* die Schaltfläche *Diagrammelement hinzufügen*, mit deren Hilfe die fehlenden Angaben (z. B. Diagrammtitel, Achsenbeschriftungen) bzw. Feineinstellungen (z. B. Position der Legende, Gitternetzlinien) vorgenommen werden.

Der Aufbau der einzelnen Menüpunkte wird stellvertretend durch die Schaltfläche *Diagrammtitel* dargestellt. Nach Auswahl des Befehlsweges *Diagrammelement hinzufügen – Diagrammtitel* öffnet sich das in der nachstehenden Abb. 1_55 dargestellte Fenster, aus dem die Option *Über Diagramm* gewählt wird.

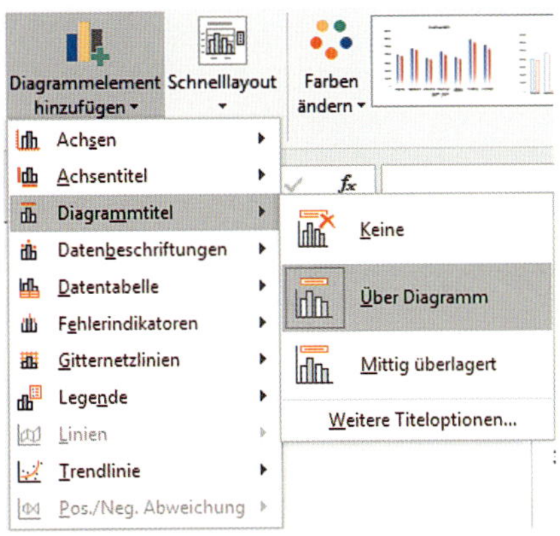


Abb. 1_55: Auswahl der Diagrammtiteloption *Über Diagramm*

Der gewünschte Diagrammtitel kann nun entweder in die Bearbeitungsleiste (vgl. nachstehende Abb. 1_56) bzw. direkt in den Bereich *Diagrammtitel* innerhalb des Diagramms eingegeben werden. Zu beachten ist, dass die Eingabe über die Bearbeitungsleiste erst nach Betätigung der Enter-Taste oder der Eingeben-Schaltfläche (vgl. rote Markierung) in das Diagramm übertragen wird. Bei der Auswahl des Diagrammtitels ist zu beachten, dass ein externer Betrachter durch das Lesen des Titels grundsätzlich erkennen soll, was mit dem Diagramm dargestellt werden soll. Im Regelfall sollen mehrere W-Fragen in der Überschrift beantwortet werden. In diesem Fall bieten sich die Fragen Was? (Brutto- und Nettoerlöse), Wer? (unsere Erzeugnisse), Wann? (für das vergangene Jahr) für die

Erstellung eines sinnvollen Diagrammtitels an. Als ein möglicher Diagrammtitel kommt z. B. folgende Formulierung infrage, die in das entsprechende Feld eingetragen wird: „Darstellung der Brutto- und Nettoerlöse unserer Erzeugnisse im vergangenen Jahr“.

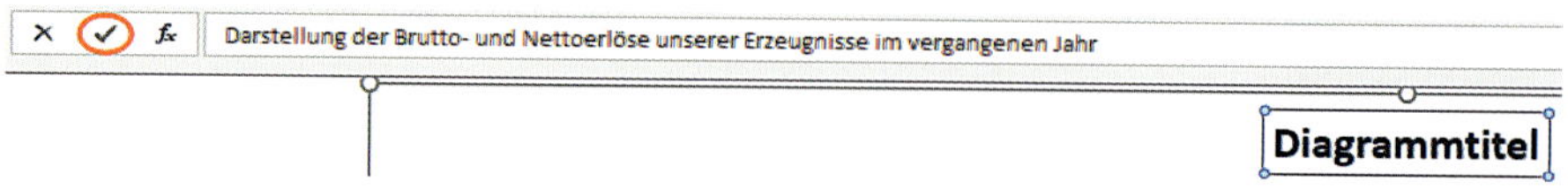


Abb. 1_56: Eingabe des Diagrammtitels in die Bearbeitungsleiste

Das Diagramm hat jetzt folgendes Aussehen:

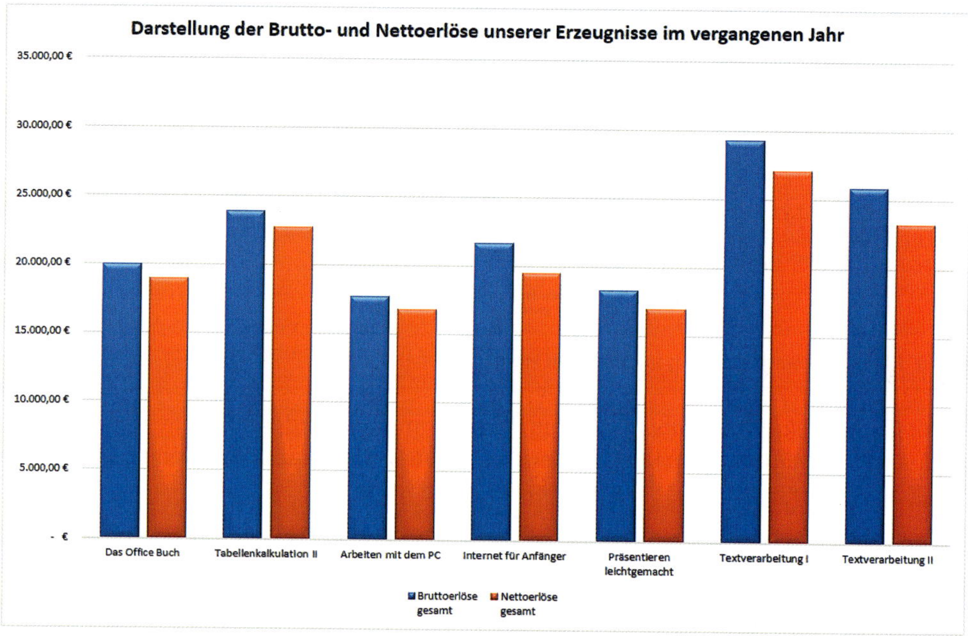


Abb. 1_57: Diagramm nach Eingabe des Diagrammtitels

H

Der Bereich des Diagrammtite kann formatiert werden, indem im Menü der Schaltfläche *Diagrammtitel* die Auswahl *Weitere Titeloptionen* (vgl. Abb. 1_55) gewählt wird.

Für die weiteren Diagrammelemente innerhalb der Schaltfläche *Diagrammelement hinzufügen* sind folgende Einstellungen vorzunehmen:

- Achsentitel – Primär horizontal (Eingabe der Bezeichnung „Artikel“)
- Achsentitel – Primär vertikal (Eingabe der Bezeichnung „Erlöse“)
- Legende – Oben
- Datenbeschriftungen – Am Ende außerhalb
- Gitternetzlinien – Primär vertikal Haupt/Primäres Hauptgitter vertikal

Nach Umsetzung der zuvor beschriebenen Einstellungen hat das Diagramm folgendes Aussehen:

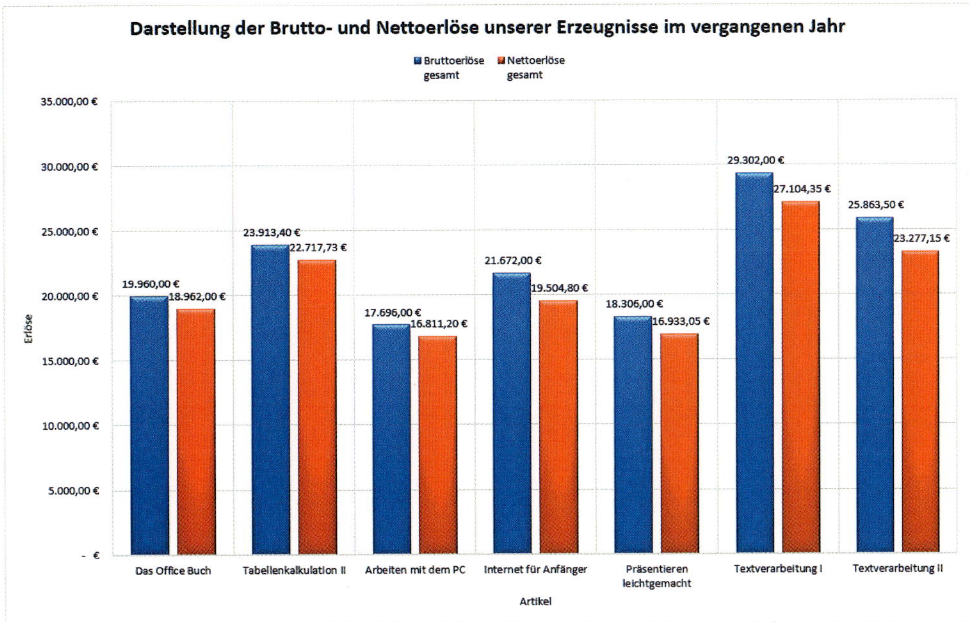


Abb. 1_58: Diagramm nach Ausführung diverser Diagramm-Layout-Optionen

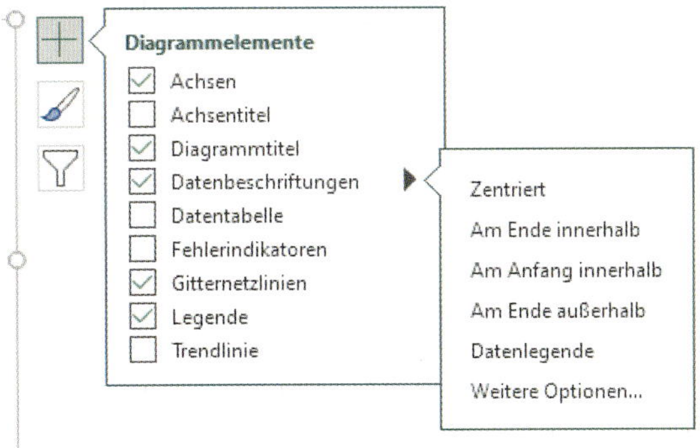


Abb. 1_59: Möglichkeiten zur Gestaltung der Diagrammelemente nach Betätigen der +-Schaltfläche

**H** Alternativ können die Diagrammoptionen auch über die +-Schaltfläche gewählt werden, die bei der Bearbeitung des Diagramms im oberen rechten Bereich erscheint. Vergleiche hierzu auch die nachstehende Abb. 1_59.

## 1.4.1 Diagramme formatieren und bearbeiten

Situation: Um das zuvor dargestellte Diagramm in der Betriebszeitung angemessen veröffentlichen zu können, will Herr Klein abschließende „Feineinstellungen" am Diagramm vornehmen. Hierzu gehören:

1. Versehen des Diagrammbereichs und der Zeichnungsfläche mit einer pergamentfarbenen Texturfüllung
2. Anpassung der y-Achse dahingehend, dass diese bei 10.000,00 € beginnt und bei 30.000,00 € endet, sowie die Darstellung des Hauptintervalls in 2.500,00-Euro-Schritten
3. Veränderung der Schriftgröße der Überschrift auf 17 Punkt
4. Kennzeichnung der langfristigen Mindest-Nettoumsatzerlöse bei einem Wert von 15.000,00 € mithilfe einer Linie im Diagramm
5. Angabe der Bedeutung der eingefügten Linie im unteren, rechten Bereich des Diagramms durch ein Textfeld

→ Aufgabe 17

Ausgangspunkt für die Formatierungen ist das im Kapitel 1.4 erstellte Diagramm, welches bislang folgendes Aussehen hat:

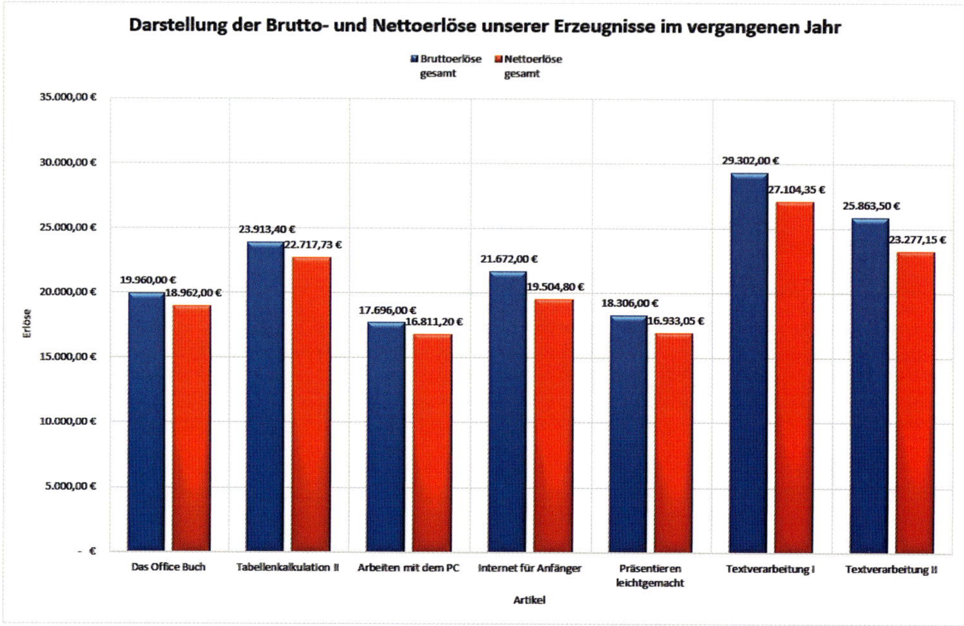


Abb. 1_60: Ausgangspunkt für die weiterführenden Formatierungen

Für alle vorzunehmenden Änderungen gilt das Prinzip, dass mit der Maus auf den zu verändernden Teil des Diagramms geklickt wird. Für die erste Änderung wird somit in einen beliebigen Teil des derzeit weißen Diagrammbereichs (vgl. Hinweis in Abb. 1_61) geklickt (z. B. links oben neben die Überschrift). Anschließend wird über den Befehlsweg *Format – Aktuelle Auswahl – Auswahl formatieren* rechts neben dem Diagramm das Menü *Diagrammbereich formatieren* geöffnet. Durch die Auswahl der Option *Bild- oder Texturfüllung* (im Bereich *Füllung*) und die Bestimmung der gewünschten Textur (hier: Pergament) kann der gewünschte Diagrammbereich erstellt werden (vgl. rote Markierungen). Für die Änderung der Zeichnungsfläche wird entsprechend verfahren.

Abb. 1_61: Zuweisung einer pergamentfarbenen Textur für das bestehende Diagramm

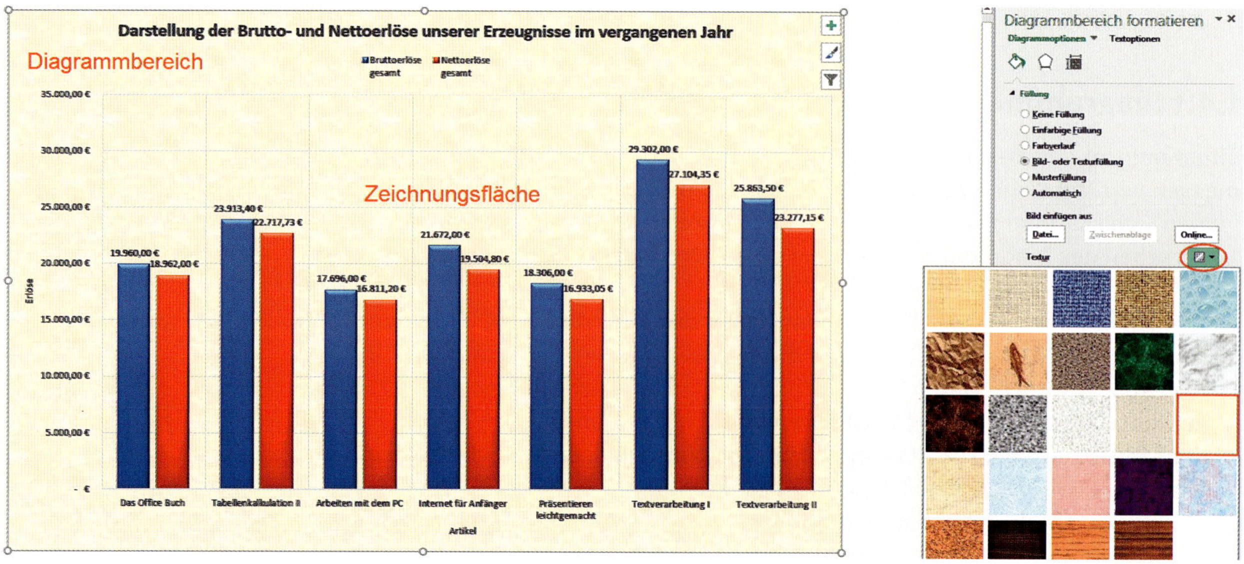

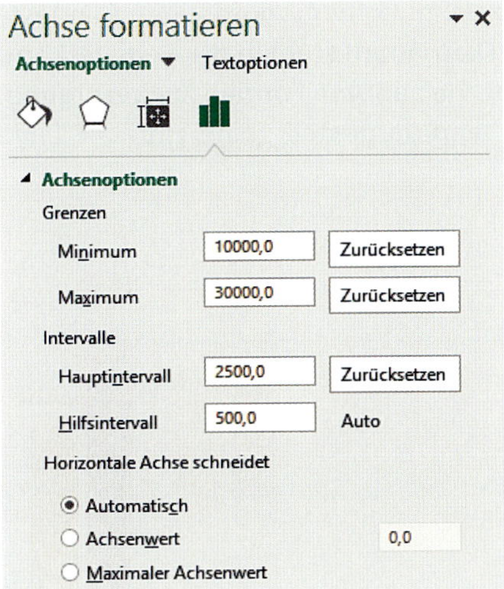


Entsprechend wird auch für die Anpassung der y-Achse (Skalierung) verfahren. Nach dem Anklicken des entsprechenden Diagrammbereichs (z. B. auf die Zahl 20.000,00 €) und der Auswahl des Befehlswegs *Format – Aktuelle Auswahl – Auswahl formatieren – Achsenoptionen* öffnet sich das folgende Fenster. Durch die Eingabe der gewünschten Werte (vgl. Abb. 1_62) kann nun die y-Achse entsprechend skaliert werden.

Abb. 1_62: Änderung der Skalierung der y-Achse (Auszug aus dem Menü Achsenoptionen)

Für die Änderung der Schriftgröße der Überschrift (auf 17 Punkt) wird der Überschriftenbereich mit der Maus angeklickt. Im Gegensatz zu den zuvor beschriebenen Formatierungsarbeiten ist die Änderung der Schriftgröße über den Befehlsweg *Start – Schriftart* vorzunehmen. Nach Abschluss dieses Schritts hat das Diagramm das nachstehende Aussehen.

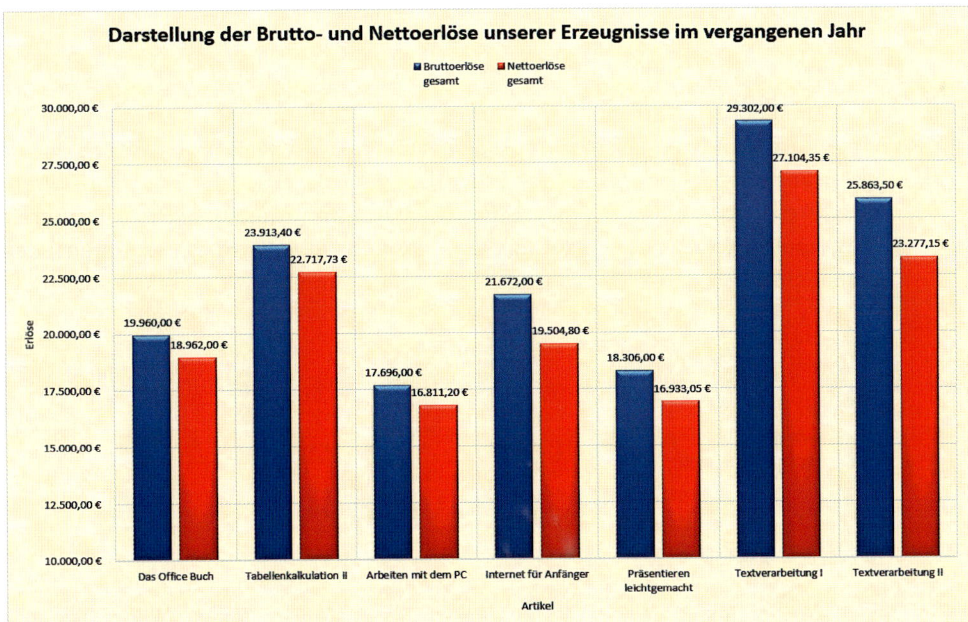


Abb. 1_63: Diagramm nach den vorgenommenen Formatierungen

**M** Wenn nach Fertigstellung des Diagramms Änderungen am Diagramm vorgenommen werden sollen, ist der betreffende Teil des Diagramms mit der Maus zu markieren und die Änderung über die Registerkarten *Entwurf*, *Format* bzw. *Start* vorzunehmen.

Für den vierten Änderungswunsch (Kennzeichnung der langfristigen Mindest-Nettoumsatzerlöse mithilfe einer Linie im Diagramm) steht in der Registerkarte *Format* in der Gruppe *Formen einfügen* eine Vielzahl von Formen zur Verfügung. Aufgrund der Vorgabe wird, wie nachstehend dargestellt, eine einfache Linie ausgewählt.

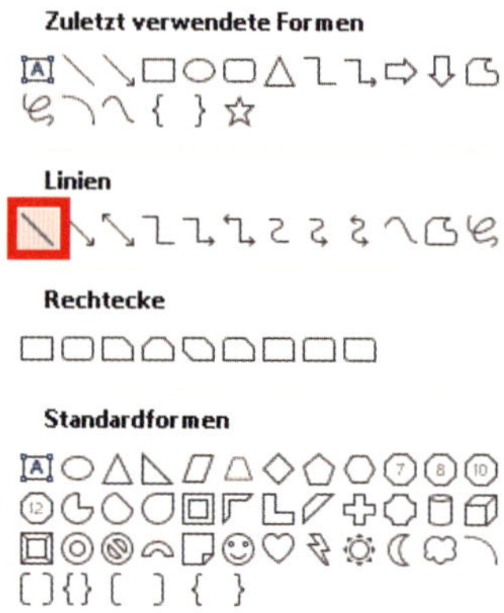


Abb. 1_64: Auszug aus den zur Verfügung stehenden FORMEN mit ausgewählter LINIE

Nach der Auswahl der gewünschten Form wird die Linie bei festgehaltener linker Maustaste beim Wert von 15.000,00 € von der y-Achse bis zum rechten Diagrammrand gezogen. Sobald die Maustaste losgelassen wird, kennzeichnet das Programm die gezogene Linie durch zwei kleine Kreise an den jeweiligen Enden.

Um die zunächst nur schwach zu erkennende Linie optisch anspruchsvoll darstellen zu können, öffnet sich bei markierter Linie in den *Zeichentools* die Registerkarte *Format*, die im Menüpunkt *Formkontur* (in der Gruppe *Formenarten*) unter anderem die Auswahl der *Stärke* ermöglicht. Bei der Auswahl der Linienstärke 1½ Punkt und der zusätzlichen Auswahl der Linienfarbe Schwarz (Menüpunkt *Formkontur – Designfarben* oder *Standardfarben*) ergibt sich das aktualisierte – in Abb. 1_67 dargestellte – Diagramm.

Abb. 1_65: Auswahl der Linienfarbe

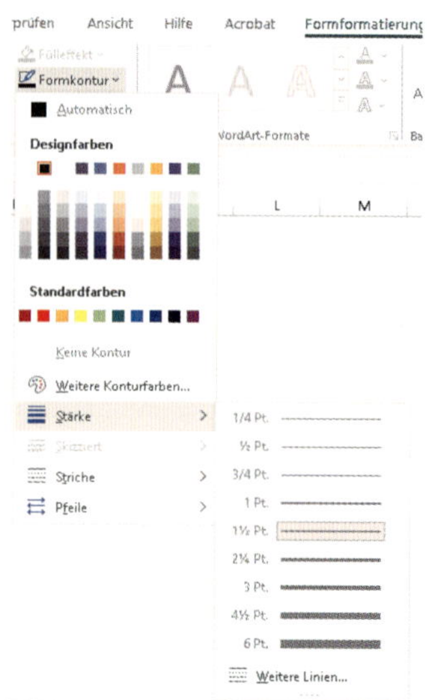


Abb. 1_66: Auswahl der Linienstärke

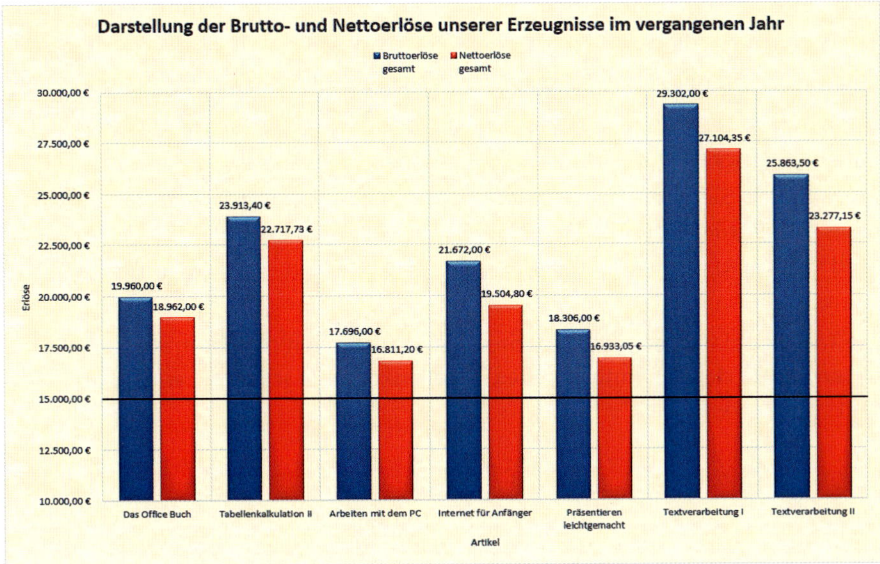


Abb. 1_67: Diagramm nach Einfügen der langfristigen Mindest-Nettoumsatzerlöse bei 15.000,00 €

Abschließend ist im fünften Schritt nur noch im unteren, rechten Bereich des Diagramms ein Hinweis zu geben, welche Bedeutung die zuvor eingefügte Linie hat. Hierfür bietet sich ein Textfeld an (Befehlsweg *Einfügen – Text – Textfeld*). Nach dem Anklicken des Menüpunkts *Textfeld* ist – ähnlich wie beim vorherigen Erstellen der Durchschnittslinie – mit der Maus bei festgehaltener linker Maustaste das Textfeld am gewünschten Ort zu erstellen.

Sobald die linke Maustaste losgelassen wird, öffnet sich das Textfeld, in das nun der gewünschte Text (hier: *langfristige Mindest-Nettoumsatzerlöse: 15.000,00 €*, Schriftart Calibri, 11 Punkt, fett) eingefügt werden kann.

Ist diese Eingabe beendet, hat das Diagramm schließlich folgendes endgültiges Aussehen.

→ Aufgabe 18

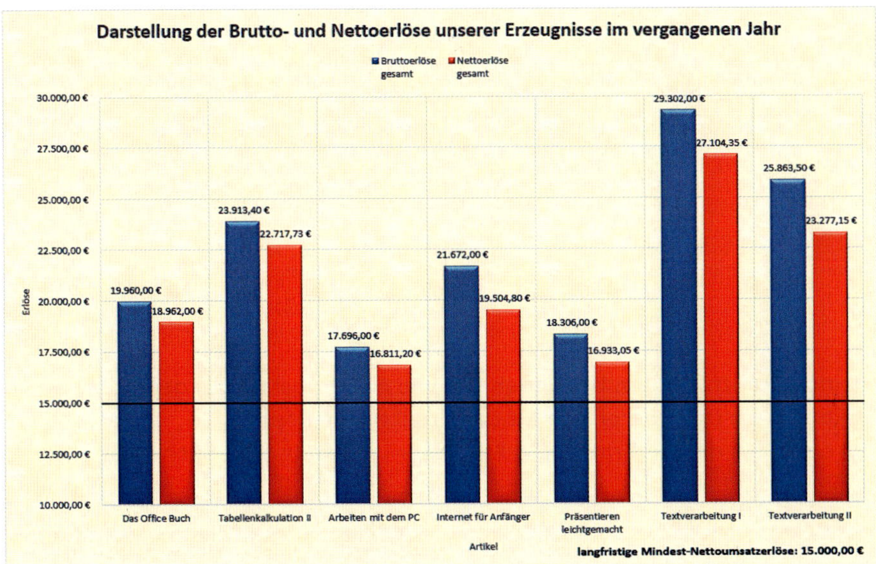


Abb. 1_68: Endgültiges Aussehen des Diagramms

## Aufgaben

1. Machen Sie sich mit Ihrer Tabellenkalkulation vertraut. Starten Sie das Programm und öffnen Sie ein neues Arbeitsblatt (nur bei MS).
Tippen Sie Text und Zahlen in verschiedene Felder und übergeben Sie Ihre Eingabe durch Drücken der Enter-Taste, eine der 4 Pfeiltasten oder klicken Sie in eine andere Zelle. Wenn Sie etwas Gefühl für die Eingabe entwickelt haben, dann ziehen Sie mit gedrückter linker Maus taste einen Rahmen über alle Zellen mit Inhalt und löschen Sie alle Eingaben mit der Entfernen-Taste.

2. Sie sollen das unten abgebildete Tabellenblatt erstellen. Beachten Sie, dass noch nichts formatiert wird. Die Zellenbreite soll angepasst werden, damit der gesamte Text des Tabellenkopfes dargestellt wird. Speichern Sie die Tabelle unter dem Namen „Benzinverbrauch".

| | A | B | C | D | E | F | G |
|---|---|---|---|---|---|---|---|
| 1 | Benzinverbrauch | | | | | | |
| 2 | | | | | | | |
| 3 | Tank-Datum | Kilometerstand | gefahrene Strecke | Getankte Spritmenge | Tankbetrag in € | Verbrauch pro Kilometer | Verbrauch pro 100 km |
| 4 | 01. Feb | 12500 | | 20 | | | |
| 5 | 14. Feb | 13000 | | 25 | | | |
| 6 | 02. Mrz | 13450 | | 30 | | | |
| 7 | 07. Mrz | 13700 | | 25 | | | |
| 8 | 18. Mrz | 14100 | | 25 | | | |
| 9 | 31. Mrz | 14500 | | 28 | | | |
| 10 | 04. Apr | 15000 | | 30 | | | |
| 11 | | | | | | | |

Abb. 1_69

3. Ändern Sie die Tabelle „Benzinverbrauch" so, dass der Text in der Zelle A1 fett und in 18-Punkt-Größe dargestellt wird.
Formatieren Sie die Zahlenwerte der Spalten „Kilometerstand" und „gefahrene Strecke" so, dass rechts neben der Zahl die Maßeinheit „km" steht, bei der Spalte „Getankte Spritmenge" soll die Maßeinheit „Liter" stehen und beim Tankbetrag der Betrag mit zwei Nachkommastellen und dem €-Zeichen.

| | A | B | C | D | E | F | G |
|---|---|---|---|---|---|---|---|
| 1 | Benzinverbrauch | | | | | | |
| 2 | | | | | | | |
| 3 | Tank-Datum | Kilometerstand | gefahrene Strecke | Getankte Spritmenge | Tankbetrag in € | Verbrauch pro Kilometer | Verbrauch pro 100 km |
| 4 | 01. Feb | 12.500,0 km | | 20,0 l | | | |
| 5 | 14. Feb | 13.000,0 km | | 25,0 l | | | |
| 6 | 02. Mrz | 13.450,0 km | | 30,0 l | | | |
| 7 | 07. Mrz | 13.700,0 km | | 25,0 l | | | |
| 8 | 18. Mrz | 14.100,0 km | | 25,0 l | | | |
| 9 | 31. Mrz | 14.500,0 km | | 28,0 l | | | |
| 10 | 04. Apr | 15.000,0 km | | 30,0 l | | | |
| 11 | | | | | | | |

Abb. 1_70

4. Bearbeiten Sie die Tabelle „Benzinverbrauch" weiter. Überlegen Sie, wie die Formel für die gefahrene Strecke lauten muss. Tragen Sie die Formel ein und überprüfen Sie das Ergebnis im Kopf.
Überlegen Sie als nächstes die Formel für den Verbrauch pro Kilometer und tragen Sie auch diese Formel ein.

| | A | B | C | D | E | F | G |
|---|---|---|---|---|---|---|---|
| 1 | Benzinverbrauch | | | | | | |
| 2 | | | | | | | |
| 3 | Tank-Datum | Kilometerstand | gefahrene Strecke | Getankte Spritmenge | Tankbetrag in € | Verbrauch pro Kilometer | Verbrauch pro 100 km |
| 4 | 01. Feb | 12.500,0 km | | 20,0 l | | | |
| 5 | 14. Feb | 13.000,0 km | 500,0 km | 25,0 l | | 0,05 | 5 |
| 6 | 02. Mrz | 13.450,0 km | | 30,0 l | | | |
| 7 | 07. Mrz | 13.700,0 km | | 25,0 l | | | |
| 8 | 18. Mrz | 14.100,0 km | | 25,0 l | | | |
| 9 | 31. Mrz | 14.500,0 km | | 28,0 l | | | |
| 10 | 04. Apr | 15.000,0 km | | 30,0 l | | | |

Abb. 1_71

5. Bearbeiten Sie die Tabelle „Benzinverbrauch“ weiter. Ziehen Sie die Formeln nach unten, sodass alle Berechnungen erledigt werden. Ergänzen Sie noch die Formel für den Verbrauch pro 100 km.

| | A | B | C | D | E | F | G |
|---|---|---|---|---|---|---|---|
| 1 | Benzinverbrauch | | | | | | |
| 2 | | | | | | | |
| 3 | Tank-Datum | Kilometerstand | gefahrene Strecke | Getankte Spritmenge | Tankbetrag in € | Verbrauch pro Kilometer | Verbrauch pro 100 km |
| 4 | 01. Feb | 12.500,0 km | | 20,0 l | | | |
| 5 | 14. Feb | 13.000,0 km | 500,0 km | 25,0 l | | 0,05 | 5,00 |
| 6 | 02. Mrz | 13.450,0 km | 450,0 km | 30,0 l | | 0,07 | 6,67 |
| 7 | 07. Mrz | 13.700,0 km | 250,0 km | 25,0 l | | 0,10 | 10,00 |
| 8 | 18. Mrz | 14.100,0 km | 400,0 km | 25,0 l | | 0,06 | 6,25 |
| 9 | 31. Mrz | 14.500,0 km | 400,0 km | 28,0 l | | 0,07 | 7,00 |
| 10 | 04. Apr | 15.000,0 km | 500,0 km | 30,0 l | | 0,06 | 6,00 |

Abb. 1_72

6. Bearbeiten Sie die Tabelle „Benzinverbrauch weiter.
   a) Formatieren Sie die beiden Spalten mit dem Verbrauch so, dass die Einheiten in der Zelle ausgegeben werden. Sollte die Überschriftenzeile noch nicht farbig unterlegt sein, so machen Sie auch dies.
   b) Da die Tankbeträge fehlen, löschen Sie die Spalte E komplett.

G11

| | A | B | C | D | E | F |
|---|---|---|---|---|---|---|
| 1 | Benzinverbrauch | | | | | |
| 2 | | | | | | |
| 3 | Tank-Datum | Kilometerstand | gefahrene Strecke | Getankte Spritmenge | Verbrauch | |
| 4 | 01. Feb | 12.500,0 km | | 20,0 l | | |
| 5 | 14. Feb | 13.000,0 km | 500,0 km | 25,0 l | 0,05 l/km | 5,00 l/100km |
| 6 | 02. Mrz | 13.450,0 km | 450,0 km | 30,0 l | 0,07 l/km | 6,67 l/100km |
| 7 | 07. Mrz | 13.700,0 km | 250,0 km | 25,0 l | 0,10 l/km | 10,00 l/100km |
| 8 | 18. Mrz | 14.100,0 km | 400,0 km | 25,0 l | 0,06 l/km | 6,25 l/100km |
| 9 | 31. Mrz | 14.500,0 km | 400,0 km | 28,0 l | 0,07 l/km | 7,00 l/100km |
| 10 | 04. Apr | 15.000,0 km | 500,0 km | 30,0 l | 0,06 l/km | 6,00 l/100km |

Abb. 1_73

7. Erstellen Sie ein Rechnungsformular wie auf S. 23 (Abb. 1_34) vorgegeben. Wenden Sie dabei das Gelernte an:
   - Positionsnummern automatisch ausfüllen lassen
   - Rabatt mit absoluter Adresse berechnen
   - Formel für den Rabatt durch „ziehen“ nach unten kopieren
   - Gesamtpreis pro Position berechnen (Vorsicht Rabatt)
   - Gesamtsumme über die Summenfunktion berechnen

**8.** Stellen Sie die Tabellen aus Abb. 1_34 (S. 23) in einem Tabellenkalkulationsprogramm dar und tragen Sie die erforderlichen Funktionen ein.

## 9. Angebotsvergleich

Situation: Frau Helga Pfeiffer aus der Abteilung Beschaffung teilt Ihnen mit, dass ein Flachbettscanner in das Sortiment der Bürodesign GmbH aufgenommen werden soll. Da als mögliche Lieferer mehrere Unternehmen infrage kommen, muss ein Angebotsvergleich durchgeführt werden. Bisher wurden in der Bürodesign GmbH Angebotsvergleiche immer manuell mittels eines Formulars (siehe Abb. 1_75: Angebotsvergleich) durchgeführt. Als Auszubildende/-r der Bürodesign GmbH erhalten Sie von Frau Pfeiffer den Auftrag, diesen Vorgang mithilfe eines Tabellenkalkulationsprogramms zu automatisieren. Es liegen folgende Angebote vor:

| Lieferer | Listeneinkaufspreis in Euro | Rabatt in Prozent | Skonto in Prozent | Lieferzeit in Wochen | Zuverlässigkeit |
|---|---|---|---|---|---|
| Bürotec GmbH | 120,00 | 30,0 | 1,0 | 2 | 1 |
| Computec GmbH & Co. KG | 112,50 | 15,0 | 1,5 | 4 | 2 |
| Jansen OHG | 117,50 | 45,0 | 2,0 | 4 | 1 |
| Latex AG | 92,50 | 30,0 | 0,0 | 2 | 3 |

Abb. 1_74

| | A | B | C | D | E | F | G | H | I | J |
|---|---|---|---|---|---|---|---|---|---|---|
| 1 | Angebotsvergleich | | | | | | | | | |
| 2 | | | | | | | | | | |
| 3 | | Anbieter | Bürotec GmbH | | Computec GmbH & Co. KG | | Jansen OHG | | Latex AG | |
| 4 | | Artikelbezeichnung | TecScan3000 | | CT2400 | | JanSca4001F | | LX 90Z | |
| 5 | | Listeneinkaufspreis | | | | | | | | |
| 6 | - | Rabatt | | | | | | | | |
| 7 | = | Zieleinkaufspreis | | | | | | | | |
| 8 | - | Skonto | | | | | | | | |
| 9 | = | Bareinkaufspreis | | | | | | | | |
| 10 | | | | | | | | | | |
| 11 | Lieferzeit (in Wochen) | | | | | | | | | |
| 12 | Zuverlässigkeit | | | | | | | | | |
| 13 | | | | | | | | | | |
| 14 | niedrigster Preis | | | | | | | | | |

Abb. 1_75: Angebotsvergleich

### Arbeitsaufträge:

a) Speichern Sie eine Arbeitsmappe unter dem Namen „Angebotsvergleich_1“ ab. Speichern Sie die Datei regelmäßig, um Datenverluste zu vermeiden.

b) Übertragen Sie das Formular einschließlich aller Formatierungen in ein leeres Tabellenblatt. Geben Sie diesem Tabellenblatt den Namen „Ergebnis“.

c) Geben Sie die Daten der vorliegenden Angebote (siehe oben) ein.

d) Ermitteln Sie mithilfe geeigneter Formeln und Funktionen
   - in Zeile 9 den Bareinkaufspreis pro Lieferer und Artikel,
   - die Auswertung für die Lieferzeit. Es gilt, dass alle Lieferanten, die innerhalb von zwei Wochen liefern können, in der entsprechenden Zelle (z. B. D11) mit einem „OK“ gekennzeichnet werden;
   - die Auswertung für die Zuverlässigkeit. Es gilt, dass alle Lieferanten, deren Zuverlässigkeit bei „1“ liegt, mit einem „OK“ gekennzeichnet werden. Alle anderen Lieferer bleiben ohne Kennzeichnung;
   - den niedrigsten Preis. Der Lieferer mit dem niedrigsten Preis ist mit einem „X“ zu kennzeichnen. Alle anderen Lieferer bleiben ohne Kennzeichnung.

e) Erstellen Sie in einem weiteren Tabellenblatt mit dem Namen „Formeln“ die Formelansicht.

f) Fügen Sie unterhalb der Tabelle im Tabellenblatt *Ergebnis* ein Textfeld ein. Entscheiden Sie sich für einen Lieferanten und begründen Sie Ihre Entscheidung mithilfe der berechneten Werte. Formulieren Sie in ganzen Sätzen und achten Sie auf eine gute Ausdrucksweise.

g) Für das Drucklayout gelten folgende Vorgaben:
- Die Tabellenblätter sollen im Format DIN A4 quer auf je einer Seite ausgedruckt werden.
- In der Fußzeile unten links soll automatisch der Dateiname und in der Fußzeile unten rechts soll Ihr Name ausgewiesen werden.
- Beide Tabellenblätter sind mit Zeilen- und Spaltenüberschriften sowie mit Gitternetzlinien auszudrucken.

10. Stellen Sie die Tabelle aus Abb. 1_36 (S. 25) in einem Tabellenkalkulationsprogramm dar und tragen Sie die erforderlichen Funktionen ein.

11. Erfassen Sie im Tabellenkalkulationsprogramm den in Abb. 1_37 (S. 27) abgebildeten Ausschnitt der Rechnung und sorgen Sie dafür, dass in Abhängigkeit der Menge der jeweilige Rabattsatz ausgegeben wird. Berechnen Sie anschließend den Rabattsatz pro Stück und die jeweiligen Gesamtpreise.

12. Übernehmen Sie die Ausschnitte aus den Tabellen *Rechnung* und *Kunden* in ein Tabellenblatt und sorgen Sie dafür, dass die Adresse (Zelle A7 bis A10) durch Eintragen der Kundennummer in Zelle H15 automatisch ausgegeben wird. Beachten Sie, dass die Zellen des Suchbereiches (Matrix, hier $A$37:$E$41) und in diesem Fall auch das Suchkriterium (hier $H$15) festgesetzt werden müssen, da dieser Bereich für alle Zeilen des Anschriftenfeldes gilt. Ändern Sie lediglich den Spaltenindex.

13. Situation: Sie sind in der Abteilung Absatz eingesetzt. Der Abteilungsleiter, Herr Werner, möchte es den Kunden der Bürodesign GmbH ermöglichen, neben der klassischen schriftlichen Bestellung Bücher, Software und andere Medienprodukte auch online zu bestellen. Der Kunde erhält einige Minuten später eine Antwort per E-Mail, der er seine bestellten Artikel, den Rechnungspreis sowie das voraussichtliche Zustellungsdatum entnehmen kann. Ihre Aufgabe ist es, mittels der nachfolgend abgebildeten Tabellenblätter ein Formular für die Aufnahme der Onlinebestellungen zu automatisieren.

| | A | B | C | D | E | F | G | H | I | J | K |
|---|---|---|---|---|---|---|---|---|---|---|---|
| 1 | **Online-Versand** | | | | | | | | | | |
| 2 | | | | | | | | | | | |
| 3 | | | | | | | | | | | |
| 4 | | | | | | | | | | | |
| 5 | Kunden-Nr. | 3492 | | Bestellungseingang: | | | | | | | |
| 6 | | | | | | | | | | | |
| 7 | | | | | | | | | | | |
| 8 | | | | | | | | | | | |
| 9 | | | | | | | | | | | |
| 10 | | | | | | | | | | | |
| 11 | Lfd. Nr (max. 7) | Art.-Nr. | Menge | Artikel | Listenpreis/ Stück | Rabatt/ Stück | Nettopreis/ Stück | Umsatzsteuer-satz | Umsatzsteuer/ Stück | Bruttopreis/ Stück | Bruttopreis für Bestellmenge |
| 12 | 1 | 12430 | 4 | | | | | | | | |
| 13 | 2 | 23500 | 1 | | | | | | | | |
| 14 | 3 | 20093 | 7 | | | | | | | | |
| 15 | 4 | 10683 | 2 | | | | | | | | |
| 16 | 5 | 13080 | 1 | | | | | | | | |
| 17 | 6 | 14257 | 4 | | | | | | | | |
| 18 | 7 | 13792 | 3 | | | | | | | | |
| 19 | | | | | | | | | | Gesamt-Brutto | |
| 20 | | | | | | | | | | zzgl. Versand inkl. UST | |
| 21 | Die Ware wird bei Ihnen voraussichtlich am | | | | eintreffen. | | | | | Rechnungsbetrag | |
| 22 | | | | | | | | | | | |
| 23 | | | | | | | | | | Umsatzsteuer gesamt: | |

Abb. 1_76: Onlineversand; Tabellenblatt „Formular“

| | A | B | C | D |
|---|---|---|---|---|
| 1 | **Kundenübersicht** | | | |
| 2 | | | | |
| 3 | Kunden-Nr. | Kunde | Kundenklasse | Anschrift |
| 4 | 3486 | Beckertz, Armin | A | 53111 Bonn |
| 5 | 3489 | Dahlbruch, Kerstin | B | 26113 Oldenburg |
| 6 | 3490 | Hoffenstedt, Anita | B | 57074 Siegen |
| 7 | 3492 | Kaiser, Jürgen | A | 96442 Coburg |
| 8 | 3498 | Wilms, Ingo | B | 80332 München |
| 9 | 3451 | Zopfner, Sabine | B | 20446 Hamburg |

Abb. 1_77: Onlineversand; Tabellenblatt „Kunden“

| | A | B | C |
|---|---|---|---|
| 1 | **Übersicht über die Artikel und deren Preise** | | |
| 2 | | | |
| 3 | Art.-Nr. | Artikel | Listenpreis |
| 4 | 10235 | Das Office Buch | 24,95 € |
| 5 | 10683 | Tabellenkalkulation I | 17,98 € |
| 6 | 11207 | Arbeiten mit dem PC | 22,40 € |
| 7 | 11874 | Internet für Anfänger | 12,90 € |
| 8 | 12430 | Tabellenkalkulation II | 24,90 € |
| 9 | 13080 | Präsentieren leichtgemacht | 16,95 € |
| 10 | 13792 | Textverarbeitung I | 14,95 € |
| 11 | 14257 | Textverarbeitung II | 14,95 € |
| 12 | 20093 | Prüfungswissen Bürokaufleute CD | 42,78 € |
| 13 | 21147 | Deutschland sucht... Kalender | 12,50 € |
| 14 | 21348 | Entspannungsmusik - 2 CD's | 14,99 € |
| 15 | 22994 | Best of Cinema - 12 DVD's | 123,98 € |
| 16 | 23249 | Der virtuelle Jahreskalender - CD | 17,98 € |
| 17 | 23500 | Die große Spielesammlung | 17,00 € |

Abb. 1_78: Onlineversand; Tabellenblatt „Artikel“

### Arbeitsaufträge:

a) Speichern Sie Ihre Datei unter dem Namen „Onlineversand“. Speichern Sie Ihre Datei regelmäßig, spätestens jedoch alle fünf Minuten, ab.

b) Übernehmen Sie die Tabellen inklusive aller Werte und Formatierungen in Ihre Arbeitsmappe und benennen Sie die Tabellenblätter wie angegeben.

c) Vergeben Sie auch den Hilfstabellen (Zellbereichen) die Namen „Kunden“ und „Artikel“. Arbeiten Sie, sofern möglich, mit diesen Namen in den späteren Formeln und Funktionen.

d) Geben Sie in der Zelle B5 des Tabellenblattes *Formular* die Kundennummer 3492 ein.

e) Ermitteln Sie mithilfe einer Suchfunktion in den Zellen B7 und B8 den Kundennamen sowie den Wohnort des Kunden.

f) Geben Sie in der Zelle E5 mithilfe einer geeigneten Funktion das aktuelle Datum im Format TT.MM.JJJJ aus.

g) Ermitteln Sie mithilfe von geeigneten Formeln bzw. Funktionen
   - in den Zellen der Spalte D den jeweils bestellten Artikel,
   - in der Spalte E den zugehörigen Listenpreis je Artikel in Euro,
   - in der Spalte F den Rabatt pro Stück in Euro (Rabatt in Abhängigkeit von der bestellten Menge: ab 4 Stück Rabatt in Höhe von 10 %),
   - den Nettopreis je Artikel in Euro,
   - den auf den jeweiligen Artikel anzuwendenden Umsatzsteuersatz (Art.-Nr. bis 19.999 7 %, Art.-Nr. ab 20.000 19 %; formatieren Sie als „Prozent“ ohne Nachkommastellen)
   - die Umsatzsteuer pro Stück in Euro,
   - den Bruttopreis pro Stück in Euro,
   - den Bruttopreis in Euro für die gesamte Bestellmenge,
   - in der Zelle K19 den gesamten Brutto-Betrag in Euro,

- die vom Kunden zu zahlenden Versandkosten in Euro (unter 200,00 € Bestellwert 4,90 €, ab 200,00 € 2,50 €, ab 500,00 € keine Versandkosten),
- den endgültigen Rechnungsbetrag in Euro,
- den gesamten Umsatzsteuerbetrag in Euro (in den jeweiligen Versandkosten ist die Umsatzsteuer von 19 % bereits enthalten -> vermehrter Grundwert).

h) Ermitteln Sie mithilfe einer Formel in der Zelle D21 das Datum, an dem der Kunde die Lieferung voraussichtlich erhalten wird. Hierfür gilt die Regel, dass die Ware zwei Tage nach dem Eingang der Bestellung beim Kunden ankommt. Formatieren Sie den Wert als Datum (TT.MM.JJ).

i) Formatieren Sie alle Eurowerte im Format *Währung* (€) mit zwei Nachkommastellen.

j) Kopieren Sie das Tabellenblatt *Formular* in das von Ihnen neu zu erstellende Tabellenblatt Formeln und schalten Sie dann auf die Formelansicht um. Passen Sie alle Spalten so an, dass sämtliche Formeln und Funktionen vollständig lesbar sind.

k) Drucken Sie abschließend die Tabellenblätter *Formular* und *Formeln* aus. Beide Tabellen sind im Querformat und unter Angabe des Dateinamens, des aktuellen Datums und Ihres Namens in der jeweiligen Kopfzeile auszudrucken. Weiterhin sollen beide Tabellen die Zeilen- und Spaltenüberschriften enthalten. Beim Tabellenblatt *Formeln* ist weiterhin zu beachten, dass dieses auf zwei Seiten breit ausgedruckt wird.

**14.** Erfassen Sie im Tabellenkalkulationsprogramm den in Abb. 1_39 (S. 29) abgebildeten Ausschnitt der Rechnung und sorgen Sie dafür, dass in Abhängigkeit der Menge der jeweilige Rabattsatz ausgegeben wird. Berechnen Sie anschließend die jeweiligen Rabatte pro Stück und Gesamtpreise.

**15.** Situation: Während Ihres Einsatzes in der Geschäftsführung bekommen Sie mit, dass Herr Marlies sechs seiner Mitarbeiter zu einer Fachmesse nach Tokio schicken möchte. Da die Mitarbeiter entsprechend ihrer Stellung im Unternehmen unterschiedliche Wünsche hinsichtlich des Komforts (von economy bis firstclass) haben, wurden Angebote der Fluggesellschaften A und B eingeholt. Da alle Mitarbeiter Mitglieder in sogenannten Prämiensystemen sind, muss unter Umständen kein Preis für die Ausstellung eines Tickets bezahlt werden. Die Angaben über die vom jeweiligen Mitarbeiter angesammelten „Meilen" und die für die Ausstellung eines Freitickets notwendigen Bonusmeilen finden Sie innerhalb der unten abgebildeten Tabellen. Herr Marlies beauftragt Sie, eine automatisierte Ermittlung der notwendigen Ausgaben für Flugtickets zu erstellen.

| | A | B | C | D | E | F | G | H |
|---|---|---|---|---|---|---|---|---|
| 1 | **Ermittlung der notwendigen Ausgaben für Flugtickets** | | | | | | | |
| 2 | | | | | | | | |
| 3 | | | | | | | | |
| 4 | | | | | | | | |
| 5 | Fluggesellschaft A | | | | | | | |
| 6 | | | | | | | | |
| 7 | Buchungsklasse | 1 | 2 | 3 | 4 | | | |
| 8 | Preis pro Ticket | 3.299,00 € | 2.469,00 € | 1.799,00 € | 1.239,00 € | | | |
| 9 | notwendige Bonusmeilen | 100.000 | 80.000 | 60.000 | 40.000 | | | |
| 10 | | | | | | | | |
| 11 | | | | | | | | |
| 12 | Fluggesellschaft B | | | | | | | |
| 13 | | | | | | | | |
| 14 | Buchungsklasse | 1 | 2 | 3 | 4 | | | |
| 15 | Preis pro Ticket | 3.149,00 € | 2.369,00 € | 1.399,00 € | 1.239,00 € | | | |
| 16 | notwendige Bonusmeilen | 110.000 | 85.000 | 55.000 | 40.000 | | | |
| 17 | | | | | | | | |
| 18 | | | | | | | | |
| 19 | | | | | | | | |
| 20 | | | | | | | | |
| 21 | Konferenzteilnehmer | gewünschte Fluggesellschaft | gewünschte Buchungsklasse | Preis/Ticket | derzeitige Bonusmeilen | notwendige Bonusmeilen | Ticketkauf notwendig? | notwendige Ausgabe |
| 22 | Brandt, Jürgen | B | 2 | | 45.000 | | | |
| 23 | Hekendorf, Tanje | B | 1 | | 130.000 | | | |
| 24 | Klaas, Andrea | A | 2 | | 32.000 | | | |
| 25 | Nadler, Joachim | B | 3 | | 46.000 | | | |
| 26 | Poschmann, Patrick | A | 4 | | 52.000 | | | |
| 27 | Rheinhardt, Jochen | B | 2 | | 18.000 | | | |
| 28 | | | | | | | | |
| 29 | | | | | | | | |
| 30 | gesamte Ticketkosten: | | | | | | | |
| 31 | durchschnittlicher Ticketpreis: | | | | | | | |

Abb. 1_79: Flugtickets; Tabellenblatt „Berechnung"

Arbeitsaufträge

> **H** Beachten Sie, dass ungültige Eingaben bei der gewünschten Fluggesellschaft bzw. der gewünschten Buchungsklasse zur Ausgabe des Hinweises „Fehleingabe“ bzw. „#NV“ führen sollen.

a) Speichern Sie Ihre Datei unter dem Namen Flugtickets. Speichern Sie Ihre Datei regelmäßig, spätestens jedoch alle fünf Minuten, ab.

b) Übernehmen Sie die Tabelle inklusive aller Werte und Formatierungen und benennen Sie das Tabellenblatt wie angegeben.

c) Vergeben Sie den Hilfstabellen sinnvolle Namen und verwenden Sie diese, sofern möglich, in den späteren Formeln und Funktionen.

d) Ermitteln Sie mithilfe von geeigneten Formeln und Funktionen
- in den Zellen D22 bis D27 in Abhängigkeit von der gewünschten Fluggesellschaft und der Buchungsklasse den Preis für ein Ticket,
- in den Zellen F22 bis F27 die für die Ausstellung eines kostenlosen Tickets notwendigen Bonusmeilen,
- in den Zellen G22 bis G27, ob ein Ticketkauf notwendig ist (gehen Sie bitte davon aus, dass ein Ticketkauf nur notwendig ist, wenn die bisher gesammelten Bonusmeilen nicht zur Ausstellung eines Freitickets ausreichen, je nach Antwort soll entweder ein JA oder ein NEIN ausgegeben werden),
- in den Zellen H22 bis H27 den Preis für das auszustellende Ticket (im Fall der Ausstellung eines Freitickets 0,00 €),
- in der Zelle B30 die tatsächlichen gesamten Kosten für alle sechs Tickets und
- in der Zelle B31 die tatsächlichen durchschnittlichen Kosten pro Ticket (Grundlage für diesen Wert sind ebenfalls alle sechs Tickets).

e) Kopieren Sie den Inhalt des Tabellenblattes *Berechnung* in ein neues Tabellenblatt und wechseln Sie dort in die Formelansicht. Benennen Sie das neue Tabellenblatt „Formeln“.

f) Richten Sie die Tabellenblätter *Berechnung* und *Formeln* so ein, dass diese Zeilen- und Spaltenüberschriften enthalten und die Ausdrucke auf einer Seite (Tabellenblatt *Berechnung*) bzw. zwei Seiten (Tabellenblatt *Formeln*) im Querformat ausgedruckt werden. Sämtliche Formeln und Funktionen sollen vollständig lesbar sein. Weiterhin sollen beide Tabellenblätter in der Kopfzeile Ihren Namen, den Dateinamen und das aktuelle Datum enthalten.

**16.** Übernehmen Sie die in der Abb. 1_40 (S. 30) stehende Tabelle in Ihr Tabellenblatt 1. Lesen Sie sich die nachfolgenden Seiten sorgfältig durch und vollziehen Sie die aufgezeigten Schritte nach.

**17.** Lesen Sie sich die nachfolgenden Seiten sorgfältig durch und vollziehen Sie Herrn Kleins Schritte zu den abschließenden Feineinstellungen nach.

**18.** Situation: Herr Thorsten Klein benötigt für den zu erstellenden Artikel weitere Diagramme. Er beauftragt Sie, anhand der nachstehend beschriebenen Aufgaben jeweils ein Diagramm zu erstellen. Grundlage für die Erstellung der Diagramme sind die Werte und Angaben des bereits von Ihnen erfassten Tabellenblattes 1 (vgl. Abb. 1_41, S. 30). Beachten Sie nicht nur den zu wählenden Diagrammtyp, sondern auch die detaillierten Hinweise im Aufgabentext.

Arbeitsaufträge:

a) **Verkaufszahlen gesamt**

Erstellen Sie ein Säulendiagramm (2D, gestapelte Säulen), aus dem die Höhe der gesamten Verkaufszahlen (d.h. 1. und 2. Halbjahr) der Artikel hervorgeht. Weisen Sie dem Diagramm eine sinnvolle Überschrift zu und sorgen Sie dafür, dass die Legende oberhalb des Diagramms steht. Zusätzlich sollen die jeweiligen Werte in den Säulen aufgeführt werden.

Die y-Achse soll sinnvoll beschriftet werden. Die Werte auf der y-Achse sollen bei 300 anfangen und der Abstand des Hauptintervalls soll bei jeweils 100 Stück liegen. Alle Beschriftungen sollen in der Schriftart Arial erfolgen. Während die Größe der Überschrift 14 Punkt betragen soll, reicht für alle an deren Angaben dieSchriftgröße 11 Punkt bzw. 10 Punkt (horizontale Achsenbeschriftung) aus. Weiterhin soll der Diagrammbereich durch einen selbst gewählten Farbverlauf gefüllt werden. Schließlich soll das Diagramm auf einem extra hierfür angelegten Tabellenblatt erscheinen, welches den Namen „Verkaufszahlen gesamt" trägt.

**b) Anteil der Nettoerlöse je Artikel**

Erstellen Sie ein Kreisdiagramm (2D-Kreis, einfach), aus dem der prozentuale Anteil der unterschiedlichen Artikel an den gesamten Nettoerlösen ersichtlich wird. Weisen Sie allen Beschriftungen des Diagramms die Schriftart Arial zu. Die Größe der Überschrift des Diagramms soll 14 Punkt betragen. Tragen Sie Sorge dafür, dass die Legende unterhalb des Diagramms erscheint. An den Kreissegmenten („Am Ende außerhalb") sollen die Prozentzahlen unter Angabe von zwei Nachkommastellen ausgewiesen werden. Weiterhin soll in einem Textfeld unterhalb der Überschrift die Höhe der gesamten Nettoerlöse ausgewiesen werden.

Versehen Sie den Diagrammbereich mit einer zeitungspapierfarbenen Texturfüllung. Speichern Sie das Diagramm auf einem eigenen Tabellenblatt, welches den Namen „Anteil an den Nettoerlösen" trägt.

**c) Entwicklung der Verkaufszahlen**

Erstellen Sie ein Liniendiagramm (einfaches Liniendiagramm), aus dem die Höhe der gesamten Verkaufszahlen (d. h. 1. und 2. Halbjahr) der Artikel hervorgeht. Weisen Sie allen Beschriftungen des Diagramms die Schriftart Arial zu. Versehen Sie das Diagramm mit einer sinnvollen Überschrift und sorgen Sie dafür, dass die Legende oberhalb des Diagramms steht. Die x- und die y-Achse sollen sinnvoll beschriftet werden. Während die Größe der Überschrift 15 Punkt betragen soll, reicht für alle anderen Angaben die Schriftgröße 11 Punkt aus.

Die Werte auf der y-Achse sollen bei 300 anfangen sowie bei 1.100 enden und der Abstand des Hauptintervalls soll bei jeweils 100 Stück liegen. Versehen Sie den Diagrammbereich und die Zeichnungsfläche mit einem selbst gewählten Farbverlauf. Tragen Sie Sorge dafür, dass die Linie des 1. Halbjahres die Farbe Blau zugewiesen bekommt und die des 2. Habjahres die Farbe Grün. Die Linien sollen zudem in der Stärke von 3 Punkt dargestellt werden. Innerhalb der Achsenoptionen ist dafür Sorge zu tragen, dass die Werte auf Teilstrichen die y-Achse schneiden.

Die Artikelbezeichnungen auf der x-Achse sollen im Winkel von 270 Grad (Befehlsweg nach Markieren der Artikelbezeichnungen: *Format – Aktuelle Auswahl – Auswahl formatieren – Achsenoptionen – Ausrichtung – Textrichtung – Gesamten Text um 270 Grad drehen*) zur x-Achse stehen. Schließlich soll das Diagramm auf einem extra hierfür angelegten Tabellenblatt erscheinen, welches den Namen „Entwicklung Verkaufszahlen" trägt.

**d) Rabatte und Nettoerlöse**

Erstellen Sie ein Diagramm (2D, Gruppierte Säulen), aus dem neben dem gewährten Rabatt je Artikel auch die jeweiligen Nettoerlöse hervorgehen.

Weisen Sie allen Beschriftungen des Diagramms die Schriftart Arial zu. Versehen Sie das Diagramm mit einem aussagekräftigen Diagrammtitel (Schriftgröße 15 Punkt, fett). Die Achsen sollen jeweils sinnvoll beschriftet werden (12 Punkt). Die Legende soll unterhalb des Diagramms stehen. Außerdem soll das Diagramm auf einem extra hierfür angelegten Tabellenblatt erscheinen, welches den Namen „Rabatte und Nettoerlöse" trägt.

Markieren Sie im Diagramm eine Säule für die Rabatte gesamt, sodass alle Rabatt-Säulen durch vier runde Punkte markiert werden. Wählen Sie anschließend aus der Registerkarte *Entwurf* die Schaltfläche *Diagrammtyp ändern* (im Bereich Typ). Anschließend öffnet sich folgendes Fenster:

**H** Da aufgrund der großen Zahlenunterschiede (gewährter Rabatt zum Teil < 900,00 €; Nettoerlöse gesamt > 16.900,00 €) eine vernünftige Darstellung in einem „einfachen" Diagramm unmöglich ist, sind in den folgenden Teilaufgaben noch einige Änderungen am Diagramm vorzunehmen.

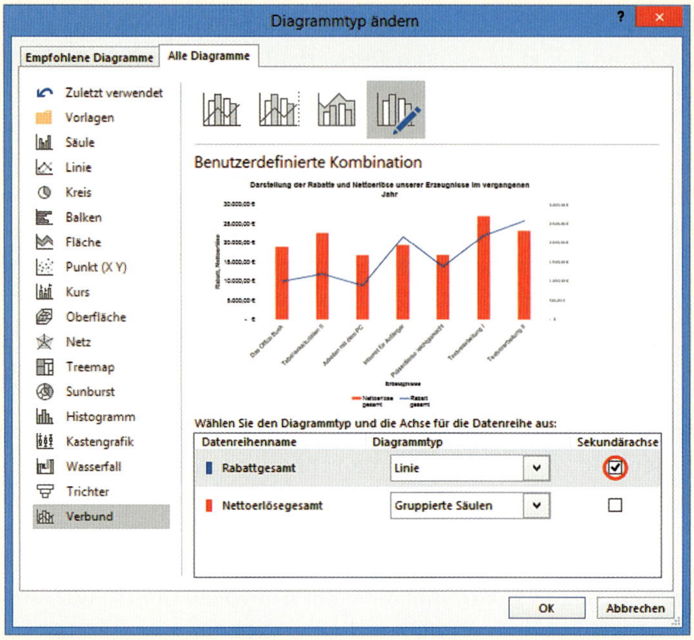


Abb. 1_80: Änderung des Diagrammtyps für die Datenreihe *Rabatt gesamt*

Das Programm hat erkannt, dass die Änderung des Diagrammtyps einer Datenreihe zu einem sogenannten Verbunddiagramm (Kombination zweier unterschiedlicher Diagrammtypen) führt und hat die Kategorie *Verbund* geöffnet. In dem unteren Teil des Fensters ist der Diagrammtyp der Datenreihe in Liniendiagramm geändert worden. Zudem wird durch das Einfügen eines Häkchens im Kontrollkästchen *Sekundärachse* eine zweite y-Achse erstellt, an der die Werte für die gewährten Rabatte wesentlich genauer abgelesen werden können.

Die vorgenommenen Änderungen führen zum nachstehend abgebildeten Verbunddiagramm mit einer zweiten y-Achse (die Beschriftungen an der neu erstellten zweiten y-Achse wurden in die Schriftart Arial, 12 Punkt geändert).

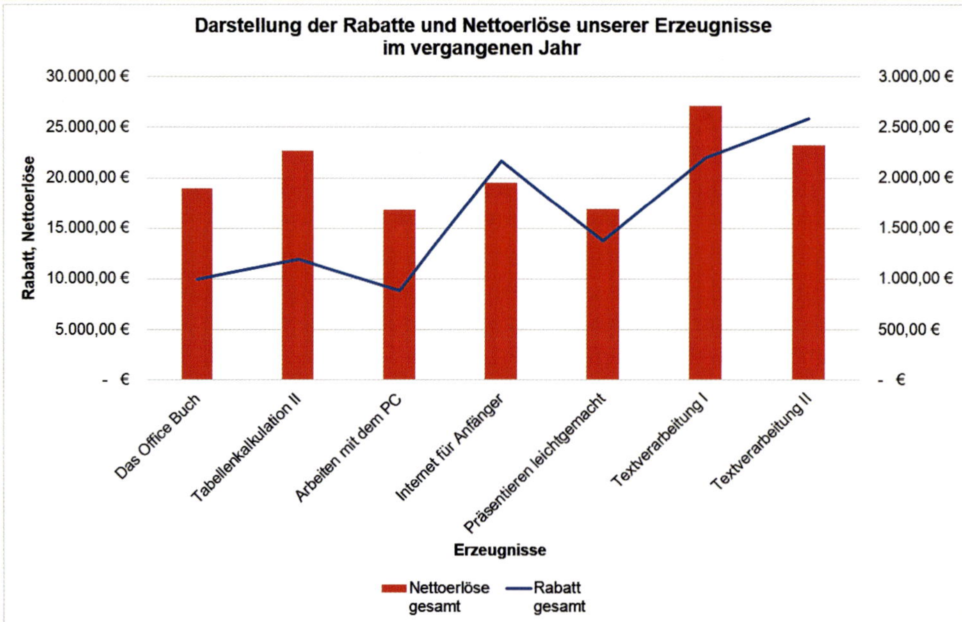


Abb. 1_81: Diagramm nach Änderung des Rabatts in Linie und dem Hinzufügen einer zweiten y-Achse (sekundäre y-Achse)

Führen Sie zur Optimierung des Diagramms folgende Schritte durch:

- Änderung der bestehenden primären y-Achsentitel auf „Nettoerlöse“,
- Beschriftung der sekundären y-Achsentitel mit „Rabatt“,
- Änderung der Textausrichtung der x-Achse um 270 Grad,
- Versehen des Diagrammbereichs mit einer pergamentfarbenen Texturfüllung während die Zeichnungsfläche mit einer weißen Hintergrundfarbe versehen bleibt,
- Skalierung der primären y-Achse dahingehend, dass diese bei 10.000,00 € anfängt, bei 30.000,00 € endet und das Hauptintervall 2.500,00 € groß ist.

**H** Durch das Einfügen einer zweiten y-Achse (sekundäre y-Achse) tritt eine deutliche Verbesserung hinsichtlich der Lesbarkeit der Rabatte ein. Es stellt sich allerdings noch das Problem dar, dass im Achsentitel der ersten y-Achse (primäre y-Achse) die Begriffe *Rabatte* sowie *Nettoerlöse* stehen. Dieses Problem soll gemeinsam mit folgenden abschließenden Formatierungsarbeiten gelöst werden.

# 2. Webseiten strukturieren, gestalten und veröffentlichen

Das World-Wide-Web ist ein Fenster, durch das wir die Welt aus vielen Blickwinkeln betrachten können. Webseiten stellen diese Blickwinkel dar und werden durch das Internet auf unsere Geräte transportiert.
Das Erstellen von Webseiten heißt Webentwicklung. Zur Webentwicklung gehören alle Technologien, mit denen Webseiten erstellt werden.

Webentwicklung teilt Webseiten in zwei Bereiche. Der erste Bereich umfasst die Inhalte und ihre Struktur. Der zweite Bereich ist die Darstellung der Inhalte. Diese Trennung von Inhalt und Gestaltung ist sehr wichtig, damit Webseiten leicht geändert oder erweitert werden können.

Die Inhalte von Webseiten und ihre Struktur werden mit der Sprache Hypertext-Markup-Language, kurz HTML, beschrieben. HTML kann von Menschen und von Computern gelesen werden und wird direkt vom Browser als Webseite dargestellt. Im Webbrowser kann man sich den HTML-Quelltext von Webseiten ansehen.

Wie die Inhalte von Webseiten dargestellt werden, wird mit sogenannten Cascading-Stylesheets, CSS, beschrieben. Wie HTML kann auch CSS von Menschen und Computern gelesen werden. Auch die mit CSS erstellten Gestaltungsregeln kann man sich im Webbrowser ansehen. Dadurch kann man jederzeit von anderen Webseiten lernen.

Man kann eigene Webseiten lokal auf dem eigenen Computer oder im eigenen Netz benutzen. Um Webseiten ins World-Wide-Web zu bringen, kann man Speicherplatz und Rechenkapazität auf einem speziellen Computer, dem sogenannten Webhost, mieten. Auf dem Webhost läuft ein Webserver, der die Webseiten auf Anfrage an Webbrowser sendet.

Wer Inhalte ins World-Wide-Web stellt, muss rechtlich für sie geradestehen. Hierbei sind verschiedene Aspekte wie Urheberrecht, Nutzungsrecht oder Persönlichkeitsrecht relevant.

World-Wide-Web, Webserver, Webbrowser, Inhalt und Struktur mit HTML, Gestaltung mit CSS, Veröffentlichen auf Webservern, Urheberrecht, Nutzungsrecht, Persönlichkeitsrecht – in all diese Dinge führt uns dieses Kapitel ein.

# 2.1 Grundlagen

Zunächst betrachten wir einige grundlegende Prinzipien und Technologien für das Entwickeln von Webseiten. Wir werden uns in den folgenden Abschnitten immer wieder auf sie beziehen.

## 2.1.1 Client-Server-Prinzip

Das Client-Server-Prinzip ist ein immer wiederkehrendes Grundprinzip der Informatik. Man muss es nur einmal verstehen und kann es dann auf sehr viele Gebiete anwenden. Wir können uns das Prinzip mit einem Lieferanten und einem Kunden verdeutlichen.

1. Der Kunde bestellt etwas.
2. Der Lieferant liefert.

Wenn wir bei einem Pizzaservice bestellen, sind wir Kunde und der Pizzaservice liefert uns seinen Dienst: Pizza. Jede Lieferung wird durch eine Bestellung eines Kunden ausgelöst. Der Lieferant ist so lange in Bereitschaft, bis eine Bestellung eingeht. Dieses Konzept lässt sich auf die Informatik übertragen: Der Client (deutsch: Kunde, Auftraggeber) ist dabei der Kunde und der Server (deutsch: Diener, Kellner) der Lieferant.

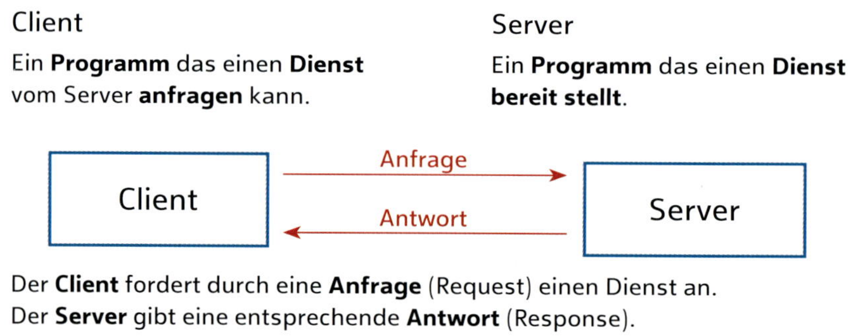


Abb. 2_1: Client-Server-Prinzip

Die Bestellung ist typischerweise eine Anfrage (englisch: *request*) und die Lieferung eine Antwort (englisch: *response*). Client und Server sind Programme, bestehen also aus Software. Dabei gilt: der Client initiiert (beginnt) die Kommunikation und der Server reagiert auf die Anfrage. Der Client ist also immer der, der einen Dienst (englisch: *service*) anfragt und der Server der, der auf eine Anfrage antwortet. Ob Server und Client auf demselben Computer oder auf zwei vernetzten Computern laufen, spielt für ihre Server- oder Client-Eigenschaft keine Rolle. In der Praxis laufen viele Server und Clients auf unseren Smartphones oder Desktop-Computern, sobald wir diese anschalten. In der Regel bekommen wir von den meisten aber nichts mit, da sie Hintergrundprogramme des Betriebssystems sind.

Es gibt auch einige Clients, die wir im Alltag bewusst nutzen, deren Server auf speziellen Server-Computern irgendwo im Internet laufen. Beispiele für diese Clients sind Apps wie Google-Maps, WhatsApp und Snapchat.

Server können in anderen Beziehungen selbst Clients sein. Ein Pizzaservice kann sich selbst mit Mehl, Tomaten und so weiter beliefern lassen. Ist er dann immer noch Lieferant? Ob jemand gerade Kunde oder Lieferant ist, hängt von der Situation und der Perspektive ab. Aus Einfachheitsgründen nennen wir aber Programme, deren hauptsächlicher Zweck es ist, anderen Programmen Dienste zu leisten, Server, auch wenn sie dafür selbst Dienste weiterer Programme nutzen. Ein Pizzaservice, der sich Mehl liefern lässt, ist also immer noch ein Pizzaservice. Wir nennen aus ähnlichen Gründen spezielle Computer, die extra dafür betrieben werden, damit Server auf ihnen laufen können, ebenfalls Server. Weitere Aspekte des Client-Server-Prinzips betrachten wir in Kapitel 3.

### 2.1.2 Internet

Das Internet ist ein Rechnernetz, das unseren ganzen Planeten umspannt. Es wurde ab Ende der 1960er-Jahre entwickelt und vernetzte ursprünglich einzelne Rechnernetze. Daher stammt auch sein Name, der sich aus den Wörtern *interconnected networks* (deutsch: *zusammengeschaltete Rechnernetze*) zusammensetzt. Im Januar 2021 hatte das Internet 4,66 Milliarden aktive Benutzer, das entspricht 59,5 Prozent von uns Menschen. Auf das Internet zugreifen können wir mit Programmen wie zum Beispiel Instagram, Firefox, Tinder, Google-Chrome oder TikTok. Mehr über Rechnernetze erfahren wir in Kapitel 3.

### 2.1.3 World-Wide-Web

Im Internet nutzen wir Dienste. Beispiele für solche Dienste sind E-Mail oder File-Transfer. Der meistgenutzte Dienst ist jedoch das World-Wide-Web (deutsch: *weltweites Netz*), abgekürzt WWW oder einfach Web.

**M** Das WWW ist ein Informationssystem, dessen Inhalte durch einheitliche Adressen über das Internet abrufbar sind. Diese Inhalte können aufeinander verweisen.

Inhalt des WWW kann prinzipiell jede Art von Datei sein, die wir auf Computern speichern können. Typische Webinhalte sind HTML-Dokumente, Bilder, Video- und Audiodateien.

Die einheitliche Adresse eines Webinhalts nennt man URL (abgekürzt von *uniform resource locator*, englisch ungefähr für *einheitlicher Ressourcenzeiger*).

Einen Verweis zwischen zwei Webinhalten nennt man Link (deutsch: Verbindung, Bindeglied). Der Inhalt eines Links ist dann der URL des Webinhalts, auf den verwiesen wird. Es spielt für das WWW keine Rolle, auf welchem Computer ein verlinkter Inhalt gespeichert ist, solange dieser über das Internet ansprechbar ist.

Besondere Programme machen Computer über Netze ansprechbar und stellen Dateien als Inhalte für das Web zur Verfügung. Diese Programme nennt man Webserver (englisch ungefähr für *Netzdiener*). Sie laufen in der Regel auf speziellen, übers Internet erreichbaren Server-Computern.

Auf dem WWW basieren viele weitere Dienste wie zum Beispiel Twitter, YouTube oder Facebook. Der Erfinder des WWW, der Brite Timothy Berners Lee, veröffentlichte am 6. August 1991 die erste Website der Welt. Diese können wir unter folgender Adresse abrufen:
http://info.cern.ch/hypertext/WWW/TheProject.html

### 2.1.4 Webbrowser

Die Programme, mit denen wir das World-Wide-Web direkt nutzen, nennt man Webbrowser oder abgekürzt Browser (von englisch *browse*, durchstöbern, herumblättern). Mozilla Firefox, Google Chrome, Opera, Microsoft Edge oder Safari sind solche Webbrowser. Alle müssen Webseiten über das Internet von Webservern abrufen und für uns Benutzer darstellen können. Hierzu müssen Browser insbesondere zwei Technologien beherrschen: HTTP (Hypertext-Transfer-Protocol) für das Abrufen von Webseiten und HTML (Hypertext-Markup-Language) für das Darstellen von Webseiten. HTTP ist ein Kommunikationsprotokoll. In Kapitel 3 lernen wir mehr über diese Protokolle. Selbstverständlich beherrschen moderne Browser viel mehr Technologien, von denen wir einige noch betrachten werden.

### 2.1.5 Webseite (Webpage, Netzseite)

Eine einzelne Seite im Web heißt Webseite. Alle Bestandteile einer Webseite kann man im Browser ohne weiteren Klick erreichen. Seite ist eine Übersetzung des englischen *page* (Buchseite) und wird in der deutschen Sprache selten mit *side* und häufig mit *site* verwechselt, weil es ähnlich klingt. Alternativ kann man Webpage oder Netzseite sagen.

### 2.1.6 Website (Webpräsenz, Webauftritt)

Die Gesamtheit aller Webseiten die zu einer Adresse (Webdomain) gehören, nennt man Website. *Site* ist englisch für Ort, Standort, Anlage, demnach bedeutet Website so etwas wie Netzstandort oder Netzanlage.

So sind zum Beispiel twitch.tv/annitheduck und twitch.tv/settings beide Webseiten der Website twitch.tv.

### 2.1.7 Homepage

Der internationale Fachbegriff für die Startseite oder Hauptseite einer Website ist *home page*. Typischerweise kommt man von jeder Unterseite einer Website mit einem Klick auf das Logo oder „Home" wieder zurück zur Homepage. Auch die Hauptseite eines Programmes oder Betriebssystems wird als *home* bezeichnet. So kann man im Webbrowser eine Startseite für neu öffnende Fenster einstellen und mit Klick auf die Home-Schaltfläche jederzeit dorthin gelangen. Bei Programmen wie Instagram, Firefox, Chrome und vielen weiteren hat die Home-Schaltfläche ein Haus-Icon. Die meisten Smartphones haben einen Home-Button, der zum Startbildschirm (englisch: *home screen*) führt. Viele Betriebssysteme haben ein spezielles Home-Verzeichnis als Startverzeichnis für jedes angelegte Benutzerkonto. In der deutschen Laiensprache werden Website und Homepage synonym verwendet.

## 2.1.8 Trennung von Zuständigkeiten

Ein Grundprinzip der Informatik ist die Trennung von Zuständigkeiten (Separation of Concerns). Zuständigkeiten für ein Hardwaresystem wie einen Desktop-Computer sind zum Beispiel Eingabe, Ausgabe, Verarbeitung und Datenspeicherung. Je strenger und genauer die Zuständigkeiten getrennt sind, desto besser lassen sich informatische Systeme warten und erweitern. Wir können einen Desktop-Computer um eine Papierausgabe erweitern, indem wir einen Drucker anschließen. Da die Zuständigkeiten getrennt sind, müssen wir dazu nichts an der Tastatur verändern. Ebenso können wir einen defekten Bildschirm austauschen, ohne die Festplatte ausbauen zu müssen. Die Hardwarekomponenten sind klar getrennt und Desktop-Computer lassen sich dadurch einfach warten und erweitern. Die Zuständigkeiten sind klar getrennt und nicht fest miteinander verbunden (gekoppelt).

### 2.1.8.1 Lose und feste Kopplung

Wenn Komponenten nicht fest miteinander verbunden sind und wenig Abhängigkeiten untereinander haben, sprechen wir in der Informatik von **loser Kopplung** (englisch: *loose coupling*). Wenn bei einem Desktop-Computer Komponenten wie Bildschirm, Tastatur und Maus getrennt und über USB mit dem Computer verbunden sind, sind diese lose gekoppelt.

Bei Notebook-Computern sind die Komponenten etwas enger miteinander verbaut und es ist schon schwieriger, die Tastatur oder den Bildschirm auszutauschen oder zu reparieren. Viel enger als Notebook-Computer sind sehr kleine Computer, wie zum Beispiel Smartphones verbaut. Hier sind zum Beispiel Eingabe (Touch-Sensoren) und Ausgabe (Bildschirm) eng miteinander gekoppelt. Um diese auszutauschen, braucht man schon viel speziellere Kenntnisse als bei weniger fest gekoppelten Komponenten.

Ein Nachteil der losen Kopplung ist, dass die Kommunikation zwischen den Komponenten langsamer abläuft, je weiter sie voneinander getrennt sind. Durch lose Kopplung geht Geschwindigkeit verloren, dafür wird Übersichtlichkeit gewonnen. Diesen Nachteil können wir aber im Moment vernachlässigen. Wir können uns vorerst merken:

**M** Je fester die Kopplung, desto schwieriger sind Erweiterung und Wartung. Je loser die Kopplung, desto einfacher sind Erweiterung und Wartung.

### 2.1.8.2 Trennung von Inhalt und Gestaltung

Wenn wir moderne Websites entwickeln wollen, müssen wir unser oben beschriebenes Grundprinzip anwenden. Aus der Trennung von Zuständigkeiten folgt für die Webentwicklung die Trennung von Inhalt und Gestaltung. Wir erstellen also Komponenten, die für den Inhalt zuständig sind, und Komponenten, die für die Gestaltung zuständig sind. Dadurch können wir Inhalte verändern, ohne die Gestaltung anpassen zu müssen und umgekehrt. Das ist für das effiziente Erstellen und Betreuen von Websites unerlässlich. Außerdem können wir dadurch identische Webinhalte in verschiedenen Designs anbieten. Dies brauchen wir besonders, wenn die Website-Besucher verschiedene Endgeräte wie Tablets, Smartphones oder Desktop-Computer benutzen.

Zudem können wir das andere oben beschriebene Grundprinzip anwenden, die lose Kopplung. Wenn Inhalt und Gestaltung getrennt und lose gekoppelt sind, können wir das Design einer kompletten Website mit hunderten Webpages in einer einzigen Datei verändern. Die Vernachlässigung der losen Kopplung führt dazu, dass man wegen einer kleinen Änderung an der Gestaltung hunderte Dateien durchsuchen und bearbeiten muss.

**Kompetenzkontrolle**

1. Werden Webseiten mit HTML gestaltet?
2. Ist der Begriff „Internet" eine Abkürzung von „International Network"?
3. Welches ist der Unterschied zwischen dem Internet und dem WWW?
4. Welche der genannten Programme sind Webbrowser?
   a) Instagram
   b) Firefox
   c) Snapchat
   d) Chrome
   e) TikTok
5. Welche beiden Technologien müssen Webbrowser mindestens beherrschen?
6. Sind Webbrowser Clients?
7. Erläutern Sie in Stichwörtern die Begriffe *Website*, *Webseite* und *Homepage*.
8. Welche beiden Tätigkeiten werden durch lose Kopplung erleichtert?
9. Welches Prinzip ermöglicht es, identische Webseiten mit verschiedenen Designs anzubieten?

## 2.2 HTML – Inhalte strukturieren

HTML wurde entwickelt, um Dokumente zu strukturieren. Strukturierungselemente sind zum Beispiel *Überschriften, Absätze* oder *Listen*. Die aktuelle Version ist HTML5. Man könnte HTML auch zur Gestaltung von Webseiten nutzen, das gilt aber als schlechte Praxis, da dann keine Trennung zwischen Inhalt und Gestaltung mehr möglich ist.

## 2.2.1 Was ist HTML?

**Hypertext** bedeutet, dass die einzelnen Inhalte keine feste Reihenfolge haben müssen. Der Leser kann nach Belieben über Verweise (Hyperlinks, abgekürzt: Links) vom aktuellen Inhalt zu weiteren Inhalten gelangen.

**D** **HTML** ist die Abkürzung von **H**yper**t**ext-**M**arkup-**L**anguage. In der Webentwicklung ist HTML das Werkzeug für den Inhalt und die Struktur von Webseiten.

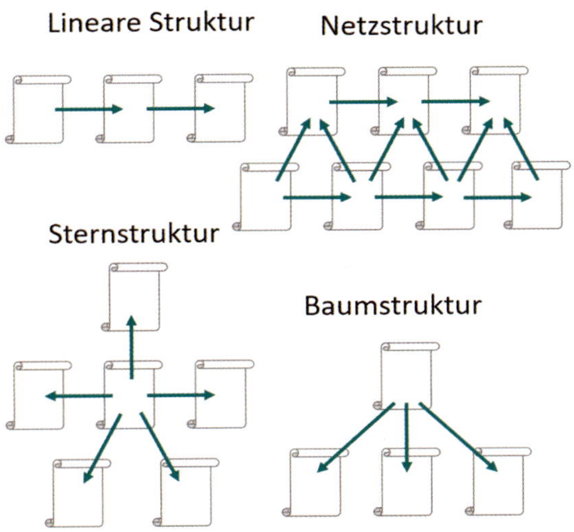


Abb. 2_2: Hypertextstrukturen

**Markup Languages** (deutsch: Auszeichnungssprachen) sind maschinenlesbare Sprachen zur Strukturierung von Inhalten. Damit Computer sie lesen können, müssen wir ihre Sprachregeln beachten. Solche Sprachregeln nennt man Syntax. Das Schreiben von maschinenlesbaren Sprachen nennt man auch Coden und das Ergebnis nennt man Quelltext oder Code (englisch: *source code*).

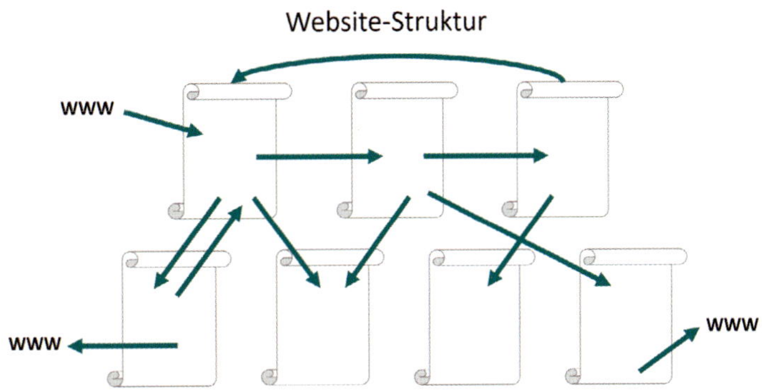


Abb. 2_3

## 2.2.2 Was ist HTML nicht?

**HTML ist keine Programmiersprache**. Programme enthalten Bedingungen und alternative Anweisungen, die abhängig von den Bedingungen ausgeführt werden. Das heißt, ein Programm kann unterschiedliche Abläufe haben. Dies funktioniert mit HTML (allein) nicht. In HTML kann man keine Bedingungen und keine alternativen Anweisungen formulieren. Daraus folgt, dass die gleiche HTML-Vorschrift im gleichen Webbrowser immer die gleiche Ansicht erzeugt. Eine Webseite, die immer die gleiche Ansicht erzeugt, nennt man **statische Webseite**.

Damit eine Webseite dynamisch wird, muss zusätzlich zu HTML server- oder clientseitig eine Programmiersprache eingesetzt werden. Die meistgenutzte serverseitige Programmiersprache für das Web ist PHP, die meistgenutzte clientseitige ist JavaScript. Mehr über das Programmieren lernen wir in Kapitel 5 und Kapitel 7.

**HTML ist keine Seitenbeschreibungssprache**. Seitenbeschreibungssprachen (*page description languages*) beschreiben eine Seite mit allen Inhalten und deren Position präzise und mit fester Größe. Im Gegensatz dazu legen Auszeichnungssprachen wie HTML die endgültigen Positionen nicht fest. Diese werden erst vom Browser berechnet. Dadurch können die Darstellungen derselben HTML-Seite in verschiedenen Browsern unterschiedlich sein. Bei Seitenbeschreibungssprachen ist das Ergebnis immer gleich, wie bei Grafikformaten. Bekannte Beispiele für Seitenbeschreibungssprachen sind Postscript und PDF.

→ Aufgabe 1

**Kompetenzkontrolle**

1. Wie nennt man die Sprachregeln bei maschinenlesbaren (formalen) Sprachen?
2. Welchen Unterschied gibt es zwischen dynamischen und statischen Websites?
3. Was wird benötigt, um eine Website dynamisch zu machen?

### 2.2.3 HTML-Tag

Webseiten bestehen normalerweise aus vielen verschiedenen Elementen. Dabei gibt es einige Elemente, die immer wieder vorkommen, wie zum Beispiel Absätze oder Überschriften. Damit der Browser einen Absatz als Absatz und eine Überschrift als Überschrift behandelt, muss man die Elemente entsprechend auszeichnen. Hierfür nutzt man für jedes Element ein entsprechendes HTML-Tag (*tag* ist englisch für Etikett, Markierung). HTML-Tags werden in spitze Klammern geschrieben: `<tag>ausgezeichneter Text</tag>`

Vor dem betroffenen Element wird ein **öffnendes Tag** gesetzt, dahinter ein **schließendes Tag**. Das schließende Tag schreibt man immer mit einem **Schrägstrich /** (englisch: *slash*) direkt nach der öffnenden spitzen Klammer. Es gibt auch sogenannte leere Elemente, die kein schließendes Tag benötigen, weil sie keinen Inhalt haben.

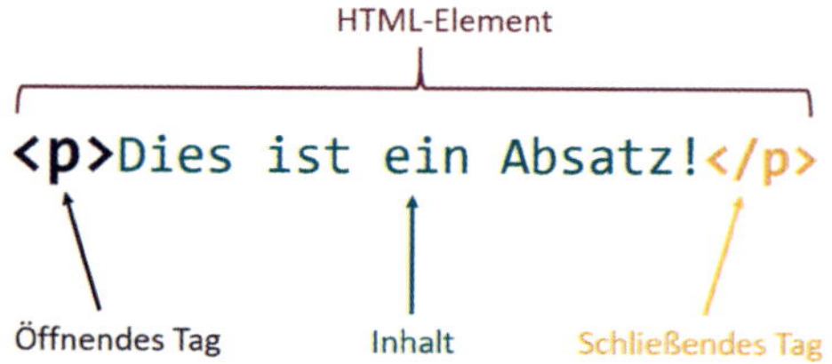


Abb. 2_4: Anatomie des HTML-Absatz-Elements

Für jedes Element einer Webseite existiert ein Tag. Daraus folgt, dass alles (zum Beispiel jeder Text) einer Webseite grundsätzlich in ein Tag gehört.

### 2.2.4 Editor

Man kann einen beliebigen Texteditor verwenden, um HTML zu schreiben. Ein Texteditor ist ein Programm, mit dem man unformatierten Text bearbeiten und speichern kann. Unter Windows gibt es den Texteditor Editor (englisch: *Note-*

*pad*), unter MacOS TextEdit und unter GNU/Linux-Systemen zum Beispiel nano. Profis arbeiten mit kostenpflichtigen Programmen wie Sublime-Text oder kostenlosen Alternativen wie Atom, Notepad++, Visual-Studio-Code, Adobe-Brackets oder Bluefish. Alle diese „Profi-Programme" bieten zusätzlichen Komfort wie zum Beispiel Syntax-Highlighting oder Auto-Vervollständigung.

Um in einem Editor ein neues HTML-Dokument zu erstellen, muss man eine neue Datei erstellen und diese mit der Dateinamensendung .html speichern. Ab jetzt weiß Windows, dass es die Datei mit einem Browser öffnen soll. Wenn wir sie weiter mit dem Editor bearbeiten wollen, können wir den Editor starten und damit die Datei öffnen oder mit einem Rechtsklick auf die Datei das entsprechende Kontextmenu zum „Öffnen mit ..." aufrufen.

### 2.2.5 Dokument-Grundgerüst

Moderne HTML-Webseiten haben ein einheitliches Grundgerüst. Wann immer wir eine Webseite erstellen, müssen wir mit diesen Zeilen beginnen.

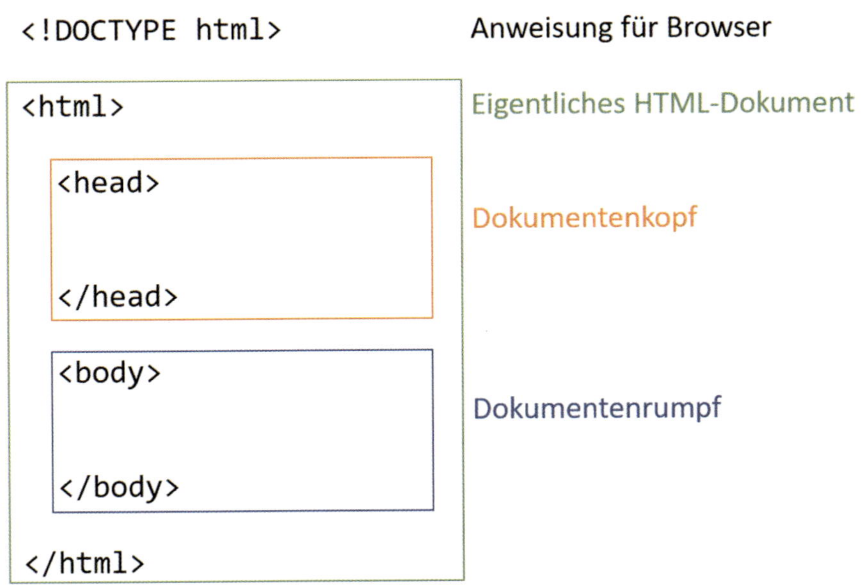


Abb. 2_5: Vereinfachtes HTML-Grundgerüst

```
<!DOCTYPE html>
```

Diese Anweisung ist noch kein Element von HTML und darum auch kein HTML-Tag. Sie zeigt dem Browser nur, welcher Typ Dokument es ist. So weiß er, wie das Dokument zu behandeln ist, es gibt nämlich einige andere Dokumenttypen, die moderne Browser interpretieren können. In diesem Fall wird der Browser darüber informiert, dass es ein HTML5-Dokument ist. Die Anweisung wirkt zwar erst einmal kryptisch, sie ist aber in der aktuellen HTML-Version 5 viel einfacher als bei den Vorgängerversionen.

```
<html>  </html>
```

Dies ist unser erstes HTML-Tag. Dort, wo es öffnet, beginnt unser HTML-Dokument. Dieses Tag umschließt alle anderen Elemente und wird erst ganz am

Ende des Dokuments wieder geschlossen. Man nennt es auch Wurzelelement (englisch: *root element*).

```
<head> </head>
```

Der Head ist der Kopf unseres HTML-Dokuments. Seine Elemente sind in der Browser-Ansicht der Webseite nicht direkt sichtbar, man sieht nur ihre Auswirkungen. Der Head enthält wichtige Informationen über das Dokument, wie zum Beispiel den Titel, die Sprache, in der das Dokument verfasst ist, oder den Zeichensatz, in dem es dargestellt werden soll.

```
<body> </body>
```

In den Dokumentrumpf gehört alles, was später auf der Webseite sichtbar ist. Das sind alle Inhalte wie Text, Bilder, Links und ihre Struktur wie Überschriften, Absätze, Tabellen oder Formulare.

### 2.2.6 Verschachtelung

Am HTML-Grundgerüst sehen wir, dass Elemente ineinander verschachtelt werden. So umschließt das Element *html* alle anderen Elemente. Genau so verhält es sich mit *head* und *body*. Beide umschließen ihre jeweiligen Elemente. Die Verschachtelung kennen wir schon aus anderen Fachgebieten. In Texten und mathematischen Formeln können verschachtelte Klammern gesetzt werden. HTML-Tags können wir uns wie Klammern vorstellen. Dabei ist ein öffnendes Tag eine öffnende Klammer und ein schließendes Tag eine schließende Klammer. Die Technik der Verschachtelung ist in der Informatik weit verbreitet und wird uns wieder begegnen.

**M** Verschachtelte öffnende, nichtleere Tags müssen in umgekehrter Reihenfolge geschlossen werden!
**Tipp:** Schreiben Sie hinter jedes öffnende Tag sofort das schließende Tag. Innere Tags kommen dann auf dieselbe Weise dazwischen.

### 2.2.7 Unterteilung in Kopf und Rumpf

Briefe, Dateien, Tabellen, Funktionen in Programmiersprachen und Pakete, die durch Netze gesendet werden, sind in Kopf (englisch: *head*) und Rumpf (englisch: *body*) unterteilt. Im Kopfbereich stecken in der Regel Steuerinformationen und im Rumpfbereich die eigentlichen Inhalte. Dieses Prinzip finden wir im Alltag, in der Informatik und in diesem Buch überall. Es ist übrigens eine weitere Ableitung aus dem Prinzip der Trennung von Zuständigkeiten.

→ Aufgabe 2

### 2.2.8 Grundgerüst als Kopiervorlage

Nun öffnen wir einen Editor unserer Wahl und erstellen darin eine neue HTML-Datei. Anschließend speichern wir die Datei unter dem Namen „grundgeruest.html".

Als Inhalt tippen wir folgende Zeilen ab:

```
1 <!DOCTYPE html>
2 <html lang="de">
3   <head>
4     <meta charset="utf-8">
5     <title>Titel einfügen</title>
6   </head>
7   <body>
8     <p>Inhalt einfügen</p>
9   </body>
10 </html>
```

Abb. 2_6

Anschließend speichern wir das Dokument in einem Verzeichnis so, dass wir es immer wieder finden, denn wir werden es immer wieder brauchen.

In der Grundgerüst-Kopiervorlage finden wir vier neue Dinge.
- Zeile 2: lang="de"
- Zeile 4: <meta charset="utf-8">
- Zeile 5: <title>Titel einfügen</title>
- Zeile 8: <p>Inhalt einfügen</p>

Der Zusatz in Zeile 2 informiert darüber, dass das Dokument für die Sprache (englisch: *language*) Deutsch verfasst wurde. So kann ein Browser Französischsprechenden zum Beispiel eine automatische Übersetzung anbieten. Suchmaschinen nutzen die Information, um Suchergebnisse in der Sprache der Suchenden anzuzeigen.

In Zeile 4 wird dem Browser gesagt, dass das Dokument im Zeichensatz UTF-8 codiert ist. Das ist wichtig, damit zum Beispiel die deutschen Sonderzeichen ä, ö, ü und ß korrekt dargestellt werden. Mehr zu Codierungen erfahren wir in Kapitel 4.

Zeile 5 legt den Titel (englisch: *title*) der Seite fest. Dieser wird zum Beispiel oben im Browser-Tab (deutsch Registrierkarte, Reiter) angezeigt. Suchmaschinen zeigen den Titel als Ergebnis an und die Windows-Oberfläche zeigt ihn als Beschriftung des Browserfensters in der Taskleiste an. Achtung, ein typischer Tippfehler bei *title* ist es, die letzten beiden Buchstaben zu vertauschen.

In Zeile 8 wird endlich ein sichtbarer Rumpfinhalt hinzugefügt. Ein Beispielabsatz (englisch: *paragraph*) mit dem Text „Inhalt einfügen" als Platzhalter.

Wie viele neue HTML-Tags sind jetzt in unserer HTML-Grundgerüst-Kopiervorlage? Drei, nämlich *meta*, *title* und *p*. Wir haben aber vier Änderungen bemerkt. Was ist nun die Vierte, wenn sie kein Tag ist? Sie ist ein Attribut.

## 2.2.9 HTML-Attribute

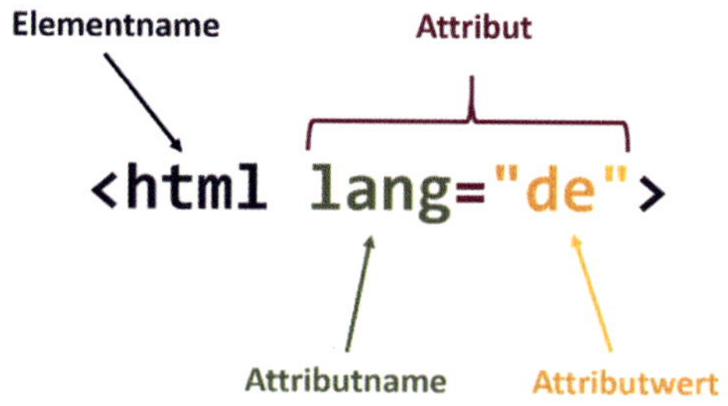


Abb. 2_7

Attribute legen zusätzliche Eigenschaften von Elementen fest. Attribute werden immer in das öffnende Tag direkt hinter den Elementname geschrieben. Typischerweise werden Attribute mit **Namen** und **Wert** in der Form name="wert" angegeben. Grundsätzlich können alle Elemente Attribute haben. Ein Element kann mehrere Attribute haben, die mit Leerzeichen getrennt werden müssen.

Im Tag *<html lang="de">* ist der Elementname *html* und das Attribut ist *lang="de"*. Dem Attributname *lang* wird mit = ein Wert zugewiesen, und zwar *„de"*.

In der HTML-Grundgerüst-Kopiervorlage wird noch ein weiteres Attribut verwendet. Haben Sie es schon gefunden?

Es handelt sich um *charset="utf-8"* und es ist ein Attribut des Elements *meta*. Seine Wirkung wurde bereits oben beschrieben.

Browser und Suchmaschinen haben Listen mit möglichen Attributswerten für Sprachen und verhalten sich entsprechend, wenn eine bestimmte Sprache eingestellt ist. Attribute spielen bei Datenbanken in Kapitel 6 eine große Rolle und wir lernen sie beim Programmieren in Kapitel 5 als Variable kennen.

## 2.2.10 Meta-Elemente

Metadaten sind Daten über Daten. Metadaten von Smartphone-Fotos sind zum Beispiel Aufnahmezeitpunkt, Smartphone-Modell, Bildauflösung oder die GPS-Koordinaten bei der Aufnahme. Auch Webseiten haben Metadaten. Dabei sind Metainformationen zum Beispiel Autor, eine Kurzbeschreibung der Seite, Schlüsselwörter und Anweisungen für Suchmaschinen oder der genutzte Zeichensatz.

Meta-Elemente gehören in den *Head* des Dokuments. Dort kann man beliebig viele einfügen. Alle Metainformationen werden als Attribute von Meta-Tags angegeben. Da Meta-Elemente nur Attribute tragen und sonst nichts umschließen, haben sie kein schließendes Tag. Meta-Elemente sind also leere Elemente.

| Attribute für das Meta-Tag | |
|---|---|
| **Element** | **Beschreibung** |
| `<meta name="author" content="Jule Langer">` | Autorenname |
| `<meta name="description" content="Vegane Rezepte für Singles.">` | Beschreibung, erscheint in Suchmaschinenergebnissen |
| `<meta name="keywords" content="vegan, kochen, gesund, single">` | Schlüsselwörter, unter denen die Webseite findbar sein soll |

## 2.2.11 Vom Quelltext zur Webseite

Nun testen wir unsere Kopiervorlage, indem wir das Dokument mit dem Browser öffnen. Hierzu einfach zum Verzeichnis navigieren, in welches gespeichert wurde, und dann auf die Datei doppelklicken.

Das Ergebnis sollte dann zum Beispiel mit dem Browser Firefox so aussehen:

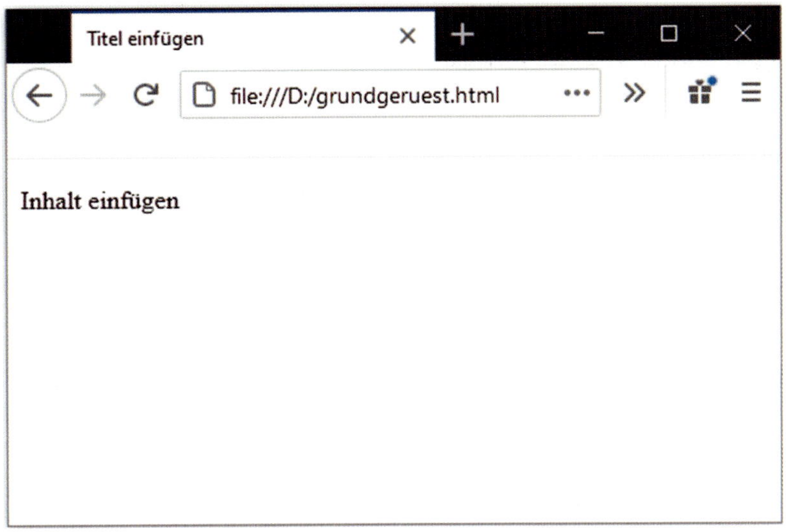


Abb. 2_8

Es ist eine schlichte Seite, die jedoch schon über das notwendige Gerüst verfügt. )

- Oben, im Browser-Tab, bemerken wir unseren *Title* „Titel einfügen".
- Im *Body* sehen wir nur unseren Absatz (p, *paragraph*) „Inhalt einfügen".

Mit Rechtsklick, *Seitenquelltext anzeigen* oder *strg + u* öffnen zum Beispiel Firefox und Google-Chrome einen neuen Tab mit einer Ansicht unseres Quelltexts. So können wir prinzipiell den Quelltext jeder beliebigen Webseite anzeigen.

## 2.2.12 Text strukturieren

Text gehört wie alle sichtbaren Inhalte in den *Body* der Webseite. Texte bestehen insbesondere aus Überschriften und Absätzen. Zusätzlich kann man Teile von Absätzen, Überschriften und anderen Textteilen auf verschiedene Weise betonen. Da jeder Inhalt einer Webseite in ein Tag gehört, gibt es in HTML zusätzlich noch eine Reihe von Textelementen wie zum Beispiel Zitat, Kurzzitat, Programmcode oder Bildunterschrift.

| **Struktur von Text** | |
|---|---|
| **Element** | **Beschreibung** |
| `<h1>Überschrift 1<h1>` | Überschrift auf Ebene 1 |
| `<h2>Überschrift 2<h2>` | Überschrift auf Ebene 2 |
| `<h4>Überschrift 4<h4>` | Überschrift auf Ebene 4 |
| `<p>Dies ist ein Absatz.</p>` | Absatz |
| `<em>Betonter Teil</em>` | Betonter Teil eines Textelements |
| `<strong>Stark betonter Teil</strong>` | Stark betonter Teil eines Textelements |

Auch Textverarbeitungsprogramme wie Microsoft Word oder LibreOffice Writer ermöglichen die Strukturierung von Texten. Dort finden wir zu fast allen HTML-Textelementen eine entsprechendes Strukturierungsfunktion.

### 2.2.12.1 Überschriften

Überschriften unterteilen Texte auf mehreren Ebenen. Der Elementname setzt sich aus *h* und der Zahl der jeweiligen Ebene von 1 bis 6 zusammen. Dabei ist *h* eine Abkürzung des englischen Worts für Überschrift: *heading*.

| Überschriften | |
|---|---|
| **Quelltext** | **Ansicht im Browser** |
| <h1>Überschrift h1</h1><br><h2>Überschrift h2</h2><br><h3>Überschrift h3</h3><br><h4>Überschrift h4</h4> | **Überschrift h1**<br>**Überschrift h2**<br>**Überschrift h3**<br>**Überschrift h4** Abb. 2_9 |

Wir sollten Überschriften auf jeden Fall einsetzen, aber gut strukturierte Texte benötigen selten mehr als vier verschiedene Überschriftebenen.

### 2.2.12.2 Absätze

Absätze sind sinnvoll zusammenhängende Teile eines fortlaufenden Textes. In der Regel bestehen Texte aus mehreren Absätzen, die jeweils sinnvoll zusammenhängende Textteile bündeln. Einzelne Absätze werden in Textverarbeitungsprogrammen wie LibreOffice Writer oder Microsoft Word optisch durch einen kleinen Zwischenraum (keine Leerzeile) voneinander abgesetzt. Dasselbe geschieht im Browser, wenn man im Quelltext zwei Absätze hintereinander setzt.

| Absätze | |
|---|---|
| **Quelltext** | **Ansicht im Browser** |
| <p>Jeder Absatz bildet inhaltlich und optisch eine Einheit. Folgt ein weiterer Absatz, so wird dieser abgesetzt.</p><br><p>Ein neuer Absatz enthält eine Fortsetzung des Texts, jedoch eine eigene zusammenhängende Textpassage.</p> | Jeder Absatz bildet inhaltlich und optisch eine Einheit. Folgt ein weiterer Absatz, so wird dieser abgesetzt.<br><br>Ein neuer Absatz enthält eine Fortsetzung des Texts, jedoch eine eigene zusammenhängende Textpassage. |

Für den Zwischenraum zwischen den Absätzen in der Browseransicht spielt es keine Rolle, ob und wie viele Leerzeichen und Zeilenumbrüche im HTML-Quelltext zwischen den beiden Absatzelementen liegen. Solche Abstände heißen in Computersprachen Whitespace (englisch für Leerraum, Weißraum). Der Abstand zwischen Absätzen wird vom Browser festgelegt. Wenn wir einen anderen Abstand wünschen, ist das richtige Werkzeug CSS.

### 2.2.12.3 Betonungen

Betonte Teile von Absätzen, Überschriften oder anderen Textelementen liefern Zusatzinformationen über ihre Bedeutung. Durch unterschiedliche Betonung können wir die Bedeutung (Semantik) eines Satzes verändern.

| Bedeutung (Semantik) durch Betonung | |
|---|---|
| Lesen wir einmal die folgenden Sätze und betonen jeweils das fett gedruckte Wort:<br>A) Dieser Kuchen schmeckt mir.<br>B) **Dieser** Kuchen schmeckt mir.<br>C) Dieser **Kuchen** schmeckt mir.<br>D) Dieser Kuchen **schmeckt** mir.<br>E) Dieser Kuchen schmeckt **mir**.<br>F) **Dieser Kuchen schmeckt mir**. | Wie Satz A) gemeint ist, bleibt völlig der Interpretation des Lesers überlassen. Ganz anders ist es bei Satz B), der zum Beispiel die Interpretation zulässt, dass ein anderer Kuchen nicht schmeckt. Satz C) erlaubt die Interpretation, dass etwas anderes, zum Beispiel ein Apfel weniger schmeckt als dieser Kuchen. Für die Sätze D) und E) lassen sich analog Interpretationen finden. Satz F) differenziert nicht zwischen seinen Wörtern und könnte als Ausruf der Freude, aber gleichzeitig der Wut interpretiert werden. |

Computer kennen die Bedeutung ihrer Daten nicht. Darum weiß eine Suchmaschine auch nicht, welche Teile eines riesigen Texts nun wichtig für den Text und welche unerheblich sind. Damit zum Beispiel Suchmaschinen oder Vorleseprogramme für blinde Menschen wichtige Textstellen identifizieren können, müssen diese ausgezeichnet werden. Hierfür bietet HTML zwei verschieden starke Betonungselemente.

```
<em>Betonte Textstelle</em>
```

Der Tag-Name *em* ist eine Abkürzung für das englische Wort *emphasized* (betont). Hiermit sollen die Wörter eines Satzes ausgezeichnet werden, die für seine Interpretation wichtig sind und betont vorgelesen werden sollen. Die Betonung lässt sich durch Verschachtelung verstärken. Zum Beispiel so:

```
Dieser Kuchen <em>schmeckt <em>mir</em></em>.
```

Hier steckt das *schmeckt* in einem *em*-Tag, aber das *mir* steckt in zwei *em*-Tags. Die Betonung wird gesteigert.

```
<strong>Allerwichtigste Aussage</strong>
```

Ein *strong*-Element symbolisiert, dass der umschlossene Text wichtiger ist als alle Texte um ihn herum. Auch *strong* lässt sich durch Verschachtelung verstärken. Dieses Buch empfiehlt, in den meisten Fällen das *em*-Element zu nutzen. Nur wenn die Betonung sehr stark sein muss, sollte *strong* verwendet werden.

Früher wurde das Prinzip der Trennung von Zuständigkeiten in der Webentwicklung schlecht beachtet. So wurde HTML lange zur Gestaltung von Texten genutzt. Dies gilt heute als schlechte Praxis. Überreste aus diesen Zeiten sind die Tags *b* und *i*, die in HTML5 zwar noch existieren, aber nur in sehr seltenen Fällen sinnvoll angewendet werden können.

→ Aufgabe 3

**M** Browser zeigen *em* kursiv und *strong* fett an. Trotzdem sind die beiden Elemente nicht zur Textgestaltung da. Dass Browser dies „zufällig" so anzeigen, liegt an ihren Standardeinstellungen. **HTML** legt die **Struktur** von Texten fest. Um Texte zu **gestalten** nutzt man **CSS**.

## 2.2.13 Informationen strukturieren

Informationen kann man zum Beispiel in Listen oder Tabellen strukturieren.

### 2.2.13.1 Listen

Textverarbeitungsprogramme wie LibreOffice-Writer oder Microsoft-Word haben Funktionen um Aufzählungslisten (das Fachwort dafür ist Spiegelstrichliste) zu erstellen.
In HTML können wir zwei verschiedene Arten von Aufzählungslisten erstellen. Zum einen die ungeordnete Liste mit Punkten oder Spiegelstrichen als Aufzählungszeichen. Und zum anderen die geordnete Liste mit Zahlen als Aufzählungszeichen. Wir benötigen dazu nur die drei Tags *li*, *ul* und *ol*.

| **Listenelemente** | |
|---|---|
| **Element** | **Beschreibung** |
| <li> </li> | Einzelnes Listenelement (*list item*) |
| <ul> </ul> | Start und Ende einer ungeordneten Liste (***u**nordered **l**ist*) |
| <ol> </ol> | Start und Ende einer geordneten Liste (***o**rdered **l**ist*) |

Jeder Listenpunkt muss von *li* umschlossen sein.

Jede Liste muss entweder von *ul* oder von *ol* umschlossen sein.

| **Ungeordnete Liste** | |
|---|---|
| **Quelltext** | **Ansicht im Browser** |
| <ul><br>    <li>freekickerz</li><br>    <li>Julien Bam</li><br>    <li>BibisBeautyPalace</li><br></ul> | <br>– freekickerz<br>– Julien Bam<br>– BibisBeautyPalace |

Ob das Aufzählungszeichen als Punkt, Spiegelstrich oder Herzchen erscheint, hängt zunächst von den Standardeinstellungen des Browsers ab. Wenn wir andere Aufzählungszeichen wollen, müssen wir sie mit CSS anpassen.
In HTML werden Einrückungen vom Browser ignoriert. Sie helfen dem Menschen, den Text besser lesen zu können und sind für die Maschine nicht relevant. Bei der Programmiersprache Python ist das anders, dort sind Einrückungen Elemente der Sprache.

| **Geordnete (nummerierte) Liste** | |
|---|---|
| **Quelltext** | **Ansicht im Browser** |
| <ol><br>    <li>freekickerz</li><br>    <li>BibisBeautyPalace</li><br>    <li>Julien Bam</li><br></ol> | <br>1. freekickerz<br>2. BibisBeautyPalace<br>3. Julien Bam |

Die beiden Listen enthalten YouTube-Kanäle und haben unterschiedliche Reihenfolgen. Das liegt daran, dass die geordnete Liste nach Abonnements sortiert ist. Elemente in geordneten Listen haben eine Reihenfolge. Dagegen sind Elemente einer ungeordneten Liste gleichrangig.

**Listen verschachteln**
Wie viele Dinge in der Informatik und in HTML lassen sich auch Listen verschachteln. Die Elemente von Listen, die von anderen Listen umschlossen sind, haben eine niedrigere Ebene und je nach Browser auch andere Aufzählungszeichen.

| Verschachtelte Listen | |
|---|---|
| **Quelltext** | **Ansicht im Browser** |
| <ul><br><li>freekickerz</li><br><ul><br><li>neymar</li><br><li>falcao</li><br><li>puskas</li><br></ul><br><li>BibisBeautyPalace</li><br><ul><br><li>primark</li><br><li>schminke</li><br><li>makeup</li><br></ul><br></ul> | – freekickerz<br>• neymar<br>• falcao<br>• puskas<br>– BibisBeautyPalace<br>• schminke<br>• primark<br>• makeup |

Hier sind zwei YouTube-Kanäle und Suchmaschinen-Schlüsselwörter ihrer meistgeklickten Videos aufgelistet.

Strukturell sehen wir eine Liste, die wiederum zwei weitere Listen umschließt. Wichtig ist dabei, dass jedes Tag wieder geschlossen wird. Die Zeilenumbrüche und Einrückungen helfen dabei, die Übersicht zu behalten.

Die derzeitige Version von Firefox nummeriert geschachtelte geordnete Listen nicht korrekt. Chrome-Nutzer sehen also andere Zahlen als Firefox-Nutzer. Dies kann peinlich werden, wenn man zum Beispiel die Rangfolge eines Wettkampfs veröffentlichen soll. In anderen Szenarien kann es sogar gefährlich werden. Darum sollten Computerergebnisse grundsätzlich kritisch geprüft und alle gängigen Browser getestet werden.

→ Aufgabe 4

### 2.2.13.2 Tabellen

Tabellen bestehen aus Zeilen. Tabellenzeilen bestehen aus Kopfzellen und Datenzellen. In HTML bauen wir Tabellen mit diesen vier Elementen auf.

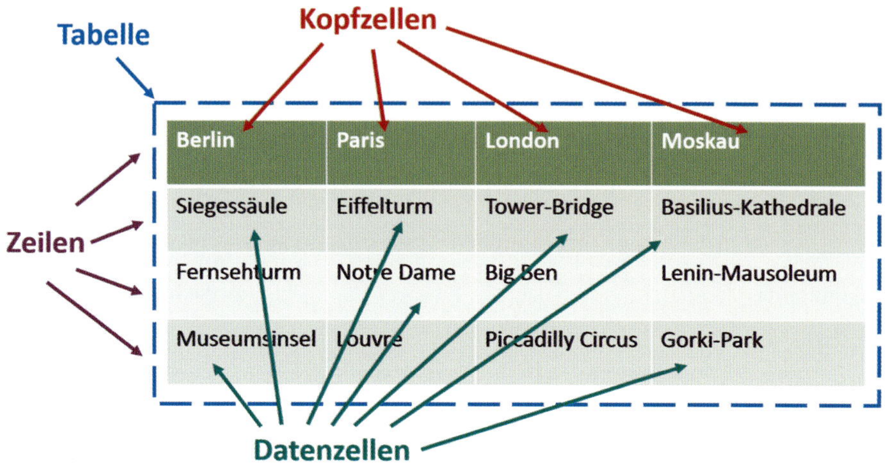


Abb. 2_10

Die entsprechenden Tags für die Tabellenelemente sind *table*, *tr*, *th* und *td*.

| Tabellen | |
|---|---|
| **Element** | **Beschreibung** |
| `<table> </table>` | Start und Ende einer Tabelle |
| `<tr> </tr>` | Tabellenzeile (*table* ***row***), Start und Ende jeder Zeile |
| `<th> </th>` | Kopfzelle (*table* ***head***), Start und Ende einer Kopfzelle |
| `<td> </td>` | Datenzelle (*table* ***data***), Start und Ende einer Datenzelle |

Daraus lässt sich eine Tabelle wie folgt aufbauen.

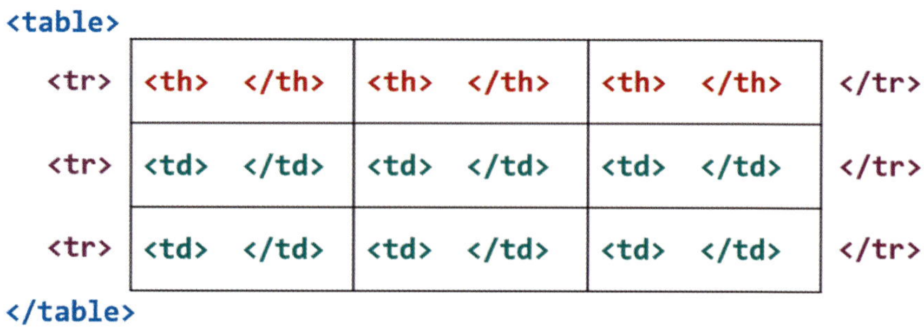


Abb. 2_11

**In jeder Zeile werden die Zellen von links nach rechts aufgereiht.**

**Tabelle in HTML**

**Quelltext**

```
<table>
      <tr>
            <th>Berlin</th>
            <th>Paris</th>
      </tr>
      <tr>
            <td>Siegessäule</td>
            <td>Eiffelturm</td>
      </tr>
      <tr>
            <td>Fernsehturm</td>
            <td>Notre Dame</td>
      </tr>
</table>
```

**Ansicht im Browser**

| Berlin | Paris |
|---|---|
| Siegessäule | Eiffelturm |
| Fernsehturm | Notre Dame |

Abb. 2_12

In der Browser-Ansicht hat eine HTML-Tabelle je nach Browser noch keine Linien, da Linien zur Gestaltung gehören und deswegen mit CSS definiert werden. Der Stil der Kopfzellen (hier durch den Browser fett und zentriert) soll ebenfalls in CSS festgelegt werden.

Die einzelnen Zeilen einer Tabelle sollten zusätzlich noch in die Bereiche Kopf, Rumpf und Fuß aufgeteilt werden.

| Kopf-, Rumpf- und Fußbereich von Tabellen | |
|---|---|
| **Element** | **Beschreibung** |
| `<thead>` `</thead>` | Umschließt die Kopfzeilen. Folgt auf `<table>` |
| `<tbody>` `</tbody>` | Umschließt die Datenzeilen. Folgt auf `</thead>` |
| `<tfoot>` `</tfoot>` | Umschließt die Fußzeilen. Folgt auf `</tbody>` und wird gefolgt von `</table>` |

Fußzellen enthalten Erläuterungen oder Zusammenfassende Informationen wie zum Beispiel Summe oder Mittelwert der Datenzellen.

→ Aufgabe 5

## 2.2.14 Verweise

Verweise (auch Referenzen) sind in HTML Zeiger auf andere Dateien. Alle Dateien im WWW sind über ihren URL (***U**niform **R**esource **L**ocator*) abrufbar. Bilder, Video- und Audiodateien und Hyperlinks auf Webseiten benötigen URL-Verweise, um zu funktionieren.

### 2.2.14.1 Pfade

Alle Dateien in einem Betriebssystem sind über ihren Pfad abrufbar. Daten auf Datenträgern wie Festplatten, Speicherkarten, Speichersticks oder DVDs werden in Dateien organisiert und von Dateisystemen verwaltet. Dateisysteme bieten zur Strukturierung von Dateien Verzeichnisse (englisch: *directories*). Ein alternativer Begriff für Verzeichnis ist Ordner (englisch: *folder*). Verzeichnisse können theoretisch beliebig viele Dateien oder Unterverzeichnisse enthalten.

Ein **Pfad** ist ein Navigationsweg durch einen Verzeichnisbaum. Er besteht aus durch Schrägstriche getrennten Verzeichnisnamen und kann mit einem Dateinamen enden.

1. D:\Webentwicklung\HTML
2. D:\Webentwicklung\HTML\index.html

Hier ist 1. der Pfad zum **Verzeichnis** *HTML* und 2. der Pfad zur **Datei** *index.html*.

Man kann Pfade mit Kommandozeileninterpretern oder mit grafischen Dateimanagern wie Windows Explorer oder dem Finder bei MacOS entlang navigieren.

Windows nutzt als einziges verbreitetes Betriebssystem den Backslash \ (Rückstrich) in Pfaden. Die anderen gängigen Betriebssysteme und das WWW nutzen den Slash / (Schrägstrich).

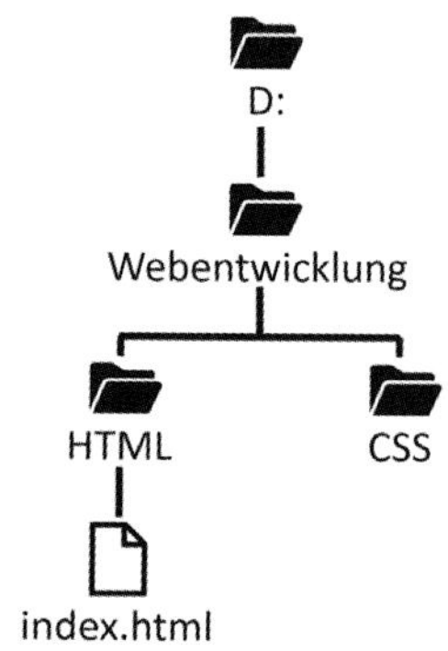

Abb. 2_13

**Absolute und Relative Pfade**

**Absolute Pfade** (vollständige Pfade) beginnen bei der Wurzel (englisch: *root*) des Dateibaums. Unter Windows gibt es mehrere Dateibäume, deren Wurzel jeweils ein Laufwerksbuchstabe mit einem Doppelpunkt (C:, D:, E:) bildet. Andere Betriebssysteme wie GNU/Linux, MacOS oder Android haben nur einen Dateibaum.

**Relative Pfade** beginnen nicht bei der Wurzel des Dateibaums. Stattdessen beginnen sie in einem bestimmten Verzeichnis, und zwar dem, in dem „man" sich gerade befindet.

**Pfade zur Datei logo.jpg**

Absoluter Pfad
E:\website\img\logo.jpg

Relativer Pfad ab website
img\logo.jpg

Relativer Pfad ab img
logo.jpg

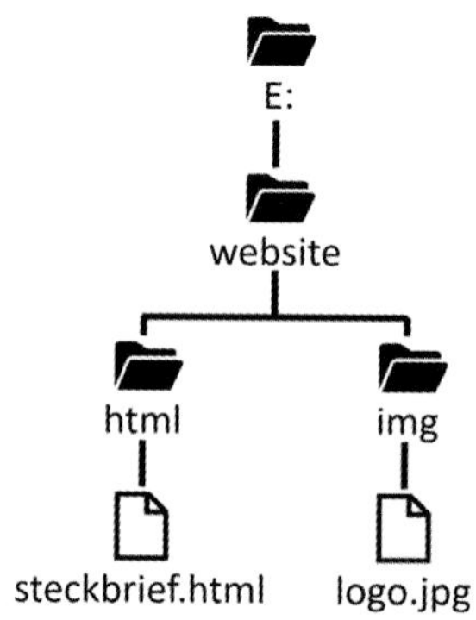

Abb. 2_14

Möchte man bei relativen Pfaden in ein übergeordnetes Verzeichnis gelangen, also im Dateibaum nach oben navigieren, nutzt man als Anweisung für den Rückschritt .. (zwei Punkte). Danach schreibt man einen Schrägstrich und den Namen der Datei oder des Verzeichnisses. Zum Beispiel von der Datei steckbrief.html ausgehend ../img oder ../img/logo.jpg

Um mehrere Verzeichnisse im Dateibaum nach oben zu navigieren, schreibt man für jede Verzeichnisebene zwei Punkte, die durch Schrägstriche getrennt werden.

**Relative Pfade zu ich.jpg**

Relativer Pfad ab E:
ich.jpg

Relativer Pfad ab website
..\ich.jpg

Relativer Pfad ab html
..\..\ich.jpg

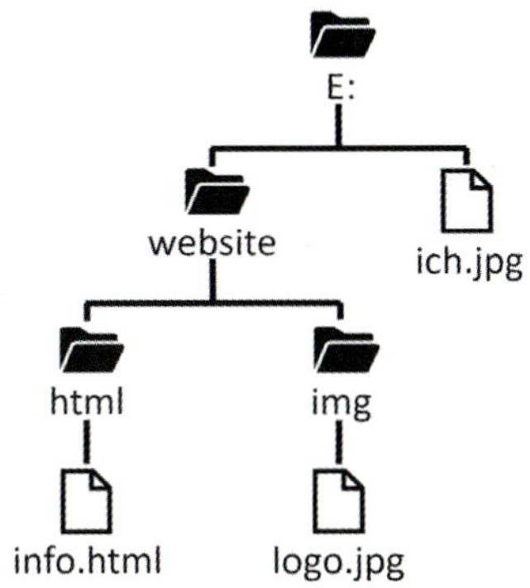


Abb. 2_15

### 2.2.14.2 URL – Pfad im Web

URLs sind Pfade zu Dateien auf Webservern. Sie folgen denselben grundsätzlichen Regeln wie Pfade auf lokalen Computern. Der Unterschied ist, dass ihre Wurzel die Adresse des Webservers bildet. Als Adresse von Webservern kann man ihre IP-Adresse (zum Beispiel 216.58.212.131) oder ihren Domainname (zum Beispiel google.com) nehmen. Davor gehören die entsprechenden Protokollangaben (für Web http://oder https:// und www.), die aber meistens automatisch vom Browser hinzugefügt werden.

Meist ist die Wurzel gleichzeitig die Adresse der Homepage. Auf die Wurzel, zum Beispiel https://www.quarks.de, folgt dann der restliche Pfad bis zu einer Datei oder einem Verzeichnis. So liegt die Übersichtsseite zur Rubrik Digitalisierung zum Beispiel im Pfad https://www.quarks.de/technik/digitalisierung/. Der URL des Logos der Website ist https://www.quarks.de/wp-content/themes/understrap/assets/quarks-logo.svg. Anhand dieser Pfade erkennt man die Verzeichnisstruktur der Website und in diesem Fall auch, dass zur Verwaltung der Website das Content-Management-System WordPress (wp) verwendet wird.

Hyperlinks auf einer Website sollten relativ sein, damit sie unabhängig von der Serveradresse sind. Absolute Pfade auf Websites koppeln die Webseiten fest an die Wurzel und an den Verzeichnisbaum. Wenn man dies vergisst, bekommt man große Probleme durch Domainwechsel, Änderungen in der Verzeichnisstruktur und schon beim ersten Hochladen von der lokalen Entwicklungsumgebung auf den Webserver. Die Pfade innerhalb einer Website so relativ wie möglich zu halten, sorgt für lose Kopplung.

### 2.2.14.3 Verzeichnisnamen, Dateinamen und Dateiendungen

Bei Windows und MacOS spielt es keine Rolle, ob ein Zeichen im Dateinamen groß oder klein geschrieben wurde. GNU/Linux unterscheidet aber sehr wohl zwischen Groß- und Kleinbuchstaben. Der Fachbegriff dafür lautet Case-Sensitive. So sind info.html, Info.html und info.HTML unter Windows und MacOS dieselbe Datei, aber für GNU/Linux sind es drei unterschiedliche Dateien. Was hier für Linux gilt, gilt auch für Passwörter in Computersystemen und Variablennamen in Python und den meisten anderen Programmiersprachen: Kontostand und kontostand werden als unterschiedliche Dinge betrachtet. Darum wenden wir so oft wie möglich folgende Regel an: Wir schreiben alles grundsätzlich klein, es sei denn, wir haben einen wichtigen Grund. So müssen wir uns am wenigsten merken und brauchen keine langen Listen, in denen wir notieren, wie wir welches Wort geschrieben haben.

Bei der betriebssystemübergreifenden Nutzung von Dateien entstehen zusätzliche Schwierigkeiten durch Sonderzeichen, Leerzeichen und Umlaute. Aus diesem Grund sollte man diese grundsätzlich nicht in Dateinamen verwenden. Statt Leerzeichen eignen sich Unterstriche (_).

Alle bisher beschriebenen Regeln gelten ebenso für Verzeichnisnamen.

Windows erkennt einen Dateityp an der Dateiendung. Die Dateiendung setzt sich aus den letzten Zeichen des Dateinamens zusammen, die auf den (letzten) Punkt folgen. Typische Dateiendungen sind zum Beispiel html, exe, doc, txt oder jpg. Die anderen gängigen Betriebssysteme benötigen keine Dateiendungen, sie erkennen Dateitypen zum Beispiel an Metadaten oder Dateiköpfen. Beide Techniken wurden in diesem Kapitel angesprochen. Damit Benutzer unsere Website mit jedem Betriebssystem nutzen können, sollten wir die Dateiendungen immer dazuschreiben.

**M** Gute, betriebssystemübergreifende Datei- und Verzeichnisnamen bestehen nur aus Kleinbuchstaben, Ziffern und Unterstrichen.

Gute betriebssystemübergreifende Dateinamen haben eine Dateiendung.

**Besonderheit index.html**

Dieser Dateiname ist besonders. Wenn wir auf einem Webserver in ein Verzeichnis navigieren, schaut dieser, ob im Verzeichnis eine index.html liegt. Falls ja, zeigt er diese an. Falls nein, zeigt er standardmäßig den Inhalt des Verzeichnisses. Das ist ein Sicherheitsrisiko, denn es eröffnet eine ungewollte Navigationsmöglichkeit auf der Verzeichnisstruktur des Webservers. So können Inhalte gefunden werden, die nicht für die Öffentlichkeit bestimmt sind. Im schlimmsten Fall sind dadurch personenbezogene Daten und Passwörter zugänglich. Aus diesem Grund sollte in jedem Verzeichnis eines Webservers eine index.html liegen.

Zum Beispiel führen sowohl https://www.google.de als auch https://www.google.de/index.html zur selben Webseite.

### 2.2.15 Verweise in HTML

In HTML brauchen wir Verweise (URLs) immer dann, wenn eine weitere Datei ins Spiel kommt. Das ist bei eingebetteten Bildern, Video- und Audiodateien oder Hyperlinks der Fall.

### 2.2.15.1 Hyperlinks

Angenommen wir haben zwei Webseiten erstellt. Die Homepage haben wir als index.html gespeichert und die zweite Datei heißt ueber_mich.html. Damit Benutzer von der Homepage auf die Unterseite gelangen können, erstellen wir in HTML einen Hyperlink. Das HTML-Element hierzu ist *a*. Zusätzlich wird aber immer das Attribut *href* benötigt, dessen Wert dem Ziel-URL entspricht.

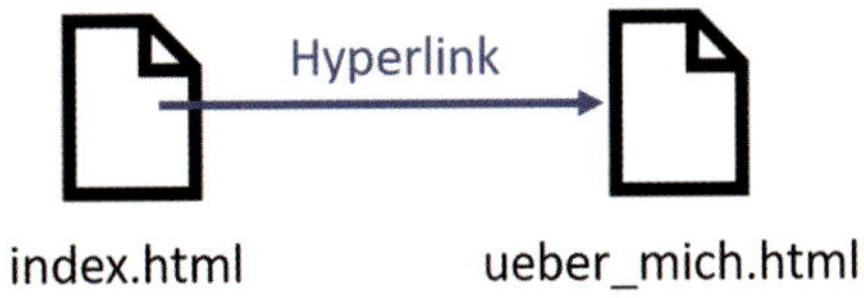

Abb. 2_16

| Hyperlink | |
|---|---|
| **Quelltext** | **Ansicht im Browser** |
| <**a** href="ueber_mich.html">Über den Autor</**a**> | Über den Autor<br>Abb. 2_17 |
| Das Element *a* umschließt den Link.<br>Das Attribut *href* (***hyper ref**erence*) bekommt den URL des Ziels zugewiesen.<br>Der Text zwischen den Tags wird auf der Webseite angezeigt und ist anklickbar. | |

Für lose Kopplung zwischen den Webseiten sorgt der relative URL. Damit Benutzer auf der Unterseite nicht „eingesperrt" sind, sollte es stets einen Link zurück oder zu *Home* geben.

Es gibt eine Reihe von sinnvollen Attributen für das Element *a*. Wie alle Element-Attribute werden sie einfach durch Leerzeichen voneinander getrennt in das Start-Tag geschrieben.

| Attribute für Hyperlinks | |
|---|---|
| **Attribut** | **Beschreibung** |
| href="info.html" | Führt zum URL info.html |
| title="Über diese Seite" | Text wird als Tooltipp angezeigt und von Suchmaschinen genutzt. |
| target="_self" | Seite wird im selben Tab geöffnet. |
| target="_blank" | Seite wird in neuem Tab geöffnet. |

### 2.2.15.2 Bilder

Bilder werden nicht wirklich in Webseiten eingefügt, sondern über den URL eingebunden. Der Browser lässt einen Platz auf der Webseite und zeigt an diesem dann das Bild, sofern er es unter dem angegebenen URL findet.

Wir binden Bilder mit dem leeren Element *img* ein. Dabei müssen immer die beiden Attribute *src* (Quelle) und *alt* (alternativer Text) angegeben werden. Sinnvoll ist zusätzlich die Angabe von *width* (Breite) und *height* (Höhe), damit beim Aufbau der Webseite kein Flackern durch das spätere Anpassen der Größe auftritt.

**Bilder einbinden**

**Quelltext**

```
<img src="katze.jpg" alt="Katze im Sprung" width="150"
height="100">
```

**Ansicht im Browser**

Abb. 2_18

Das Element *img* ist leer und hat kein schließendes Tag.

Das Attribut *src* (*source*) bekommt den URL des Ziels zugewiesen.

Das Attribut *alt* erhält einen alternativen Text, der für zum Beispiel für Vorleseprogramme und Suchmaschinen genutzt wird

Die Attribute *width* (Breite) und *height* (Höhe) bekommen die Pixelmaße, in denen das Bild dargestellt werden soll.

→ Aufgabe 6

Ein Bild kann auch ein Link sein. Hierzu wird das img-Element von einem a-Element umschlossen.

### 2.2.15.3 Audio und Video

HTML5 besitzt Elemente, die das Einbinden von Audio- und Videodateien ermöglichen. Dabei sollte man darauf achten, dass man Mediendateiformate nutzt, die von vielen Browsern unterstützt werden.

Dabei werden die HTML-Elemente *video* und *source* benutzt.

**Videos einbinden**

**Quelltext**

```
<video width="50%" height="50%" controls>
      <source src="bootsfahrt.mp4" type="video/mp4">
      <source src="bootsfahrt.ogg" type="video/ogg">
      Ihr Browser kann dies nicht abspielen!
</video>
```

**Ansicht im Browser**

Abb. 2_19

Das Element *video* umschließt zwei unterschiedliche source-Elemente und einen Text.

Attribute von *video* sind wie bei Bildern *width* (Breite) und *height* (Höhe). Beide sind hier mit Prozentwerten angegeben. Ein weiteres Attribut ist *controls*, das Schaltflächen zur Steuerung der Wiedergabe liefert (Play/Pause, Lautstärkeregelung, Vollbildanzeige und weitere Optionen).

Attribute von *source* sind wie bei Bildern *src* (*source*) für den URL des Ziels und *type* für das Dateiformat der Zieldatei.

Hier werden dem Browser zwei unterschiedliche Dateiformate angeboten. Je nach Einstellungen und Kompatibilität wählt er eines davon aus. Falls er keines der Formate beherrscht, wird der Text angezeigt.

Audiodateien kann man ähnlich wie Videodateien einbinden.

→ Aufgabe 7

<table>
<tr><th colspan="2">Audio einbinden</th></tr>
<tr><td>Quelltext</td><td>Ansicht im Browser</td></tr>
<tr><td><audio controls><br>      <source src="lied.mp3" type="audio/mp3"><br>      <source src="lied.ogg" type="audio/ogg"><br>      Ihr Browser kann dies nicht abspielen!<br></audio></td><td>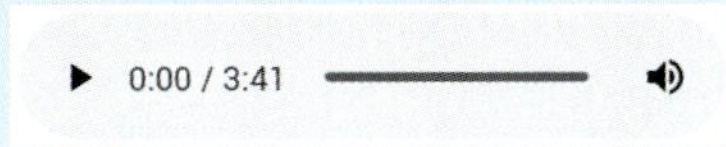

<br>Abb. 2_20</td></tr>
<tr><td colspan="2">Das Element audio umschließt zwei unterschiedliche source-Elemente und einen Text.<br>Das Attribut von audio ist controls, das Schaltflächen zur Steuerung der Wiedergabe liefert (Play/Pause, einen Schiebregler für den Fortschritt und die Lautstärkeregelung).<br>Attribute von source sind wie bei Videos src (source) für den URL des Ziels und type für das Dateiformat der Zieldatei.<br>Hier werden dem Browser zwei unterschiedliche Dateiformate angeboten. Je nach Einstellungen und Kompatibilität wählt er eines davon aus. Falls er keines der Formate beherrscht, wird der Text angezeigt.</td></tr>
</table>

# 2.3 CSS – Webseiten gestalten

Während HTML das Werkzeug für die Struktur von Webseiten ist, gestalten wir Webseiten mit CSS. Durch diese Trennung von Inhalt und Gestaltung kann man Webseiten leichter verändern und erweitern.

## 2.3.1 Was ist CSS?

Cascading-Style-Sheets (CSS, deutsch gestufte Gestaltungsbögen) ist eine computerlesbare Sprache, um das Erscheinungsbild von Ausgabedaten festzulegen. So definiert CSS Regeln, wie HTML-Elemente auf einem Bildschirm oder auf Papier aussehen. Mit CSS können wir Formatvorlagen für HTML-Elemente definieren. Dadurch können wir die Gestaltung von vielen Webseiten an einer Stelle verändern. Die aktuelle Version ist CSS3.

## 2.3.2 CSS in Website einbinden

Es gibt drei gängige Möglichkeiten, CSS in eine Website einzubinden. Sie werden zum Beispiel **Inline**, **Style-Tag** und **Externe Datei** genannt.

<table>
<tr><th colspan="2">Einbinden von CSS</th></tr>
<tr><td>Quelltext</td><td>Beschreibung</td></tr>
<tr><td><p style="color: red">Absatz</p></td><td>Als Style-Attribut direkt im öffnenden HTML-Tag. Dies wird Inline (in der Zeile) genannt.</td></tr>
<tr><td><head><br>      <style><br>            p { color: red; }<br>      </style><br></head></td><td>Als Style-Element direkt im Head des Dokuments.</td></tr>
</table>

| Quelltext | Beschreibung |
|---|---|
| p {<br>color: red;<br>}<br>Datei: style.css | In einer eigenen Datei, die mit dem Link-Element im Head des HTML-Dokuments eingebunden wird. |
| <head><br><link href="style.css" type="text/<br>css"><br></head><br>Datei: index.html | |

Die drei Methoden können gleichzeitig angewendet werden. Dadurch ist es möglich, dass CSS-Regeln sich widersprechen. Die Faustregel ist dann: je näher am Element, desto stärker die Regel.

Hier sehen wir die Vor- und Nachteile der losen Bindung. Je fester eine CSS-Regel ans HTML-Element gebunden ist, desto stärker ist sie und desto schneller wird sie auch später beim Seitenaufbau geladen. Wenn wir aber alle Gestaltungsregeln fest an HTML-Elemente binden, haben wir keinerlei Vorteil durch die Nutzung von CSS. Die Trennung von Inhalt und Gestaltung würde dadurch aufgehoben. Wenn wir einmal zum Beispiel 30 Webseiten erstellt haben und irgendwann das Design überarbeiten wollen, müssen wir alle 30 Dokumente öffnen und jedes Element einzeln verändern. Mit externem CSS müssen wir dagegen nur eine Datei öffnen, in der wir zentral die Gestaltung aller 30 Webseiten ändern können. Aus diesem Grund empfiehlt es sich, immer externe Dateien zu nutzen.

**M**

CSS gehört in eine externe Datei.
Die lose Bindung bringt Übersichtlichkeit und spart unnötige Arbeit.

## 2.3.3 CSS-Regeln

**CSS-Regel**

```
Selektor {
    Eigenschaft: Wert;
    Eigenschaft: Wert;
}
```

Eine CSS-Regel besteht aus einem **Selektor** und **Deklarationen**. Eine Deklaration besteht aus einer **Eigenschaft** und einem **Wert**.

Diese CSS-Regel sagt dem Browser: Wähle alle Absätze (*p*) und setze ihre Schriftfarbe (*color*) auf Rot (*red*).

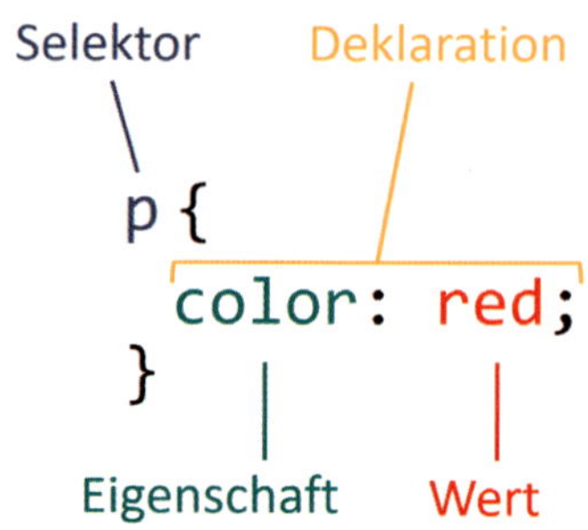

Abb. 2_21

Der Selektor (Auswähler) wählt das HTML-Element aus, für das wir die Regel erstellen. Darauf folgt eine geschweifte Klammer, die die Deklarationen der Regel umschließt.

Eine Deklaration ist im Prinzip wie ein HTML-Attribut aufgebaut, statt dem Gleichheitszeichen wird aber ein Doppelpunkt verwendet und an den Schluss gehört ein Semikolon (Strichpunkt.) Die Deklaration besteht aus einem Eigenschaftsnamen und einem Wert.

→ Aufgabe 8

## 2.3.4 Selektoren

Es gibt eine Reihe von Selektoren in CSS. Die drei Wichtigsten davon betrachten wir näher. Der *class*-Selektor wählt alle HTML-Elemente mit einer definierten Klasse aus. Der *id*-Selektor wählt das Element mit der definierten ID aus.

| **Element-Selektor** | |
|---|---|
| **HTML** | **CSS-Regel** |
| <p>Absatz.</p> | p {<br>    color: red;<br>} |
| Der Element-Selektor wählt HTML-Elemente aufgrund ihres Namens aus. Die Regel gilt für alle p-Elemente im Dokument (für die keine stärkeren Regeln gelten). | |

| **Class-Selektor** | |
|---|---|
| **HTML** | **CSS-Regel** |
| <p class=“haupttext“>Absatz.</p><br><br><p>Nächster Absatz.</p> | haupttext {<br>    color: red;<br>} |
| Der Class-Selektor wählt HTML-Elemente aufgrund ihrer Klasse aus. Klassen werden HTML-Elementen als Attribute hinzugefügt. Im Beispiel besitzt nur der obere Absatz die Klasse *haupttext*. Die Regel gilt nur für den oberen Absatz (und alle weiteren Elemente mit der Klasse *haupttext*). | |

| **ID-Selektor** | |
|---|---|
| **HTML** | **CSS-Regel** |
| <p id=“wichtigster-absatz“>Absatz.</p><br><br><p>Nächster Absatz.</p> | #wichtigster-absatz {<br>    color: red;<br>} |
| Der ID-Selektor wählt ein HTML-Elemente aufgrund seiner ID aus. IDs werden HTML-Elementen als Attribute hinzugefügt. Im Beispiel besitzt der obere Absatz die ID *wichtigster-satz*. Die Regel gilt nur für den oberen Absatz. Achtung: IDs müssen eindeutig sein! Jedes Element darf nur eine ID haben. Eine ID darf in einem Dokument nur einmal vorkommen. | |

IDs können im URL verwendet werden, um direkt zu einem bestimmten Teil einer Webseite zu springen (zum Beispiel https://www.meinewebsite/index.html#wichtigster-satz). Außerdem werden IDs gebraucht, wenn in dynamischen Websites die clientseitige Programmiersprache JavaScript eingesetzt wird. Für unseren Bereich, der nur HTML und CSS betrachtet, sind IDs weniger wichtig.

**Spezifität**

Falls mehrere widersprüchliche Selektoren ein Element auswählen, wird der mit der höchsten Spezifität gewählt. Dies lässt sich grob mit der festen Kopplung verdeutlichen: je genauer ein Selektor auf ein Element zugeschnitten ist (je spezifischer), desto stärker gilt die Bindung. Je allgemeiner ein Selektor ein Element meint, desto schwächer gilt die Bindung.

Der *-Selektor wählt alle Elemente, er hat eine niedrige Spezifität. Der Body-Selektor wählt alle Elemente des Rumpfs, er ist spezifischer als der *-Selektor. Der Element-Selektor wählt alle Elemente eines Typs, er ist spezifischer als der Body-Selektor. Der Class-Selektor wählt alle Elemente mit einer Klasse, er ist spezifischer als der Element-Selektor. Der ID-Selektor wählt das Element mit der ID. Er ist spezifischer als der Class-Selektor.

→ Aufgabe 9 und 10

## 2.3.5 Text formatieren

Es gibt einige CSS-Eigenschaften, die zum Formatieren von Texten verwendet werden können.

→ Aufgabe 11 und 12

| CSS-Eigenschaften für Text | | |
|---|---|---|
| **Eigenschaft** | **Wert** | **Wirkung** |
| `text-align` | `left`<br>`right`<br>`center`<br>`justify` | Textausrichtung: links, rechts, zentriert. Blocksatz wird mit *justify* definiert. |
| `font-family` | `Helvetica`<br>`Arial`<br>`Verdana ...` | Schriftfamilie festlegen. Alternativen, auch generische Schriftfamilien können durch Komma getrennt dahinter angegeben werden. |
| `font-size` | `10px`<br>`50%`<br>`3em ...` | Schriftgröße festlegen. CSS kennt viele Einheiten wie Pica, Punkt, Millimeter, Pixel, Zoll, aber auch relative Angaben wie ein Prozentwert oder em sind möglich. |
| `color` | `Blue`<br>`#0000ff`<br>`rgb(0,0,255)` | Farbe festlegen. Dabei können zum Beispiel Bezeichnungen, Hex- oder RGB-Werte angegeben werden. |

## 2.3.6 Box-Modell

Browser stellen einzelne HTML-Elemente als Rechtecke (Boxen) mit standardmäßig unsichtbaren Rahmen dar. Wir können die Eigenschaften dieser Boxen mit CSS festlegen.

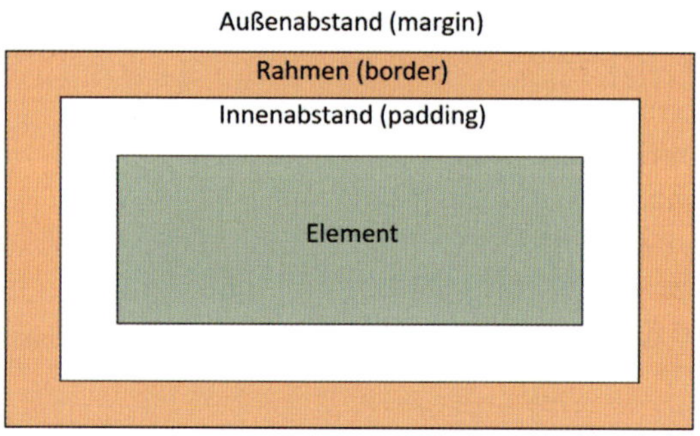


Abb. 2_22

| Bestandteile des Box-Modells | |
|---|---|
| **Element** | **Das HTML-Element selbst.** |
| Border (Rahmen) | Ein (standardmäßig unsichtbarer) Rahmen um HTML-Elemente |
| Padding (Füllung) | Der Abstand zwischen Element und Rahmen. Also der Innenabstand der Box. |
| Margin (Abstand) | Der Mindestabstand zwischen dem Border und dem Border von anderen Elementen. |

**Boxen manipulieren**

**HTML**

```
<body>
      <p>Nina</p>
      <p>Uwe</p>
</body>
```

**CSS**

```
p {
      width: 5em;
      border-style: solid;
      padding: 5em;
      margin: 2em;
}
```

**Ansicht im Browser**

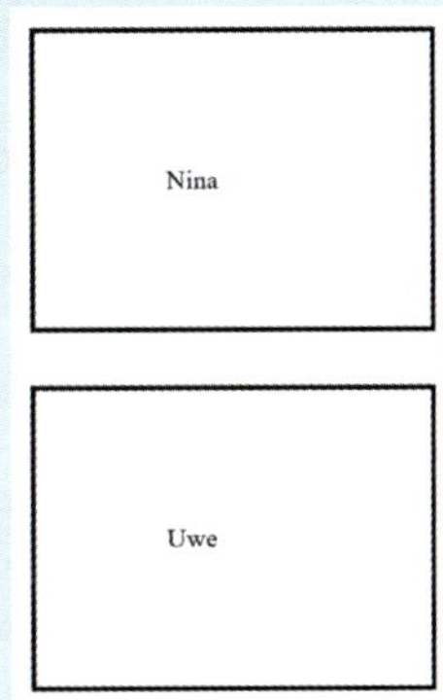


Abb. 2_23

- In CSS wird mit *width* die Breite des Elements mit `5em` definiert.
- Der Rahmen wird mit *border-style* auf *solid* (durchgezogen) gesetzt. Dadurch wird der Rahmen HTML-Elementen sichtbar.
- Der Innenabstand, *padding*, wird auf `5em` festgelegt. Dadurch wird die Box größer.
- Der Außenabstand, *margin*, wird auf `2em` gesetzt. Das ist der Abstand der Box zum oberen und unteren Rand der Seite. Außerdem ist es der Mindestabstand zwischen den beiden Boxen.

→ Aufgabe 13

# 2.4 Websites veröffentlichen

In diesen Abschnitten betrachten wir Dinge, die beim Veröffentlichen von Inhalten im Internet eine Rolle spielen. Zum einen gibt es bei Veröffentlichungen immer rechtliche Fragestellungen und zum anderen wollen wir uns ansehen, wie man Websites überhaupt auf Webserver überträgt.

## 2.4.1 Rechtliches beim Veröffentlichen

Zunächst werden rechtliche Aspekte betrachtet. Hierzu gehören die Impressumspflicht, Urheber-, Verwertungs- und Nutzungsrechte, sowie Persönlichkeitsrechte und Verbote. Grundsätzlich gilt, dass in Rechtsfragen immer ein Rechtsanwalt hinzugezogen werden sollte. Inhalte, die im Internet veröffentlicht werden, sind weltweit abrufbar und für jeden zugänglich. Darum sollte jede Veröffentlichung besonders sorgfältig überdacht und abgewägt werden.

Es ist empfehlenswert, eine Website regelmäßig einem automatischen „Abmahncheck“ zu unterziehen. Man findet diese über Suchmaschinen. Außerdem sollte man unbedingt regelmäßig alle Verlinkungen auf rechtswidrige Inhalte überprüfen, damit man sich nicht damit strafbar macht.

#### 2.4.1.1 Impressumspflicht

Fast alle Website-Betreiber müssen eine digitale Visitenkarte auf ihren Websites veröffentlichen. Diese Visitenkarte nennt man Impressum. Dadurch können Verbraucher die Identität des Website-Betreibers erfahren, ihn kontaktieren oder rechtliche Schritte gegen ihn einleiten.

Das Impressum muss von allen Webseiten der Website mit maximal zwei Klicks erreichbar sein. Der Link braucht einen eindeutigen Namen wie zum Beispiel „Impressum“ oder „Kontakt“.

Wer die Pflicht zum Impressum nicht beachtet, obwohl er verpflichtet ist, kann mit einer Geldbuße von bis zu 50.000,00 € belegt werden. Häufig werden Website-Betreiber wegen Verstößen gegen die Impressumspflicht abgemahnt.

Die Impressumspflicht betrifft alle Websites, die geschäftlichen Zwecken dienen. Nur in Fällen, bei denen die Website ausschließlich zu persönlichen oder familiären Zwecken genutzt wird, hat der Betreiber keine Impressumspflicht. Falls der Betreiber irgendwelche Einkünfte aus der Website erzielt (dazu zählen auch kleine Werbebanner), besteht Impressumspflicht. Selbst wenn auf der Website Leistungen verschenkt werden, für die normalerweise Geld bezahlt wird, besteht Impressumspflicht. Auch wenn die Website journalistische Inhalte hat oder meinungsbildend ist, muss sie ein Impressum enthalten. Meinungsbildend bedeutet, dass regelmäßig Inhalte veröffentlicht werden oder es viele regelmäßige Besucher gibt. Die Impressumspflicht gilt auch für Accounts oder Kanäle in sozialen Medien wie zum Beispiel YouTube, Facebook oder Instagram.

**Checkliste Impressumsplicht**

- **Gibt es geschäftlichen Nutzen?** ☐
- **Gibt es Werbeeinnahmen?** ☐
- **Könnte mit den Leistungen Geld verdient werden?** ☐
- **Sind die Inhalte journalistisch?** ☐
- **Wird regelmäßig veröffentlicht?** ☐
- **Gibt es viele Besucher?** ☐

**Falls ein Punkt zutrifft, besteht Impressumspflicht!**

**Was muss ins Impressum?**
Folgende Angaben der verantwortlichen Person müssen mindestens ins Impressum:
- Vollständiger Name
- Vollständige Adresse
- Rechtsform (bei Unternehmen, Vereinen usw.)
- Kontaktmöglichkeit (Telefonnummer oder E-Mail-Adresse)
- Steueridentifikationsnummer (wenn vorhanden)
- Registereinträge und Registernummer (wenn vorhanden)

Einige Berufsgruppen müssen zusätzliche Angaben wie zum Beispiel die zuständige Aufsichtsbehörde oder Kammer angeben. Je nach Angebot sind zudem bestimmte Informationen oder Verlinkungen verpflichtend.

**M** Wichtig ist, sich vor der Veröffentlichung noch einmal umfassend über die Impressumspflichten für die jeweilige Website zu informieren. Um sicher zu gehen, fragt man am besten einen Fachanwalt.

### 2.4.1.2 Disclaimer (Haftungsausschluss)

Viele Websites enthalten neben dem Impressum noch einen Disclaimer oder „Haftungsausschluss“. Disclaimer sind Erklärungen der Betreiber, dass sie zum Beispiel keine Haftung für verlinkte Inhalte übernehmen. Es gibt viele Websites, die einen Disclaimer-Generator anbieten. Der Nutzen von Disclaimern ist jedoch umstritten. Das liegt daran, dass man gesetzlich für verlinkte rechtswidrige Inhalte haftbar ist, selbst wenn man sich im Disclaimer von ihnen distanziert. So können Disclaimer den Betreiber in einer falschen Sicherheit wiegen oder sogar falsche Tatsachen behaupten. Wegen Letzterem wurden manche Website-Betreiber abgemahnt. Zum Zeitpunkt der Erstellung dieses Buches empfehlen einige Anwaltskanzleien, keinen Disclaimer anzugeben. Sie begründen das damit, dass der Disclaimer im besten Fall keine Wirkung hat und im schlechtesten Fall abmahnbar ist.

**M** Vor der Erstellung eines Disclaimers ist unbedingt die aktuelle Rechtslage zu prüfen. Es wird empfohlen, dazu einen Fachanwalt zu befragen.

### 2.4.1.3 Was darf nicht veröffentlicht werden?

Grundsätzlich darf nicht veröffentlicht werden, was verboten ist. Dazu gehören zum Beispiel alle Inhalte, die unter die Sammelbegriffe *verfassungswidrige Schriften*, *jugendgefährdende Schriften* oder *Cybermobbing* fallen. Dazu kommen Darstellungen von hilflosen Personen (zum Beispiel Obdachlose, Betrunkene oder Unfallopfer) und ehrverletzende Darstellungen von Personen. Solche Veröffentlichungen werden strafrechtlich verfolgt.

Zudem darf nicht veröffentlicht werden, was nicht selbst geschaffen wurde. Alle Werke (kreative Inhalte wie zum Beispiel Fotos, Bilder, Filme, Musik, Software oder Texte) sind urheberrechtlich geschützt. Ausnahmen bilden Veröffentlichungen mit ausdrücklicher Erlaubnis des Rechteinhabers.

Zusätzlich darf nicht veröffentlicht werden, was die Rechte anderer verletzt. Hier ist zum Beispiel das Recht am eigenen Bild relevant. Außerdem sind abgebildete Dinge manchmal durch Rechte wie Urheberrecht, Markenrecht oder Patentrecht geschützt. So kann die Veröffentlichung von Filmen oder Fotos von Gemälden oder Bauwerken die Rechte anderer verletzen. Auch hier muss die ausdrückliche Erlaubnis aller Rechteinhaber eingeholt werden.

#### 2.4.1.4 Urheberrecht und Nutzungsrecht

Wer ein Werk (Video, Foto, Bild, Schrift, Architektur usw.) erstellt, ist sein Urheber. Dieses Recht kann nicht verliehen, verschenkt oder verkauft werden. Das Urheberrecht kann nur durch den Tod des Urhebers auf seine Erben übertragen werden. Das Urheberrecht gilt 70 Jahre über den Tod des Urhebers hinaus und erlischt am 1. Januar des Folgejahres. Ab dann gelten die Werke als gemeinfrei und können von jedermann verwendet werden.

Der Urheber hat zunächst das ausschließliche Verwertungsrecht an seinen Werken. Wenn der Urheber möchte, dass jemand anderes sein Werk verwertet, kann er ihm Nutzungsrechte einräumen.

Wer zum Beispiel ein selbsterstelltes Bild bei Instagram hochlädt, gewährt Instagram und damit gegebenenfalls Facebook eine zeitlich begrenzte, aber weltweit gültige Lizenz, das Bild zu verwerten. Nach den AGB gehört dazu die Erlaubnis das Werk zu „hosten, zu verwenden, zu verbreiten, zu modifizieren, auszuführen, zu kopieren, öffentlich vorzuführen oder anzuzeigen, zu übersetzen und abgeleitete Werke davon zu erstellen". Die Lizenz wird laut AGB beendet, wenn die Inhalte oder das Konto gelöscht werden.

Bei einer Verletzung der Urheber-, Verwertungs- oder Nutzungsrechte hat der Rechteinhaber gegenüber dem Rechtsverletzer Ansprüche auf Beseitigung, Unterlassung und Schadenersatz. Das gilt sowohl für vorsätzliche als auch für fahrlässige Rechtsverletzungen.

#### 2.4.1.5 Recht am eigenen Bild

Jeder Mensch hat das Recht am eigenen Bild. Das bedeutet, er darf die Darstellung der eigenen Person anderen gegenüber selbst bestimmen. Darunter fällt jede erkennbare Wiedergabe des äußeren Erscheinungsbildes wie zum Beispiel Fotos, Videos, Grafiken, Zeichnungen oder Karikaturen.

Bei jeder Veröffentlichung muss die Erlaubnis aller abgebildeten Personen eingeholt werden. Bei minderjährigen Personen kann diese Erlaubnis nur durch Erziehungsberechtigte erteilt werden.

Ausnahmen gibt es nur in Einzelfällen, zum Beispiel wenn der abgebildete Mensch eine Person des öffentlichen Interesses ist oder das Bild eigentlich eine Sehenswürdigkeit zeigt und die Person nur zufällig danebensteht, also Beiwerk des Werks ist.

### 2.4.1.6 Vorgehensweise beim Veröffentlichen

Ein Website-Betreiber ist für alle Veröffentlichungen eigenverantwortlich. Das heißt er muss für alle Inhalte seiner Website geradestehen! Veröffentlichungen können hohe Kosten verursachen oder Strafen zur Folge haben.

**M** Im Zweifel auf die Veröffentlichung verzichten.

Wenn wir absolut nicht auf die Veröffentlichung verzichten können, sollten wir uns an dieses Vorgehensschema halten. Nur wenn wir eine Frage klar mit ja beantworten können, folgen wir dem grünen Pfeil, sonst folgen wir dem roten Pfeil.

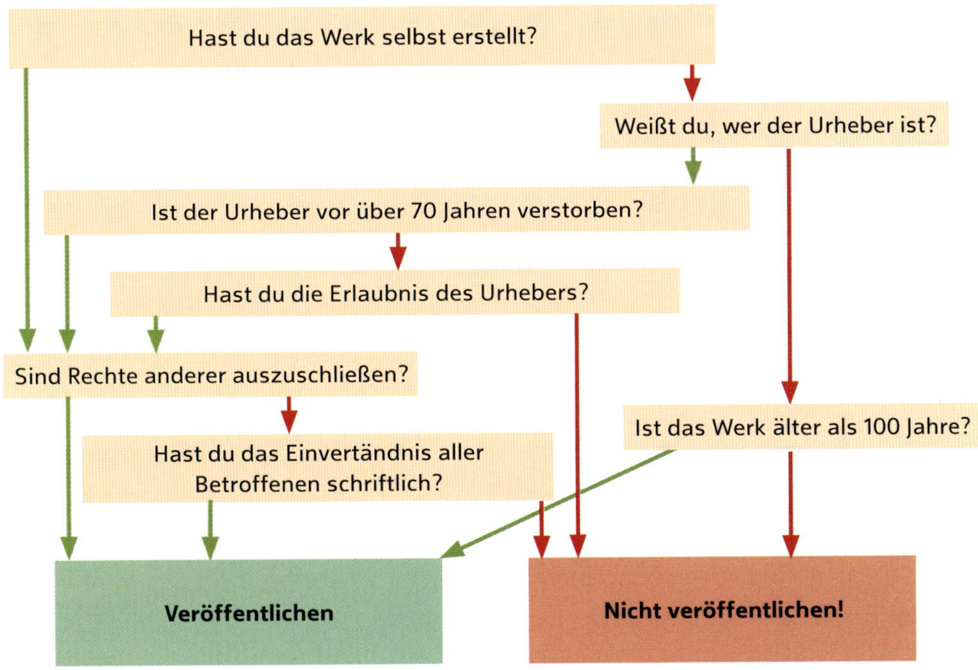


Abb. 2_24

Der Regelfall ist: Wir haben das Werk nicht selbst erstellt, wir kennen den Urheber nicht und das Werk ist nicht älter als 100 Jahre. In diesem Regelfall dürfen wir das Werk also **nicht veröffentlichen.**

Der Idealfall ist: Wir haben alles selbst erstellt und können ausschließen, dass Rechte anderer betroffen sind. Dieser Idealfall ist aber äußerst selten. Alle anderen Fälle treten häufiger auf.

→ Aufgabe 14

**M** Meistens gibt es Rechteinhaber und alle müssen der Veröffentlichung ausdrücklich zustimmen. Ohne Zustimmung darf nicht veröffentlicht werden.

**Kompetenzkontrolle**

1. Muss ein YouTube-Kanal, der dem Betreiber 30 Cent im Jahr einbringt, ein Impressum haben?
2. Welche Konsequenzen kann ein fehlendes Impressum haben?
3. Ist ein Buch ab dem 15. Oktober gemeinfrei, dessen Autor am 14. Oktober vor 70 Jahren verstorben ist?
4. Darf man Fotos von Freunden, die sie einem per WhatsApp gesendet haben, veröffentlichen? Welche Rechte sind betroffen?
5. Im Urlaub baten Bob und Alice einen Passanten, ein Bild von ihnen mit Bobs Smartphone zu schießen. Wer ist Urheber?

## 2.4.2 Webserver nutzen

Damit eine Website über das Internet erreichbar ist, braucht man einen Webserver. Webserver sind Programme, die Anfragen von Webbrowsern beantworten. Die Antwort enthält dann zum Beispiel eine angefragte Webseite, die der Webserver von einem CGI-Programm (common gateway interface) auf demselben Computer bekommt. Die Kommunikation zwischen Browser und Webserver verläuft in der Regel über das Protokoll HTTP, idealerweise über HTTPS. Die Kommunikation zwischen Webentwickler und Webserver verläuft in der Regel über das Protokoll FTP, idealerweise über SFTP.

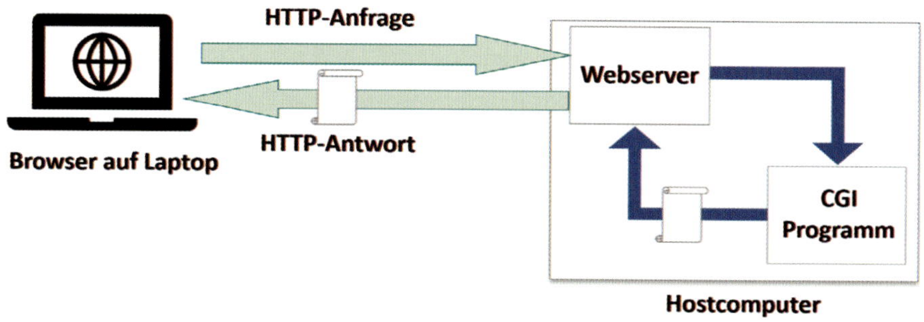


Abb. 2_25

### 2.4.2.1 Verbindung mit FTP

Webserver, die übers Internet erreichbar sind, werden meistens von einem bestimmten Unternehmen (Webhoster) betrieben. Bei einem Webhoster kann man sich einen Webserver mieten. Wenn der Mietvertrag abgeschlossen ist und der Webserver gestartet wurde, liefert der Webhoster alle nötigen Anmeldedaten.

Die Dateien der Website müssen nun vom Entwicklungscomputer auf den Webserver hochgeladen werden. Hierfür nutzt man die Protokolle FTP und SFTP. Man sollte SFTP bevorzugen, da es – im Gegensatz zu FTP – die Kommunikation zwischen Server und Client verschlüsselt. In der Regel ist auf den Hostcomputern neben dem Webserver auch ein FTP-Server aktiv.

Die Universität Hamburg betreibt einen anonymen FTP-Server. Man kann ihn mit eingeschränkten Rechten über das Internet ansprechen.

Adresse: ftp.cen.uni-hamburg.de
Benutzername: anonymous
Passwort: *Ihre E-Mail-Adresse*

Falls der Server unter dieser Adresse nicht mehr erreichbar ist, lohnt sich eine Suchmaschinensuche nach: *anonymer ftp server*. Benutzer aus dem Internet haben nur Schreibrechte im Verzeichnis *incoming*. Der Betreiber bittet darum, dort fürs Speichern von Dateien ein Verzeichnis mit dem Namen *vorname.nachname* anzulegen.

Um mit dem FTP-Server zu kommunizieren, braucht man einen FTP-Client. Mit Windows ist ein FTP-Client installiert, den man zum Beispiel durch Eingabe der FTP-Adresse in das Pfadfeld des Dateimanagers Windows-Explorer nutzen kann. Vor die Adresse kommt eine Protokollangabe. Statt *http* nutzen wir *ftp*, also wird die Adresse zu *ftp://ftp.cen.uni-hamburg.de*

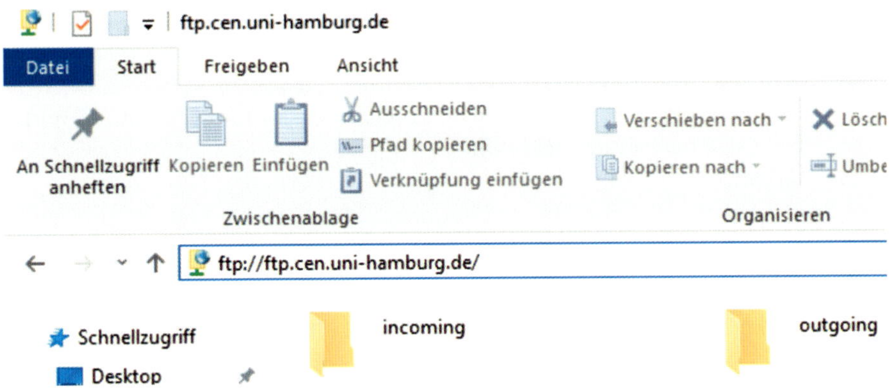


Abb. 2_26

Falls die Verbindung funktioniert und der Server antwortet, kommen wir so ins Stammverzeichnis für Gäste. Mit einem Rechtsklick irgendwo im Verzeichnis können wir über „Anmelden als..." einen Anmeldedialog aufrufen. Dort können wir uns als *anonymous* anmelden.

Ins Verzeichnis *incoming* kann dann ein neues Verzeichnis *vorname.nachmame* mit Dateien kopiert werden.

Abb. 2_27

Profis nutzen FTP-Clients wie FileZilla, Cyberduck oder WinSCP. Sie bieten zusätzlichen Komfort für Webentwickler. Alle grafischen FTP-Clients liefern eine Oberfläche, über die man Dateien vom und auf den FTP-Server laden kann. In der Regel ähnelt die Oberfläche einem Dateimanager.

### 2.4.2.2 Lokale Webserver

Lokale Webserver bieten sehr praktische Testumgebungen für die Webentwicklung, denn man kann sie einfach auf dem eigenen Computer installieren und starten. Mit ihnen kann man ohne „Zuschauer“ seine Website erstellen. Wenn sie ausreichend gereift ist, kann man sie auf den Produktivserver im Internet umziehen. Python-Standardinstallationen liefern mit *http.server* einen kleinen HTTP-Server für Testzwecke. XAMPP ist ein beliebtes Paket für Einsteiger und Fortgeschrittene, das einen Apache-Server mit Datenbankserver (MariaDB), PHP- und Perl-Unterstützung enthält. WampServer ist ein alternatives Paket dazu, das einen sehr ähnlichen Lieferumfang hat.

## Kompetenzkontrolle

Am Ende dieses Kapitels sollten Sie die aufgelisteten Punkte können. Nehmen Sie sich nach jedem Abschnitt ein wenig Zeit und überprüfen Sie, ob Sie auf Kurs sind.

**Grundlagen**

1. Ich kann das Client-Server-Prinzip beschreiben.
2. Ich kann die Begriffe Internet, WWW, Browser, Webseite, Website und Homepage erläutern.
3. Ich kann die Prinzipien Trennung von Inhalt und Gestaltung und Lose Kopplung beschreiben.

**HTML**

1. Ich kann das HTML-Grundgerüst, die Verschachtelung und die Unterteilung in Kopf und Rumpf erklären.
2. Ich kann das Strukturieren von Dokumenten in Überschriften, Absätze und Betonungen in HTML anwenden.
3. Ich kann in HTML Listen und Tabellen erstellen.
4. Ich kann Hyperlinks und Bilder in Webseiten einfügen.
5. Ich kann Audio- und Videodateien in Webseiten einbinden.

**CSS**

1. Ich kann die Unterschiede zwischen CSS in externer Datei und Inline-Style erläutern.
2. Ich kann Texte mit CSS gestalten.
3. Ich kann das CSS-Box-Modell beschreiben und anwenden.

**Veröffentlichen**

1. Ich kann die Impressumspflicht beschreiben.
2. Ich kann die Begriffe Urheberrecht und Recht am eigenen Bild erläutern.
3. Ich kann mit einem FTP-Client Dateien auf Webserver hoch- und von Webservern herunterladen.

## Aufgaben

**1. a)** Recherchieren Sie Ramellis Bücherrad aus dem 16. Jahrhundert und sammeln Sie Argumente zur Frage „Ist das Bücherrad ein Hypertext-Werkzeug?“

**b)** Diskutieren Sie die Frage „Ist Ramellis Bücherrad ein Hypertext-Werkzeug?“ im Plenum.

**2.** Finden und beschreiben Sie die beiden Fehler im Quelltext.

```
<!DOCTYPE html>
<html>

</html>
<head>

<body>

</head>
</body>
</html>
```

**3.** Erstellen Sie eine kleine Webseite über ihr Lieblingshobby (z. B. Tanzen, Gaming, Fußballspielen), nennen Sie die Datei *hobby.html*. Nutzen Sie dazu zusätzlich zum HTML-Grundgerüst:
- Überschriften auf mindestens zwei Ebenen
- Absätze
- Betonungen, auch gesteigert durch Verschachtelung

**4.** Recherchieren Sie alle Zutaten und ein Rezept für dein Lieblingsessen und erstellen Sie dazu eine kleine Website. Nutzen Sie folgende Elemente:
- Überschrift
- Absatz
- Geordnete Liste
- Verschachtelte ungeordnete Liste

**5.** Wählen Sie ein Produkt (z. B. Nagellack, CPU, E-Bike, Battle-Royale-Spiel) und erstellen Sie dazu eine kleine Website, die einen Produktvergleich enthält. Nutzen Sie dazu zusätzlich zum HTML-Grundgerüst:
- Überschrift
- Absatz
- eine Tabelle mit mindestens 3 Spalten und 4 Zeilen und Kopf- und Datenzellen

**6.** Erstellen Sie eine Homepage index.html mit Links zu den in den vorigen Aufträgen erstellten Websites „Lieblingsessen“, „Hobby“ und „Produktvergleich“. Achten Sie darauf, dass die Website mindestens Folgendes enthält:
- Link zu jeder Seite
- Link von jeder Unterseite auf „Home“
- Auf jeder Seite ein Bild

7. Erstellen Sie eine kleine Website, die zusätzlich zum HTML-Grundgerüst ein Audio- und ein Video-Element enthält. Audio- und Videodateien können Sie zum Beispiel mit dem Smartphone erstellen und von dort auf den Computer laden.

8. a) Erstellen Sie eine kleine Website *index.html* mit Grundgerüst, Überschriften, Absätzen und Betonungen.
   b) Erstellen Sie eine CSS-Datei *style.css* und legen Sie Regeln für Absätze und Überschriften fest.
   c) Binden Sie die CSS-Datei in das HTML ein.
   d) Experimentieren Sie mit weiteren Farben.
   e) Experimentieren Sie mit den Selektoren (*em, strong*) und probieren Sie *body* und * als Selektoren aus.

9. An der Tafel sehen folgende Anweisungen
   – Alle Schüler nehmen drei Stifte heraus.
   – Alle Schüler mit blauem Shirt nehmen nur zwei Stifte heraus.
   – Nina nimmt nur einen Stift heraus.
   a) Überlegen Sie, wie viele Stifte Nina herausnimmt, wie viele Stifte die Schüler mit blauem Shirt herausnehmen und wie viele Stifte die anderen Schüler herausnehmen, wenn hier dieselben Regeln gelten wie für CSS.
   b) Welche Anweisung hat die höchste Spezifität?
   c) Welche Anweisung hat die niedrigste Spezifität?

10. a) Erstellen Sie eine Webseite mit HTML-Grundgerüst und einer eingebundene CSS-Datei.
    b) Erstellen Sie die folgenden Absatz-Elemente:

```
<body>
<p>Karl</p>
<p>Anna</p>
<p>Hans</p>
<p>Lotta</p>
<p>Nina</p>
</body>
```

    c) Nutzen Sie Attribute, um Karl, Anna und Nina ein blaues Shirt zu geben.
    d) Erstellen Sie passende Selektoren mit Deklarationen zu diesen Vorgaben:
    **Shirt**
    Schüler mit blauem Shirt: `color: blue;`
    **Stifte**
    Alle Schüler: `font-size: 3em;`
    Schüler mit blauem Shirt: `font-size: 2em`
    Nina: `font-size: 1em`
    e) Vergleichen Sie das Ergebnis und überlegen Sie sich, ob Sie dieses Ergebnis erwartet haben. Vergleichen Sie Ihr Ergebnis auch mit denen Ihrer Mitschüler und besprechen Sie es miteinander.

11. a) Erstellen Sie eine Webseite mit HTML-Grundgerüst und einer eingebundene CSS-Datei.
    b) Experimentieren Sie mit Textausrichtung, Schriftart, Textgröße und Textfarbe.

12. Recherchieren, welche CSS-Eigenschaften es noch gibt.
    a) Geben Sie die Bereiche an, für die es CSS-Eigenschaften gibt.
    b) Geben Sie die Anzahl aller CSS-Eigenschaften an.

13. a) Erstellen Sie eine Webseite mit HTML-Grundgerüst und einer eingebundene CSS-Datei.
    b) Erstellen Sie Absätze und Überschriften.
    c) Experimentieren Sie mit *width, height, border, padding* und *margin*.
    d) Experimentieren Sie mit den Box-Eigenschaften von *body*.
    e) Informieren Sie sich über weitere Eigenschaften einer Box wie zum Beispiel *padding-top, padding-right, padding-bottom* und *padding-left*.

14. Recherchieren Sie die maximalen Strafen:
    a) für das Fotografieren hilfloser Personen und
    b) für das Veröffentlichen von ehrverletzenden Bildern.

    Tauschen Sie sich aus und diskutieren Sie die Sachverhalte im Plenum.

# 3. Netze und vernetzte Gesellschaft

Die Informatik erzeugt und nutzt eine Unmenge an Daten und laufend werden es mehr. Man muss auf Daten zurückgreifen, die nicht auf dem eigenen Rechner gespeichert sind, will aber dazu keine langen Wartezeiten in Kauf nehmen. Daten, die am anderen Ende der Welt gespeichert sind, will man nutzen, als ob sie lokal vorhanden wären.

Diese Daten werden nicht auf Datenträgern, USB-Sticks oder DVDs per Post verschickt. Sie werden Bit für Bit nacheinander über elektrische oder optische Leitungen geschickt. Diese Leitungen (oder auch Funkbereiche) werden miteinander verbunden. Zusammen bilden Sie ein Rechnernetzwerk.

Jedes Haus und jede Wohnung verfügt heute über ein lokales Netzwerk (Local Area Network, kurz LAN) mit Anschluss ans Internet. Firmen sind ohne LAN und Internet nicht mehr arbeitsfähig. Dieser Technik kommt also eine zentrale Bedeutung zu.

Über das LAN sind alle Geräte in einem Betrieb miteinander verbunden. Maschinen tauschen Daten aus und Menschen steuern Maschinen. Die Kommunikation innerhalb des Betriebs wird über Netzwerk-Telefone und elektronische Post erledigt. Dieselben Systeme verbinden die einzelnen Arbeitsplätze auch mit dem Internet.

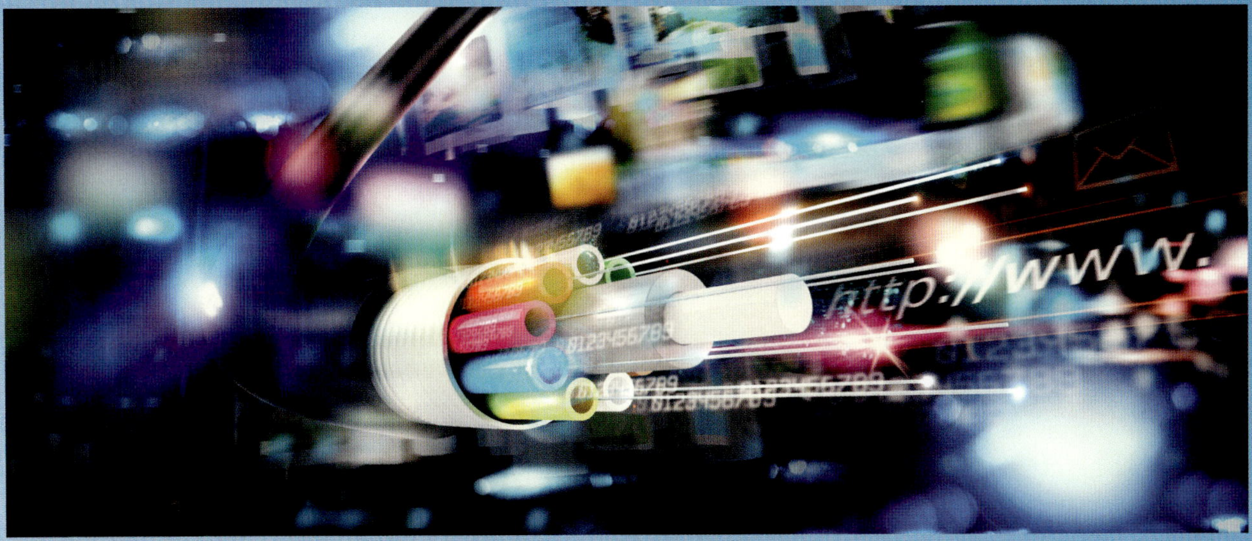


Allerdings sind große Netze nichts Neues. Wir kennen bereits Straßennetze, Wasser- und Abwassernetze, Energieversorgungsnetze, usw. Es ist daher naheliegend, dass auch Datennetze weltweit miteinander verbunden werden.

Von einem guten Netzwerk merkt der Nutzer nichts. Es arbeitet unbemerkt im Hintergrund.

Rechnernetzwerke sind heute überall in unserem Leben vorhanden. Sie durchdringen unser gesamtes Leben in (fast) allen Lebensbereichen – oft ohne unser Wissen.

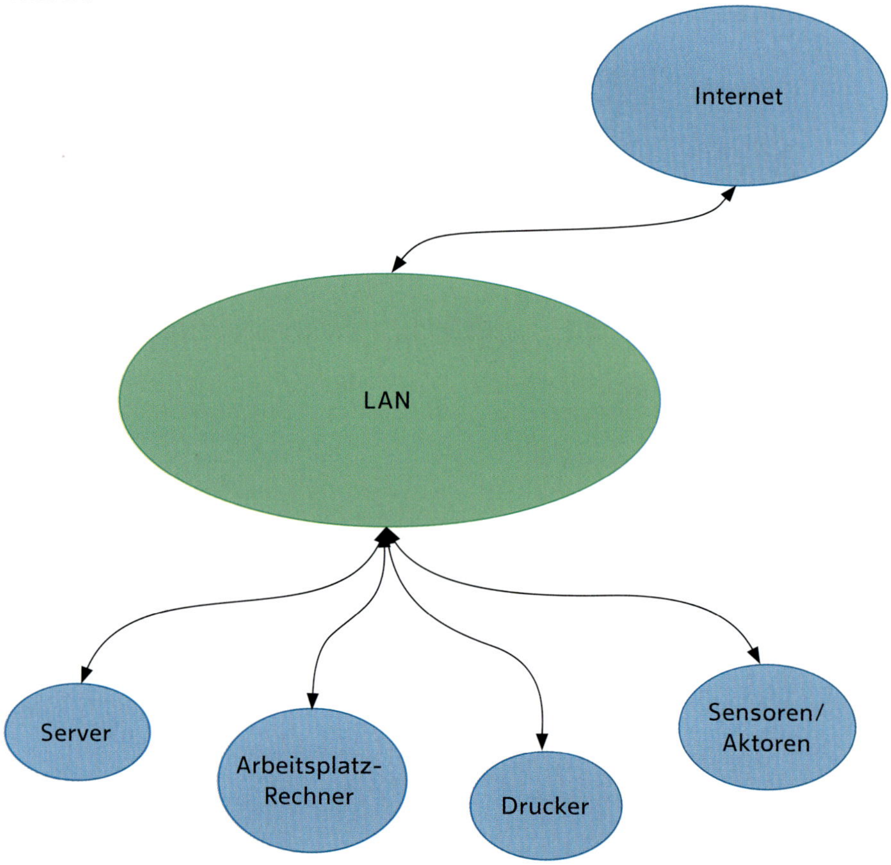


Abb. 3_1: Das LAN verbindet alles.

**M** Das Netzwerk, welches (fast) alle LANs und damit praktisch alle Rechner der Welt miteinander verbindet, ist das Internet.

Rechner im Netzwerk sind nicht nur Arbeitsplatzrechner oder Server. Auch Sensoren (Temperatur, Füllstand...) und Aktoren (Rollladenantrieb, Pumpe, Lüftung...) sind sogenannte Nodes (Knoten). Ein Netzwerkknoten ist jeder Teilnehmer am Rechnernetz, der Daten ins Netz sendet oder übers Netz abruft.

**Netzbereiche**

Netzwerke werden nach ihren Ausdehnungen in folgende Bereiche eingeteilt:

- Local Area Network, Lokales Netz, auf ein Firmengelände beschränkt
- Wide Area Network, Weitverkehrsnetz
- Global Area Network, Globales Netz, z. B. Internet, Telefonnetz
- Metropolitain Area Network, Stadtnetz
- Personal Area Network, Persönliches Netz, Piconet, z. B. Bluetooth

# 3.1 Computernetzwerke, Bestandteile und Konzepte

## 3.1.1 Einsatzgebiete von Netzwerken – Internet, Heimnetzwerk

Ein lokales Netzwerk, Local Area Network (LAN), verbindet Rechner und andere Netzwerkgeräte innerhalb eines Hauses, eines Betriebs, einer Schule, Uni oder Behörde. Ein LAN ist auf die Grundstücksgrenzen begrenzt.

In Privathaushalten sind die LANs meist sehr klein, mit nur einigen wenigen Rechnern und Druckern. Sie dienen selten dem Datenaustausch der Rechner untereinander. Bestenfalls wird der Drucker gemeinsam über das LAN genutzt. Ein Router verbindet das LAN mit dem Internet. Der primäre Zweck eines solchen Netzwerks ist der Zugang zum Internet. Meistens ist der Router, der das LAN mit dem Internet verbindet, mit einem WLAN-Router ausgestattet (WLAN = Wireless LAN, Funknetzwerk, auch Wi-Fi genannt), damit sich Mobilgeräte wie Laptop und Smartphones mit dem LAN und damit mit dem Internet verbinden können.

Trotzdem ist es möglich, dass jeder Rechner Dateien oder Ordner für die Nutzung durch andere freigibt. Von anderem Rechnern kann auf diese Freigaben zugegriffen werden. Jeder Rechner, der Daten für andere zur Verfügung stellt, ist ein Server (Server ist die englische Bezeichnung für Dienstanbieter, Service = Dienst). Jeder Rechner, der Daten oder Ressourcen eines anderen Rechners nutzt, ist ein Client (Client ist die englische Bezeichnung für Kunde oder Klient).

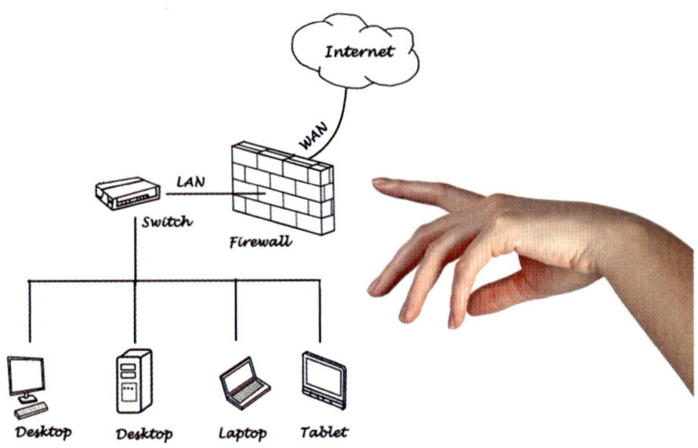


Ein Rechner kann gleichzeitig Client und Server sein. Er kann Dienste von anderen nutzen und ist daher Client. Er kann aber auch selbst Dienste anbieten, dann ist er Server. Ein Netzwerk, in dem Rechner gleichzeitig Client und Server sein können, nennt man **Peer-to-Peer-Netz**.

### Kompetenzkontrolle

1. Wodurch wird ein LAN begrenzt?
2. Wie nennt man ein Netzwerk, welches die ganze Welt umspannt?
3. Was ist wahr, was ist falsch?
   a) Ein Peer-to-Peer-Netz verbindet zwei Rechner direkt mit einer Leitung.
   b) Ein Rechner ist entweder Client oder Server, aber nie beides.
   c) Hi-Fi ist ein anderer Ausdruck für WLAN.

### 3.1.2 Client-Server-Prinzip und Servertypen

Der Nachteil der Peer-to-Peer-Netze ist, dass der Rechner, der Daten anbietet, immer laufen muss, wenn andere Rechner als Clients darauf zugreifen wollen. In größeren Netzen werden daher spezielle Rechner als Server eingesetzt. Jeder Client nutzt nur die Dienste dieser zentralen Server. Ein solches Netz nennt man **Client-Server-Netz**.

Bietet ein Server Dateidienste an, also das Speichern und Zurverfügungstellen von Dateien, dann nennt man ihn einen Fileserver oder Datenserver.

→ Aufgabe 1

Ein Rechner, der Druckdienste anbietet, ist ein Druck- oder Printserver. Hier eine (unvollständige) Liste von Servertypen:

| Servername | Aufgabe |
|---|---|
| Fileserver | Stellt Dateidienste zur Verfügung |
| Printserver | Stellt Druckdienste zur Verfügung |
| DNS-Server | Stellt Namensauflösungsdienste zur Verfügung (z. B.: Die IP-Adresse von bild.de ist 145.243.240.20.) |
| Shop-Server | Stellt Onlineshop-Dienste zur Verfügung |
| Webserver | Stellt Webdienste (browserfähige Inhalte) zur Verfügung |
| Update-Server | Stellt Updates und Patches für Software zur Verfügung |

### 3.1.3 Datenpakete, Adressierung, Routing

Daten werden in Netzwerken immer in kleinen Datenpaketen über das Netzwerkmedium (Leitung oder Funk) übertragen. Egal ob sehr kurze Nachrichten, wie beispielsweise ein Seitenabruf, eine Website oder ein Onlinefilm – immer werden kleine Datenpakete von bis zu 1500 Byte Größe gepackt und verschickt. Protokolle (Handlungsvorschriften) werden verwendet, um Daten von der Anwendung (beispielsweise ein Browser) bis zur Übertragung auf dem Netzwerkmedium anzupassen.

Um Protokolle zu veranschaulichen, wurden zwei Schichtenmodelle entwickelt: Das ISO/OSI- und das TCP/IP-Modell. Oben befindet sich bei jedem Modell die Anwendung, beispielsweise ein Browser und ein Webserver. Beim Senden werden von der Anwendung Daten erzeugt und schrittweise nach unten weitergegeben bis zur physikalischen Schicht, auf der die Daten dann über die Netzwerkleitung verschickt werden. Layer 5 und 6 werden dabei meistens ausgelassen. Jede Schicht setzt vor die Daten einen Header, den Protokollkopf.

| ISO/OSI-Modell | | |
|---|---|---|
| Layer 7 | Application | Anwendung |
| Layer 6 | Presentation | Darstellung |
| Layer 5 | Session | Sitzung |
| Layer 4 | Transport | Transport |
| Layer 3 | Network | Netzwerk |
| Layer 2 | Data-Link | Datensicherung |
| Layer 1 | Physical | Bitübertragung |

| TCP/IP-Modell | |
|---|---|
| Layer 4 | Application |
| Layer 3 | Transport |
| Layer 2 | Host-to-Host, Internetwork |
| Layer 1 | Network-Access |

Abb. 3_2: Die beiden Modelle gegenübergestellt

**Beispiel:**

| | |
|---|---|
| L7 | Ein Browser erzeugt eine Anfrage an einen Webserver, weil der Nutzer auf einen Link geklickt hat. Der Browser erzeugt daraus einen HTTP-Request (HTTP = Hyper-Text-Transfer-Protocol, die Sprache, mit der sich Webserver und Webbrowser unterhalten). Vor die Anfrage wird ein Protokollkopf, der Header gesetzt.<br>[HTTP-Header \| HTTP-Request] |
| L4 | Dieses HTTP-Datenpaket wird nun weitergereicht an das nächste Protokoll, das Transmission Control Protocol, TCP. Das TCP ist für die sichere Zustellung der Daten an den Empfänger notwendig. Das TCP nimmt nun das HTTP-Paket (komplett mit HTTP-Header und Anfrage) und setzt seinen TCP-Header davor. Dieser Header enthält u. a. die Anwendungsnummer des Programms, welches die Daten erzeugt hat und ebenso die Anwendungsnummer des Programms auf dem Empfängerrechner, für welches diese Daten bestimmt sind. Diese Anwendungsnummern nennt man Quell-Port und Ziel-Port. Jedes TCP-Paket muss vom Empfänger mit einem kurzen Quittungspaket bestätigt werden.<br>[TCP-Header \| HTTP-Header \| HTTP-Request] |
| L3 | TCP übergibt nun das neue Paket (bestehend aus TCP-Header, HTTP-Header und HTTP-Anfrage) an das Internetprotokoll (IP).<br>[IP-Header \| TCP-Header \| HTTP-Header \| HTTP-Request]<br>Das IP nimmt das TCP-Paket und erweitert es um seinen IP-Header. In diesem IP-Header befinden sich die IP-Adressen des Ziels und des Absenders. IP-Adressen beinhalten die Kennung des Netzwerkes, in dem sich ein Rechner befindet, und die Kennung des Rechners.<br>Anhand der IP-Adresse (genauer des Netzanteils der IP-Adresse) kann ein Paket über Router in das Zielnetzwerk weitergeleitet werden, um dort an den Zielrechner (Hostanteil der IP-Adresse) ausgeliefert zu werden. |
| L2 | Das Ethernet-Protokoll nimmt das IP-Paket (bestehend aus IP-Header, TCP-Header, HTTP-Header und HTTP-Anfrage) und erweitert es um den Ethernet-Header (vorne) und die Prüfsumme am Ende der Daten. Im Ethernet-Header befinden sich die Adressen der Netzwerkkarten (Interfaces). Diese Adressen nennt man MAC-Adressen (Media Access Control). Auf dieser Ebene werden die Daten endlich auf die Reise geschickt.<br>[Ethernet-Header \| IP-Header \| TCP-Header \| HTTP-Header \| HTTP-Request \| Prüfsumme] |
| L1 | Die Daten des Ethernet-Paketes werden als Zahlenfolge über das Netzwerkmedium übertragen.<br>[10101010101000111000110010100100100101111001010010010010010111100111001] |
| Beim Empfänger werden die Schichten in umgekehrter Reihenfolge durchlaufen. Jede Schicht entfernt ihren Header und gibt den Rest weiter nach oben zur nächsten Schicht. | |
| L1 | Die Netzwerkkarte empfängt die Datensignale, erzeugt daraus ein Ethernet-Paket und reicht es weiter nach oben zur Schicht 2<br>[Ethernet-Header \| IP-Header \| TCP-Header \| HTTP-Header \| HTTP-Request \| Prüfsumme] |
| L2 | Die Netzwerkkarte prüft, ob das Ethernet-Paket an sie adressiert ist. Stimmt die Ziel-MAC-Adresse mit der eigene überein, wird das Paket angenommen und verarbeitet. Dazu wird der Ethernet-Header entfernt und das Paket an die nächsthöhere Schicht weitergegeben.<br>[IP-Header \| TCP-Header \| HTTP-Header \| HTTP-Request] |
| L3 | Die Netzwerkschicht entfernt den IP-Header und gibt das Paket an die darüber liegenden Transportschicht weiter.<br>[TCP-Header \| HTTP-Header \| HTTP-Request] |

| | |
|---|---|
| L4 | Die Transportschicht überprüft die Richtigkeit der Daten, generiert eine Quittung und gibt das Paket weiter an die adressierte Anwendung (hier der Webdienst) in der darüber liegenden Anwendungsschicht.<br>HTTP-Header \| HTTP-Request |
| L7 | Die Anwendungsschicht empfängt den HTTP-Request und führt ihn aus. Der Webserver erzeugt eine Antwort als HTML-Code und verschickt diesen, versehen mit einem HTTP-Header, an den anfragenden Rechner.<br>HTTP-Header \| Nutzdaten HTTTP |

Im LAN wird die **Ethernet**-Technologie verwendet. Ethernet definiert die Leitungen, Stecker Buchsen und das Datenformat, mit dem die Daten übertragen werden.

**TCP/IP** ist eine Sammlung von Protokollen. Das *IP* im Namen steht für **Internet-Protocol**. *TCP* steht für **Transmission-Control-Protocol** und ist für das sichere Übertragen der Daten zuständig, also auch das wiederholte Senden eines Pakets, wenn die Übertragung fehlerhaft war.

**Adressierung**
Beginnen wir auf der hardwarenahen Ebene (**Schicht 2**, Data-Link-Layer). Hier werden Pakete mit **MAC-Adressen** im Header verschickt. Über die MAC-Adresse kommen die Pakete an das richtige Netzwerkinterface (Netzwerkkarte). MAC-Adressen bestehen aus 6 Byte (48 Bit) und werden als Hexadezimalzahlen geschrieben, getrennt durch Doppelpunkte oder Minuszeichen (z. B.: 00-50-56-C0-00-01 oder 00:50:56:C0:00:01). MAC-Adressen sind weltweit eindeutig, das heißt, sie sollten nur einmal existieren. Die ersten 3 Bytes einer MAC repräsentieren den Hersteller der Netzwerkkarte, die letzten 3 Bytes stehen für den Typ und die Seriennummer der Karte.

Auf **Schicht 3** (Network-Layer) befinden sich die **IP-Adressen**. Über die IP-Adressen wird in einem bestimmten Netz ein bestimmter Rechner adressiert. Dies ist vergleichbar mit einer Telefonnummer; Eine vollständige Telefonnummer enthält die (Telefon-)Netz-Nummer und die Anschlussnummer. Üblich sind die IP-Adressen der Version 4 (**IPv4**). Diese bestehen aus 32 Bit und werden byteweise als Dezimalzahlen durch Punkte getrennt geschrieben (z. B.: 192.168.178.1).

**IPv6** sind die neuen IP-Adressen, die mittelfristig die alten Version-4-Adressen ablösen sollen. Diese bestehen aus 128 Bit und werden wortweise als Hexadezimalzahl geschrieben, getrennt durch Doppelpunkte (z. B.: 2a02:8070:88a3:9d 00:b519:89cb:afe1:1561). Ein Wort besteht aus 2 Byte, somit 16 Bit oder 4 Hex-Ziffern. Eine vollständige IPv6-Adresse besteht somit aus 8 Blöcken zu je 16 Bit.

Auf der Transportschicht (**Schicht 4**) wird mit einer **Portnummer** eine Anwendung adressiert. Der Port 80 ist beispielsweise der Standardport für Webanwendungen, also das Surfen mit Browsern im Internet. Portnummern sind 16-Bit-Werte, die als Dezimalzahl geschrieben werden. Der TCP-Header enthält einen Zielport und einen Quellport.

**Weiterleitung**
Netzwerkgeräte, die Datenpakete weiterleiten müssen, werten Adressen aus. Innerhalb eines Netzwerkes werden **Switches** eingesetzt. Sie leiten Datenpakete anhand der **MAC-Adresse** an die richtigen Anschlüsse weiter und stellen die Pakete an die Netzwerkkarten zu.

**Router** verbinden ganze Netzwerke. So hat jedes Netzwerk einen Router, der das LAN mit dem Netz des Internetproviders (Telekom, Kabelnetzbetreiber, Stadtwerke...) und damit mit dem Internet verbindet. Router werten **IP-Adressen** aus.

**Kompetenzkontrolle**

1. Welche Adress-Typen werden im LAN verwendet?
2. Wie viele Header werden ineinander verschachtelt über die Netzwerkleitung übertragen?

## 3.1.4 Netzwerkkomponenten und Medien

Ein Netzwerk besteht aus Rechnern unterschiedlichster Art und verschiedenen Netzwerkkomponenten.

| Netzwerkkomponente | Erklärung/Bemerkung |
|---|---|
| Switch | Bauteil zum Verbinden von Netzwerkleitungen, wertet die MAC-Adressen aus und trifft eine Weiterleitungsentscheidung aufgrund von Einträgen in der Weiterleitungstabelle (Forwarding table)<br>Eintreffende Daten werden in einem Pufferspeicher zwischengespeichert (FiFo-Speicher – first in-first out, Warteschlange). Die Zieladresse wird geprüft und mit der Forwarding table verglichen. Dann wird das Paket an dem hinterlegten Anschluss (Switch-Port) ausgegeben. |

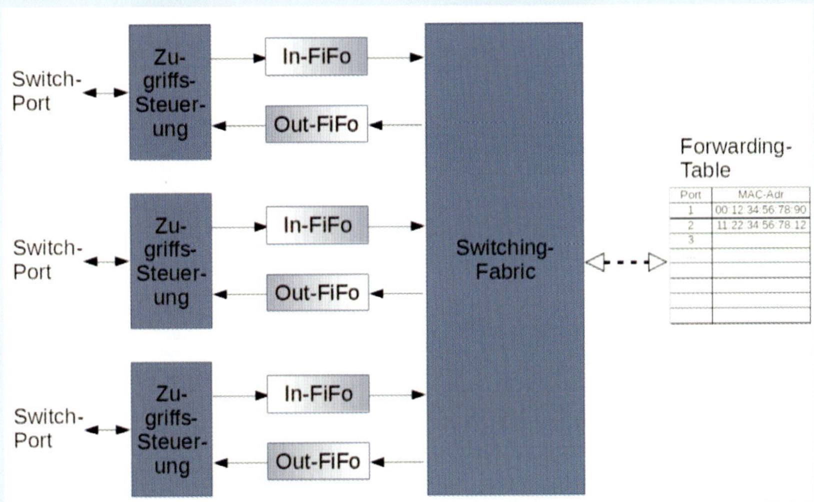


Abb. 3_3: Switch-Prinzipaufbau

<table>
<tr><th>Netzwerkkomponente</th><th>Erklärung/Bemerkung</th></tr>
<tr><td>Router</td><td>
Bauteil zum Verbinden von Netzwerken, wertet die Netzwerkadressen der IP-Adressen aus und trifft eine Weiterleitungsentscheidung aufgrund von Einträgen in der Routing-Tabelle (Weiterleitungstabelle oder Forwarding-Table).

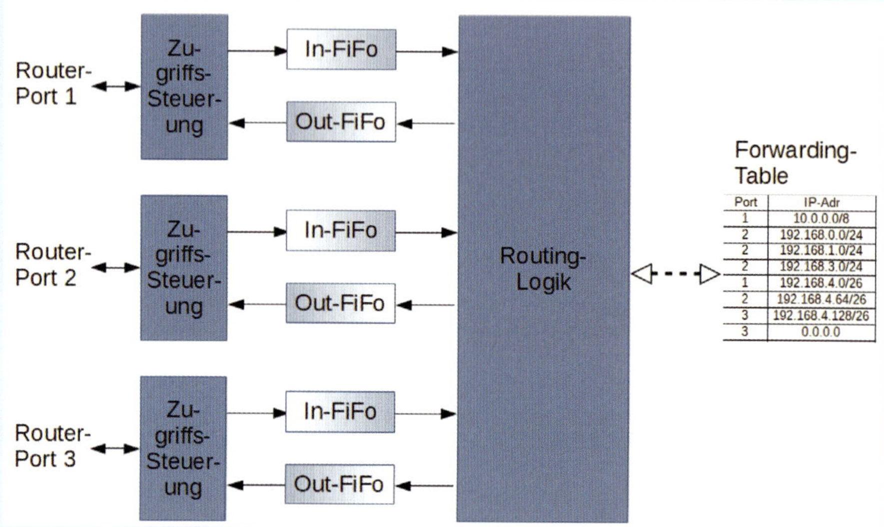


Abb. 3_4

Eintreffende Daten werden in einem Pufferspeicher zwischengespeichert (FiFo-Speicher). Die Ziel-IP-Adresse wird geprüft und mit der Forwarding table verglichen. Dann wird das Paket an dem hinterlegten Anschluss (Router-Port) ausgegeben.
</td></tr>
<tr><td>Access-Point (AP)</td><td>Bauteil zum Aufbau eines Funknetzes. Der AP ist oft in einen Router integriert. Als externes Gerät wird er über eine Netzwerkleitung mit einem Switch verbunden. Rechner, die sich mit dem AP verbinden, müssen sich über einen Preshared Key (PSK) als Zugangskennung bei AP autorisieren. Nur autorisierte Clients können über den AP auf das Netzwerk zugreifen.</td></tr>
<tr><td>Netzwerk-Medien</td><td>
**Twisted-Pair-Leitungen**

**Kupferdatenleitungen (Twisted Pair) werden nach dem Aufbau des Kabelschirmes unterschieden:**

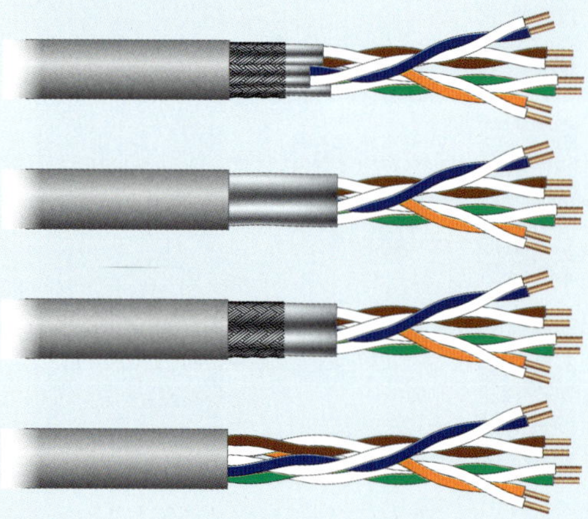

**S/FTP**
gemeinsamer Geflechtschirm (S), einzelne Paare jeweils von einem Folienschirm umgeben (FTP)

**F/UTP**
gemeinsamer Folienschirm (F), einzelne Paare ungeschirmt (UTP)

**SF/UTP**
gemeinsamer Schirm aus Geflecht und Folie (SF), einzelne Paare ungeschirmt (UTP)

**U/UTP**
kein gemeinsamer Schirm (U), einzelne Paare ungeschirmt (UTP)

Abb. 3_5
</td></tr>
</table>

Die üblichen Netzwerkleitungen bestehen aus vier Aderpaaren. Die Aderpaare sind verdrillt (→ Twisted Pair) um die magnetischen Felder abzuschirmen. Die Leitungen können über einen Folienschirm oder ein Schirmgeflecht zur Abschirmung gegen elektrische Felder verfügen. Die maximale Länge dieser Leitungen beträgt 100 Meter. Je aufwendiger die Abschirmung, desto besser die Qualität der Leitungen.

**Lichtwellenleiter**

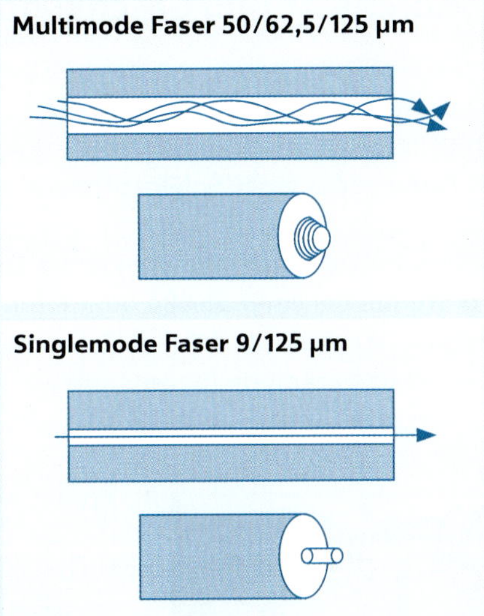


Abb. 3_6

Lichtwellenleiter sind meist aus Glas (sog. Glasfasern), selten aus Kunststoff (POF, Polymer-Optische-Fasern). Es werden zwei wesentliche Typen unterschieden:
- Multimode-Fasern mit einem Kerndurchmesser von 50 µm oder mehr und
- Singlemode-Fasern mit einem Kerndurchmesser von 9 µm.

In LANs werden beide Typen eingesetzt. In Fernverkehrsnetzen werden ausschließlich Singlemodefasern eingesetzt.

Ein SoHo-Router (Small office – Home office), wie er üblicherweise in kleinen Büros und Privathaushalten eingesetzt wird, verfügt über einige Zusatzgeräte. Internet-seitig befindet sich das WAN-Interface, meist ein DSL-Modem (bei Anschluss ans Telefonnetz) oder Cable-Modem (bei Anschluss ans Kabelfernsehnetz), oder auch ein Mobilfunk-Modem (bei Anschluss über LTE oder 5G-Netze). LAN-seitig befindet sich meist ein Switch mit vier oder fünf Anschlüssen zum direkten Anschluss von PCs und Druckern. Meisten ist auch noch ein WLAN-Acesspoint (AP) integriert, um Mobilgeräte anzuschließen. Oftmals ist auch noch eine kleine Telefonanlage eingebaut, die den Anschluss von einem oder zwei Analogtelefonen an den Router erlaubt. Weiter Zusatzgeräte und Funktionen im Router sind möglich.

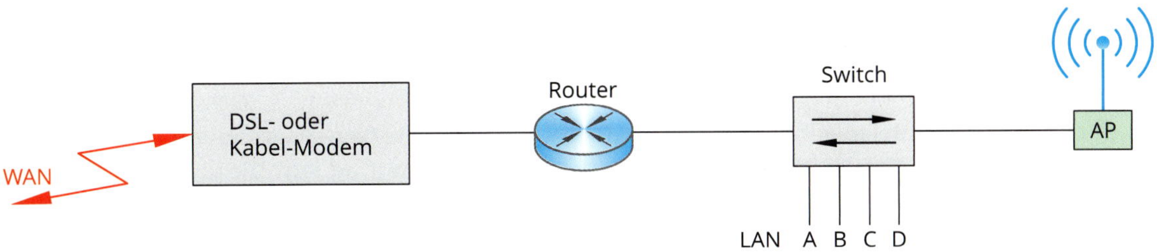


Abb. 3_7

Router in professionellen Umgebungen sind dagegen spartanisch ausgerüstet. Sie verfügen nur über Netzwerk-Anschlüsse und keinerlei weitere Geräten. Sie sind auf das schnelle Durchleiten von sehr großen Datenmengen ausgelegt.

## Kompetenzkontrolle

1. Erläutern Sie den Unterschied zwischen Switch und Router.
2. Sie haben zwei verschiedene Leitungen zur Auswahl: S/FTP und U/UTP. Welche Leitung würden Sie einsetzen? Begründen Sie Ihre Entscheidung.

### 3.1.5 Datendurchsatz und Geschwindigkeit

Sicher haben Sie sich auch schon einmal gefragt, warum der Download von Dateien manches Mal ganz schnell abgeschlossen ist und der PC ein anderes Mal eine gefühlte Ewigkeit arbeitet. Wovon hängt die Downloadzeit einer Datei, vielleicht eines Filmes oder einer Spielesoftware, ab?

Wichtig für jedes Übertragungsmedium ist der Durchsatz – egal ob zum Beispiel Autos pro Stunde bei einer Straße oder Liter pro Minute bei einer Rohrleitung. In der Netzwerktechnik ist das die Datenmenge *D*, die in einer bestimmten Zeit *t* über ein Netzwerkmedium transportiert werden kann. Man nennt dies die Datendurchsatzrate *C* (das C steht für Capacity, also die Leitungskapazität).

Abb. 3_8 und 3_9: Der Durchsatz an Fahrzeugen hängt von der Straße ab.

Dies lässt sich nun einfach in eine Formel fassen:

$$\text{Datendurchsatzrate } C = \frac{\text{Datenmenge}}{\text{Zeit}} = \frac{D}{t}$$

in Bits pro Sekunde oder bit/s oder b/s oder bps

Umgekehrt kann man daraus die Zeit berechnen, die eine bestimmte Datenmenge benötigt, um übertragen zu werden.

$$t = \frac{D}{C}$$

Beispiel: Ein Film mit 1 GByte Größe soll über eine Leitung mit C = 50 Mbit/s übertragen werden. Wie lange dauert die Übertragung? Die übliche Schülerantwort „Hmmm, lange!“ gilt hier nicht. Man kann es berechnen. Aber Vorsicht: Bit und Byte sind zweierlei. 1 Byte sind 8 Bit!

Lösung:
D = 1 GByte = 8 GBit = $8 \cdot 10^9$ Bit C = 50 MBit/s = $50 \cdot 10^6$ Bit/s

$$t = \frac{D}{c} = \frac{8 \cdot 10^9 \text{ Bit}}{50 \cdot 10^6 \text{ Bit/s}} = \frac{8 \cdot 10^3}{50} \text{ s} = 160 \text{ s} = 2'40''$$

Heute sind in lokalen Netzen Datenübertragungsraten von 10 Mbit/s bis 100 Gbit/s verfügbar. Folgende Übertragungsraten sind über eine Netzwerkverkabelung möglich:

- 10 Mb/s — veraltet, kaum noch anzutreffen
- 100 Mb/s — veraltet, aber noch verbreitet im Einsatz
- 1000 Mb/s = 1 Gb/s — Standard in professionellen Netzwerken
- 2,5 Gb/s und 5 Gb/s — mögliche Aufrüstung in älteren Verkabelungen, nicht sehr verbreitet
- 10 Gb/s — kommender Standard, wird derzeit schon eingesetzt
- 25 Gb/s — mögliche Aufrüstung von bestehenden Verkabelungen, nicht sehr verbreitet
- 40 Gb/s — kommender Standard in Rechenzentren
- 100 Gb/s — kommender Standard in Rechenzentren

Über WLAN sind folgende Übertragungsraten möglich:

- Standard 802.11 — 2 Mb/s
- 802.11b — 11 Mb/s
- 802.11g — 54 Mb/s
- 802.11n — 72 Mb/s bis 600 Mb/s — Wi-Fi 4
- 802.11ac — 433 Mb/s bis 6 933 Mb/s — Wi-Fi 5
- 802.11ax — 600 Mb/s bis 9 708 Mb/s — Wi-Fi 6
- 802.11ah — 0,65 Mb/s bis 8,67 Mb/s — Wi-Fi-HaLow (für Smart Home und I.40)

Abb. 3_10

Häufig spricht man von „Geschwindigkeit", meint damit aber die Datenrate. Die Geschwindigkeit ist eine zurückgelegte Strecke pro Zeit (v = s/t in km/h oder m/s). So auch hier. In der IT ist die Geschwindigkeit die Laufzeit, die ein Signal braucht, um eine bestimmte Strecke zurückzulegen. Diese „Datenausbreitungsgeschwindigkeit" liegt bei etwa 2/3 der Lichtgeschwindigkeit. Und das ist bei Glasfaser und bei Kupferleitungen etwa gleich. Eine Glasfaser hat etwa dieselbe Signalgeschwindigkeit wie eine Kupferleitungen, wohl aber eine höhere Datenübertragungsrate.

Dadurch, dass man sich das Funkmedium mit allen anderen Stationen teilt, ist die effektive Datenrate teilweise wesentlich geringer.

Für den Anschluss ans Internet sind über DSL, Cablemodem (Kabelfernsehen), Mobilfunk (3G, 4G, 5G) oder Glasfaserleitungen mittlerweile auch sehr hohe Übertragungsraten möglich (oft auch fälschlicherweise mit „Internetgeschwindigkeit" angepriesen). Diese reichen bis in den Bereich von Gigabits pro Sekunde.

→ Aufgaben 2 und 3

**Die Laufzeit messen**

Der Ping-Befehl läuft auf jedem System mit TCP/IP. Der Befehl schickt ein Datenpaket zu der angegebenen Adresse. Die Zielrechner schickt das Paket unverzüglich wieder an den Absender zurück.

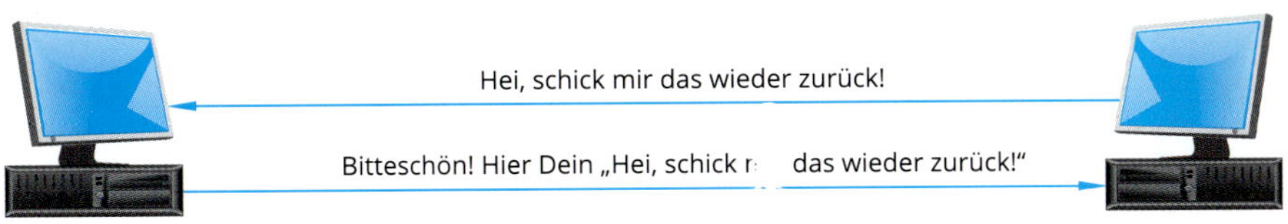

Abb. 3_11

Die Laufzeit, die ein Datenpaket benötigt, um von einem Rechner zu einem anderen zu gelangen und wieder zurück, nennt man die Rundlaufzeit oder RTT (Round Trip Time). Man ermittelt sie mit dem Ping-Befehl.

Die Ping-Zeit vom Absenden des Paketes bis zum Ankommen der Antwort ist die Signallaufzeit über die Leitung und aller zwischen Sender und Empfänger befindlichen Netzwerkgeräte. Man nennt diese Zeit die Round Tripp Time, RTT, auf Deutsch die Rundlaufzeit. Je größer die RTT, desto langsamer die Netzverbindung.

→ Aufgabe 4

Man kann nicht nur Rechner im eigenen Netz anpingen oder den eigenen Router. Man kann (fast) jeden Rechner anpingen, der über das Internet erreichbar ist – weltweit.

### 3.1.6 Speichern von Daten im Netzwerk – LAN, Cloud

Das Abspeichern von Daten auf der Festplatte des lokalen Rechners ist zwar der Standardfall, aber bei einem Defekt der Festplatte sind die Daten unwiderruflich verloren, wenn man keine Sicherung davon hat. Eine gute Lösung für dieses Problem bieten Netzwerkspeicher.

File-Server bieten Speicherplatz im Netzwerk an. Ein Rechner kann sich mit diesem Speicher verbinden, als ob es eine lokale Festplatte wäre. Der Vorteil liegt darin, dass sich andere Rechner im Netzwerk ebenfalls mit diesem Service verbinden können und man so eine gemeinsame Arbeitsplattform hat, um Dateien gemeinsam zu nutzen.

NAS-Server, Network Attached Storage, sind kleine, aber sehr leistungsfähige Netzwerkspeicher, auf die alle im Netz Zugriff haben. Eine Rechteverwaltung – wer darf lesen, wer schreiben, wer hat gar keinen Zugriff – ist auf dem NAS-System vorhanden.

Cloud-Speicher sind File-Server „in der Cloud". Dies ist ein sehr unklar definierter Begriff. Eine Cloud (engl. Wolke) ist etwas Diffuses und schwer Greifbares. So sind die Cloud-Anbieter irgendwo im Internet in großen Rechenzentren. Als Client verbindet man sich mit einer Cloud und kann dort Daten speichern.

→ Aufgabe 5

H

Bekannte Cloud-Speicher sind: Dropbox, Google-Drive, Microsoft Azure

Spezielle Clientprogramme erlauben das Duplizieren von lokalen Verzeichnissen mit dem Cloudspeicher. Jeder Client, der online geht, vergleicht seine lokalen Daten mit denen auf der Cloud. Neuere Daten werden dann sofort aktualisiert. Es ist damit möglich, dass mehrere Rechner lokal dieselben Daten haben und eine weitere Kopie davon im Internet in der Cloud.

### 3.1.7 Verschlüsselung – Public Key-Verfahren

Daten zu verschlüsseln hat eine lange Tradition. Schon in der Antike wurden wichtige Botschaften verschlüsselt. Hieraus entstand die Wissenschaft der Kryptologie. Das Anwenden dieser Wissenschaft zum Ver- und Entschlüsseln von Daten ist die Kryptographie. Die Kryptoanalyse beschäftigt sich mit dem „Brechen" von Verschlüsselungen, üblicherweise als „Knacken" bezeichnet.

Am bekanntesten Verschlüsselungstechnik der Geschichte ist wohl die Cäsar-Chiffre. Dabei wird das Alphabet um eine bestimmte Anzahl von Stellen verschoben. Beispielsweise wird aus einem A ein B, aus B ein C aus C ein D usw. Diese einfache Verschlüsselungstechnik blieb fast 2000 Jahre ungeknackt. Vor etwa 500 Jahren wurde sie erweitert, was den Schwierigkeitsgrad erhöhte.

Diese und andere Verschlüsselungstechniken sind längst Geschichte. Heutige Verschlüsselungstechniken haben ein paar grundlegende Gemeinsamkeiten:

1. Die Verschlüsselungsalgorithmen sind bekannt und veröffentlicht
2. Der Schlüssel ist geheim, die Sicherheit hängt von der Länge und dem Inhalt des Schlüssels ab.

„Absolut sichere“ Verschlüsselungsalgorithmen, die nicht veröffentlicht werden, müssen Misstrauen erwecken. Wenn das Verfahren nicht bekannt ist, liegt die Vermutung nahe, dass der Anbieter dieser Technik „Hintertüren“ (Backdoors) eingebaut hat, um an geheime fremde Daten zu gelangen. Öffentliche Algorithmen werden von sehr vielen Spezialisten unter die Lupe genommen. Nur ungeknackte Verfahren sollten in der IT verwendet werden.

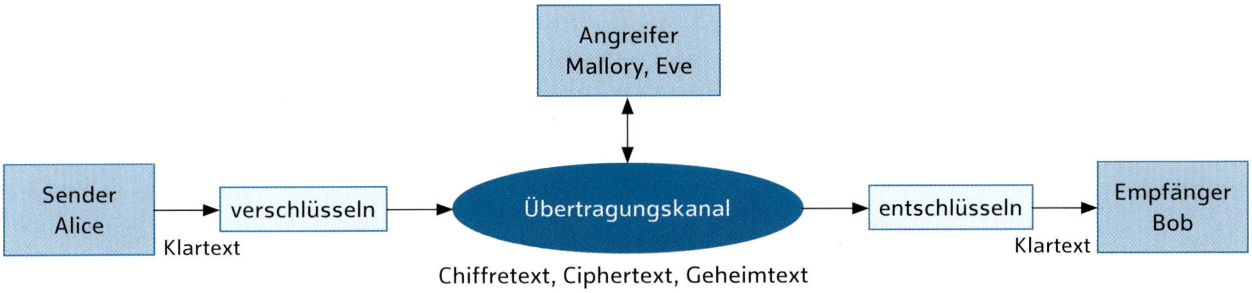


Ein Sender, beispielsweise Alice, möchte geheime Daten an den Empfänger Bob schicken. Dazwischen liegt das Internet, ein Netz mit vielen Unsicherheiten. Hier können Angreifer (wie Mallory oder Eve) die Daten abgreifen und lesen. Sie können die Daten vielleicht auch verändern und weiterschicken. Die Lösung bietet eine Ende-zu-End-Verschlüsselung, also von Sender bis Empfänger.

Dazu verschlüsselt der Sender die Daten (den Klartext) und verschickt den verschlüsselten Geheimtext (Ciphertext). Angreifer können sich die Daten zwar holen, können sie aber nicht auswerten. Der Geheimtext kommt beim Empfänger an und wird dort entschlüsselt. Hier liegt dann wieder der Klartext vor.

**Symmetrische Verschlüsselung**

Verwenden Sender und Empfänger denselben Schlüssel, so spricht man von symmetrischer Verschlüsselung. Der gemeinsame Schlüssel muss dem Empfänger bekannt sein, sonst kann er den Geheimtext nicht entziffern.

Tauscht man vor der Übertragung den Schlüssel aus, so nennt man dies ein Preshared-Key-Verfahren (PSK).

Die Datenübertragung bei WLANs ist verschlüsselt. Beim Einrichten des WLANs legt man den Zugangscode fest. Wenn später jemand den WLAN-Schlüssel braucht, dann sagt man ihm diesen oder gibt ihm einen Zettel mit diesem PSK.

Symmetrische Verschlüsselung ist ziemlich schnell und braucht nur wenig Rechenleistung auf den Rechnern. Das Problem ist der Schlüsselaustausch.

**M** Symmetrische Verschlüsselung verwendet zum Verschlüsseln und Entschlüsseln denselben Schlüssel.
Symmetrische Verschlüsselung ist wenig rechenintensiv und schnell.
Der Schlüssel muss vor der Kommunikation bekannt sein.

**Asymmetrische Verschlüsselung oder Public-Key-Verfahren**

Bei der asymmetrischen Verschlüsselung wird ein Schlüsselpaar verwendet.

1. Der öffentliche Schlüssel (public key) wird verteilt und ist für jedermann zu haben.
2. Der private Schlüssel (private key) ist geheim und darf unter keinen Umständen weitergegeben werden.
3. Die Schlüssel müssen unabhängig voneinander sein, ein Schlüssel darf nicht aus einem anderen abzuleiten sein.
4. Eine Nachricht, die mit einem der beiden Schlüssel verschlüsselt wurde, kann mit demselben Schlüssel nicht mehr entschlüsselt werden. Entschlüsseln kann man nur mit dem anderen Schlüssel des Schlüsselpaares.

Das Verfahren ist folgendes: Jeder generiert sich ein Schlüsselpaar. Dann wird der eigene Public Key an alle Kommunikationspartner verteilt (evtl. auch über einen Schlüssel-Server). Jeder besorgt sich dann den Public Key seines Kommunikationspartners.

Zum Senden verschlüsselt man die Nachricht mit dem Public-Key des Empfängers. Diesen Cipher-Text kann man nur entschlüsseln, wenn man den passenden Private-Key hat. Und den hat nur der Empfänger. Dasselbe Verfahren wird auch für die Gegenrichtung, dann mit umgekehrten Schlüsseln, angewendet.

Asymmetrische Verfahren benötigen eine hohe Rechenleistung und sind relativ langsam.

**M** Das Public-Key-Verfahren benutzt ein Schlüsselpaar – Public-Key und Private-Key. Sendenachrichten werden immer mit dem Public-Key der Gegenstelle verschlüsselt. Public-Key-Verfahren sind rechenintensiv und langsam.

Eine Nachricht, die mit dem eigenen Private Key verschlüsselt wird, ist von jedem, der den Public-Key hat, zu entschlüsseln. Da aber nur der Ersteller den privaten Schlüssel hat, ist dieser eindeutig und unbestreitbar der Verfasser des Dokuments. Die Daten werden dadurch „signiert“.

**M** Das Public-Key-Verfahren wird zum Signieren von Daten verwendet.

**Hybride Verschlüsselungsverfahren**
Hybride Verschlüsselungsverfahren nutzen die Vorteile von symmetrischer und unsymmetrischer Verschlüsselung.

Das Übertragen von großen Datenmengen sollte symmetrisch verschlüsselt werden. Dazu wird ein symmetrischer Session-Key generiert. Anschließend wird mit dem Kommunikationspartner eine Verbindung mit asymmetrischer Verschlüsselung aufgebaut. Über diesen Kanal wird – asymmetrisch verschlüsselt – der Session-Key sicher übertragen. Daraufhin kann die folgende Kommunikation über die schnelle symmetrische Verschlüsselung sicher übertragen werden.

**M** Hybride Verfahren kombinieren asymmetrische und symmetrische Verschlüsselung. Über eine asymmetrische Verschlüsselung wird der Schlüssel für die folgende symmetrische Verschlüsselung ausgetauscht.

**Hash-Codes**
Hash-Codes sind „Fingerprints" von Daten. Es sind „Einweg-Algorithmen", Berechnungen, die nicht zurückrechenbar sind. Ein Hash hat eine konstante Größe, beispielsweise 256 Byte, unabhängig davon, wie groß die Eingangsdatei ist. Dabei darf es nicht vorkommen, dass verschiedene Eingangsdaten denselben Hash-Code ergeben.

**M** Mit einem Hash kann man Daten vor Fehlern und Manipulationen schützen.

Beispiel: Ein Programm wird zum Download angeboten. Passend dazu wird der Hash dieser Datei zur Verfügung gestellt. Man lädt sich beide Dateien, das Programm und den Hash, herunter. Anschließend generiert man aus der Programmdatei einen Hash und vergleicht ihn mit dem heruntergeladenen. Sind die beiden Hashes gleich, so wurde die Programmdatei bitgenau übertragen. Es handelt sich also um das unverfälschte Original.

## Kompetenzkontrolle

1. Welche Verschlüsselungstechnik ist schneller, symmetrische oder unsymmetrische Verschlüsselung?
2. Welche Verschlüsselungsart wird eingesetzt, um große Datenmengen zu verschlüsseln?
3. Können zwei unterschiedliche Dateien denselben Hash-Code haben?
4. Mit welchem Schlüssel muss eine Nachricht zum Senden verschlüsselt werden?
5. Mit welchem Schlüssel muss eine Nachricht entschlüsselt werden beim Empfang?
6. Welche Aussage können Sie treffen, wenn der Hash, den Sie von einer empfangenen Datei erstellen, nicht mit dem Hash des Originals übereinstimmt?

## 3.1.8 Datensicherheit – Schutz von Zugriff, Manipulation und Verlust

Datensicherheit ist ein sehr wichtiges und weit gefächertes Thema. Daten, die aus irgendwelchen Gründen verlorengehen, sind im Privatbereich vielleicht ärgerlich, vielleicht auch schmerzlich. Für Betriebe sind Daten essenziell. Daten dürfen nicht in die Hände von anderen gelangen.

| Datensicherheit | | |
|---|---|---|
| **Schutzziel** | **Erklärung** | **Aktionen zum Erreichen des Schutzziels** |
| Vertraulichkeit<br>confidentiality | Nur autorisierte Benutzer dürfen Daten lesen bzw. verändern | Durch Verschlüsselung der Daten ist die Vertraulichkeit herzustellen. |
| Integrität/Unveränderlichkeit<br>integrity | Daten dürfen nicht unbemerkt verändert werden, Änderungen müssen nachvollziehbar sein. | Hashcodes sichern die Daten ab gegen Veränderungen, denn bei der kleinsten Änderung an den Daten stimmt der Hash nicht mehr. |
| Verfügbarkeit<br>availability | Daten müssen innerhalb eines vereinbarten Zeitraumes verfügbar sein, Systemausfälle minimiert oder verhindert. Datenverlust vermieden werden | Durch geeignete Maßnahmen wird die Verfügbarkeit der Daten erhöht. Hierzu gehört das Einrichten von Festplattenverbünden mit Sicherungsinformationen. Sog. RAID-Systeme (Redundand Array of independant Disks) erhöhen die Verfügbarkeit von Plattenspeichern. Backups auf Magnetbänder oder andere Speichermedien (auch online) schützen vor Datenverlust bei Festplattenausfall. |
| Authentizität,<br>Echtheit,<br>autenticity | Daten sind eindeutig einer Identität zuzuordnen, die Daten sind echt und können überprüft werden. | Mit Signieren (Public-Key-Verfahren) werden die Daten eindeutig einem Ursprung zugeordnet (unbestreitbar). |
| Verbindlichkeit/<br>Nichtabstreitbarkeit<br>non repudiation | Eine Handlung ist nicht abzustreiten („Nein, das habe ich nicht bestellt, die Datei ist nicht von mir.“) | Mit einer „elektronischen Unterschrift“ versehene Dokumente sind eindeutig dem Unterzeichner zuzuordnen. |

Vertraulichkeit wird hergestellt, indem man die Daten vor dem Speichern oder vor dem Übertragen verschlüsselt. Zum verschlüsselten Abspeichern von Daten gibt es spezielle Programme. Die bekanntesten sind VeraCrypt, BitLocker und AxCrypt.

→ Aufgaben 6 und 7

## 3.1.9 Netzwerksicherheit

Die Netzwerksicherheit spielt eine wichtige und immer wichtiger werdende Rolle in jedem Computernetz. Eindringlinge, die versuchen, vom Internet aus in Firmennetze einzudringen, um Daten zu stehlen, sind heute leider eine Selbstverständlichkeit. Ein anderer Ansatz von Kriminellen ist der, dass ganze Festplatten verschlüsselt werden, der Betroffene keinen Zugriff auf seine Daten mehr hat, um dann Lösegeld zu erpressen für das Freischalten der „gekidnappten“ Daten.

→ Aufgabe 8

### 3.1.9.1 Rollen und Berechtigungen

Das Wichtigste zum Schutz der Daten sind Berechtigungen oder Zugriffsrechte. Damit wird geregelt, wer was mit den Daten machen darf. Für jeden Ordner und für jede einzelne Datei können die Rechte unterschiedlich vergeben werden. Bestimmte Kombinationen von Rechten werden in „Rollen“ beispielsweise für Verwalter und Administratoren vordefiniert.

**H** Grundsätzlich gibt es folgende Rechte:
- (R)Read/Leserecht – Wer darf lesend auf eine Datei zugreifen?
- (W)Write/Schreibrecht – Wer darf eine Datei auf den Datenträger schreiben?
- (X)Execute/Ausführungsrecht – Wer darf eine Datei (ein Programm oder ein Script) ausführen?

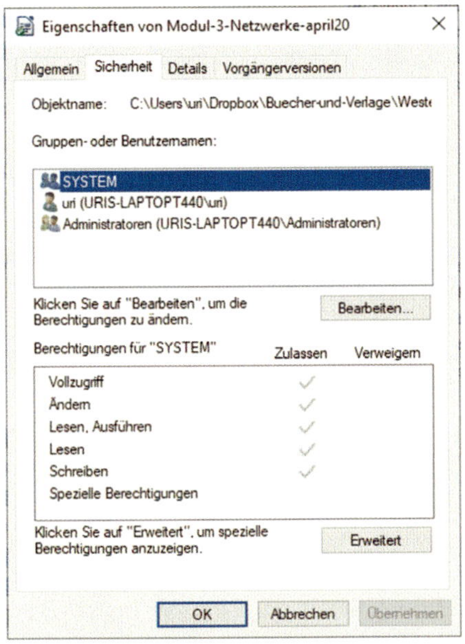


Abb. 3_12: Dateiberechtigungen

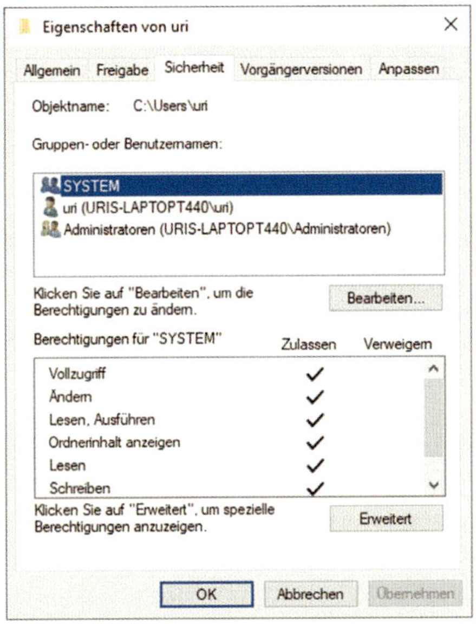


Abb. 3_13: Berechtigungen an einem Ordner

Diese Rechte kann man einzelnen Usern und Usergruppen (z. B. Administratoren, Arbeitsgruppen...) geben.

Bei Windows werden verschiedene Kombinationen der Rechte zusammengefasst und „Berechtigungen“ genannt. Prinzipiell darf ein Administrator alles (auf jeden Fall über Umwege). Deshalb sollte man mit Admin-Rechten sehr vorsichtig umgehen. Um sicherzustellen, dass Unbefugte nicht auf bestimmte Daten zugreifen können, sollte man sich die Rechte-Vergabe genaustens überlegen. Denn zu viele Rechte anderer, bzw. zu wenig Restriktionen für andere, vereinfacht ggf. auch Eindringlingen im Netz den Zugriff.

**M** Es ist besser, die Zugriffsrechte restriktiv zu handhaben. Besser man vergibt zu wenig Rechte und macht bei Bedarf den Zugriff weiter auf, als dass die Rechte immer zu weit offen sind und man versucht später, die Rechte zu begrenzen.
Die Zugriffsrechte und Rollen werden über eine Benutzerverwaltung generell vorgegeben.

### 3.1.9.2 Proxy

Ein Proxy ist ein Stellvertreter. Im Netzwerk geht dieses Gerät stellvertretend für die einzelnen Rechner ins Internet. Das heißt, eine Anfrage von einem PC ins Internet, um dort eine beliebige Seite zu besuchen, geht nicht vom PC direkt ins Internet. Diese Anfrage geht an den Proxy im Netz und dieser schickt die Anfrage weiter ins Internet. Antworten auf eine Anfrage werden vom Internet an den Absender der Anfrage, also den Proxy, geschickt. Dieser schickt die Antwort dann weiter an den PC, der ursprünglich angefragt hatte.

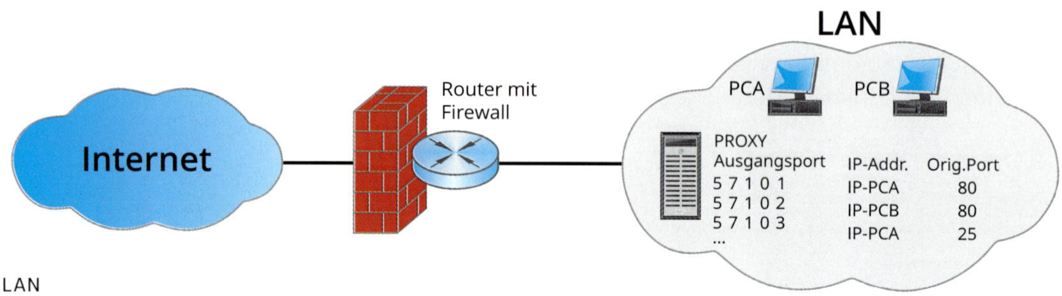


Abb. 3_14: Proxy im LAN

Aber wozu dieser Umweg? Auf dem Proxy lassen sich Sperrlisten einrichten für Seiten, die nicht besucht werden dürfen. Hiermit kann man beispielsweise verhindern, dass in einem Betrieb von den Arbeitsplatzrechnern aus Filme angeschaut oder pornographische Seiten aufgerufen werden können. Seiten mit dubiosem Inhalt, die als Virenschleudern bekannt sind, werden ebenso geblockt.

Weiterhin sind Proxys meist mit einem Speicher ausgestattet, um Internetseiten zu speichern. Das Surfverhalten der User zeigt, dass einmal aufgerufene Seiten häufig später wieder aufgerufen werden. Wird nun eine Seite aufgerufen, die vorher schon einmal aufgerufen wurde, so befinden sich diese Daten im Speicher vom Proxy und können sehr schnell direkt vom Proxy ausgeliefert werden, ohne erneut ins Internet zu gehen. Ein Proxy spart somit zum einen Datenverkehr mit dem Internet und er beschleunigt zum anderen das Surfen.

H

In kleinen Netzen ist der Proxy im Internet-Router integriert. Dabei allerdings meist ohne die Speicherfunktion oder mit sehr kleinem Speicher.

Firmennetze verfügen meist über einen eigenen Proxy-Server, der sich im Serverraum oder Rechenzentrum befindet und alle oben genannten Funktionen erfüllt.

Ein wichtiger Aspekt bei dieser Proxy-Technik ist der, dass von außen nicht die einzelnen Rechner sichtbar sind, sondern nur ein einziger, nämlich der Proxy.

### 3.1.9.3 Firewall und Demilitarisierte Zone (DMZ)

Eine Firewall ist eine Schutzwand, die Beschuss (Fire) von außen abwehrt und das Netzwerk oder einen Rechner vor Angriffen schützt. Sie befindet sich am Übergang vom LAN zum Internet. Ein vom Internet und vom LAN durch zwei Firewalls abgetrennter Bereich wird *demilitarisierte Zone* (DMZ) genannt. Hier platzierte Server sind geschützt vor Angriffen von innen und außen.

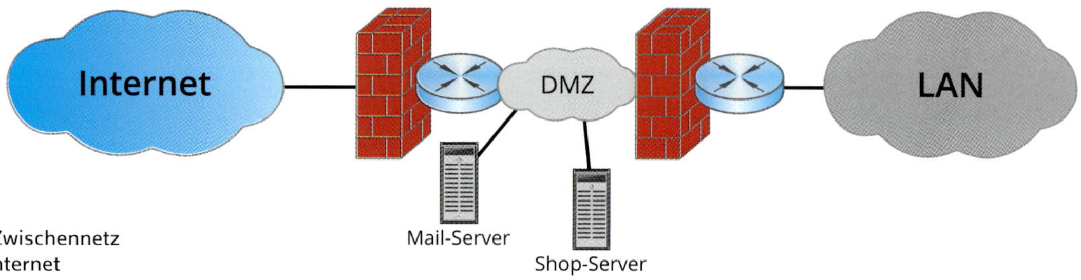


Abb. 3_15: DMZ als Zwischennetz zwischen LAN und Internet

Eine Firewall inspiziert die ankommenden Pakete nach vorher festgelegten Regeln. Es gibt verschiedene Firewall-Typen, abhängig davon, wie tief sie die Pakete inspizieren und wo sie installiert sind.

Eine einfache Firewall ist die **Personal Firewall** oder **Desktop Firewall**, die auf einem Desktop-PC läuft und nur einfachste Schutzmechanismen bietet.

Jeder SoHo-Router verfügt über eine einfache Firewall. Grundsätzlich sind alle Ports (Anwendungsnummern) gesperrt, bis auf die, die absolut notwendig sind. Kommen Pakete an, die auf einen geschlossenen (nicht freigegebenen) Port treffen, werden diese Pakete von der Firewall abgewiesen. Baut ein Rechner im LAN eine Verbindung zu einem Rechner im Internet auf, dann öffnet er von innen einen Port. Die Antworten von seinem Kommunikationspartner adressieren dann diesen geöffneten Port und werden durchgelassen.

Externe Firewalls sind zentral in einem Netzwerk befindliche Rechner, über die der gesamte Datenverkehr mit der Außenwelt abgewickelt wird. Einfache externe Firewalls inspizieren nur die Herkunft der ankommenden Pakete anhand der IP-Adresse. Bessere überprüfen die IP-Adresse und die TCP- und UDP-Ports und somit die Anwendungen. Pakete, die auf nicht geöffnete Ports treffen, werden nicht durchgelassen (analog zu einer verschlossenen Tür).

Die aufwendigste Art der Firewall überprüft auch den Inhalt der ankommenden Pakete und die verschiedensten Protokolle. Befinden sich nicht erwünschte Inhalte darin, werden die Pakete nicht durchgelassen.

Folgende „Filtertypen“ von Firewalls werden unterschieden:

| Filtertyp | Beschreibung |
|---|---|
| Paketfilter | Einfaches Filtern von Datenpaketen nach Netzwerkadressen<br>Man kann umfangreiche Listen (Blacklists) von dubiosen Internetadressen von einschlägigen Stellen beziehen, sodass bekannte Seite mit kriminellen Inhalten, Virenschleudern, verbotene Inhalte usw. geblockt werden. |
| Stateful Inspection | Der Zustand einer Verbindung wird überwacht. Nur Verbindungen, die von innen geöffnet werden, werden von außen akzeptiert. |
| Proxyfilter | Proxy stellt stellvertretend für jeden Client die Verbindung mit externen Seiten her. Die Antworten von außen werden an die anfragenden Clients weitergeschickt. |
| Contentfilter | Ein Contentfilter analysiert die Inhalte der empfangenen Datenpakete. Viren usw. können anhand ihrer Signaturen erkannt und die Pakete geblockt werden. |
| Deep Packet Inspection | Die empfangenen Pakete werden „in der Tiefe“ analysiert. Eine Vielzahl von Netzwerkprotokollen kann speziell überprüft werden. |

Einige Anbieter verkaufen sog. Sperrlisten für Firewalls. Diese Listen enthalten die Adressen von bekannten Rechnern und Webseiten im Internet, von denen potenziell Gefahren ausgehen oder die verbotene Inhalte publizieren. Über solche „Blacklists“ werden bestimmte Seiten an Schulen gesperrt.

## Kompetenzkontrolle

1. Worin liegen die Vorteile einer DMZ mit zwei Firewalls?
2. Recherchieren Sie, wie viele Viren und Schadprogramme in etwa existieren
3. Welche Firewall filtert nach einer Liste von IP-Adressen „schwarze Schafe“ aus?
4. Darf ein User ein Programm starten, wenn über diese Rechte verfügt?
   a) RWX  b) R-X  c) -WX  d) --X

# 3.2 Individuelle und gesellschaftliche Chancen und Risiken der Nutzung von Netzwerken

## 3.2.1 Datenschutz – persönliche Daten, unterschiedliche Rechtsnormen in verschiedenen Ländern

**Art 10**

(1) Das Briefgeheimnis sowie das Post- und Fernmeldegeheimnis sind unverletzlich.

(2) Beschränkungen dürfen nur aufgrund eines Gesetzes angeordnet werden . Dient die Beschränkung dem Schutze der freiheitlichen demokratischen Grundordnung oder des Bestandes oder der Sicherung des Bundes oder eines Landes, so kann das Gesetz bestimmen, dass sie dem Betroffenen nicht mitgeteilt wird und dass an die Stelle des Rechtsweges die Nachprüfung durch von der Volksvertretung bestellte Organe und Hilfsorgane tritt.

Abb. 3_16: Gesetzliche Grundlage des Briefgeheimnisses

Hintergrund: Die Bundesregierung plante eine umfangreiche Volkszählung, bei der ausführliche persönliche Daten erhoben werden sollten. In der Bevölkerung regte sich heftiger Widerstand. Das oberste deutsche Gericht, das Bundesverfassungsgericht, fällte im Dezember 1983 ein folgenschweres Urteil. Es formulierte das *Grundrecht auf informelle Selbstbestimmung*. Die Volkszählung musste neu organisiert, die Fragebogen entschärft und anonymisiert werden.

Dieses Urteil stellt die Basis unseres heutigen Datenschutzes dar. Er schützt die privaten, persönlichen Daten in wesentlichem Maß.

Das Grundgesetz sagt im Artikel 10 aus: „Das Briefgeheimnis sowie das Post- und Fernmeldegeheimnis sind unverletzlich.“

Dies besagt, dass Briefe nicht gelesen und Telefonate nicht abgehört oder mitgeschnitten werden dürfen. Dies gilt auch für die neuzeitlichen Medien wie E-Mail, Chat, Surfen, IP-Telefonie, Skype usw.

Datenschutz ist der Schutz der informellen Selbstbestimmung, des Persönlichkeitsrechts, der Privatsphäre und der persönlichen Daten vor (missbräuchlicher) Datenverarbeitung.

## 3.2.2 Privatsphäre

Die Privatsphäre ist ein Menschenrecht. In allen modernen Demokratien ist sie geschützt. Das Recht auf Privatsphäre kann eingeschränkt werden

- bei öffentlichem Interesse an einer Person (public figure), also bei besonders bekannten Persönlichkeiten wie Stars, Politikern, Schauspielern oder
- zum Zweck der Strafverfolgung.

Die Privatsphäre gilt für den nichtöffentlichen Bereich, in dem ein Mensch sein Recht auf freie Entfaltung der Persönlichkeit wahrnimmt, unbehelligt von äußeren Einflüssen.

Die heute bei uns übliche Privatsphäre ist eine Errungenschaft der letzten 100 bis 150 Jahre. Und sie ist schon längst wieder in Gefahr. Privatsphäre sei „nicht länger eine soziale Norm", sagte 2010 Mark Zuckerberg.

**Welche Daten zählen zur Privatsphäre?**

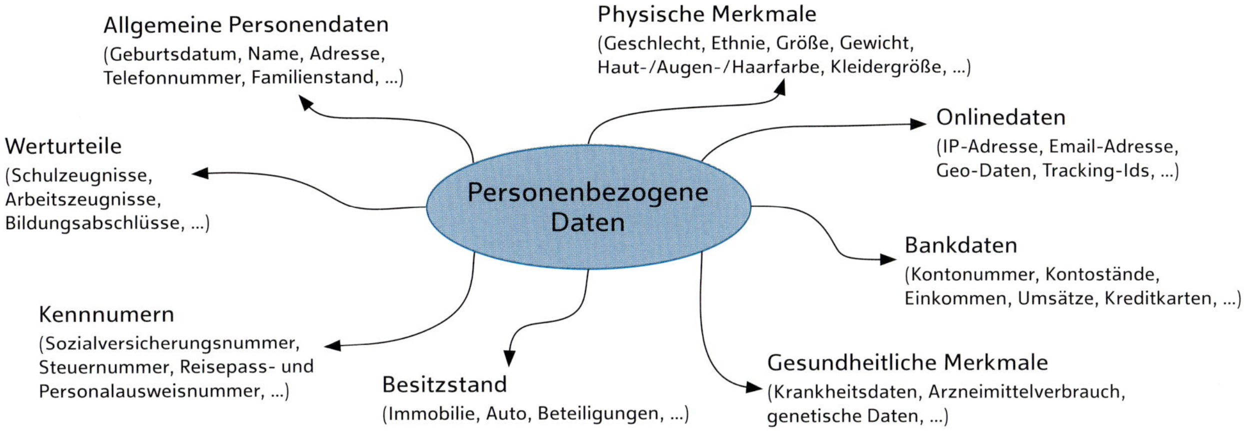


Ihre Daten werden durch die Datenschutz-Grundverordnung, DSGVO, innerhalb der EU weitgehend geschützt. Einzelstaaten und Bundesländer können darüber hinaus weitergehende Schutzziele vorgeben.

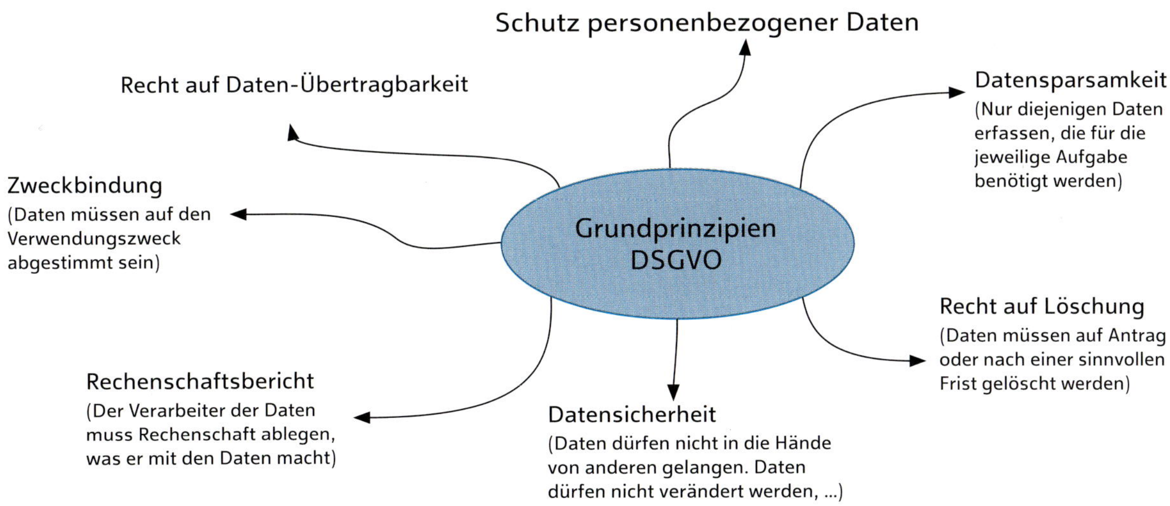


In anderen Ländern gelten andere Vorschriften und Gesetze als in der BRD und der EU. Die US-Behörden sehen es als ihr Grundrecht an, die Daten von Ausländern zu analysieren. Ähnliches gilt auch für andere Länder der Erde. Wenn die Daten in Cloud-Speichern gespeichert werden oder in Cloud-Rechenzentren im Internet verarbeitet werden, dann gelten die Gesetze und Vorschriften des jeweiligen Landes, in dem der Rechner steht.

→ Aufgabe 9

### 3.2.3 Suchen von Daten – Suchmaschinentypen

Suchmaschinen sind Programme, die in einem bestimmten Bereich eine Recherche nach bestimmten Daten vornehmen. Dies kann sich auf eine lokale Festplatte oder ein Computernetz beschränken, es kann aber auch öffentlich zugängliche Daten weltweit durchforsten.

Je nach Typ der Suchmaschine können Texte nach Stichworten durchsucht werden, z. T. auch Metadaten von Bildern. Es gibt eine Vielzahl von speziellen Suchmaschinen.

Viele Suchmaschinen suchen permanent im Hintergrund nach neuen Daten und erstellen daraus einen Index. Erstellt man eine Homepage, möchte man evtl. nicht warten, bis zufällig der „Crawler“ einer Suchmaschine vorbeikommt und die neue Homepage aufnimmt. Man kann sich auch selbst bei den Suchmaschinenbetreibern melden und neue Seiten und Suchbegriffe angeben, unter denen die Seiten gefunden werden sollen.

**Indexsuchmaschinen** verfügen über einen enorm großen Index, der mit den Suchbegriffen abgescannt wird. Die Ergebnisse werden angezeigt.

**Metasuchmaschinen** haben keinen eigenen Index. Sie leiten die Suchanfragen an mehrere Index-Suchmaschinen weiter. In der Regel bekommt man mehr Treffer angezeigt als bei einer einzelnen Suchmaschine.

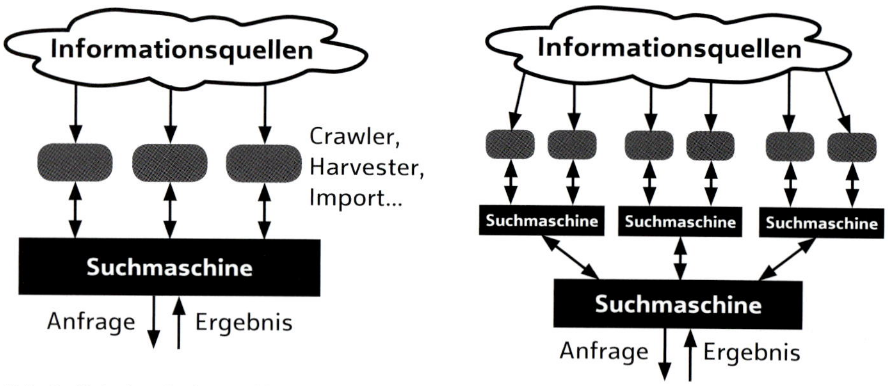


Abb. 3_17: Index-Suchmaschine vs. Meta-Suchmaschine

**Hybride Suchmaschinen** haben einen kleinen eigenen Index und bedienen sich noch anderer Suchmaschinen.

Die größte aller Suchmaschinen ist Google. Mit Bing hat Microsoft eine eigene Suchmaschine eingerichtet.

Die gängigen Suchmaschinen können aber mehr, als nur nach Stichworten suchen. Eine Suchanfrage mit mehreren Begriffen kann eine Flut von unwichtigen Treffern liefern. Als erstes werden die Seiten gelistet, bei denen alle Begriffe gefunden werden. Danach werden die Treffer gelistet, bei denen ein Begriff fehlt. Kennt man die Syntax, kann man die Suche wesentlich treffsicherer machen. Aber die Algorithmen, wie die Listen zustande kommen, sind nicht bekannt.

Die Tabelle listet einige Suchoperatoren auf:

| | |
|---|---|
| Pluszeichen (+) | Dieser Begriff muss vorkommen<br>z. B. *Bienen +stich*, listet alle Seiten mit *Bienenstich* |
| Minuszeichen (-) | Dieser Begriff darf nicht vorkommen<br>z. B.: *Bienen -stich*, listet alle Seite mit *Bienen*, aber nicht die Seiten mit *Bienenstich* |
| Anführungszeichen „Text zum Suchen“ | Sucht genau nach diesem Text, |
| Site: | Es werden nur Ergebnisse von dieser Website gelistet<br>z. B. *site: www.bild.de Bienen* listet alle Einträge mit Suchwort *Bienen* auf der Seite www.bild.de |
| Filetype: | Es werden nur Ergebnisse mit diesem Dateityp gelistet.<br>z. B. *filtype:pdf bienengift* listet alle Treffer von PDF-Dateien mit dem Suchwort *Bienengift* |
| … | |

Abb. 3_18 zeigt den Einsatz des Site-Operators. Die Anfrage lieferte 4 880 Treffer allein auf der Seite Bild.de.

Abb. 3_18: Site-Operator

Mit dem 2. Operator (Abb. 3_19) reduziert man die Treffer auf die PDF-Dateien und erhält nur noch 16 Einträge.

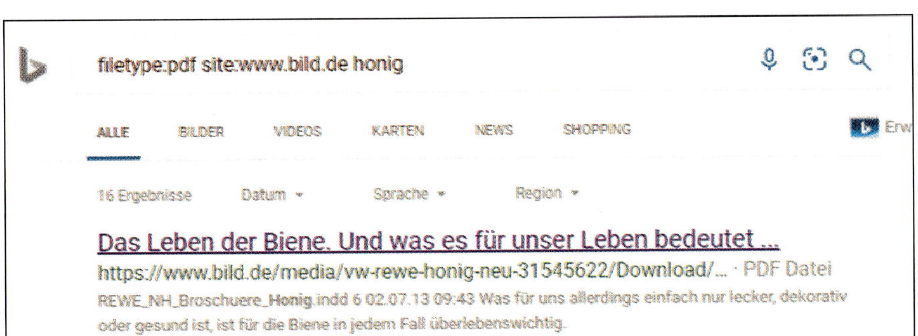


Abb. 3_19: Site- und Filetype-Operator kombiniert

**H** Mit Suchoperatoren kann man die Anzahl der Treffer deutlich verringern und dabei gleichzeitig die Qualität (die Relevanz) der Treffer steigern. Operatoren können auch kombiniert werden.

**Tipp:** Suchoperatoren funktionieren auch bei Ebay bei der Suche nach einem speziellen Artikel.

Suchmaschinen merken sich, wonach Sie suchen. Sie registrieren genau, welche Werbebanner Ihr Interesse erwecken und welche nicht. Es werden „Persönlichkeitsprofile“ angelegt, die viel Geld wert sind auf dem großen Markt der persönlichen Daten.

Jede Suchmaschine, nicht nur Google, erstellt von Ihren Suchanfragen sog. Webprotokolle. Darin wird jeder Verlauf Ihrer Suchanfragen gespeichert. Weiterhin wird im Webprotokoll gespeichert, welchen Treffer aus der Trefferliste der Suchanfragen Sie besucht haben. Wenn Sie ein Google-Konto verwenden, werden diese Daten mit Ihrem Konto verknüpft.
Über Ihre Profile in sozialen Medien sind viele persönliche Daten über Sie bekannt, auch mit wem Sie sich wie oft unterhalten und über welche Themen Sie sich austauschen. Mit den über Sie gespeicherten Daten lassen sich Vorlieben und Präferenzen erkennen, die mit den Treffern ihrer Suchanfrage verknüpft werden. Damit erhalten Sie Suchergebnisse, die Sie wahrscheinlich interessieren. Andere Menschen erhalten für die gleiche Suchanfrage daher häufig andere Suchergebnisse.

Die Suchergebnisse können auch regional eingeschränkt sein. Die Suchanfrage nach bspw. „Apotheke“ liefert Ihnen (die bezahlten Treffer) einiger Internetapotheken und Apotheken direkt in Ihrem Umkreis. Ihr aktueller Standort kann über Ihre IP-Adresse von jedem Ihrer Kommunikationspartner ermittelt werden! Suchanfragen können damit sehr zielgerichtet für Ihren aktuellen Standort beantwortet werden.

H

Löschen Sie regelmäßig Cookies von Ihrem Rechner!

Bei jeder Anfrage schickt Ihr Browser sowieso Daten über das Betriebssystem, Browser und einiges mehr mit. Auch diese werden mit ausgewertet.

Aus Suchanfragen, aus Produktbestellungen, Foreneinträgen usw. (Einträge von Ihnen und Einträge über Sie) werden „Scorings“ erstellt. Wenn Sie Internetseiten mit Verschwörungstheorien aufsuchen, rechtsgerichtete Propaganda lesen oder posten, Katzenvideos anschauen oder Kuschelrock online hören, alles wird sich in Ihren Scores niederschlagen. Und wenn ein Kollege von Ihnen andere Konditionen beim Kredit für den neuen Wagen bekommt als Sie, dann wurden vielleicht bei der Prüfung auf Kreditwürdigkeit Ihre „Internetpersönlichkeit“ und Ihre Scores wohl mit berücksichtigt. Ebenso kann es sein, dass Mobilfunkverträge scheinbar grundlos abgelehnt werden...

H

Ihre Suchanfrage wird in Sekundenbruchteilen an Werbetreibende versteigert. So erhalten Sie maßgeschneiderte Werbung!

Und ganz direkt betroffen wird man, wenn man im Internet etwas zu kaufen sucht. Die gesammelten persönlichen Daten werden, zusammen mit der aktuellen Suchanfrage, in Auktionen an Werbetreibende versteigert. Die Werbetreibenden bewerten die Daten, die ihnen vorgelegt werden, und bieten für einen Werbeplatz in der angezeigten Trefferliste. Das geschieht automatisiert und in Sekundenbruchteilen noch während die Trefferliste am Browser aufgebaut wird. Ihre Scores und Daten sind viel wert.

M

Jede Suche bei Suchmaschinen hinterlässt Spuren und kann prinzipiell in das Persönlichkeitsprofil eingearbeitet werden.

**Anonymisiertes Suchen**
Einige Metasuchmaschinen leiten Ihre Anfragen anonymisiert an die großen Indexsuchmaschinen weiter. Dadurch werden Sie nicht getrackt und die Suchmaschinen liefern unpersonalisierte Trefferlisten.

→ Aufgaben 10 bis 13

**Kompetenzkontrolle**

1. Ich kann Suchoperatoren einsetzen, um meine Recherchen treffsicherer zu machen.
2. Ich kann bei Suchmaschinen gezielt nach Textpassagen, beispielsweise aus Liedtexten, suchen.

## 3.2.4 Bewerten von Suchergebnissen

Die Qualität der Suchergebnisse hängt wesentlich von den verwendeten Suchbegriffen und den Suchoperatoren ab. Viele Suchmaschinen liefern sog. „Sponsored Links", also bezahlte Verknüpfungen, ganz oben in der Trefferliste. Dies sind nicht unbedingt die besten Treffer auf Ihre Anfrage, es sind nur die, die am besten für die Anzeige bezahlen.

Die eigentlichen Treffer findet man weiter unten. Man sollte aber nicht die ersten Treffer wählen und davon ausgehen, dass alles korrekt und wahr ist, was dort publiziert wird. Aussagen, die im Internet gefunden werden, können stimmen, müssen sie aber nicht. Aussagen in Foren sind mit allergrößter Vorsicht zu genießen. Verifizieren Sie das Gefundene und prüfen Sie, ob die gefundenen Angaben richtig sind.

→ Aufgabe 14

## Aufgaben

1. Erstellen Sie eine Liste: Welche Servertypen sind Ihnen bekannt? Welche Servertypen sind denkbar oder wünschenswert?

2. Sie haben eine unsymmetrische Internetanbindung von 100 Mbit/s Download und 20 Mbit/s Upload. Sie wollen Ihr Hochzeitsvideo mit einer Gesamtgröße von 200 MByte von ihrem Mobilrechner zuerst auf Ihre Cloud laden, damit Ihre Freunde es anschließend von dort herunterladen können. Wie lange dauert es, bis der Download bei Ihrem Freund fertig ist? Er hat dieselben Übertragungsraten wie Sie.

3. Wie lange braucht ein elektrisches Signal, um eine Leitungsstrecke von 1000 km zurückzulegen? Näherungsrechnung genügt.
(Lösungshinweis: Die Lichtgeschwindigkeit in Vakuum beträgt etwa: $c_0 = 3 \cdot 10^8$ m/s)

4. Starten Sie an Ihrem Rechner die Konsole (Eingabeaufforderung), z. B. durch Eingabe von cmd ins Windows-Suchfeld. Geben Sie an der Konsole nun den Befehl ~$ ping www.google.de ein.

```
C:\Users\uri>ping -4 google.de

Ping wird ausgeführt für google.de [216.58.212.163] mit 32 Bytes Daten:
Antwort von 216.58.212.163: Bytes=32 Zeit=18ms TTL=118
Antwort von 216.58.212.163: Bytes=32 Zeit=15ms TTL=118
Antwort von 216.58.212.163: Bytes=32 Zeit=14ms TTL=118
Antwort von 216.58.212.163: Bytes=32 Zeit=14ms TTL=118

Ping-Statistik für 216.58.212.163:
    Pakete: Gesendet = 4, Empfangen = 4, Verloren = 0
    (0% Verlust),
Ca. Zeitangaben in Millisek.:
    Minimum = 14ms, Maximum = 18ms, Mittelwert = 15ms

C:\Users\uri>
```

(Anmerkung: der Parameter -4 führt den Befehl mit IPv4-Adressen aus. Er ist nur notwendig, wenn das System ansonsten IPv6-Adressen verwenden würde.)
Sie sehen, dass der Ping einige Male ausgeführt wird, bis er endet. Anschließend wird eine kurze Statistik ausgegeben. In diesem Fall war die mittlere Ping-Antwortzeit bei 15 Millisekunden.
Testen Sie einige Adressen und beobachten Sie die Antwortzeiten. Pingen Sie auch Rechner an, die weit entfernt sind.

5. Erstellen Sie in Gruppenarbeit eine kurze Präsentation zum Thema „Kostenlose Cloudspeicher". Recherchieren Sie dazu im Internet. (Umfang 5 Seiten, Präsentationszeit maximal 5 Minuten)

6. Der Generalbundesanwalt Peter Frank sagte über den Bereich verschlüsselter Kommunikation im Januar 2017: Rund 85 % der Kommunikation von Verdächtigen könne heute von Strafverfolgern nicht mehr überwacht werden.
Diskutieren Sie das Für und Wider der Datenverschlüsselung. Anhand dieser Aussage.

7. Recherchieren Sie im Internet nach Datenverschlüsselungstools. Bringen Sie in Erfahrung, welche Verschlüsselungsverfahren verwendet werden und dokumentieren Sie Ihre Ergebnisse in einem Textdokument.

8. Schätzen Sie, wie groß die Wahrscheinlichkeit ist, dass „gekidnappte“ Daten (in Form von verschlüsselten Daten oder Festplatten) nach Zahlen einer Freischaltgebühr (Lösegeld) wiederhergestellt werden können. Recherchieren Sie dazu im Internet.

9. Bilden Sie Gruppen mit drei bis vier Schüler. Diskutieren Sie in der Gruppe, welche Handlungen anderer Ihre eigene Privatsphäre verletzen können. Zeigen Sie dies anhand von geeigneten Szenarien.
Tragen Sie der Klasse Ihre Überlegungen vor und stellen Sie sich der Kritik der Klasse.
(10 Minuten Bearbeitungszeit)

10. Erstellen Sie eine Suche, bei der die Begriffe *Biene* und *Honig* vorkommen.
   a) Wie viele Treffer werden gefunden?
   b) Schließen Sie den Begriff *Manuka* aus. Wie viele Treffer werden jetzt gefunden?

11. Denken Sie kurz über folgendes Szenario nach: Sie arbeiten in einem Unternehmen und planen, ein neues Produkt auf den Markt zu bringen. Sie suchen deshalb im Internet nach diesem und ähnlichen Produkten und nach Herstellungsverfahren und Patenten.
Die Suchmaschinen wissen dann, was Sie momentan beruflich interessiert. Könnte dieses Wissen für Ihre Mitbewerber auch von Interesse sein?

12. Suchen Sie im Internet nach Metasuchmaschinen, um anonym zu recherchieren. Welche Suchmaschinen haben Sie gefunden?

13. Wenn Sie die ersten Suchanfragen mit Operatoren durchgeführt haben, dann fragen Sie sich vielleicht, ob es noch mehr gibt. Suchen Sie nach weiteren Suchoperatoren und erstellen Sie eine Liste von nützlichen Operatoren.

14. Reflektieren Sie Ihre Kenntnisse zum Thema Privatsphäre und das Surfen und Suchen im Internet. Tauschen Sie sich mit Klassenkameraden über Ihre neuen Erkenntnisse aus.

# 4. Darstellen von Informationen

Information ist Wissen. Wissen muss in bestimmte Form gebracht werden, damit es übermittelt (kommuniziert) oder gespeichert werden kann. Eine Standardform ist die Sprache, über die wir Informationen von Mensch zu Mensch austauschen. Zum Speichern und Aufbewahren des Wissens wurde die Schrift entwickelt. Bilder sind ebenso eine Möglichkeit, Informationen zu konservieren und darzustellen. Früher wurde das Wissen überwiegend in Büchern gespeichert.

In unserer digitalen Zeit wird Information in Form von Zahlen verarbeitet, übermittelt und gespeichert.

In früheren Zeiten wurden Botschaften und Geschichten häufig über Bilder vermittelt und gespeichert, also für nachfolgende Generationen erhalten. Im Bild „Das letzte Abendmahl“ von Leonardo da Vinci wird eine berühmte biblische Szene dargestellt. In der Mitte des Bildes erkennt man Jesus. Rechts neben ihm im Bild ist sein Jünger Thomas dargestellt – mit erhobenem Finger. Der fünfte von links hält in seiner rechten Hand einen Beutel – der Lohn für den Verrat an seinem Idol. Kennen Sie seinen Namen?

Die wichtigste Art, Daten und Informationen darzustellen und zu speichern, ist die Schrift. Bereits um 3300 v. Chr. entstand die Keilschrift, die in Stein gemeißelt wurde. Einige von diesen uralten Dokumenten sind bis heute erhalten und von Spezialisten auch lesbar.
Mit der Erfindung von Papyrus und Papier wurden Dokumente deutlich handlicher, wenn auch nicht so haltbar wie die in Stein gemeißelten. In verschiedenen Gegenden der Erde wurden im Laufe der Zeit unterschiedliche Schriften entwickelt.

Das Bild zeigt das kyrillische Alphabet, wie es in vielen Ländern Osteuropas verwendet wird.

In der heutigen digitalen Welt werden Daten als Zahlen dargestellt. Man nennt dies Codierung. Da Rechner nur zwei Zustände unterscheiden können, werden diese Zahlen als Folgen von Nullen und Einsen dargestellt. Die Zahl 1 beispielsweise wird auf einem USB-Stick als Binärzahl „0000 0001“ gespeichert.
Im Folgenden befassen wir uns mit der Darstellung von Informationen in digitaler Form. Aber ist das Speichern einer Textdatei auf einem USB-Stick oder einer Festplatte genauso sicher und dauerhaft wie die Keilschrift auf den Ziegelsteinen?

# 4.1 Zahlen und Zeichen darstellen

Sie lernen, wie Zahlen, Buchstaben und Ziffern in Rechnern dargestellt und abgelegt werden. Sie können einfache Rechnungen in den gängigen Zahlensystemen der IT durchführen und einfache Texte in ASCII-Code erstellen.

## 4.1.1 Zahlensysteme

Wenn wir von Zahlen reden und mit diesen umgehen, handelt es sich fast ausschließlich um Zahlen des Dezimalsystems. Das Zehnersystem entstand aus der Analogie zu der Anzahl der Finger an unseren Händen. Beim Umgang mit diesem System haben wir so viel Routine, dass wir den Wert einer mehrstelligen Zahl durch bloßes Hinsehen sofort erfassen können und auch Rechenoperationen in begrenztem Umfang im Kopf ausführen können. Wir brauchen uns also im Alltag keine Gedanken darüber zu machen, dass jedes Zahlensystem zwingend mathematischen Bildungsregeln unterliegt.

Abb. 4_1: 1, 2, 3, 4 und 5 oder 1, 3, 7, 15, 31?

Denken wir nur an die Römischen Zahlen, so ist klar, dass sie zwar zum Darstellen von Zahlen brauchbar sind, das Rechnen mit ihnen jedoch sehr kompliziert ist.

Wir versuchen 4 + 6 = 10 mit römischen Zahlen: IV + VI = ?
Oder eine Multiplikation 2 · 3 = 6 mit römischen Zahlen: II · III = ?
Oder warum soll III kleiner sein X?

Ohne zu überlegen können wir aber sagen, dass die Zahl im Dezimalsystem 1234 kleiner ist als die Zahl 4321 – obwohl dieselben Ziffern verwendet werden. Nur die Reihenfolge ist unterschiedlich. Der Wert einer Zahl ist abhängig von der Stelle, an der sie steht. Unser Dezimalsystem ist ein Stellenwertsystem. Das römische System ist kein Stellenwertsystem.

**Dezimalsystem**

Betrachten wir die Eckdaten: Das Zehnersystem verfügt über 10 verschiedene Ziffern. Der Ziffernvorrat ist 0, 1, 2, 3, 4, 5, 6, 7, 8, 9.

| **Kenngrößen und Beispiel im Dezimalsystem** | | | | |
|---|---|---|---|---|
| Beispielzahl | 1 | 2 | 3 | 4 |
| Stellenwert | 1000 | 100 | 10 | 1 |
| | Tausender | Hunderter | Zehner | Einer |
| Stellenwert als Potenz | $10^3$ | $10^2$ | $10^1$ | $10^0$ |
| Zahlenwert ergibt sich aus = 1234 | 1 · 1000 | + 2 · 100 | + 3 · 10 | + 4 · 1 |

Man erkennt aus diesem Beispiel, dass der Wert jeder Stelle als Potenz dargestellt werden kann. Die Basis ist hier 10, entsprechend den 10 verschiedenen Ziffern. Der Exponent ist die Stelle, an der die Ziffer steht. Dabei wird, wie in der Informatik üblich, mit Null begonnen. Daher ist die erste Stelle von rechts $10^0 = 1$, die zweite $10^1 = 10$, usw.

**H** There are 10 types of People: Those who understand BINARY and those who don't

Mit diesem Grundwissen sind wir nun in der Lage, beliebige Zahlensysteme zu erstellen. In der IT ist aber nur das Binärsystem (auch Dual-System oder 2er-System) und das Hexadezimalsystem gebräuchlich.

| Zahlensysteme der IT | | | |
|---|---|---|---|
| | Dezimalsystem | Dualsystem | Hexadezimalsystem |
| Ziffernanzahl<br>Ziffern | 10<br>0, 1, 2, 3, 4, 5, 6, 7, 8, 9 | 2<br>0, 1 | 16<br>0, 1, 2, 3, 4, 5, 6, 7, 8, 9, A, B, C, D, E, F |
| Basis für den Stellenwert | 10 | 2 | 16 |
| Zahlenbeispiel | 123 | $01111011_2$ oder b01111011 | 7B16 oder 0x7B |

Die Basis des Zahlensystems muss aus der Darstellung der Zahlen ersichtlich sein. Man kann die Basis als tiefgestellt Zahl an die jeweilige Zahl anhängen oder man stellt beim Binärsystem ein *b* davor und beim Hexadezimalsystem *0x*, im Dezimalsystem entsprechend eine tiefgestellte 10 oder ein angeschlossenes *dez*.

**Binär- oder Dualsystem**

Zahlen werden im Computer immer als Binärzahl gespeichert. Eine Binärzahl mit nur einer Stelle ist die kleinste mögliche Dateneinheit. Man nennt dies ein Bit, abgekürzt b.

| Kenngrößen und Beispiel im Dualsystem | | | | |
|---|---|---|---|---|
| Beispielzahl | 1 | 0 | 0 | 1 |
| Stellenwert | 8 | 4 | 2 | 1 |
| Stellenwert als Potenz | $2^3$ | $2^2$ | $2^1$ | $2^0$ |
| Zahlenwert ergibt sich aus $= 9_{10}$ oder 9 dez. | $1 \cdot 8$ | $+0 \cdot 4$ | $+0 \cdot 2$ | $+1 \cdot 1$ |

In den Rechnern werden jeweils 8 Bit zusammengefasst und ergeben ein Byte. Alle Zahlen werden als Bytes gespeichert. Auf Papier schreibt man immer alle Bits, auch die führenden Nullen. Mit einer 8-Bit großen Zahl lassen sich 256 Zahlen darstellen – von 0 bis 255 oder in binär von 0000 0000 bis 1111 1111. Das Bit ganz links nennt man Least Sigificant Bit (LSB), das am wenigsten wichtigste Bit. Das Bit ganz rechts nennt man Most Significant Bit (MSB), das wichtigste Bit.

Umrechnen von Binär in Dezimal: Man addiert den Stellenwert derjenigen Stellen, an denen eine 1 steht.

| Binär-Dezimal-Umrechnung | | | | | | | | |
|---|---|---|---|---|---|---|---|---|
| Stellenwert dezimal | 128 | 64 | 32 | 16 | 8 | 4 | 2 | 1 |
| Stellenwert 2er-Potenz | $2^7$ | $2^6$ | $2^5$ | $2^4$ | $2^3$ | $2^2$ | $2^1$ | $2^0$ |
| Beispielzahl | 1 | 0 | 0 | 0 | 1 | 0 | 1 | 1 |
| Ergebnis: | 128 | | | | + 8 | | + 2 | + 1 |
| = 139 | | | | | | | | |

| Dezimalzahl | Binärzahl |
|---|---|
| 0 | 0000 |
| 1 | 0001 |
| 2 | 0010 |
| 3 | 0011 |
| 4 | 0100 |
| 5 | 0101 |
| 6 | 0110 |
| 7 | 0111 |
| 8 | 1000 |
| 9 | 1001 |
| 10 | 1010 |
| 11 | 1011 |
| 12 | 1100 |
| 13 | 1101 |
| 14 | 1110 |
| 15 | 1111 |
| 16 | 10000 |

Umrechnen von Dezimal in Binär: Man subtrahiert die Stellenwerte nach und nach von der umzurechnenden Zahl.

**Verfahren 1**

Um eine Dezimalzahl in eine Binärzahl umzuwandeln, muss die Dezimalzahl (mehrfach) durch die Zahl 2 dividiert werden. Das Ergebnis wird als Ganzzahl notiert, ebenso der Rest.

Da eine Zahl dividiert durch 2 immer nur den Rest 0 oder 1 ergeben kann (da beim Rest 2 der Quotient um 1 erhöht werden müsste), entsteht daraus die äquivalente Binärzahl. Folgende Schritte müssen immer wieder durchgeführt werden:

1. Die Zahl durch 2 dividieren.
2. Das Ergebnis und den Rest der Division notieren.
3. Falls das Ergebnis nicht 0 ist, Schritt 1 und 2 wiederholen.

Um eine Dezimalzahl in eine 8-Bit-Zahl umzuwandeln braucht man 8 Schritte.

| Schritt | Zahl | | Ganzzahliges Ergebnis | Rest | |
|---|---|---|---|---|---|
| 1 | 132 | : 2 = | 66 | **0** | **LSB** |
| 2 | 66 | : 2 = | 33 | **0** | |
| 3 | 33 | : 2 = | 16 | **1** | |
| 4 | 16 | : 2 = | 8 | **0** | |
| 5 | 8 | : 2 = | 4 | **0** | |
| 6 | 4 | : 2 = | 2 | **0** | |
| 7 | 2 | : 2 = | 1 | **0** | |
| 8 | 1 | : 2 = | 0 | **1** | **MSB** |

Beispiel: $132_{10} = 1000\ 0100_2$

Der Rest von unten nach oben ergibt die gesuchte Zahl (hier 1000 0100).
Probe: $1000\ 0100_2 = 128_{10} + 4_{10} = 132_{10}$

| Schritt | Zahl | | Ganzzahliges Ergebnis | Rest | |
|---|---|---|---|---|---|
| 1 | 13 | : 2 = | 6 | **1** | **LSB** |
| 2 | 6 | : 2 = | 3 | **0** | ↑ |
| 3 | 3 | : 2 = | 1 | **1** | |
| 4 | 1 | : 2 = | 0 | **1** | |
| 5 | 0 | : 2 = | 0 | **0** | |
| 6 | 0 | : 2 = | 0 | **0** | |
| 7 | 0 | : 2 = | 0 | **0** | |
| 8 | 0 | : 2 = | 0 | **0** | **MSB** |

Beispiel: $13_{10} = 0000\ 1101_2$

**Verfahren 2**

Man prüft, ob von der umzuwandelnden Zahl der höchste Stellenwert subtrahiert werden kann. Wenn nein, dann notiert man als Ergebnis eine 0. Wenn ja, notiert man eine 1, subtrahiert den Stellenwert und fährt mit dem Rest fort. Dann prüft man, ob der nächstkleinere Stellenwert abgezogen werden kann und notiert eine 0 und wenn nicht, eine 1. Man subtrahiert wieder und wiederholt das Ganze mit dem Rest solange, bis man beim Subtrahenden von 1, also der letzten Stelle, angekommen ist. Die Binärzahl ergibt sich aus der Reihe der notierten Ziffern, ob eine Subtraktion möglich ist oder nicht. Die beiden Beispiele verdeutlichen die Rechnung.

| Schritt | Zahl | Subtrahend | | Ergebnis der Subtraktion | Geht = 1 Geht nicht = 0 | |
|---|---|---|---|---|---|---|
| 1 | 132 | 128 | Bit 7 = 128 | 4 | 1 | MSB |
| 2 | 4 | 64 | Bit 6 = 64 | 4 | 0 | ↑ |
| 3 | 4 | 32 | Bit 5 = 32 | 4 | 0 | |
| 4 | 4 | 16 | Bit 4 = 16 | 4 | 0 | |
| 5 | 4 | 8 | Bit 3 = 8 | 4 | 0 | |
| 6 | 4 | 4 | Bit 2 = 4 | 0 | 1 | |
| 7 | 0 | 2 | Bit 1 = 2 | 0 | 0 | |
| 8 | 0 | 1 | Bit 0 = 1 | 0 | 0 | LSB |
| | | | | Binärwert ist: | **10000100** | |

| Schritt | Zahl | Subtrahend | | Ergebnis der Subtraktion | Geht = 1 Geht nicht = 0 | |
|---|---|---|---|---|---|---|
| 1 | 13 | 128 | Bit 7 = 128 | 13 | 0 | MSB |
| 2 | 13 | 64 | Bit 6 = 64 | 13 | 0 | ↑ |
| 3 | 13 | 32 | Bit 5 = 32 | 13 | 0 | |
| 4 | 13 | 16 | Bit 4 = 16 | 13 | 0 | |
| 5 | 13 | 8 | Bit 3 = 8 | 5 | 1 | |
| 6 | 5 | 4 | Bit 2 = 4 | 1 | 1 | |
| 7 | 1 | 2 | Bit 1 = 2 | 1 | 0 | |
| 8 | 1 | 1 | Bit 0 = 1 | 0 | 1 | LSB |
| | | | | Binärwert ist: | **00001101** | |

→ Aufgaben 1 und 2

**Rechnen mit Binärzahlen**

Mit Binärzahlen lässt sich ebenso leicht rechnen wie mit dem Dezimalsystem. Man addiert genauso jeweils die gleiche Stelle und benutzt auch einen Übertrag. Einzige Änderung: Der Zahlenvorrat geht nicht von 0 bis 9 sondern von 0 bis 1. Dadurch gibt es der Übertrag nicht erst von 9 auf 10 sondern schon von 1 auf 10.

Also: 1 + 1 = 0 mit Übertrag 1 → 10

Mehrstellige Zahlen werden Stelle für Stelle addiert mit Übertrag:

| | |
|---|---|
| Zahl 1: | 0 1 0 1 |
| + Zahl 2: | 0 1 0 1 |
| Übertrag | 1 1 |
| Ergebnis: | 1 0 1 0 |

**Hexadezimalsystem**

Das Hexadezimalsystem ist eine Konsequenz aus dem Binärsystem. Es ist nichts wesentlich Neues. Man verwendet 16 Ziffern (0 – 9, A – F), die Basis des Systems ist 16.

| **Kenngrößen und Beispiel des Hexadezimalsystems** | | | | |
|---|---|---|---|---|
| Beispielzahl | 1 | 0 | 1 | A |
| Stellenwert | 4096 | 256 | 16 | 1 |
| Stellenwert als Potenz | $16^3$ | $16^2$ | $16^1$ | $16^0$ |
| Zahlenwert ergibt sich aus $= 4122_{10}$ | $1 \cdot 4076$ | $+ 0 \cdot 256$ | $+ 1 \cdot 16$ | $+ 10 \cdot 1$ |

Man sieht, dass man mit größerem Ziffernvorrat mit wenigen Stellen sehr große Werte darstellen kann.

Die größte einstellige Zahl im Hex-System ist die Zahl F, die 15 im Dezimalsystem entspricht. Betrachtet man das Binärsystem, so fällt auf, dass dies der Binärzahl 1111 entspricht. Eine Hex-Zahl ist nur eine andere, kürzere Schreibweise für einen Block aus 4 Binärbits.

Vier Bits sind ein Halbbyte oder ein Nibble. Mit folgender Tabelle kann man mit wenig Übung zu jeder Binärzahl die passende Hex-Zahl erkennen. Beim Hexadezimalsystem folgt auf die Zahl 9 die Zahl A. Ein Übertrag entsteht erst nach der Zahl F. Beispiel: F + 1 = 10 (oder in dezimal 15 + 1 = 16)

| Dezimalzahl | Binärzahl | Hexadezimalzahl |
|---|---|---|
| 0 | 0000 | 0 |
| 1 | 0001 | 1 |
| 2 | 0010 | 2 |
| 3 | 0011 | 3 |
| 4 | 0100 | 4 |
| 5 | 0101 | 5 |
| 6 | 0110 | 6 |
| 7 | 0111 | 7 |
| 8 | 1000 | 8 |
| 9 | 1001 | 9 |
| 10 | 1010 | A |
| 11 | 1011 | B |
| 12 | 1100 | C |
| 13 | 1101 | D |
| 14 | 1110 | E |
| 15 | 1111 | F |
| 16 | 0001 0000 | 10 |
| 17 | 0001 0001 | 11 |
| 31 | 0001 1111 | 1F |
| 32 | 0010 0000 | 20 |

→ Aufgaben 3

## Kompetenzkontrolle

1. Welchen Stellenwert hat die 3. Stelle des...
   a) Zehnersystems?
   b) Binärsystems?
   c) Hexadezimalsystems?
2. a) Welche Basis hätte ein Zahlensystem mit 8 Ziffern (0, 1, ...7)?
   b) Wie heißt die neunte Zahl in diesem System?
3. a) Wie lautet die größte Binärzahl mit acht Bit binär und in dezimal?
   b) Wie lautet die größte Dezimalzahl mit zwei Stellen binär und in dezimal?
   c) Wie lautet die größte Hexadezimalzahl mit zwei Stellen binär, hex und in dezimal?

## 4.1.2 Bilder darstellen

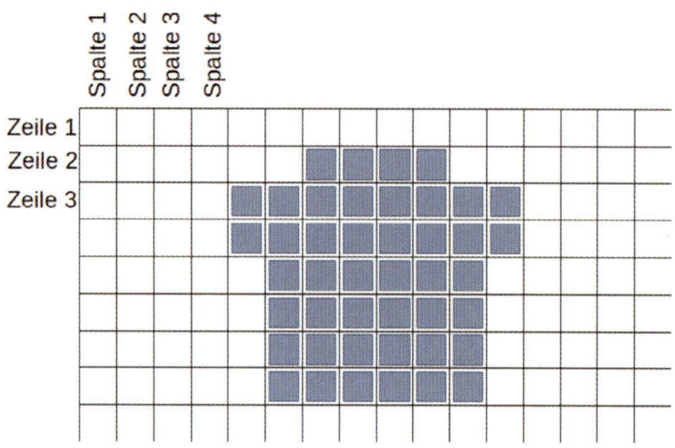


Abb. 4_2

Bilder bestehen aus einzelnen Bildpunkten, Pixel genannt. Sie werden in der IT als Matrix abgespeichert. Mit Zeilennummer und Spaltennummer ist jeder einzelne Bildpunkt adressierbar.

Die Anzahl der Pixel nennt man **Auflösung**. Die Angabe *1 Megapixel Auflösung* bedeutet, dass eine Million Bildpunkte gespeichert werden. Die Auflösung ergibt sich aus der Anzahl der Zeilen (Höhe) multipliziert mit der Anzahl der Spalten (Breite).

Besteht ein Bildpunkt aus einem einzelnen Bit, so sind zwei Zustände möglich: 0 oder 1, bzw. Bildpunkt hell oder Bildpunkt dunkel.

Für die Darstellung von Graustufen muss mehr Information abgespeichert werden. Beispielsweise kann man mit vier Bit pro Bildpunkt $2^4 = 16$ Abstufungen von weiß bis schwarz speichern. Für Farbdarstellungen werden die Farben in einzelne Bestandteile zerlegt. Aus den drei Grundfarben Rot, Grün und Blau (kurz RGB) lassen sich in der IT alle Farbtöne mischen. Für ein Farbbild muss jeder einzelne Bildpunkt dreifach gespeichert werden. Bei nur einem Bit für jeden Farb-Bildpunkt müssen also drei Bit abgespeichert werden. Damit sind aber schon $2^3 = 8$ Farben möglich.

Die Bitmuster für RGB ergeben folgende Farben:

1 0 0 = rot, 0 1 0 = grün, 0 0 1 = blau.

Sind mehrere Bits gesetzt, entstehen die Mischfarben.

1 1 0 = gelb. 1 0 1 = violett 1 1 1 = weiß und 0 0 0 = schwarz

Weiß setzt sich aus allen Farben (R, G und B) zusammen, schwarz ist keine Farbe, kein Licht.

Bilder mit nur drei Bit pro Pixel sind natürlich nicht praktikabel. Die Anzahl der Bits, die für die Farbdarstellung verwendet werden, nennt man Farbtiefe. Bei einem Byte (= acht Bit) je Farbe werden drei Byte pro Pixel benötigt. Damit sind pro Farbe $2^8 = 256$ Töne möglich. Damit sind insgesamt 16.777.216 Farben möglich. Man nennt die Darstellung mit 24 Bit Farbtiefe *True Color*.

M **Auflösung** ist die Anzahl der Bildpunkte (Pixel) pro Bild.
**Farbtiefe** ist die Anzahl der Bits, mit der jeder einzelne Bildpunkt gespeichert wird.

Die beiden Bilder unten zeigen dasselbe Bild in True Color und in reduzierter Farbtiefe mit 256 Farben. Das dritte Bild hat ebenfalls nur 256 Farben und wurde zudem in der Auflösung auf 800 x 400 Pixel reduziert.

Abb. 4_3: True Color 16,7 Mio Farben, 3264 × 1632 Pixel

Abb. 4_4: reduzierte Farbtiefe mit 256 Farben, 3264 × 1632 Pixel

Abb. 4_5: reduzierte Farbtiefe mit 256 Farben, Auflösung 800 × 400 Pixel

Abb. 4_6: BMP-Format, 2,06 kB

Abb. 4_7: GIF-Format, 1,22 kB

Abb. 4_8: JPEG-Format, 1,49 kB

Bilder werden in der Regel komprimiert abgespeichert. Das heißt, dass mit mathematischen Verfahren die Daten so verändert werden, dass möglichst wenig Speicherplatz benötigt wird und andererseits möglichst wenig Information aus dem Bild verloren geht. Das bekannteste Bild-Format für komprimierte Daten ist das JPEG-Format (Joint Photographic Experts Group). Übliche weitere Formate sind BMP (Bitmap) mit dem höchsten Speicherbedarf, da jeder Bildpunkt gespeichert wird, und GIF (Grafics-Interchange-Format), welches nur acht Bit Farbtiefe ermöglicht und Bilder verlustfrei komprimiert. Hier sieht man eine Ausschnittvergrößerung aus einem Bild in verschiedenen Dateiformaten abgespeichert.

Während das Bitmap-Format (.bmp) keinen Unterschied zum Grafics-Interchange-Format (.gif) zeigt (Abb. 4_6 und 4_7), ist Abbildung 4_8 im JPEG-Format deutlich unschärfer. Allerdings benötigt es auch wenig Speicherplatz. Man sieht deutlich Punkte im weißen Hintergrund, die dort nicht hingehören[1]. Das ist die Folge der Komprimierung, die über gewisse Bereiche im Bild nur die Mittelwerte abspeichert.

## Kompetenzkontrolle

1. Wie groß ist der Speicherbedarf eines Bildes mit 1024 × 800 Pixeln und 256 Farben?
2. Wie groß ist der Speicherbedarf eines Bildes mit 1024 × 800 Pixeln und 24 Bit Farbtiefe?
3. Wie viele Pixel hat ein Bild mit 3264 × 1632 Pixel und wie groß ist die Datei, wenn True Color abgespeichert wird?
4. Das zweite Wolkenbild oben hat eine Auflösung von 3264 × 1632 Pixel und acht Bit Farbtiefe. Wie groß ist die Datei auf dem Speichermedium?
5. Das dritte Wolkenbild oben hat eine Auflösung von 800 × 400 Pixel und acht Bit Farbtiefe. Wie groß ist die Datei auf dem Speichermedium?
6. Eine Kamera liefert Bilder mit 3264 × 1632 Pixeln. Wie groß ist die Auflösung?
7. Welches Dateiformat ist bei Fotos am gängigsten?
8. Wie viele Farben sind mit 18 Bit Farbtiefe darstellbar?

1 Die Darstellungsmöglichkeit ist durch das Druckverfahren des Buches begrenzt.

## 4.1.3 Darstellen von Texten

**ASCII-Code**

Texte bestehen aus Buchstaben, Zahlen und Sonderzeichen. Alle Zeichen werden als Folgen von Nullen und Einsen gespeichert. Die Zahl 1 als Zahl wird als Bitmuster 0000 0001 im Rechner dargestellt. Die Zahl 1 als Zeichen in einem Text wird als Bitmuster 0011 $0001_2$ (hex: 31, dez: 48) dargestellt (siehe ASCII-Tabelle). Der ASCII-Code (American Standard Code for Information Interchange) basiert auf einem 7-Bit-System, sodass Steuer- und Sonderzeichen und echte darstellbare Zeichen jeweils als siebenstellige Kombination von Nullen und Einsen dargestellt werden können. Insgesamt also 128 Zeichen.

| Dec | Name | Char |
|---|---|---|
| 0 | Null | NUL |
| 1 | Start of heading | SOH |
| 2 | Start of text | STX |
| 3 | End of text | ETX |
| 4 | End of xmit | EOT |
| 5 | Enquiry | ENQ |
| 6 | Acknowledge | ACK |
| 7 | Bell | BEL |
| 8 | Backspace | BS |
| 9 | Horizontal tab | HT |
| **10** | **Line feed** | **LF** |
| 11 | Vertical tab | VT |
| 12 | Form feed | FF |
| **13** | **Carriage feed** | **CR** |
| 14 | Shift out | SO |
| 15 | Shift in | SI |
| 16 | Data line escape | DLE |
| 17 | Device control 1 | DC1 |
| 18 | Device control 2 | DC2 |
| 19 | Device control 3 | DC3 |
| 20 | Device control 4 | DC4 |
| 21 | Neg acknowledge | NAK |
| 22 | Synchronous idle | SYN |
| 23 | End of xmit block | ETB |
| 24 | Cancel | CAN |
| 25 | End of medium | EM |
| 26 | Substitute | SUB |
| 27 | Escape | ESC |
| 28 | File separator | FS |
| 29 | Group separator | GS |
| 30 | Record separator | RS |
| 31 | Unit separator | US |

| Dec | Char |
|---|---|
| 32 | Space |
| 33 | ! |
| 34 | " |
| 35 | # |
| 36 | $ |
| 37 | % |
| 38 | & |
| 39 | ' |
| 40 | ( |
| 41 | ) |
| 42 | * |
| 43 | + |
| 44 | , |
| 45 | - |
| 46 | . |
| 47 | / |
| 48 | 0 |
| **49** | **1** |
| 50 | 2 |
| 51 | 3 |
| 52 | 4 |
| 53 | 5 |
| 54 | 6 |
| 55 | 7 |
| 56 | 8 |
| 57 | 9 |
| 58 | : |
| 59 | ; |
| 60 | < |
| 61 | = |
| 62 | > |
| 63 | ? |

| Dec | Char |
|---|---|
| 64 | @ |
| 65 | A |
| 66 | B |
| 67 | C |
| 68 | D |
| 69 | E |
| 70 | F |
| 71 | G |
| 72 | H |
| 73 | I |
| 74 | J |
| 75 | K |
| 76 | L |
| 77 | M |
| 78 | N |
| 79 | O |
| 80 | P |
| 81 | Q |
| 82 | R |
| 83 | S |
| 84 | T |
| 85 | U |
| 86 | V |
| 87 | W |
| 88 | X |
| 89 | Y |
| 90 | Z |
| 91 | [ |
| 92 | \ |
| 93 | ] |
| 94 | ^ |
| 95 | _ |

| Dec | Char |
|---|---|
| 96 | ` |
| 97 | a |
| 98 | b |
| 99 | c |
| 100 | d |
| 101 | e |
| 102 | f |
| 103 | g |
| 104 | h |
| 105 | i |
| 106 | j |
| 107 | k |
| 108 | l |
| 109 | m |
| 110 | n |
| 111 | o |
| 112 | p |
| 113 | q |
| 114 | r |
| 115 | s |
| 116 | t |
| 117 | u |
| 118 | v |
| 119 | w |
| 120 | x |
| 121 | y |
| 122 | z |
| 123 | { |
| 124 | \| |
| 125 | } |
| 126 | ~ |
| 127 | DEL |

**H** Die ASCII-Tabelle zeigt den Dezimalwert eines Zeichens (Dec) und das Zeichen selbst (Char für Character). Die Steuerzeichen 0 bis 31 in der ersten Spalte sind keine druckbaren Zeichen. Bei ihnen ist zusätzlich zum „Zeichen" auch der Name angegeben. Hervorzuheben sind hier besonders die Zeichen 10 – LF und 13 – CR. LF steht für Line Feed, Zeilenvorschub und CR für Carriage Return, Wagenrücklauf. Damit wird üblicherweise eine Zeile beendet und die neue Schreibposition an den Anfang der folgenden Zeile gesetzt.

Der ASCII-Code ist die Basis für die heute verwendeten Zeichencodes. Die Norm ISO/IEC 8859 definiert verschiedene 8-Bit-Codes. Bei ISO/IEC 8859-1, auch als Latin-1 bekannt, werden neben normalen Zeichen auch die in Europa üblichen Sonderzeichen (wie Umlaute ä, ö, ü, å, õ, ñ, Ω usw.) definiert. Der Unicode ist ein internationaler Standard, der laufend erweitert wird. Er soll die Ziffern und Zeichen aller Länder und Kulturkreise abdecken. Die meisten Zeichen sind als 16 Bit codiert. Neuere Zeichen benötigen mehr Bits.

→ Aufgaben 4 bis 6

**Kompetenzkontrolle**

1. Wie viele Bits werden für ein ASCII-Zeichen benötigt?
2. Wie viele Bits werden für ein Unicode-Zeichen benötigt?
3. Wie lauten die ACSII-Codes der Zeichen „A“ und „a“?

## 4.2 Verändern von Daten

Mediendaten können mit einfachen Mitteln verändert werden. Man braucht nur etwas Kenntnis und ein geeignetes Programm.

### 4.2.1 Aufbau von Mediendaten

In der Anfangszeit der IT wurde der Typ einer Datei über die Dateiendung festgelegt. Eine Textdatei hatte die Endung .txt, ein ausführbares Programm hatte die Endung .exe (executable). Mit der rasanten Entwicklung der IT wurde dieses System zu unhandlich. Man ging dazu über, den Typ einer Datei, also deren Verwendungszweck, unabhängig von der Dateiendung in die Datei selbst zu speichern. Diese Beschreibungsdaten nennt man Metadaten. Erst im Anschluss an die Metadaten beginnen die eigentlichen Mediendaten.

| **Metadaten** | | | | | **Bilddaten** |
|---|---|---|---|---|---|
| Datum | Uhrzeit | Kamerahersteller | Kameratyp | ... | 01b02dabfe60........................................... |

Jede Mediendatei verfügt über Metadaten. **Bilddateien** vom Typ jpeg enthalten u. a. Datum und Uhrzeit der Aufnahme, Kamerahersteller und Kameramodell, Blende und Belichtungszeit, Ersteller/Fotograf, Copyright und Kurzbeschreibung des Bildes.

Manche Kameras, die über einen GPS-Empfänger verfügen (z. B. Smartphones), speichern auch noch den Standort ab.

**Musikdateien** verfügen ebenso über Metadaten. Eine **MP3**-Datei enthält den ID3-Tag (Informationen über die Audio-Datei) u. a. mit diesen Informationen:

| **Metadaten** | | | | | **Audiodaten** |
|---|---|---|---|---|---|
| Titel | Künstler | Album | Jahr | ... | 01b02dabfe60........................................... |

Weiter Metadaten sind: Genre, Bitrate, Kommentar usw. ...

**M** Metadaten enthalten Informationen über den Inhalt der Datei. Sie werden dem eigentlichen Dateninhalt vorangestellt.

## Kompetenzkontrolle

1. Wozu werden Metadaten verwendet?
2. Nennen Sie vier Informationen, die in den Metadaten eines Bildes gespeichert werden.
3. Nennen Sie vier Informationen, die in den Metadaten eines MP3-Musikstückes gespeichert werden.

### 4.2.2 Veränderungen an Mediendateien

Mit einfachen Programmen, die frei im Internet verfügbar sind, lassen sich diese Metadaten auslesen und teilweise auch löschen oder verändern. Dies kann beim Veröffentlichen von Mediendaten sinnvoll sein, birgt aber auch mancherlei Gefahren.

Auch die Dateninhalte sind mit entsprechender Software manipulierbar. Die **Steganografie** bedient sich veränderbarer Bilder und anderer Mediendateien. Wird beispielsweise bei einem Bild mit 24-Bit Farbtiefe jeweils von jeder Farbe das niederwertigste Bit manipuliert, dann fällt der Unterschied dem Betrachter des Bildes nicht auf. Die Farbtiefe beträgt dann noch jeweils sieben Bit pro Farbe, also 128 Abstufungen pro Farbe und somit insgesamt $128^3$ = 2.097.152 Farben statt der ursprünglichen acht Bit pro Grundfarbe und $216^3$ = 19 Mio. Farben.

Abb. 4_9

**M** Die Steganografie ist die Wissenschaft oder Kunst, Daten in Bildern, Audiodateien und anderen Dateien zu verstecken. Die modifizierte Datei nennt man Steganogramm. Man kann dem Steganogramm nicht ohne weiteres ansehen, dass es nicht der Originaldatei entspricht.

Die Pixeldaten werden nacheinander vom ersten bis zum letzten Pixel in der Bilddatei gespeichert. Zu jedem Pixel gehören die drei Farben RGB. Das Bild verdeutlicht, wie bei jedem Byte (bestehend aus acht Bit, hier mit x dargestellt für die Werte 0 oder 1) das letzte Bit für Steganografie verwendet wird (S-Bit). Jedes achte Bit kann zweckentfremdet werden.

| **Pixel 1** | | | **Pixel 2** | | | **Pixel 3** | | |
|---|---|---|---|---|---|---|---|---|
| rot | grün | blau | rot | grün | blau | rot | grün | blau |
| xxxx xxxS | xxxx xxxS | xxxx xxxS | xxxx xxxS | xxxx xxxS | xxxx xxxS | xxxx xxxS | xxxx xxxS | xxxx xxxS |

> **H** Reale Gefahren:
> In einer Bild-, Video- oder Audiodatei könnte auch eine Schadsoftware versteckt werden... Beim Öffnen der Datei wird die Schadsoftware installiert.

Die drei zweckentfremdeten Bits können dazu verwendet werden, um Daten jeglicher Art zu speichern. Bei einer Bildgröße von vier MB gewinnt man diese Weise 1/8 · 4 MB = 0,5 MB an Speicherplatz, die man als Versteck für andere Daten verwenden kann. Diese Daten können geheime Informationen sein, die im Bild versteckt werden. Ebenso einfach wie das Verstecken der Daten in einem Bild oder einer Audiodatei ist das spätere Extrahieren der geheimen Daten.

Ein OpenSource-Programm für Steganografie ist OpenStego. In der Beschreibung steht, dass es grundsätzlich zwei Funktionen bietet: Das **Verbergen** von jeder Art von Daten im Schutz einer anderen Datei wie einem Bild und das Versehen von Dateien mit einem **‚Wasserzeichen'**, einer unsichtbaren Signatur, die zum Beispiel genutzt werden kann, um das unerlaubte Kopieren von Dateien zu entdecken.

**Bildbearbeitung**
Eine andere Möglichkeit, Bilddaten zu verfälschen, ist das Bearbeiten der Bilder mit Bildbearbeitungsprogrammen wie Photoshop und Gimp. Dinge aus Bildern herauszuretuschieren (z. B. Pickel aus einem Bewerbungsfoto) geht dabei ebenso einfach, wie dem Bild etwas hinzuzufügen. Bilder stellen heute in vielen Fällen nicht mehr die Realität dar.

Die Möglichkeiten des Bearbeitens und Veröffentlichens von Bildern werden häufig missbraucht. Kann einem eingescannten Zeugnis bei einer Online-Bewerbung noch geglaubt werden? Fake-News können mit falschen Bildern den Eindruck erwecken, die Nachrichten seien echt.
Achtsamkeit ist geboten und vor allem sollte man sich in Acht nehmen, was man weiterverbreitet. Das ungeprüfte Weiterleiten oder Benutzen von gefälschten Informationen kann neben zwischenmenschlichen Problemen auch strafrechtliche Folgen haben.

Abb. 4_10: Google Bildersuche

→ Aufgabe 7 bis 9

Über die Google-Bildersuche kann man Bilder hochladen und Google nach diesen Bildern suchen lassen. Man klickt auf die Kamera und kann die Internetadresse des Bildes eingeben oder das Bild vom eigenen Rechner hochladen. Google liefert die Seiten, auf denen dieses Bild zu sehen ist. Dies ist zumindest eine Möglichkeit, Herkunft und Kontext zu kontrollieren.

### 4.2.3 Gesellschaftliche Auswirkungen von manipulierten Daten

Bilder, Videos, Audiodateien sind manipulierbar. Das reicht von falschen, irreführenden Bildunterschriften über manipulierte Metadaten bis zu veränderten Medieninhalten.

> **H** Gefälschte Nachrichten werden von einigen Stellen gezielt in Umlauf gebracht, um die öffentliche Meinung zu beeinflussen. Seriöser Journalismus arbeitet nicht mit „fake news". Seriöser Journalismus prüft die Quellen und die Herkunft der Informationen.

Beispiel:
Im Jahr 2013 verunglückte ein Flüchtlingsboot vor der Insel Lampedusa im Mittelmeer. Viele Tote waren zu beklagen. Ein Bild aus dieser Zeit mit einer Halle voll Särgen wurde 2020 im Zusammenhang mit der Corona-Pandemie publiziert und dem Hinweis, so sehe es zurzeit in Italien aus.

Die Unsicherheit, ob Daten richtig und verlässlich sind, wird immer größer.

### Auswerten von Metadaten

Geheimdienste sind in der Lage unsere Datenkommunikation auszuspionieren. Sogenannte Selektoren werden als Suchmerkmale verwendet, um für sie relevante Daten aus den Datenströmen herauszufiltern. Diese Selektoren können einzelne E-Mailadressen, IP-Adressen, Geodaten oder beliebige Teile von Metadaten selektieren und die gefundene Kommunikation zum weiteren Analysieren speichern und weiterleiten.

**H** Geheimdienste hören den Datenverkehr weltweit ab – auch in Deutschland und Europa.
Über Selektoren fischen sie gezielt für sie interessante Daten aus dem Internet.

### Verändern der Metadaten

Facebook hat bei hochgeladenen Bildern lange Zeit die Metadaten gelöscht. Dadurch ist die Urheberschaft der Bilder nicht mehr erkennbar. Laut deutschem Urheberrechtsgesetz § 95c dürfen Bild-Metadaten nicht unbefugt entfernt werden. Bilder, bei denen die Metadaten entfernt wurden, dürfen nicht unbefugt weiterverbreitet werden.

Manipulationen an den eigenen Bildern sind natürlich erlaubt.

Mediendateien hinterlassen auch Spuren im Internet: Wer war wann an welchem Platz? Mit den Geoinformationen und dem Datum in den Bild-Metadaten lässt sich eindeutig die Anwesenheit belegen. Wir werden dadurch noch transparenter. Anhand der Fotos kann nachvollzogen werden, wer wann an welchem Ort war. Wollen wir wirklich dies alles mit der Welt teilen?

Aber wie ist es mit Bildern, die bearbeitet wurden, bei denen die Metadaten verändert wurden? Haben diese Bilder noch Beweiskraft, kann man ihnen noch irgendetwas sicher belegen?

**Mögliche Auswirkungen bedenken**
Häufig werden auch persönliche, höchst private Bilder von Personen unberechtigt aufgenommen und in sozialen Netzwerken veröffentlicht. Welche Auswirkungen haben Fotos von uns, die mit oder ohne unsere Zustimmung veröffentlicht werden, wenn sie zum Beispiel unser Arbeitgeber sieht? Oder welche Auswirkungen hat es, wenn wir solche Bilder von anderen veröffentlichen?

Ungünstige Fotoaufnahmen oder nachgearbeitete Fotos können die betroffene Person in große Schwierigkeiten bringen. Ein Stichwort hierzu ist Cybermobbing, ein Phänomen, das immer mehr um sich greift – auch schon bei jungen Schülerinnen und Schülern.

Wer Bilder auf Facebook hochlädt, muss auch die Rechte daran besitzen. Mit dem Hochladen erteilt man Facebook das Nutzungsrecht an diesem Bild. Das heißt, Facebook darf die Bilder veröffentlichen, ohne nachzufragen.

Machen Sie sich bewusst: Einmal eingestellte Dateien und Bilder sind vermutlich auf immer irgendwo gespeichert und können Jahre später wieder auftauchen. Durch Bilderkennungssoftware können Personen erkannt und identifiziert werden.

→ Aufgaben 10 bis 14

## Aufgaben

**1.** Rechnen Sie die folgenden Binärzahlen in Dezimalwerte um.

a) 0000 0100
b) 0000 0101
c) 0000 1010
d) 1000 1000
e) 1111 0000
f) 1111 1111

**2.** Rechnen Sie die folgenden Dezimalzahlen in 8-Bit-Binärzahlen um.

a) 5
b) 10
c) 15
d) 16
e) 33
f) 64
g) 192
h) 240
i) 254

**3.** Rechnen Sie die Zahlen in die beiden anderen Systeme um.

| | Binär | Dezimal | Hexadezimal |
|---|---|---|---|
| a) | 0000 0100 | 4 | 04 |
| b) | 0000 1001 | | |
| c) | 0000 1111 | | |
| d) | 1100 0000 | | |
| e) | | 139 | |
| f) | | 249 | |
| g) | | | 09 |
| h) | | | BA |
| i) | | | AFFE |
| j) | | | FACE |

**4.** Wandeln Sie folgenden Text unter Zuhilfenahme der ASCII-Tabelle in eine Zahlenfolge um:

a) Hallo
b) 24.12.
c) Informatik

**5.** Wandeln Sie die folgende Zahlenkolonne in einen lesbaren Text um: 71 101 114 105 101 110

**6.** Eine etwas knifflige Aufgabe: Wie kann man Großbuchstaben in Kleinbuchstaben umwandeln?

**7.** Wozu kann Steganografie verwendet werden? Nennen und erklären Sie zwei Anwendungen.

**8.** Wie viel Prozent einer True-Color-Bilddatei kann für „versteckte Daten“ verwendet werden, wenn von jeder Farbe die beiden niederwertigsten Bits verwendet werden?

**9.** Recherchieren Sie in Gruppen im Internet und suchen Sie gezielt nach Steganografie-Programmen. Fassen Sie Ihre Rechercheergebnisse in einer Tabelle zusammen und stellen Sie sie der Klasse vor.

10. Gruppenarbeit: Recherchieren Sie im Internet zum Thema „gefälschte Nachrichten“. Erstellen Sie eine kurze Präsentation (max. fünf Folien, max. fünf Minuten Vortragsdauer) und präsentieren Sie Ihre Rechercheergebnisse der Klasse.

11. Wenn Sie einen Schnappschuss von der letzten Party auf Instagram oder Facebook hochladen, dann ist das rechtmäßig, falls Sie die Rechte an dem Bild haben und alle abgebildeten Personen ihr Einverständnis zum Veröffentlichen erklärt haben. Aber wie geht es weiter? Wer hat die Rechte an diesem Bild nach dem Hochladen? Recherchieren Sie und diskutieren Sie die Rechercheergebnisse in der Klasse.

12. Präsentieren Sie in kleinen Gruppen, wie die bekannten Social-Media-Plattformen mit den Bildrechten der Nutzer umgehen.

13. Recherchieren Sie, wie viele aktive User die üblichen Messengerdienste aktuell haben. Diskutieren Sie in der Klasse die Vor- und Nachteile der Messenger und wie sie seit ihrem Auftreten das Sozialverhalten der Menschen unterschiedlicher Altersgruppen beeinflussen.

14. Tauschen Sie sich in der Klasse aus über Ihre bisherigen Aktivitäten in sozialen Netzen und über Ihre Nutzung des Internets allgemein. Wie viel Zeit verbringen Sie mit dem Lesen und Verschicken von Nachrichten, wie viel mit Lesen von Internetseiten, wie viel mit Onlinespielen und Videos? Wie viel Zeit verbringen Sie mit zielgerichteter Recherche und Lernen?

# 5. Grundlagen der Programmierung

Andrée Beaulieu-Green soll das Programmieren einmal mit dem Küssen verglichen haben: Man könne viel darüber reden und es versuchen zu beschreiben, aber man wisse erst, was es bedeutet, wenn man es auch getan habe.

Täglich benützen wir bewusst und unbewusst unzählige Computerprogramme. All die Computerprogramm bzw. Apps (Application, deutsch Anwendung, Programm) werden mit sogenannten Programmiersprachen programmiert.

Die ersten Programmierer in den 1930ern und 40ern mussten ihre Programme noch im sogenannten Maschinencode, einer Folge aus Nullen und Einsen, programmieren.

Später entwickelten sich immer mehr Programmiersprachen, mit deren Hilfe es für den Menschen einfacher ist, die Befehle für den Computer zu formulieren. Die so entwickelten Programme werden dann mit einem speziellen Übersetzungsprogramm in die Sprache des Computers, d. h. in die Maschinensprache, übersetzt.

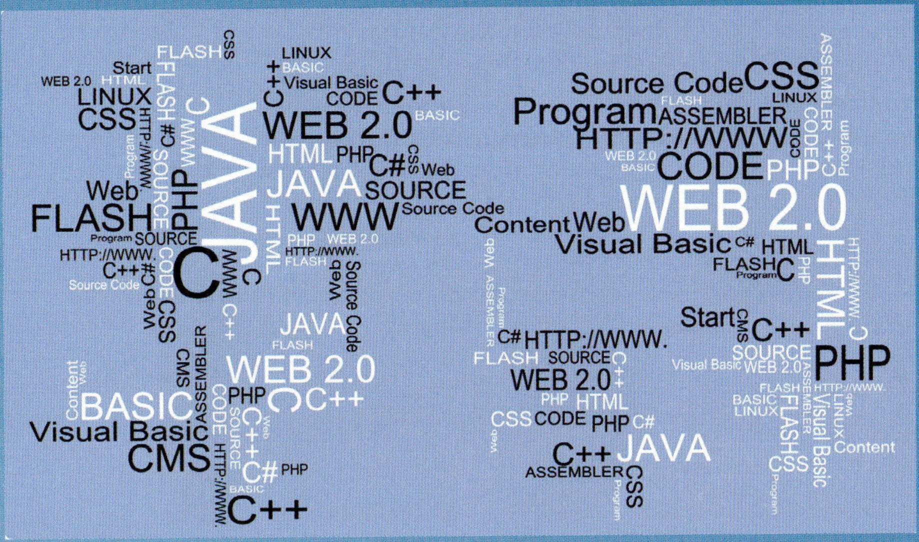


Einige der heute weit verbreiteten Programmiersprachen sind JAVA, C, C++, C# und Python.

Mithilfe von Programmiersprachen kann der Mensch mit dem Computer kommunizieren. Dabei muss er sich an genau vorgegebene Regeln zur „Rechtschreibung und Grammatik" halten. Damit auch andere Menschen das Programm verstehen, sollte es gut dokumentiert werden.

In diesem Kapitel werden die Grundlagen der Programmierung anhand der Programmiersprache Python erlernt. Python gilt als eine leicht zu erlernende, gut lesbare und moderne Programmiersprache und eignet sich daher sehr gut für den Einstieg in die Welt der Programmierer.

Darüber hinaus ist Python eine vielseitig einsetzbare und weitverbreitete Programmiersprache. Durch das Einbinden verschiedener Module ist u. a. die Analyse großer Datenmengen, das Verarbeiten von HTML-Tags, der Zugriff auf Datenbanken und das Internet sowie das Gestalten von Benutzeroberflächen und Graphen auf komfortable Art und Weise möglich. Auf einige dieser Module wird im Verlaufe dieses Kapitels noch näher eingegangen.

Alle Grundlagen werden Abschnitt für Abschnitt anhand eines Projektes, im Folgenden als „die Challenge" bezeichnet, erlernt und selbst in die Praxis umgesetzt.

→ Aufgaben 1, 11, 18 und 36

Die Theorieteile jedes Abschnittes enden mit sogenannten Cheat-Sheets, die das Erlernte noch einmal im Karteikartenformat kompakt zusammenfassen. Diese Cheat-Sheets können während des Programmierens, sozusagen als kleine „Spickzettel," neben den Rechner gelegt werden. Die Idee basiert auf den Python-Flashcards von David Whale.

Am Ende des Kapitels befindet sich eine Vielzahl an Übungen.
Gerade beim Programmieren könnte die Maxime „learning by doing" nicht treffender sein, da man wie beim Erlernen einer Fremdsprache gewisse Regeln und Schreibweisen von Befehlen lernen muss. Diese prägen sich am besten durch viele Übungen ein.

**H**

In Python gibt es manchmal verschiedene Möglichkeiten Probleme zu lösen. In diesem Kapitel können aufgrund des Umfangs nicht alle Möglichkeiten vorgestellt werden. Eine komplette Sammlung und ein Nachschlagewerk aller Befehle findet man unter https://docs.python.org/3/reference/index.html

Übrigens: Der Name „Python" kommt ursprünglich nicht von der bekannten Schlangenart, sondern der Entwickler von Python, Guido van Rossum, bezog den Namen von der britischen Komikergruppe Monty Python.

# 5.1 Die Challenge – Grippewelle Anoroc

**Die Challenge** besteht darin, ein Programm zu schreiben und zu dokumentieren, das es ermöglicht, den Verlauf einer Grippewelle, die durch das neuartige Virus Anoroc verursacht wird, zu untersuchen.

In der **Bevölkerung** werden hierzu laut dem SIR-Modell[1] drei Personengruppen unterschieden:

- **Gesunde:** Alle Personen der **Bevölkerung**, die noch nicht krank oder immun sind.

- **Kranke:** Alle Personen der **Bevölkerung**, die infiziert also krank sind.

- **Immune:** Alle Personen der **Bevölkerung**, die krank waren und nun wieder gesund sind.

Die Übergänge zwischen den einzelnen Personengruppen sehen wie folgt aus:

Der Benutzer soll die **Bevölkerungsanzahl** und die Anzahl der **Kranken** zu Beginn der Grippewelle eingeben können. Das Programm berechnet dann für die nächsten 14 Tage, wie sich die Anzahl von Gesunden, Kranken und Immunen entwickelt. Pro Tag wird der aktuelle Stand ausgegeben und abschließend die Entwicklung der Zahlen in einem Graphen dargestellt.
Ungültige Benutzereingaben sollen vom Programm abgefangen werden.

Die nötigen mathematischen Zusammenhänge für die Berechnung der Zahlenentwicklungen werden in den späteren Abschnitten beschrieben.

Die Challenge, d.h. das zu schreibende Programm, lässt sich wie alle von Computern lösbaren Probleme in drei grundlegende Bereiche untergliedern. Diese Bereiche sind die Eingabe, die Verarbeitung und die Ausgabe. Das Programm lässt sich also mit nebenstehender Grafik beschreiben.

**Eingabe**
**Bevölkerungszahl**
**Kranke**

↓

**Verarbeitung**
- Abfangen ungültiger Benutzereingaben
- Berechnen von **Kranken**, **Gesunden** und **Immunen** für jeden Tag wiederholen

↓

**Ausgabe**
Textausgabe und grafische Darstellung der berechneten Ergebnisse

**M** Programme, die nach diesem Muster vorgehen, arbeiten nach dem sogenannten **EVA-Prinzip** (**E**ingabe-**V**erarbeitung-**A**usgabe-Prinzip).

In den folgenden Abschnitten werden nun die nötigen Programmierkenntnisse vermittelt, um die einzelnen Bereiche realisieren zu können. Los geht's!

→ Aufgaben 1 und 2

1 SIR = susceptible-infected-removed model; Berechnungsmodell für ansteckende Krankheiten

# 5.2 Warm-up – erste Schritte

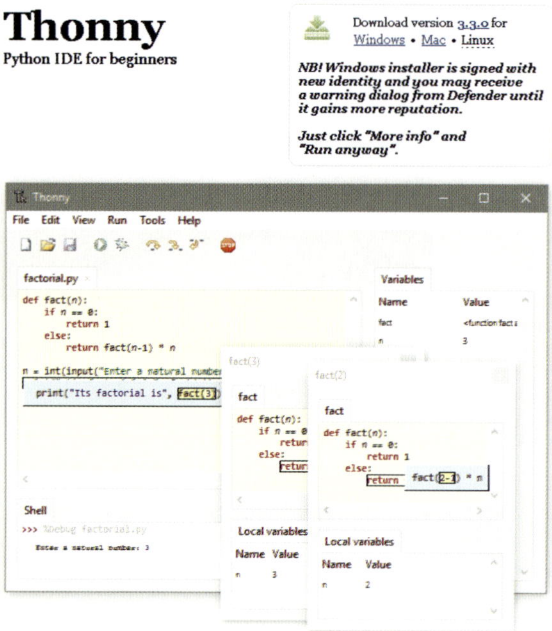


Vor dem Einstieg in die Welt des Programmierens muss Python 3 und ein entsprechendes Programm zum Schreiben von Quelltexten installiert werden. Besonders komfortabel hierfür sind sogenannte Entwicklungsumgebungen (IDE, integrated development environment). Im Folgenden wird mit der Entwicklungsumgebung Thonny gearbeitet.

Bei der Installation von Thonny wird Python 3 mitinstalliert. Thonny bietet den Vorteil, dass es zusätzlich zu der reinen Python-IDE Möglichkeiten zur Programm- und Fehleranalyse bietet und gleichzeitig einfach zu bedienen ist. Von einigen dieser Analysemöglichkeiten wird in den folgenden Abschnitten noch Gebrauch gemacht.

**H**

Thonny steht unter www.thonny.org kostenlos zum Download zur Verfügung.

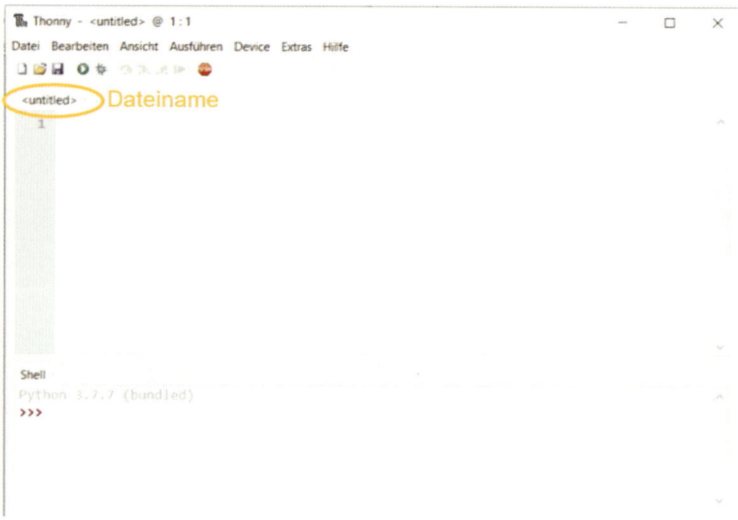


Beim ersten Start von Thonny öffnet sich eine leere Datei mit dem Namen „untitled". Über „Datei → save as" kann die Datei unter einem beliebigen Namen gespeichert werden und bekommt automatisch die Endung .py, die Erkennung für Windows, dass es sich um eine Python-Datei handelt.

Eine neue Datei kann jederzeit über „Datei → new" angelegt werden.

## 5.2.1 Anoroc – was geht bei dir? – Das erste Programm

Um Thonny und den ersten Python-Befehl kennenzulernen, wird ein kleines Programm betrachtet. Es hat folgende Aufgabe:

**Ausgabe** des Textes **„Anoroc – was geht bei dir?"**

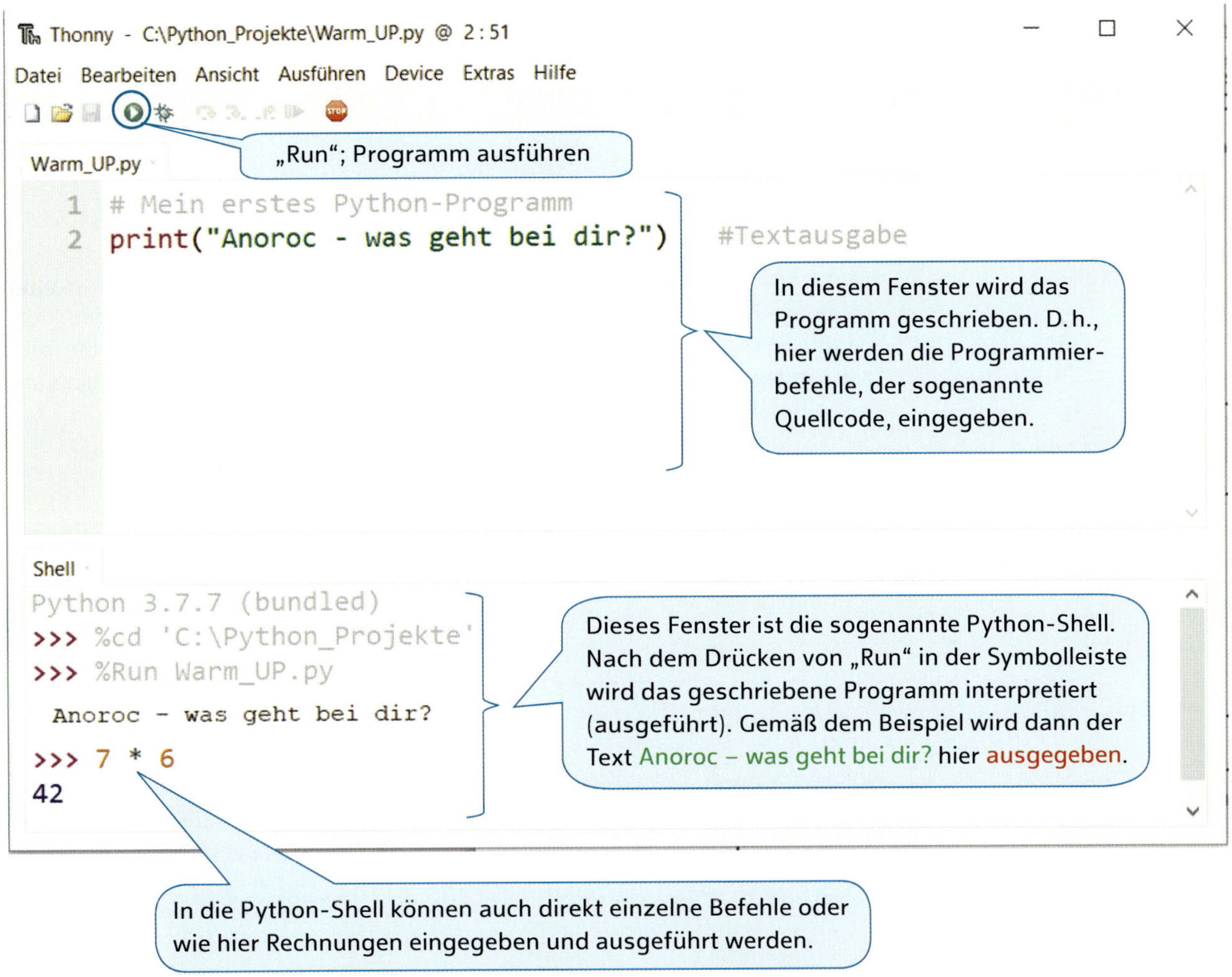


Wie in dem Beispiel ersichtlich wird, lautet der Befehl für die Bildschirmausgabe **print()**. Bei der Programmierung sind die Befehle immer nach festen Regeln aufgebaut. Man spricht von der sogenannten **Syntax** oder **Syntaxregeln**. So ist bei print() lediglich der Teil zwischen den Klammern variabel und kann vom Programmierer bestimmt werden.

**M** Textausgabe:

```
print("Anoroc - was geht bei dir?")
```

frei wählbarer Text in Anführungszeichen

**Texte,** sogenannte **Zeichenketten,** müssen immer in Anführungszeichen geschrieben werden.

In dem Beispielprogramm kommt neben der Bildschirmausgabe noch der sogenannte **Kommentar** als weiteres wichtiges Programmierelement zum Einsatz. Ein Kommentar beginnt immer mit einem **Hashtag #** und endet am Zeilenende. Kommentare sind keine Befehle, die ausgeführt werden, sondern dienen dazu, Hinweise oder Erklärungen in das Programm zu integrieren.

**M** # Kommentar; Hinweise des Programmierers

Ein Programm sollte immer ausreichend mit Kommentaren versehen werden.

**Was bedeutet eigentlich, das Programm „wird interpretiert"?**
Jedes Programm, das mit einer Programmiersprache geschrieben wird, muss in eine für den Computer verständliche Sprache übersetzt werden. Diese Sprache nennt man, wie eingangs erwähnt, Maschinencode und sie besteht aus einer Folge von Nullen und Einsen. Das Übersetzen übernimmt bei Python der sogenannte **Python-Interpreter**. Wird „Run" gedrückt, so übersetzt der Interpreter zur Laufzeit, d. h., während das Programm ausgeführt wird, nacheinander jeden Befehl und führt diesen dann aus:

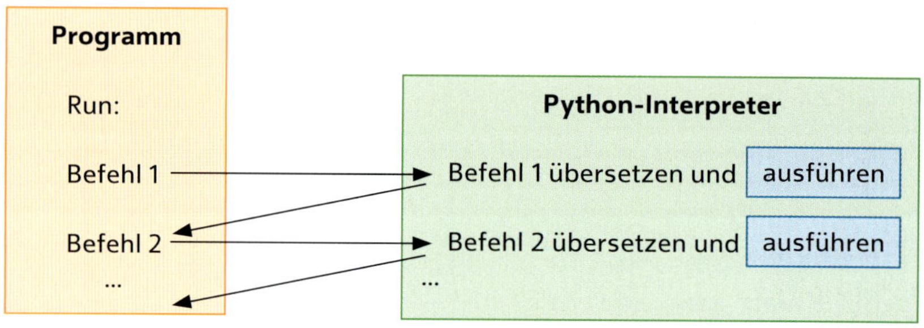


Neben interpretierten Programmiersprachen gibt es auch solche, die als Übersetzungsprogramm einen sogenannten **Compiler** verwenden. Der Compiler übersetzt das komplette Programm und erzeugt daraus eine ausführbare Datei:

## 5.2.2 Funktionen

Bei dem print()-Befehl handelt es sich eigentlich um eine sogenannte Funktion. Aufgrund dessen werden zusätzlich zu **print** immer noch die Klammern **()** geschrieben.

> **M** **Funktionen** können als kleine eigenständige Programme angesehen werden, die eine spezielle Aufgabe übernehmen. Die Funktion print() sorgt beispielsweise dafür, dass Bildschirmausgaben getätigt werden können.

Wird im Programm die Zeile

```
print("Anoroc - was geht bei dir?")
```

geschrieben, so handelt es sich um den **Aufruf der Funktion**. Dies bedeutet, dass das Programm an dieser Stelle verlassen und die Funktion print() ausgeführt wird. Hat diese ihre Arbeit erledigt, so wird wieder in das Programm zurückgekehrt.

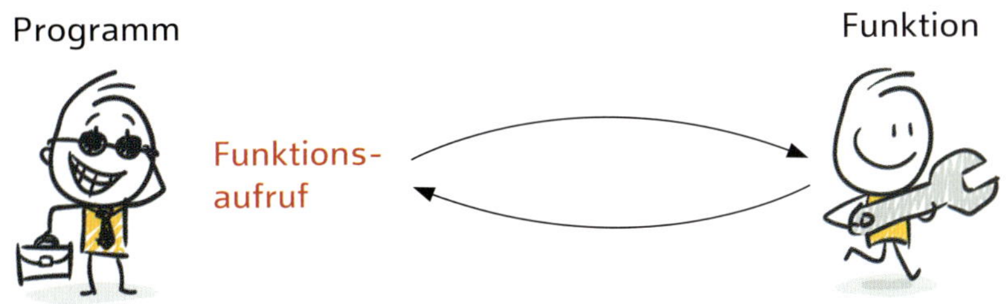


Um richtig arbeiten zu können benötigen viele Funktionen noch Informationen vom Programm. Die Funktion print() muss z. B. wissen, welchen Text oder, allgemein gesprochen, welche Daten sie auf dem Bildschirm ausgeben soll. Hierzu werden aus dem Programm die entsprechenden Daten an die Funktion übergeben. Man spricht hierbei von den sogenannten Übergabeparametern.

Übergabeparameter

```
print("Anoroc- was geht bei dir?")
```

Die Grafik lässt sich dann wie folgt erweitern.

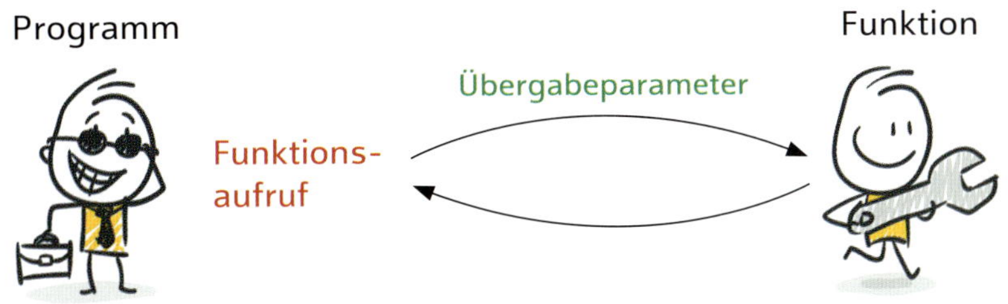


> **M** Je nach Aufgabe der Funktion, kann diese keinen, einen oder mehrere Übergabeparameter besitzen.

Des Weiteren gibt es Funktionen, von denen das Programm erwartet, dass sie Daten zurückliefern. In den weiteren Abschnitten wird z. B. eine Funktion kennengelernt, mit deren Hilfe Benutzereingaben programmiert werden können. Diese Funktion muss nach ihrer Arbeit die Eingabe des Benutzers an das Programm übermitteln, sodass diese dort weiterverarbeitet werden kann. Man spricht hierbei vom sogenannten **Rückgabewert.**

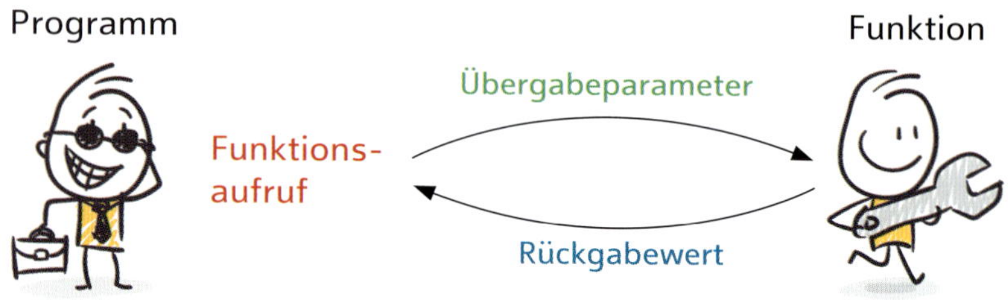


**M** Funktionen können neben Übergabewerten auch noch Daten an das Programm zurückgeben.

Viele Funktionen wie beispielsweise print() stehen standardmäßig in Python zur Verfügung. Um Zusatzfunktionen verwenden zu können, müssen die Module importiert werden, in denen die Funktionen geschrieben stehen bzw. definiert sind. Soll z. B. die Wurzel einer Zahl berechnet werden, so wird hierfür die Funktion **sqrt()** aus dem **Modul *math*** benötigt. Zunächst muss also dieses Modul mit der **import**-Anweisung importiert werden, dann kann die Funktion verwendet werden. Damit der Python-Interpreter weiß, wo er die Funktion suchen muss, wird beim Funktionsaufruf zuerst der Modulname, dann ein Punkt und dann der Funktionsname geschrieben.

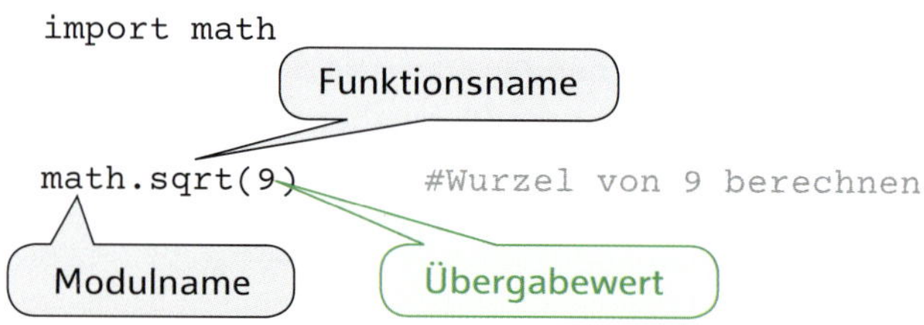


Die Import-Anweisung kann durch zusätzliche Angaben konkretisiert werden. Neben dem Importieren von Funktionen bzw. Modulen ist es auch möglich, eigene Funktionen zu schreiben. Hierfür wird die **def**-Anweisung benötigt.

→ Aufgaben 3 bis 10

# 5.3 Nützliche Schubladen – Variablen

Da nun die ersten Erfahrungen mit Thonny und Python gemacht worden sind, kann die Challenge angenommen und das Programm zur Berechnung des Verlaufes der Grippewelle Anoroc begonnen werden.

Bevor jedoch die Eingabe oder Verarbeitung programmiert werden kann, müssen im Programm gewisse Vorbereitungen getroffen werden. Es muss für einen passenden Ort gesorgt werden, an dem die Benutzereingabe verstaut und später wieder zur Ausgabe oder zur Verarbeitung hervorgeholt werden kann. Gleiches gilt für die Ergebnisse der täglich zu berechnenden Personenzahlen und den Stand des Tageszählers, der anzeigt, für welchen Tag der Grippewelle die Personenzahlen berechnet worden sind. Auch sie müssen alle an irgendeinem Ort abgelegt werden.

Diese Orte kann man sich wie Schubladen in einem großen Schrank vorstellen. Im Computer entspricht hierbei der Schrank dem Arbeitsspeicher (RAM, Random Access Memory) und jede Schublade einem kleinen Bereich davon.

Mit diesem Bild der Schubladen kann die Grafik für die Challenge wie folgt erweitert werden.

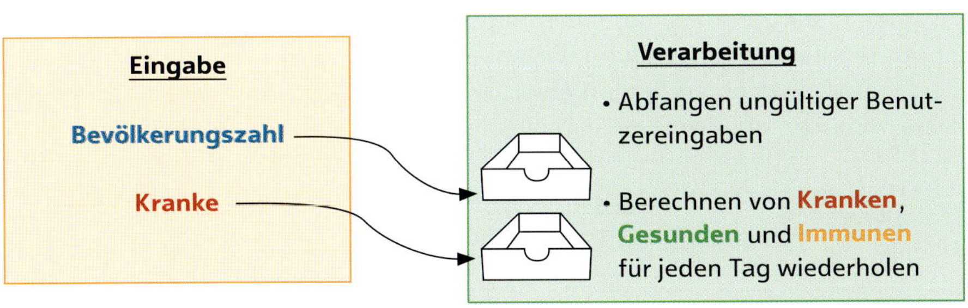


In den Programmiersprachen werden diese Schubladen **Variablen** genannt.

**M** Variablen dienen, allgemein gesprochen, zum Speichern von Daten. Hierzu reservieren sie für das Programm einen Bereich im Arbeitsspeicher.

Typische Daten, die man beim Programmieren speichern muss, sind, wie oben bereits erwähnt, Benutzereingaben, Zwischen- oder Endergebnisse von Berechnungen und Zählerstände.

Wer Ordnung halten möchte, darf auf das Beschriften von Schubladen nicht verzichten. Gleiches gilt für die Variablen. Jede Variable bekommt vom Programmierer einen geeigneten Namen. Dieser Name steht immer stellvertretend oder wie in der Mathematik als Platzhalter für den Inhalt der Variable. Für die Vergabe eines **Variablennamen** gibt es verschiedene Regeln, an die sich der Programmierer halten sollte. Unter anderem gilt:

- Variablennamen sollten so gewählt werden, dass ihr Einsatzzweck sofort klar wird.
- Variablennamen werden klein geschrieben.
- Variablennamen dürfen keine Sonderzeichen und Umlaute enthalten.

Für das Speichern der Benutzereingabe für die Bevölkerungszahl und die Anzahl an Kranken bietet sich also die Wahl der folgenden Variablennamen an:

**bevoelkerung** 

**kranke** 

Für das Speichern der restlichen Daten könnten folgende Namen gewählt werden:

**gesunde** 

**immune** 

**tag** 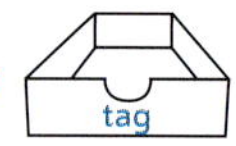


Neue Variablen erstellt man in Python, indem man ihren Namen in das Programmierfenster schreibt und ihnen mit dem =-Zeichen einen Wert zuweist.

**M** Bevor man etwas aus einer neuen Variablen herausholen kann, muss immer zuerst etwas hineingetan werden, d. h., jede Variable muss mit einem Anfangswert belegt werden. Man spricht hierbei von der **Initialisierung** der Variable.

**H** Die Initialisierung kann durch das direkte Zuweisen einer Zahl oder eines Textes, über eine Benutzereingabe oder einen berechneten Wert geschehen.

**Beispiel**: In die Variable immune erfolgt keine Benutzereingabe, deshalb muss ihr vor der ersten Verwendung ein Anfangswert zugewiesen, sie also **initialisiert** werden. Da es zu Beginn einer Grippewelle durch ein neues Virus noch keine Immunen gibt, wird die Variable mit dem **Wert 0 initialisiert**.

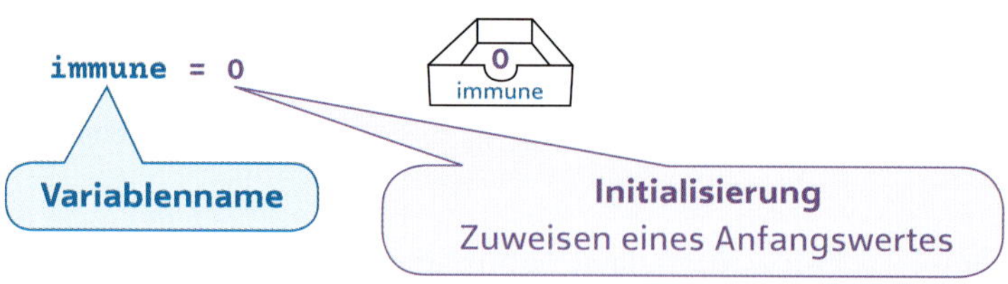


Gleiches gilt für den Tageszähler. Ihm muss beim Programmstart der **Anfangswert 1 zugewiesen** werden.

```
tag = 1
```

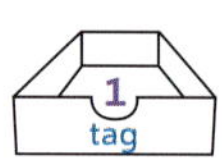


In anderen Programmiersprachen wie Java, C# oder C++ muss zusätzlich zum Namen von Variablen auch noch ihr Schubladentyp, der sogenannter Datentyp, festgelegt werden. Diesen Vorgang nennt man **Deklaration**. Python macht dies automatisch und Programmierende müssen sich nicht darum kümmern.

## 5.3.1 Ausgabe von Variableninhalten

**M** Mit der bereits kennengelernten Funktion print(), können ebenfalls Variableninhalte ausgegeben werden. In die Klammern ist hierfür der entsprechende Variablenname zu schreiben.

Nachfolgendes Beispiel zeigt, wie mithilfe der print-Funktion der Inhalt der Variable immune ausgegeben werden kann.

```
immune = 0          # Initialisierung
print(immune)       # Ausgabe der Variable immune
```

**Variablenname**
Der Variablenname steht stellvertretend für den Inhalt der Variable

Ausgabe: 0

Es ist auch möglich, Texte und einen oder mehrere Variableninhalte gleichzeitig auszugeben. Die einzelnen Ausgabe-Teile (Texte, Variablennamen) müssen hierbei durch ein Komma voneinander getrennt werden.

1. Variablenname (tag) – 2. Variablenname (immune)

```
immune = 0
tag = 1
print("Am", tag, ". Tag gibt es", immune, "Immune.")
```

Ausgabe: Am 1. Tag gibt es 0 Immune.

Inhalt der Variable **tag** – Inhalt der Variable **immune**

## 5.3.2 Hinter den Kulissen – Datentypen

Die bisherige Betrachtung ist davon ausgegangen, dass es für das Speichern der Daten nur einen Typ von Schublade gibt, d. h., alle Variablen dieselbe Schubladengröße haben. Im Hintergrund unterscheidet Python jedoch zwischen mehreren unterschiedlichen Schubladentypen, den sogenannten Datentypen. Jeder Datentyp ist für die Speicherung einer speziellen Art von Daten zuständig und belegt unterschiedlich viel Speicherplatz. Nachfolgend sind drei der grundlegenden Python-Datentypen mit Erläuterungen aufgelistet.

| Datentyp | Erklärung |
|---|---|
| **int** | **int** steht für **Integer**; Variablen dieses Datentyps können nur **Ganzzahlen** speichern. |
| **float** | Variablen dieses Datentyps können nur **Kommazahlen** speichern. |
| **str** | **str** steht für **String**, Variablen dieses Datentyps können nur **Text/Zeichenketten** speichern. |

**H** Da Python auf dem englischen Zahlensystem basiert, müssen **Kommazahlen** immer mit einem **. (Punkt)** geschrieben und eingegeben werden.

**H** Der Datentyp einer Variablen kann mit der Funktion **type()** wie nachfolgend dargestellt ausgegeben werden:
**print(type(klassenarbeit_nr))**

Der passende Datentyp wird von Python automatisch bei den Zuweisungen von Werten erkannt und ausgewählt. In Python kann sich der Datentyp einer Variablen sogar während eines Programmablaufes ändern. Der Programmierer muss sich hierüber aber nur an wenigen Stellen Gedanken machen.

**Beispiele:**

```
klassenarbeit_nr = 2          # Der Datentyp ist int
note = 1.5                    # Der Datentyp ist float
fach = "Informatik"           # Der Datentyp ist str
```

### 5.3.3 Die Benutzereingabe – Einlesen von Variablen

**M** Die Funktion, mit deren Hilfe die **Eingabe** realisiert werden kann, heißt **input**. Neben dem Einlesen von Daten kann mit der input-Funktion auch gleichzeitig ein **Hinweistext für den Benutzer** ausgegeben werden.

Solange keine andere Angabe erfolgt, interpretiert die input-Funktion die Benutzereingabe immer als Text, d. h. als String. Dies bedeutet, selbst wenn der Benutzer eine 5 eingibt, wird diese als Text und nicht als Ganzzahl interpretiert. Würde im Folgenden eine Berechnung durchgeführt werden, so würde dies zu einer Fehlermeldung führen, da Berechnungen nur mit Zahlen durchgeführt werden können. An dieser Stelle wird es also notwendig, sich Gedanken über den erwarteten Datentyp der Benutzereingabe zu machen. Wird eine Ganzzahl erwartet, so muss die Benutzereingabe in eine Ganzzahl umgewandelt werden. Entsprechendes gilt für Kommazahlen. Die Funktionen, mit denen diese Typumwandlungen – der Programmierer spricht von *casts* – durchgeführt werden können, lauten **int()** und **float()**. In die Klammern wird der umzuwandelnde Wert geschrieben. In diesem Fall also die input-Funktion.

Sollen Daten in einen Text umgewandelt werden, so kann dies mit der Funktion **str()** vorgenommen werden. Da die Daten aber zunächst sowieso als String interpretiert werden, kann auf das Schreiben von str() verzichtet werden.

Im Folgenden wird nun die Benutzereingabe für die Anzahl an Kranken zu Beginn der Grippewelle realisiert und erläutert.

Umwandlung der Benutzereingabe in den gewünschten Datentyp, hier: **Ganzzahl (Integer)**

```
kranke = int (input("Bitte geben Sie die Anzahl an Kranken ein."))
```

**Variablenname** der Variable, in der die Benutzereingabe gespeichert werden soll

frei wählbarer **Hinweistext** für den Benutzer

Wird der oben dargestellte Befehl ausgeführt, läuft Folgendes ab:

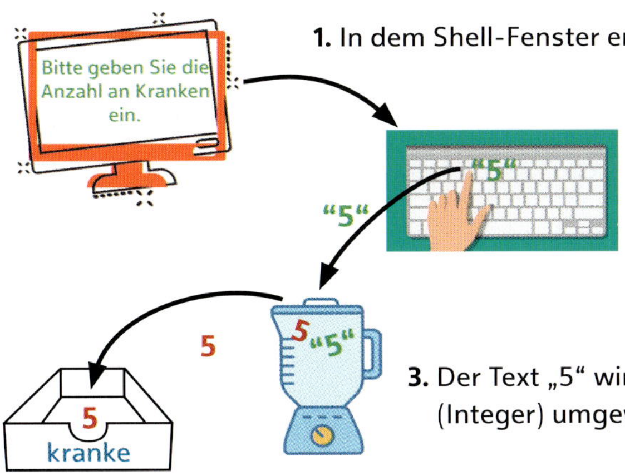


**1.** In dem Shell-Fenster erscheint der Hinweistext.

**2.** Der Benutzer gibt z. B. „5" ein.

**3.** Der Text „5" wird in eine Ganzzahl (Integer) umgewandelt.

**4.** Die Ganzzahl 5 wird in der Variablen *kranke* gespeichert.

Die weiteren Beispiele verdeutlichen, wie Kommazahlen und Texte mit der input-Funktion eingelesen werden können:

```
# Kommazahl einlesen
groesse = float (input("Bitte geben Sie Ihre Größe in Meter ein."))
```

Die Benutzereingabe in eine **Kommazahl (float)** umwandeln

```
# Beim Einlesen von Texten/Zeichenketten ist keine Typumwandlung nötig
nachname = input("Bitte geben Sie Ihren Nachnamen ein.")
```

## 5.3.4 Stand der Dinge

In diesem Abschnitt wurden die Variablen, die Ausgabe von Texten und Variableninhalten, sowie das Einlesen von Variablen kennengelernt.

Die Bereiche der Challenge, die nun schon gelöst werden können, sind in nachfolgender Grafik in Form eines grünen Hakens dargestellt.

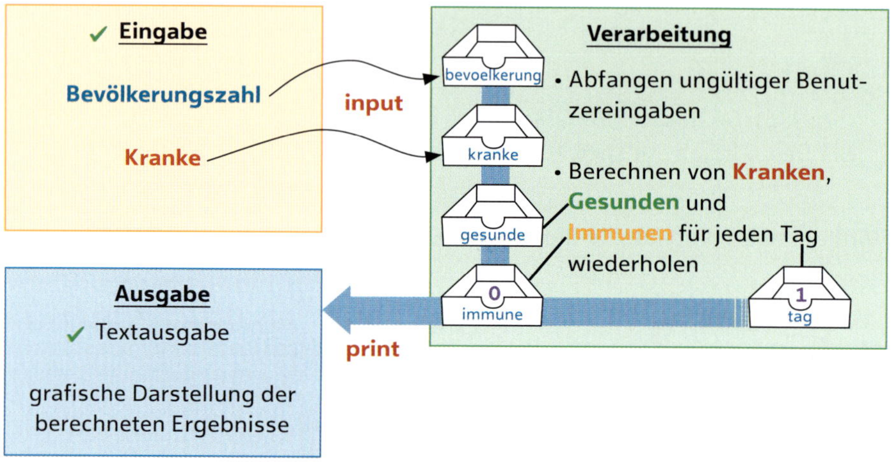


→ Aufgaben 11 bis 17

## 5.3.5 Cheat-Sheets

**Variablen**

```
alter = 18            #int

#!!!Kommazahlen mit . schreiben!!!
greosse = 1.83        #float

#!!!Texte in Anführungszeichen!!!
name = "Felice"       #string
```

**Ausgabe**

```
alter = 18            #int
greosse = 1.83        #float
name = "Felice"       #string

#Ich heiße Felice.
print("Ich heiße ", name)
#Bin 18 Jahre und 1.83m.
print("Bin", alter, "Jahre und", groesse, "m")

print(type(alter)) #Ausgabe des Datentyps
```

**Eingabe**

```
#Ganzzahl (Integer) einlesen
alter = int(input("Bitte Alter eingeben."))

#Kommazahl einlesen
groesse = float(input("Bitte Größe eingeben."))

#Text/Zeichenkette einlesen
name = input("Bitte Namen eingeben.")
```

# 5.4 Damit muss man rechnen – Operatoren

Im vorangegangenen Abschnitt sind durch die Betrachtung von Variablen und der Analyse, wie Benutzereingaben realisiert werden können, alle Vorbereitungen zur Lösung der Challenge getroffen worden. In diesem Abschnitt werden nun die Berechnungen für die einzelnen Personengruppen und deren Entwicklung realisiert.

Um mit Programmiersprachen Berechnungen durchführen zu können, werden sogenannte Operatoren benötigt.
Diese Operatoren sind vergleichbar mit den Tasten eines Taschenrechners, über welche die verschiedenen Rechenoperationen eingegeben und durchgeführt werden können.

## 5.4.1 Die Zuweisung (=)

Ein zentraler Operator ist die **Zuweisung**. Sie wird mithilfe des **„="-Zeichens** programmiert und kam bereits in den vorangegangenen Abschnitten bei der Initialisierung und beim Einlesen von Variablen zum Einsatz. Verwendet man die Zuweisung im Zusammenhang mit Berechnung, können manchmal Verwirrungen auftreten, da die Schreibreihenfolge im Gegensatz zu der aus der Mathematik gewöhnten steht.

**M** Bei der Programmierung befindet sich immer **links** vom „="-Zeichen das **Ziel** und **rechts** davon die **Quelle**. Der Inhalt der Quelle wird beim Ausführen einer Zuweisung in das Ziel **kopiert**, dabei wird der Inhalt des Ziels überschrieben. Der Inhalt der Quelle verändert sich nicht.

Das Ziel bildet hierbei immer eine Variable, die Quelle kann eine Zahl, Text, Variable, Eingabe oder Berechnung sein.

Das Beispiel aus vorangegangenem Abschnitt fasst das Beschriebene nochmals zusammen:

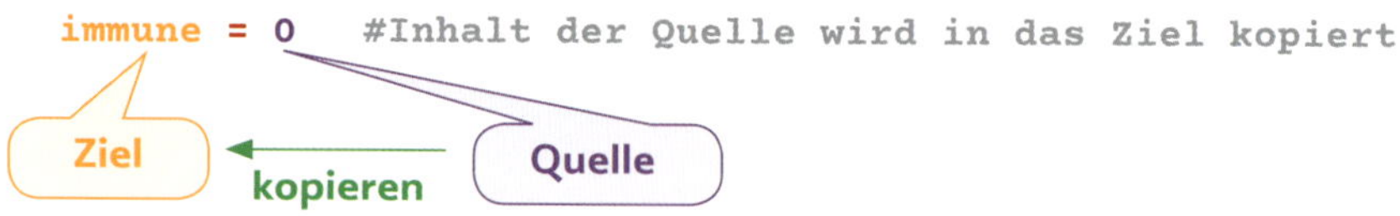


## 5.4.2 Arithmetische Operatoren

Die gebräuchlichsten arithmetische Operatoren, die für Berechnungen benötigt werden, sind in nachfolgender Tabelle aufgelistet und beschrieben.

| Operator | Beschreibung |
|---|---|
| + | **Additionsoperator:** Zwei Werte werden addiert |
| - | **Subtraktionsoperator:** Zwei Werte werden subtrahiert |
| * | **Multiplikationsoperator:** Zwei Werte werden multipliziert |
| / | **Divisionsoperator:** Zwei Werte werden dividiert |
| // | **Operator für ganzzahlige Division**<br>Bsp.: 5//2 → Ergebnis 2 |
| % | **Restwert-/Modulo-Operator:** Liefert den Rest einer Ganzzahl-Division. Bsp.: 5%2 → 2 Rest 1 →Ergebnis 1 |
| ** | **Potenzoperator**<br>Bsp.: 5**2 → 5*5 → Ergebnis 25 |

In Python gelten die gleichen Rechenregeln wie in der Mathematik (z. B. Punkt vor Strich). Soll eine andere Rechenreihenfolge gelten, so müssen entsprechend **Klammern** gesetzt werden.

Für das Lösen der Challenge bedeutet dies Folgendes:

- Die Anzahl an gesunden Personen setzt sich aus der Bevölkerungszahl abzüglich der Kranken und Immunen zusammen. Dies kann wie folgt programmiert werden:

```
gesunde = bevoelkerungszahl - kranke - immune
```

- Die Anzahl an Personen, die täglich immun werden, ergibt sich aus der sogenannten Immunitätsrate (Prozentsatz der Personen, die täglich genesen) und den Kranken.

```
immune_neu = immunitaetsrate * kranke
```

Die Variable *immunitaetsrate* wurde bereits mit 0.15 initialisiert. Für die Gesamtzahl der Immunen gilt Folgendes:

```
immune = immune + immune_neu
```

> **M** Eine Variable kann sowohl auf der rechten als auch auf der linken Seite einer Zuweisung stehen. Hierbei wird zuerst die Berechnung auf der rechten Seite mit dem „alten Wert“ der Variable durchgeführt und dann das Ergebnis wieder der Variable zugewiesen.

**Beispiel:** Der Inhalt der Variable *immune* sei 0 und der von *immune_neu* 2.

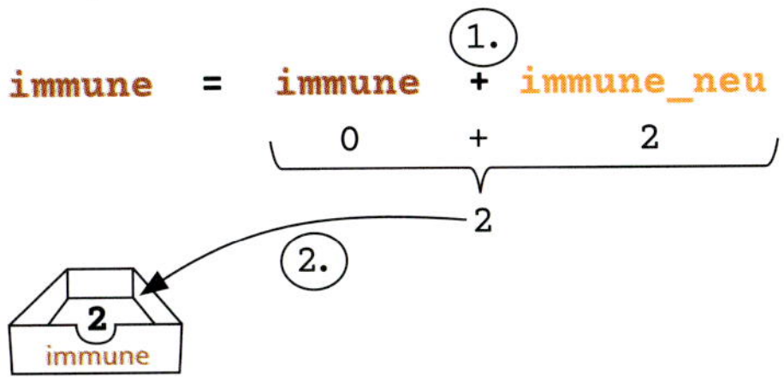


Nach der Ausführung des Befehls beträgt der Inhalt der Variablen *immune* 2.

– Die Anzahl an Personen, die täglich neu erkranken, ergibt sich aus der Wahrscheinlichkeit, mit der sich eine gesunde Person infiziert, multipliziert mit der Anzahl an gesunden Personen. Dies kann wie folgt programmiert werden:

```
kranke_neu = anzahl_inf * (kranke/bevoelkerungszahl) * gesunde
```

Die Variable *anzahl_inf* steht für die Anzahl an Personen, die ein Kranker ansteckt, und wurde bereits mit 0.6 initialisiert.
Die Gesamtzahl an Kranken wird in Aufgabe 18 berechnet. → Aufgabe 18

> **H** Die Anzahl an Infektionen und die Immunitätsrate sind Größen, die bei einer Grippewelle durch Studien ermittelt werden müssen und die maßgeblich den Verlauf der Grippewelle beeinflussen. Die hier angenommenen Werte entsprechen realistischen Werten, die aus bekannten Grippewellen abgeleitet wurden. Die Basisreproduktionszahl $R_0$, die oft in den Medien angegeben wird, ergibt sich aus Anzahl an Infektionen/Immunitätsrate.

– Nachdem alle Berechnungen erfolgt sind, muss der Tageszähler, d.h. die Variable *tag*, **um „1“ erhöht** werden. Man spricht vom **Inkrementieren** einer Variablen.

> **M**
> ```
> tag = tag + 1    #inkrementieren (um „1“ erhöhen)
> ```
> Wird der Inhalt einer Variablen **um „1“ verringert**, so spricht man vom **Dekrementieren** einer Variablen.

## 5.4.3 Das Struktogramm

Da nun das Programm zur Realisierung der Challenge ständig an Komplexität zunimmt, lohnt es sich, den bisherigen Programmablauf zu dokumentieren. Als Planungs- und Dokumentationshilfen bei der Softwareerstellung dienen u.a. sogenannte Struktogramme (Nassi-Shneiderman-Diagramme).

Das Struktogramm wird in der Regel unabhängig von einer bestimmten Programmiersprache geschrieben und enthält daher eher Beschreibungen als Quellcode. Ziel ist es, einen allgemeingültigen Ablauf des Programmes bzw. eine Programmstruktur zu erstellen, auf dessen/deren Grundlage dann das Programm unabhängig von der jeweiligen Programmiersprache geschrieben bzw. zu dokumentationszwecken nachvollzogen werden kann.

Nachfolgend ist das Struktogramm des aktuellen Challenge-Standes abgebildet und erläutert:

| Variablen initialisieren<br># immune = 0, tag = 1<br># anzahl_inf = 0.6, immunitaetsrate = 0.15 |
|---|
| Bevölkerungszahl einlesen |
| Anzahl Kranker einlesen |
| Gesunde berechnen |
| Ausgabe aller Variablen<br>Tag: x Gesunde: x Kranke: x Immune: x |
| Anzahl neu Immuner berechnen |
| Gesamtzahl an Immunen berechnen |
| Anzahl Neuerkrankter berechnen |
| Gesamtzahl an Kranken berechnen |
| Zählvariable tag um „1" erhöhen |

**Jede Anweisung wird in einen Block geschrieben**

Die Blöcke werden von oben nach unten abgearbeitet.

**H** Ein häufig an Schulen eingesetzter Struktogrammeditor ist der hus-Struktogrammer. Andere wie z. B. der Structorizer können sogar gleichzeitig aus einem Struktogramm den entsprechenden Quellcode erzeugen. Zumeist allerdings nur in JAVA.

→ Aufgaben 18 bis 27

Zur Erstellung von Struktogrammen gibt es verschiedene Software, viele davon als Freeware erhältlich.

## 5.4.4 Stand der Dinge

In diesem Abschnitt wurden die Zuweisung und die arithmetischen Operatoren zum Rechnen sowie das Struktogramm als wichtiges Planungs- und Dokumentationsinstrument kennengelernt.

Die Bereiche der Challenge, die nun schon gelöst werden können, sind in nachfolgender Grafik in Form eines grünen Hakens dargestellt.

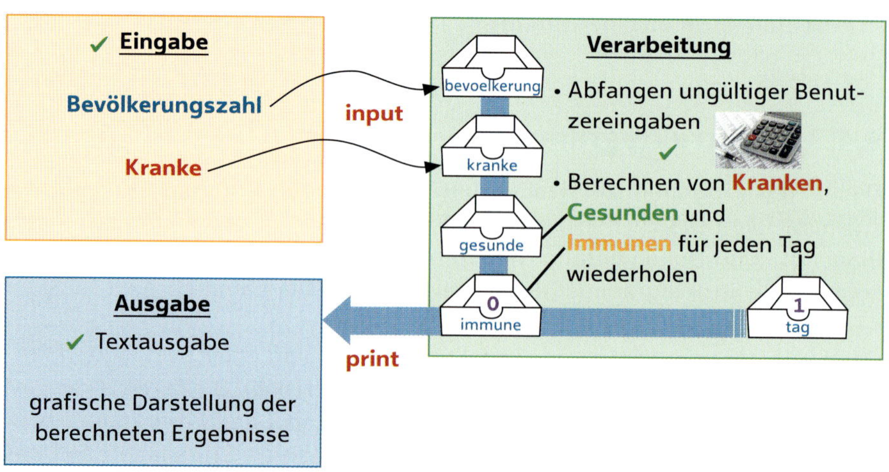


→ Aufgabe 18

Zur kompletten Lösung der Challenge fehlt nun nur noch das Abfangen ungültiger Benutzereingaben und das Wiederholen der Berechnungen.

### 5.4.5 Cheat-Sheet

**Berechnungen**

```
preis = 29.99        #Zuweisung: Ziel = Quelle

rabatt = 20/100      #Division (20% Rabatt → 0.02)

rabatt_in_euro = rabatt * preis          #Multiplikation

#Eine Variable kann links und rechts vom = stehen
preis = preis - rabatt_in_eruo           #Subtraktion

#Gemischte Berechnung (1.Klammer sonst Punkt vor Strich)
durchschnitt = (note1 + note2)/2

#Variable um „1“ erhöhen (inkrementieren)
runde = runde + 1
```

## 5.5 Die Entscheidung – Verzweigungen

Im nächsten Schritt zur Lösung der Anoroc-Challenge müssen ungültige Benutzereingaben abgefangen werden, sodass es bei den Berechnungen zu keinen Fehlern bzw. nur zu sinnvollen Ergebnissen kommt.

Es ist z. B. nicht sinnvoll, wenn der Benutzer für die Anzahl der Kranken eine Null eingibt. Wenn keine Person krank ist, entsteht auch keine Grippewelle und eine Berechnung ist nicht notwendig.
Dies bedeutet, dass nach den Benutzereingaben eine Entscheidung getroffen werden muss: Berechnung durchführen oder Fehlermeldung ausgeben. Je nachdem wie die Entscheidung ausfällt, wird ein anderer Teil des Programmes ausgeführt. Der Programmablauf verzweigt sich also wie rechts dargestellt.

Um eine Entscheidung treffen zu können, muss eine **Bedingung** formuliert werden, anhand der entschieden werden kann, welcher Pfad des Programmes abgearbeitet werden soll.

Für die Challenge kann Folgendes formuliert werden:

**Falls** die **Anzahl an Kranken größer ist als Null**, dann

führe die Berechnungen durch

**sonst**

gebe eine Fehlermeldung aus.

**Scratch**

Um eine bessere Vorstellung von der Programmstruktur und dem Formulieren von Bedingungen mit Programmiersprachen zu erhalten, wird zunächst die Realisierung der Verzweigung mithilfe der ikonischen Programmiersprache Scratch[1] betrachtet. Sie wurde speziell zum Programmieren-Lernen entwickelt. Die einzelnen Befehle stehen in Form von Blöcken zu Verfügung, die dann zu einem struktogramm-ähnlichen Programm zusammengestellt werden können.

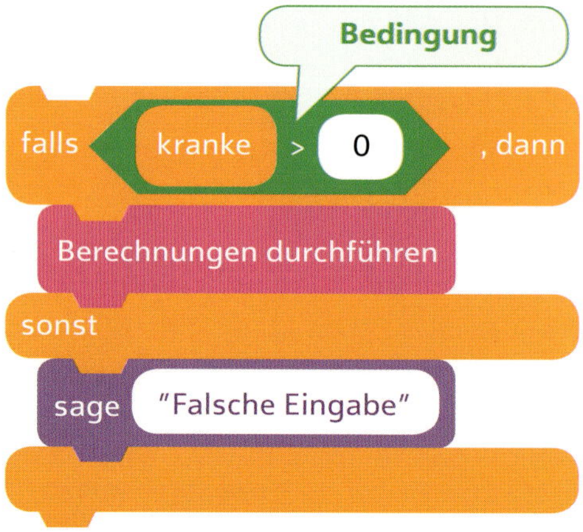


Die **Bedingung** ist hier schon wie bei Programmiersprachen üblich formuliert. Es wird der **Variablenname** für die Kranken und das „Größer-Zeichen“ **>** für den Vergleich verwendet. Die Berechnungen befinden sich innerhalb des falls-Pfades und die Ausgabe der Fehlermeldung innerhalb des sonst-Pfades.

Die Bedingung wird in Python identisch programmiert, für die beiden Pfade werden die englischen Begriffe **if** (**falls**) und **else** (**sonst**) verwendet.

**Verzweigung in Python**

Bedingung

```
if kranke > 0:
    #Berechnungen durchführen
    gesunde = bevoelkerung - kranke - immune
    ...
else:
    print("Falsche Eingabe")
```

Hier stehen alle Befehle, die ausgeführt werden sollen, wenn die Bedingung erfüllt ist. !! Sie müssen mit einem Tabulator eingerückt werden!!

Hier stehen alle Befehle, die ausgeführt werden sollen, wenn die Bedingung nicht erfüllt ist. !! Sie müssen mit einem Tabulator eingerückt werden!!

**H**

- Der jeweilige Verzweigungspfad endet dann, wenn nicht mehr eingerückt wird!
- Ein else-Pfad wird nicht immer benötigt, d. h., dieser ist optional und muss nicht programmiert werden. Eine Verzweigung kann also auch nur aus dem if-Pfad bestehen. Man spricht dann von einer einfachen Verzweigung bzw. einfachen Alternative.

**M** Die beiden Verzweigungspfade werden mit den Schlüsselwörtern if (falls) und else (sonst) eingeleitet. Auf if folgt immer die Bedienung. Am Ende der if und der else-Zeile muss jeweils ein „:“ stehen!

1 Scratch is a free programming language designed to engage children in creative learning experiences. See https://scratch.mit.edu/about

Das Struktogramm der Challenge sieht nun wie folgt aus:

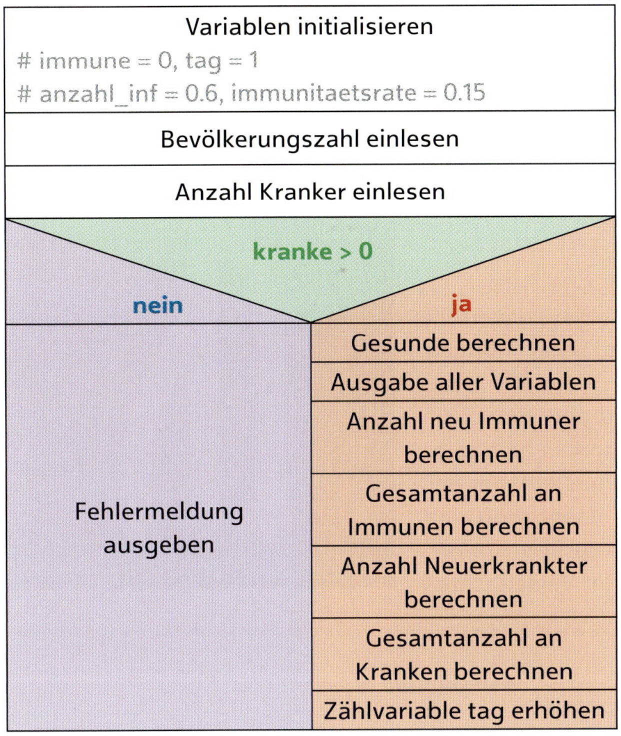


## 5.5.1 Formulieren von Bedingungen – Vergleichsoperatoren

Für das Formulieren von Bedingungen stehen neben dem Größer-Zeichen noch weitere sogenannte Vergleichsoperatoren zur Verfügung. Sie sind in nachfolgender Tabelle mit Beschreibung und Beispiel aufgelistet.

| **Vergleichsoperatoren** | | |
|---|---|---|
| **Operator** | **Beschreibung** | **Beispiel** |
| < | **kleiner** | **a < b**<br>Die Bedingung ist erfüllt, falls a kleiner b ist |
| <= | **kleiner-gleich** | **a <= b**<br>Die Bedingung ist erfüllt, falls a kleiner oder gleich b ist |
| > | **größer** | **a > b**<br>Die Bedingung ist erfüllt, falls a größer b ist |
| >= | **größer-gleich** | **a >= b**<br>Die Bedingung ist erfüllt, falls a größer oder gleich b ist |
| == | **gleich** | **a == b**<br>Die Bedingung ist erfüllt, falls a gleich b ist |
| != | **ungleich** | **a != b**<br>Die Bedingung ist erfüllt, falls a ungleich b ist |

**H**

- Für die Abfrage auf Gleichheit werden zwei Gleichzeichen benötigt ==
- Um das Kleiner- vom Größer-Zeichen besser unterscheiden zu können, gibt es folgende Eselsbrücke: Durch Hinzufügen eines Striches |, kann das Kleiner-Zeichen < zu einem K (für Kleiner) erweitert werden.

## 5.5.2 Verschachtelung von Verzweigungen

Betrachtet man nochmals die Benutzereingaben der Challenge, so sollte noch eine weitere Bedingung berücksichtigt werden. Die Anzahl an Kranken muss kleiner der Bevölkerungszahl sein. Ansonsten wäre eine Berechnung wiederum hinfällig und es muss eine Fehlermeldung ausgegeben werden.

Es gibt also zwei Bedingungen, die erfüllt sein müssen, damit die Berechnungen ausgeführt werden. Nachdem die erste Bedingung überprüft und eine Entscheidung getroffen wurde, kann es also sein, dass man wie im Bild dargestellt, vor der nächsten Entscheidung steht und die nächste Bedingung überprüfen muss. Man spricht hierbei von der Verschachtelung von Verzweigungen.

**Bedingung 1**

`kranke > 0`

**Bedingung 2**

`kranke < bevoelkerung`

Nachfolgend sind die Struktogramme der beiden Fälle separat dargestellt. Aufgrund der besseren Übersicht sind die einzelnen Berechnungen in einem Block zusammengefasst.

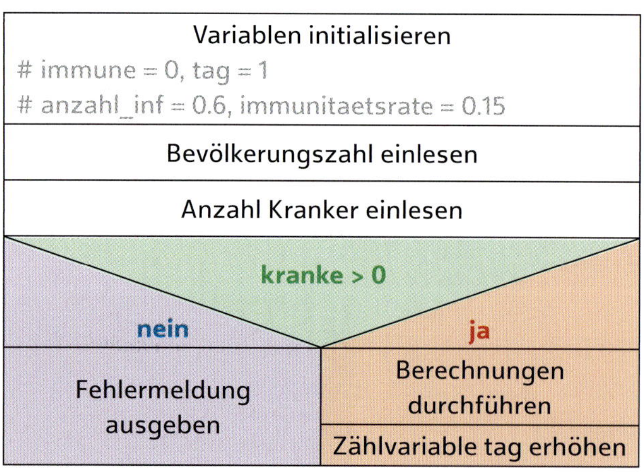


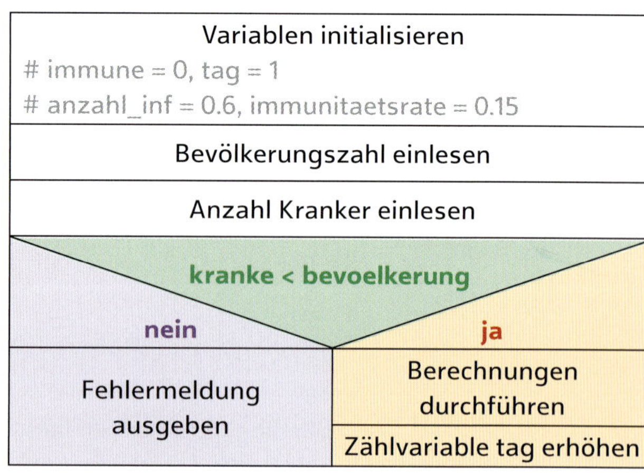


Sollen die Berechnungen nun wirklich nur dann ausgeführt werden, wenn beide Bedingungen erfüllt sind, so muss zunächst eine Bedingung überprüft werden. Wenn diese erfüllt ist, muss die nächste Bedingung überprüft werden. Diese Überprüfung findet im Ja-Pfad (if-Pfad) der ersten Verzweigung statt. Das Prinzip ist nachfolgend dargestellt.

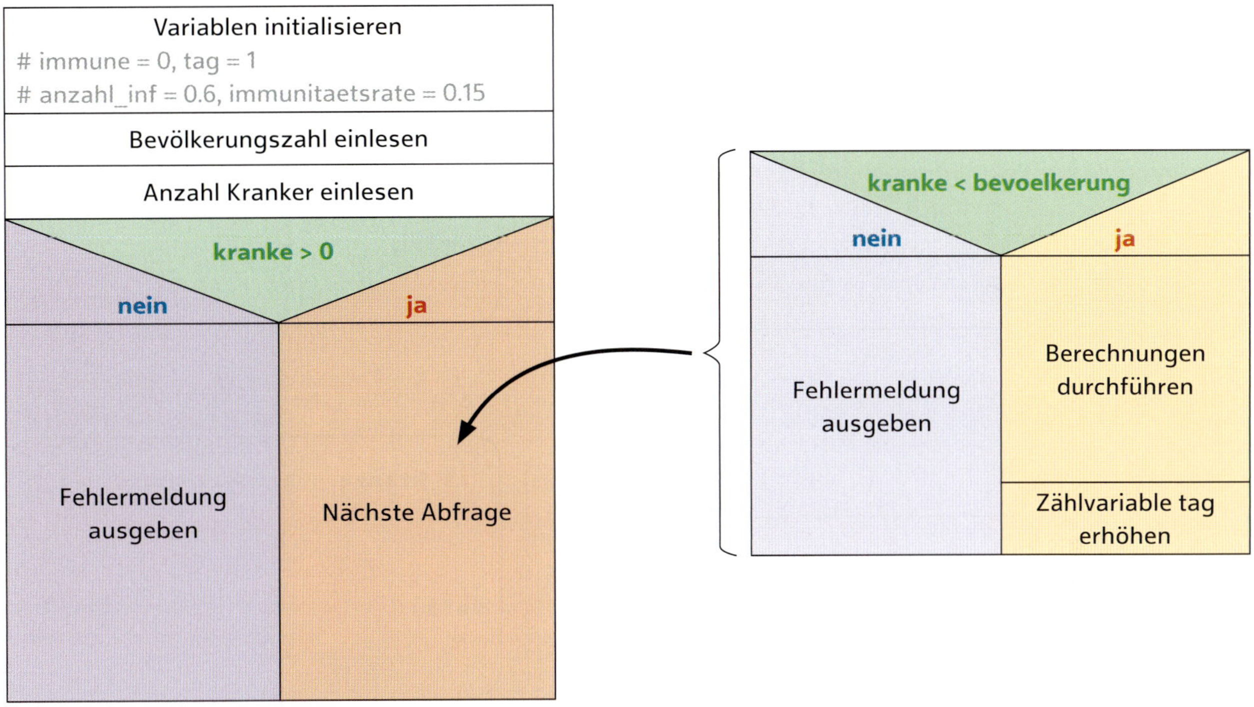


Letztendlich ergibt sich also folgendes Struktogramm:

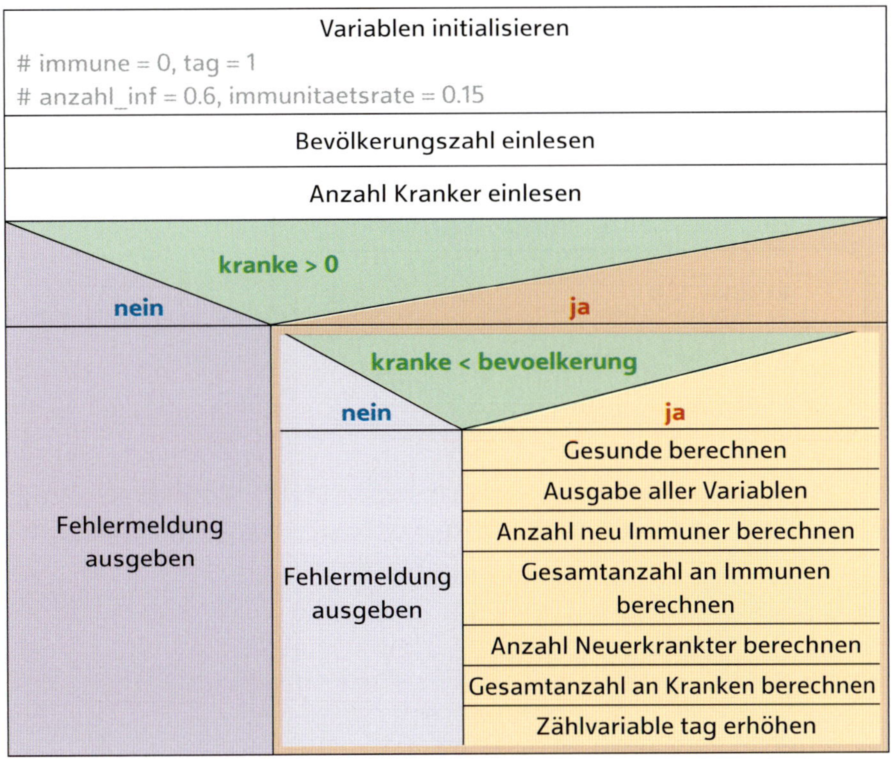

Als Quellcode sehen die einzelnen Schritte wie folgt aus:

```
if kranke > 0:
    #Berechnungen durchführen
    tag = tag + 1
else:
    print("Falsche Eingabe")
```

```
if kranke < bevoelkerung:
    #Berechnungen durchführen
    tag = tag + 1
else:
print("Falsche Eingabe")
```

```
if kranke > 0:
    #Nächste Abfrage

else:
    print("Falsche Eingabe")
```

```
if kranke < bevoelkerung:
    #Berechnungen durchführen
    tag = tag + 1
else:
    print("Falsche Eingabe")
```

**M** **Verschachtelung:**

```
if kranke > 0:
 if kranke < bevoelkerung:
     #Berechnungen durchführen
     tag = tag + 1
 else:
     print("Falsche Eingabe")
else:
  print("Falsche Eingabe")
```

Eine Verschachtelung kann auch im else-Pfad programmiert werden. Verzweigungen können fast beliebig tief verschachtelt werden.

Beispiel:

```
if kranke > 0:
    if kranke < bevoelkerung:
        if gesunde > 0:
            ...  [                    ]
        else:
            print("Berechnung zu Ende")
    else:
    print("Falsche Eingabe")
else:
    print("Falsche Eingabe")
```

## 5.5.3 Verknüpfen von Bedingungen – logische Operatoren

Anstatt Verzweigungen zu verschachteln, können Probleme auch damit gelöst werden, dass man Bedingungen miteinander verknüpft. Für das Verknüpfen von Bedingungen werden logische Operatoren benötigt. Sie dienen als Verbindung, sozusagen als Knoten, zwischen den einzelnen Bedingungen.

So wie sich Knoten auf unterschiedliche Art und Weisen realisieren lassen, so gibt es auch verschiedene logische Operatoren, also Möglichkeiten wie Bedingungen miteinander verknüpft werden können. In nachfolgender Tabelle sind zwei logische Operatoren und ihre Erklärung aufgelistet:

**M**

| Operator | Beschreibung |
|---|---|
| **and** | Bedingung 1 **und** Bedingung 2 müssen erfüllt sein<br>→ **beide** Bedingungen müssen erfüllt sein |
| **or** | Bedingung 1 **oder** Bedingung 2 muss erfüllt sein.<br>→ **Mindestens eine** Bedingung muss erfüllt sein. |

Eine Alternative zur Lösung der Challenge kann also mit dem and-Operator programmiert werden. Beide Bedingungen, d. h. Bedingung 1 und Bedingung 2, müssen erfüllt sein, damit die Berechnungen ausgeführt werden.

```
if kranke > 0 and kranke < bevoelkerung:
    #Berechnungen durchführen
else:
    print("Falsche Eingabe")
```

→ Aufgabe 28

Ob die Challenge nun mithilfe der Verschachtelung von Verzweigungen oder der logischen Operatoren gelöst wird, kann vom Programmierer frei entschieden werden.

Es folgt noch ein Beispiel für die or-Verknüpfung.

In einem Kino soll es einen Preisnachlass von zwei Euro für Kinder bis einschließlich zwölf oder Schüler geben.

```
if alter <= 12 or person == "Schüler":
    preis = preis - 2      #2 Euro vom Preis abziehen
```

Neben dem and- und or-Operator gibt es noch den not-Operator. Dieser zählt auch zu den logischen Operatoren. Er verknüpft allerdings nicht zwei Bedingungen, sondern wirkt nur auf eine Bedingung oder auf verknüpfte Bedingungen. Seine Wirkungsweise ist in nachfolgender Tabelle beschrieben:

M

| | |
|---|---|
| not | Die Bedingung darf nicht erfüllt sein. |

**Beispiel:** Soll überprüft werden, ob das Alter kleiner oder gleich zwölf ist, kann dies wie oben realisiert werden.

```
if alter <= 12:
```

Es kann aber auch gesagt werden, das Alter darf nicht größer als 13 Jahre sein.

```
if not(alter > 13):
```

Beide Formulierungen drücken dasselbe aus.

Es ist auch möglich, mehr als zwei Bedingungen durch mehrere logische Operatoren miteinander zu verknüpfen.

**Beispiel:**
Das obige Beispiel soll so erweitert werden, dass es die Ermäßigung für Schüler nur an einem bestimmten Wochentag (z. B. montags) gibt.

```
if alter <= 12 or (person == "Schüler" and tag == "Montag"):
    preis = preis - 2   #2 Euro vom Preis abziehen
```

Werden mehrere logische Operatoren verwendet, so gilt für die Rangfolge Folgendes:

```
not vor and, and vor or
```

Der Stärkste im Bunde ist also der not-Operator und eine and-Verknüpfung ist stärker als eine or-Verknüpfung. Der and-Operator kann in der Mathematik mit dem Punkt (Multiplikation/Division) und der or-Operator mit dem Strich (Addition/Subtraktion) verglichen werden. Es gilt Punkt vor Strich! Es bietet sich aber trotzdem an, Klammern zu setzten, da dies das Programm strukturiert und es leichter nachvollzogen werden kann. Des Weiteren muss man dann nicht zwingend die Rangfolge der Operatoren kennen.

## 5.5.4 Mehrfachverzweigungen – Nice to have

Muss ein und dieselbe Variable auf verschiedene Bedingungen untersucht werden, so kann dies besonders effizient mit einer sogenannten Mehrfachverzweigung gelöst werden. Bei der Mehrfachverzweigung gibt es nicht nur zwei Pfade (if und else) bzw. Wege, die man gehen kann, sondern wie in dem Bild dargestellt, drei oder noch mehr.

Die Mehrfachverzweigung wird im Folgenden anhand eines kleinen Spiels erklärt:
Zu Beginn wird eine Zufallszahl zwischen 1 und 10 erzeugt. Daraufhin gibt der Benutzer eine Zahl im selben Zahlenbereich ein. Anschließend wird geprüft, ob der Benutzer die Zahl erraten hat, zu niedrig oder zu hoch lag.

Das Struktogramm sieht wie folgt aus:

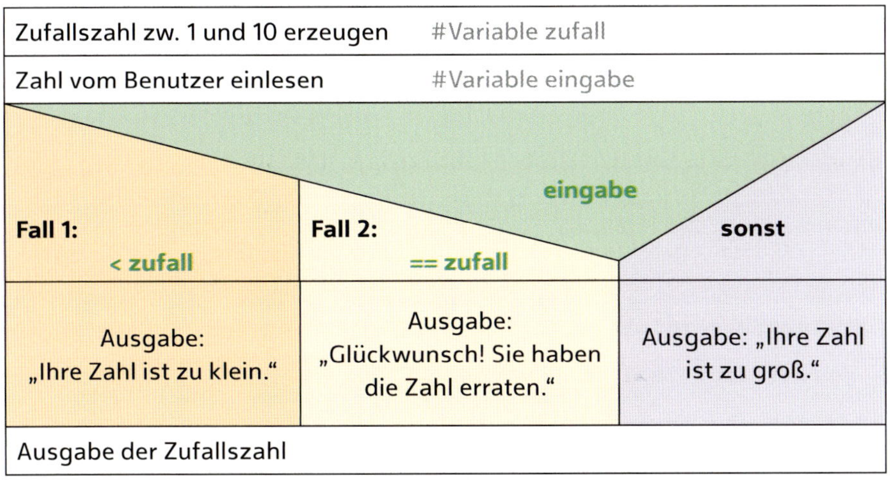


Als erstes wird Fall 1, d. h. die Bedingung *eingabe < zufall,* überprüft. Wird diese erfüllt, werden alle Anweisungen dieses Falles ausgeführt. Die weiteren Fälle werden nicht mehr überprüft. Trifft Fall 1 nicht zu, so wird der nächste Fall überprüft usw. Trifft keiner der Fälle zu, dann werden die Anweisungen des sonst-Falles ausgeführt.

Der nachfolgende Programmablaufplan fasst dies nochmals grafisch zusammen:

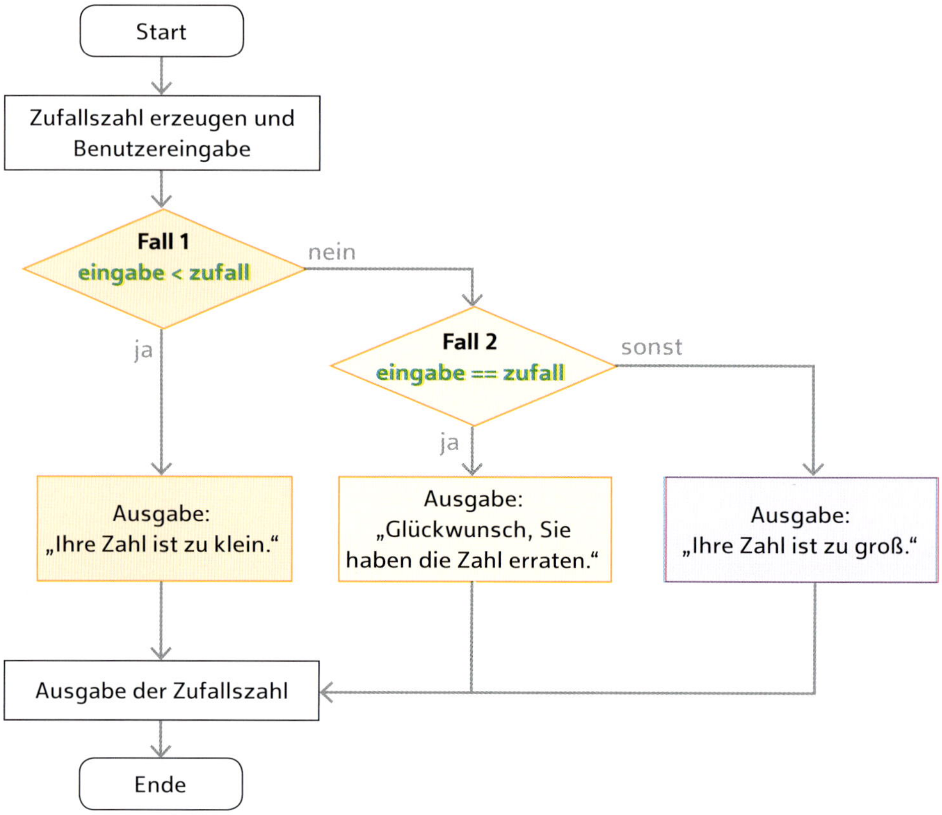


Programmiert wird das Beispiel mithilfe der Mehrfachverzweigung wie folgt:

```
import random       #Modul/Funktionen zum Erzeugen von Zu-
                    #fallszahlen importieren
#Zufallszahl zw. 1 u. 10 erzeugen
zufall = random.randint(1, 10)
#Benutzereingabe
eingabe = int(input("Bitte Zahl zw. 1 und 10 eingeben"))

#Mehrfachverzweigung
if eingabe < zufall:            #Fall 1
  print("Ihre Zahl ist zu klein.")
elif eingabe == zufall:         #Fall 2
  print("Glückwunsch, Sie haben die Zahl erraten.")
else:                           #Sonst
  print("Ihre Zahl ist zu groß.")

print("Die Zufallszahl ist:", zufall)
```

Bedingung Fall 1

Bedingung Fall 2

Fall 2 und alle weiteren Fälle werden mit **elif** eingeleitet

Es können nahezu beliebig viele Fälle programmiert werden.

Ein else-Fall wird nicht immer benötigt, d. h. dieser ist optional und muss nicht programmiert werden.

Anstatt des else-Falles hätte in dem Beispiel oben auch ein dritter Fall wie folgt programmiert werden können:

```
elif eingabe > zufall:        #Fall 3
```

Anstelle einer Mehrfachverzweigung kann auch immer eine Verschachtelung von Verzweigungen eingesetzt werden.

## 5.5.5 Fazit – Was tun bei all diesen Verzweigungen?

Wie in diesem Abschnitt deutlich wurde, so gibt es beim Programmieren fast immer mehrere gleichwertige Möglichkeiten, ein Problem zu lösen. Der Programmierer sollte sich für eine Möglichkeit entscheiden, die von ihm selbst und von anderen gut nachvollzogen werden kann. So sind also nicht immer die raffiniertesten und besonders ausgeklügelten Lösungen die besten, sondern die, die jedem verständlich sind und eine gut nachvollziehbare Programmstruktur aufweisen. Im Idealfall ist das Programm so selbsterklärend programmiert, dass sogar auf Kommentare verzichtet werden könnte.

→ Aufgaben 28 bis 35

## 5.5.6 Stand der Dinge

In diesem Abschnitt wurden die Verzweigungen, das Formulieren von Bedingungen, das Verschachteln von Verzweigungen, die logischen Operatoren und die Mehrfachverzweigung kennen gelernt.

Die Bereiche der Challenge, die nun schon gelöst werden können, sind in nachfolgender Grafik in Form eines grünen Hakens dargestellt.

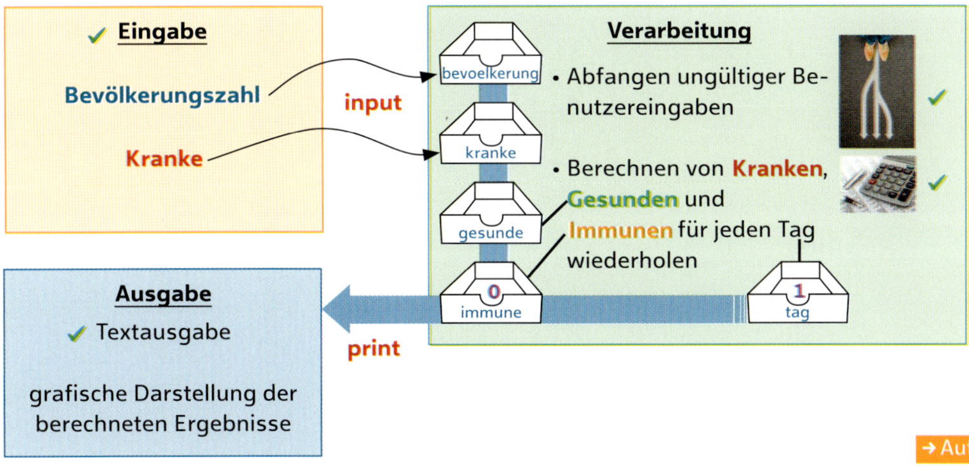


→ Aufgabe 28

### 5.5.7 Cheat-Sheets

**Verzweigung (if-else)**

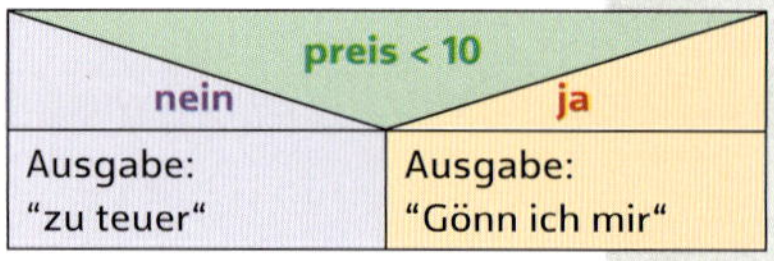


```
if preis < 10: #Falls Preis kl. 10
   print("Gönn ich mir")
else:  #Sonst
   print("zu teuer")
```

**Vergleichsoperatoren**

```
<  #kleiner: a < b
<= #kleiner oder gleich: a <= b
>  #größer: a > b
>= #größer oder gleich: a >= b
== #gleich: a == b  !!Achtung 2x ==!!
!= #ungleich: a != b
```

**Verschachtelung**

```
if preis < 10:
   if preis < mein_geld:
      print("Gönn ich mir")
   else:
      print("zu teuer")
else:
   print("zu teuer")
```

**Verknüpfen von Bedingungen**

```
#logische Operatoren
and   #beide Bedingungen müssen erfüllt sein
or    #min. eine Bedingung muss erfüllt sein
not   #Bedingung darf nicht erfüllt sein

  if preis < 10 and preis < mein_geld:
     print("Gönn ich mir")
  else:
     print("zu teuer")
```

# 5.6 Jetzt geht's rund – Schleifen

Für das Lösen der Challenge fehlt nun nicht mehr viel. Zum jetzigen Stand werden allerdings die Berechnungen nur ein einziges Mal ausgeführt, d. h., das Programm gibt die Anzahl an Gesunden, Kranken und Immunen nur für den ersten Tag aus. Laut Aufgabenbeschreibung sollen die Zahlen aber jeweils für die ersten 14 Tage der Grippewelle ausgegeben werden. Dies bedeutet, dass die bereits programmierten Berechnungen 14 Mal wiederholt werden müssen.

**M** Programm-Wiederholungen werden mit sogenannten Schleifen programmiert.

Eine Schleife kann man sich wie einen Looping vorstellen. Stürzt man sich in den Looping so erledigt man während einer Runde gewisse Aufgaben (z. B. Berechnungen). Ist man wieder unten angekommen muss man entscheiden, ob man noch eine Runde dreht oder aufhört und geradeaus weiter geht. Dreht man noch eine Runde, so werden dieselben Aufgaben noch einmal erledigt. Die Aufgaben werden solange wiederholt, bis entweder eine bestimmte Anzahl an Loopingrunden gedreht oder das Problem, warum man sich überhaupt in den Looping begab, gelöst wurde.

Um das Prinzip von Schleifen besser verstehen zu können wird zunächst ein Programm in Scratch betrachtet. Das Programm zeichnet mithilfe einer Figur ein Quadrat auf den Bildschirm.

Ausgangsposition

Um das Quadrat zu zeichnen muss das Mädchen zunächst den Stift einschalten.
- Dann 100 Schritte gehen und sich um 90° Grad drehen.
- Dann weitere 100 Schritte gehen und sich um 90° Grad drehen.
- Dann weitere 100 Schritte gehen und sich um 90° Grad drehen.
- Dann weitere 100 Schritte gehen und sich um 90° Grad drehen.
  (Nun befindet sich das Mädchen wieder in der Ausgangsposition).

Zum Schluss muss der Stift wieder ausgeschaltet werden.

Dies kann zunächst wie folgt realisiert werden:

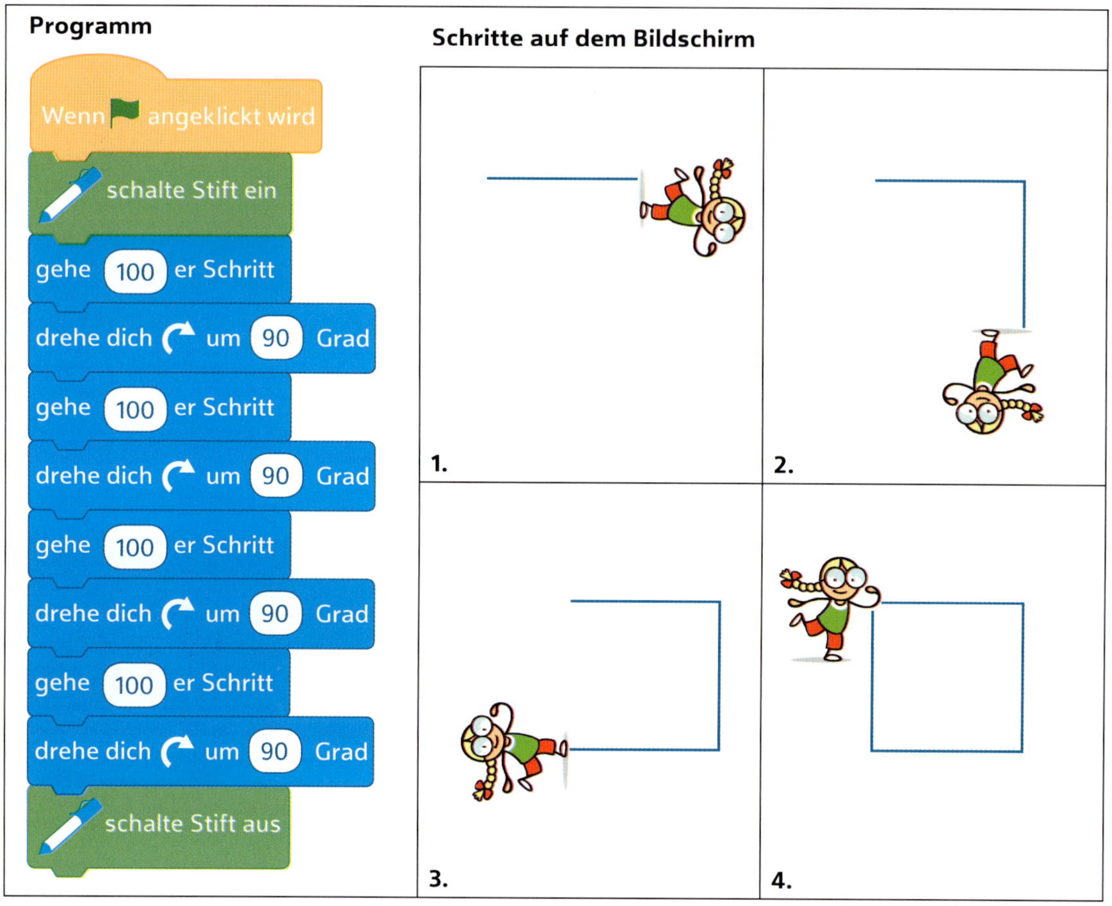


Wie hier ersichtlich wird, werden die Befehle

insgesamt **vier Mal** nacheinander ausgeführt.

Der Programmablauf kann also auch wie folgt beschrieben werden:
Stift einschalten. Dann **wiederhole** „100 Schritte gehen und sich um 90° Grad drehen“ **vier Mal**. Stift wieder ausschalten.

Aus dem vorherigen Programm erhält man dann Folgendes:

**Programm ohne Schleife**

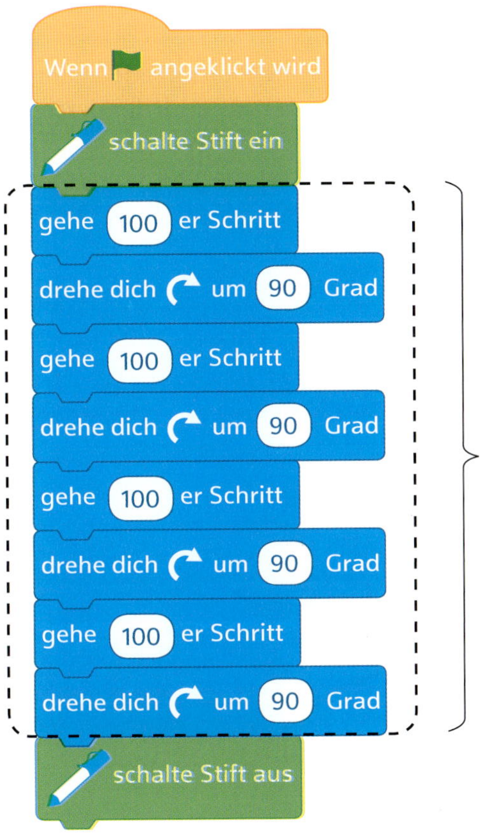


**Programm mit Schleife**

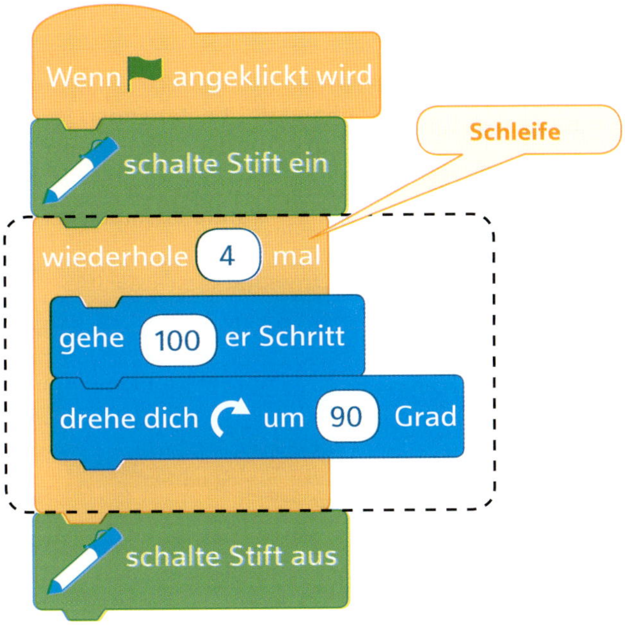


Beide Programme erfüllen dieselbe Aufgabe. Die Verwendung einer Schleife bietet jedoch folgende Vorteile:

- Je mehr Wiederholungen benötigt werden, desto „kleiner" wird das Programm gegenüber dem Programm ohne Schleife.
  „Die dümmsten Programmierer haben die größten Programme ☺". Also lieber mal Schleifen verwenden!
- Die Anzahl an Wiederholungen lässt sich flexibel programmieren, d. h. diese könnten beispielsweise auch über eine Benutzereingabe bzw. Variable festgelegt werden.

In Python gibt es zwei Möglichkeiten, Schleifen zu programmieren. Zum einen gibt es die for-Schleife und zum anderen die while-Schleife. Beide Schleifenarten werden im Folgenden beschrieben.

## 5.6.1 Die for-Schleife

Steht die Anzahl an Loopingrunden, d. h. die Anzahl der Schleifendurchgänge, zu Beginn fest, so verwendet man die for-Schleife. Die einzelnen Runden bzw. Durchgänge werden gezählt. Die for-Schleife wird deshalb auch als Zählschleife bezeichnet. Ist die gewünschte Anzahl an Durchgängen erreicht wird der Looping, also die Schleife verlassen.

**M** Eine for-Schleife wird für Zählaufgaben verwendet.

Bei der Challenge ist dies der Fall. Zu Beginn ist klar, die Berechnungen müssen 14 Mal wiederholt werden. Es werden also 14 Schleifendurchgänge benötigt. Zählt man nun die einzelnen Runden mit, so weiß man, dass nach der vierzehnten Wiederholung der Berechnungen die Schleife abgeschlossen ist.

Anhand des bestehenden Struktogramms werden zunächst alle Befehle ermittelt, die wiederholt werden sollen:

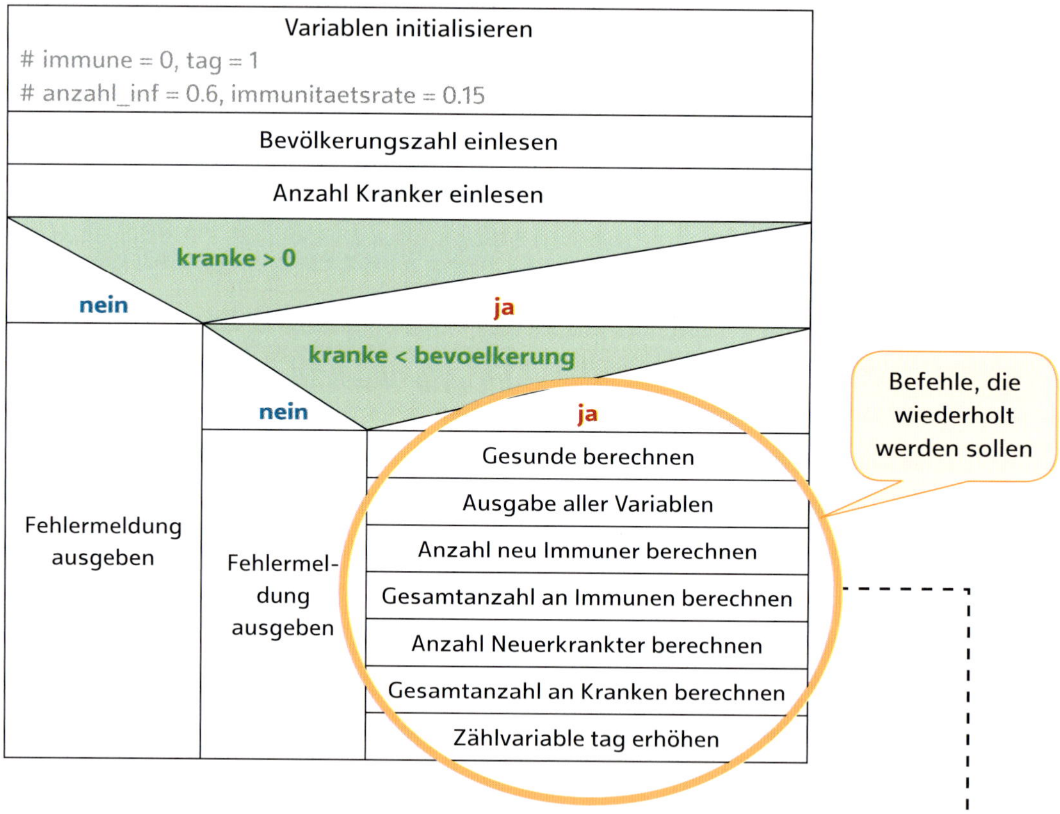


Alle diese Befehle müssen insgesamt 14 Mal wiederholt werden.

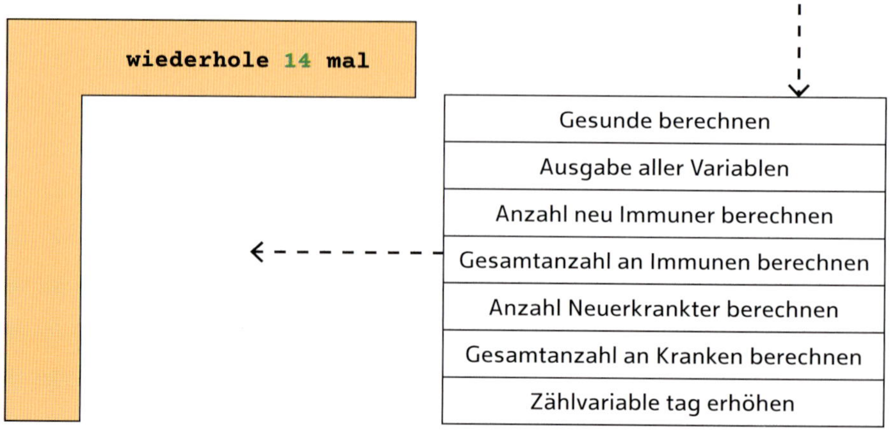

Um die Wiederholungen programmieren zu können, muss das Struktogramm noch etwas konkretisiert werden. Wie eingangs bereits erwähnt, müssen die Loopingrunden, d. h. die Anzahl der Schleifendurchgänge, gezählt werden. Hierfür wird eine Zählvariable benötigt. Ein typischer Name hierfür ist **i**.

Der **Startwert** von ***i*** ist Null, da zu Beginn noch keine Runde absolviert wurde.

Startwert i = 0

Immer wenn eine Runde im Looping gedreht wurde, also kurz bevor wieder der Ausgangspunkt erreicht wird, wird der Rundenzähler um eins erhöht. Am Ende jedes Schleifendurchganges wird also die Variable ***i*** **um 1 erhöht**.

*i* um 1 erhöhen (Schrittweite)

Sollen 14 Runden im Looping gedreht werden, so wird die Variabel ***i*** 14 Mal um eins erhöht. In der letzten Runde hat ***i*** den Wert 13. Ganz am Ende wird ***i*** nun noch einmal um eins erhöht. Dies bedeutet sobald ***i*** den Wert 14 besitzt muss der Looping verlassen, d. h. die Schleife beendet werden. **14** ist also der **Endwert** von ***i***. Der Inhalt von ***i*** ist nachfolgend der Reihe nach dargestellt.

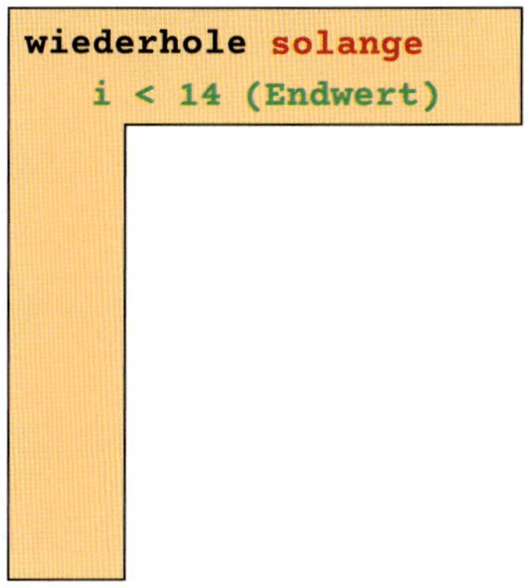


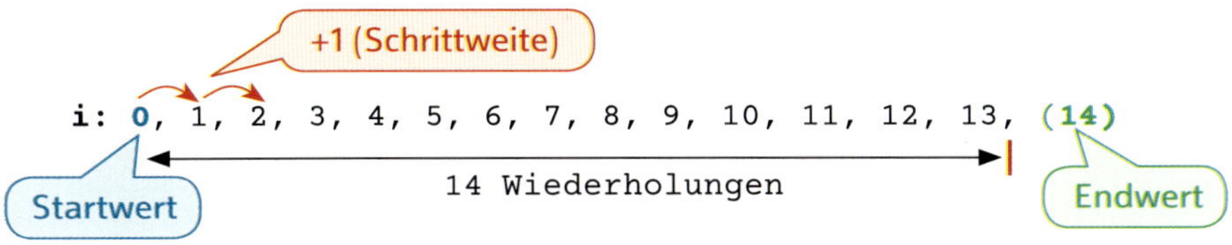


Es werden also solange Runden im Looping gedreht, d. h. die Schleife wiederholt, wie der Rundenzähler kleiner als 14 ist.

**H** Für den Endwert wird die Schleife nicht mehr ausgeführt!

Werden nun alle Elemente zusammengesetzt erhält man folgendes Struktogramm:

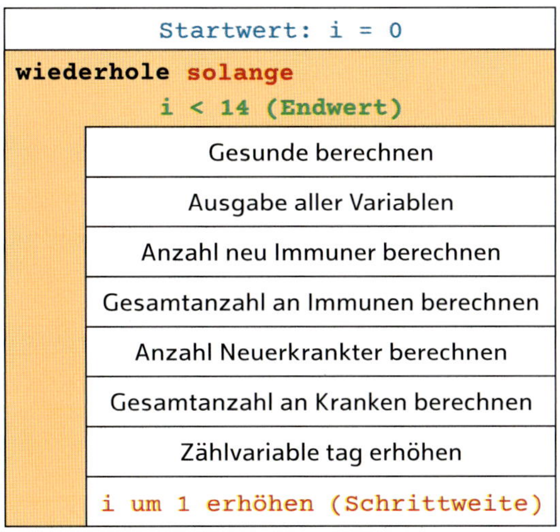

Programmiert wird das Ganze nun wie folgt:

Die Zählvariable ***i*** wird im **Bereich** von **0** bis **14** in **1er-Schritten** erhöht. Für die Zahl **14** wird die Schleife nicht mehr ausgeführt.

Name der Zählvariable | Startwert | Endwert | Schrittweite

```
for i in range(0, 14, 1):
    gesunde = bevoelkerung - kranke - immune
    #...
    #...
    tag = tag + 1
```

Hier stehen alle Befehle, die wiederholt werden sollen.

Sie müssen mit einem Tabulator eingerückt werden!

**H** Befehle, die nicht mehr eingerückt werden, stehen außerhalb der Schleife.

**M** Allgemein kann die Funktionsweise der for-Schleife so beschrieben werden:

Eine Zählvariable wird in einem einstellbaren **Bereich** mit einer programmierbaren **Schrittweite** erhöht. Der **Bereich** wird durch einen **Startwert** und einen **Endwert** definiert. Für den **Endwert** wird die Schleife nicht mehr ausgeführt.
Startwert, Endwert und Schrittweite dürfen nur Ganzzahlen sein.

Werden in der Klammer nur zwei Zahlen angegeben, so ist die Schrittweite 1.

```
for i in range(0,14):
```

Wird in der Klammer nur eine Zahl angegeben, so ist dies der Endwert. Die Schrittweite wird mit 1 und der Startwert mit 0 angenommen.

```
for i in range(14):
```

Die Programmierung der Wiederholungen für die Challenge kann noch etwas optimiert werden. Auf eine separate Zählvariable kann eigentlich verzichtet werden, da die Variable *tag* ja bereits als Zählvariable fungiert.

Wird anstelle der Zählvariable *i* die Variable *tag* verwendet, so gilt für diese Folgendes:

- **Startwert: 1**
- **Schrittweite: 1**
- **Endwert: 15**

Der Inhalt von *tag* sieht der Reihe nach wie folgt aus:

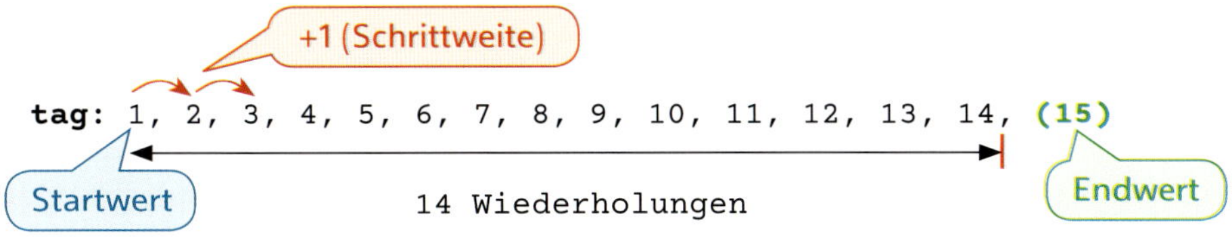


Das Struktogramm lässt sich dann so darstellen:

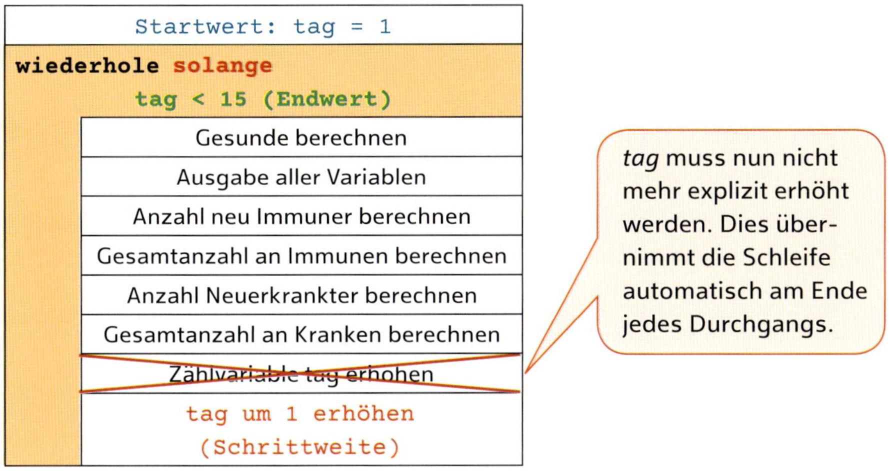


Der Quellcode sieht wie folgt aus:

```
for tag in range(1, 15, 1):
    gesunde = bevoelkerung - kranke - immune
    #...
    #...
    #Diese Anweisung entfällt: tag = tag + 1
```

Folgende Schreibweise ist gleichbedeutend:

```
for tag in range(1, 15):
```

## 5.6.2 Die while-Schleife

**M** Die while-Schleife wird dann eingesetzt, wenn Programmteile wiederholt werden sollen, die **Anzahl an Wiederholungen zu Beginn aber noch nicht feststeht**. Man weiß also zu Beginn noch nicht, wie viele Loopingrunden man drehen muss, um ein Problem zu lösen.

Die Aufgabenstellung der Challenge könnte beispielsweise auch so formuliert sein, dass der Zeitpunkt während des Verlaufs der Grippewelle ermittelt werden soll, ab wann es mehr kranke als gesunde Personen gibt. Wie oft die Berechnungen ausgeführt werden müssen, bis dieser Fall eintritt, ist zu Beginn nicht bekannt.

Um die Challenge auf diese Weise zu lösen, lautet die Beschreibung des Programmablaufes wie folgt:

**Wiederhole** die Berechnungen und das Erhöhen des Tageszählers, **solange** die **Anzahl an Kranken kleiner ist als die Anzahl an Gesunden**.

Daraus ergibt sich folgendes Struktogramm:

| **wiederhole solange kranke < gesunde** (Bedingung) |
| --- |
| Gesunde berechnen |
| Ausgabe aller Variablen |
| Anzahl neu Immuner berechnen |
| Gesamtanzahl an Immunen berechnen |
| Anzahl Neuerkrankter berechnen |
| Gesamtanzahl an Kranken berechnen |
| Zählvariable tag erhöhen |

**H**

- Es muss immer dafür gesorgt werden, dass die Bedingung erfüllt werden kann. Sonst bleibt das Programm in der Schleife „gefangen". Man spricht dann von einer Endlosschleife, was in diesem Fall einem Programmabsturz gleichkommt.
- Befehle, die nicht mehr eingerückt werden, befinden sich außerhalb der Schleife.

Als Quellcode sieht das Ganze dann so aus:

Bedingung

```
while kranke < gesunde:
    gesunde = bevoelkerung - kranke - immune
    #...
    tag = tag + 1
```

Hier stehen alle Befehle, die wiederholt werden sollen, **solange** die **Bedingung** erfüllt ist. !!Sie müssen mit einem Tabulator eingerückt werden!!

**M**

- „Wiederhole solange" wird durch das Schlüsselwort while programmiert. Nach while folgt die Bedingung und ein „:".
- Die Bedingung wird so formuliert wie bei den Verzweigungen. Es stehen alle Vergleichsoperatoren zur Verfügung. Des Weiteren können auch mehrere Bedingungen mithilfe der logischen Operatoren verknüpft werden.

  Beispiel: `while kranke < gesunde and tag < 15:`

### 5.6.3 Plotten was das Zeug hält – Das Modul matplotlib

Die Challenge ist nun fast komplett geschafft. Der letzte offene Punkt ist die grafische Darstellung der berechneten Ergebnisse in einem mathematischen Diagramm. Um Diagramme ausgeben zu können, wird das Modul *matplotlib* benötigt. Dieses beinhaltet alle benötigten Funktionen. Das Modul ist unabhängig von Schleifen. Die Verwendung im Rahmen dieses Kapitels ist aber erst im Zusammenhang mit Schleifen richtig sinnvoll. Daher befindet es sich in diesem Abschnitt und bildet die letzte Hürde zum Meistern der Challenge.

Das Modul muss zunächst über folgenden Befehl importiert werden:

```
import matplotlib.pyplot as plt
```

Ein Teil des Moduls wird somit importiert und um nicht bei jedem Zugriff auf Funktionen des Moduls den kompletten Namen *matplotlib.pyplot* schreiben zu müssen, wird dieser durch *plt* ersetzt.

**H** Das Modul matplotlib ist in Thonny nicht standardmäßig installiert. Vor der Verwendung muss dieses in Thonny unter „Extras → Manage packages" hinzugefügt werden. Hierzu in der Suchleiste nach matplotlib suchen und dann auf *installieren* klicken.

Das Diagramm kann nun vorbereitet werden, d. h. mit einem Titel versehen und die Achsbeschriftungen vorgenommen werden. Der Beschriftungstext steht in Anführungsstrichen und ist vom Programmierer frei wählbar.

```
plt.title("Verlauf der Grippewelle")
plt.xlabel("Tage")
plt.ylabel("Erkrankte")
```

Mit der Funktion *plot()* kann nun ein Punkt in das Diagramm eingetragen werden.

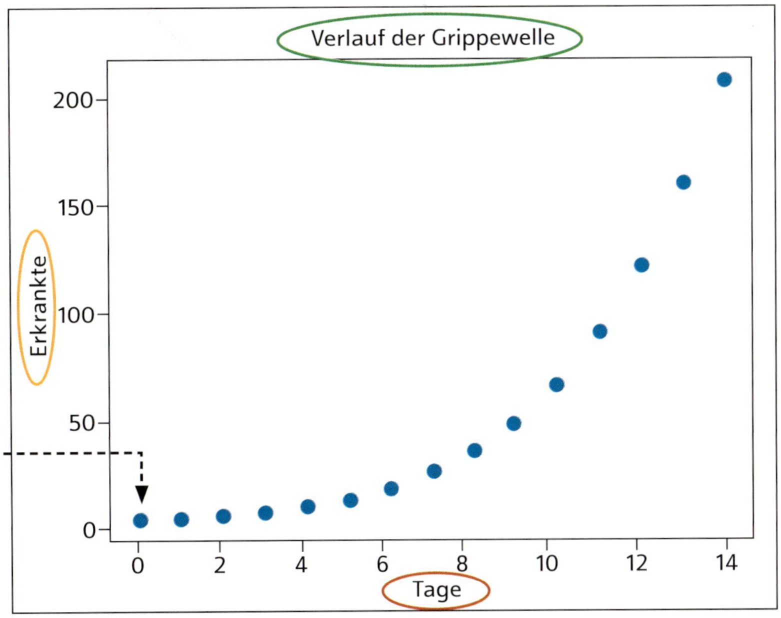


```
plt.plot(tag, kranke,'bo')
```

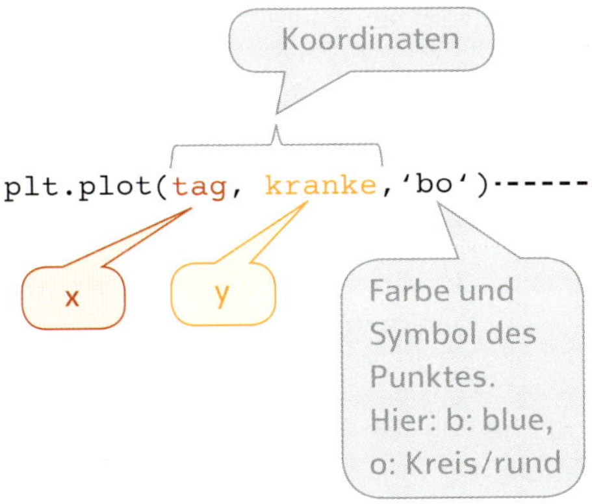


Sind alle Punkte in das Diagramm eingetragen, so kann es mit der Funktion *show()* angezeigt werden.

```
plt.show()
```

→ Aufgaben 36 bis 44

## 5.6.4 Stand der Dinge

In diesem Abschnitt wurde die for- und die while-Schleife, sowie das Modul matplotlib kennengelernt.

Die Challenge kann nun komplett gelöst werden. Das Struktogramm sieht wie folgt aus:

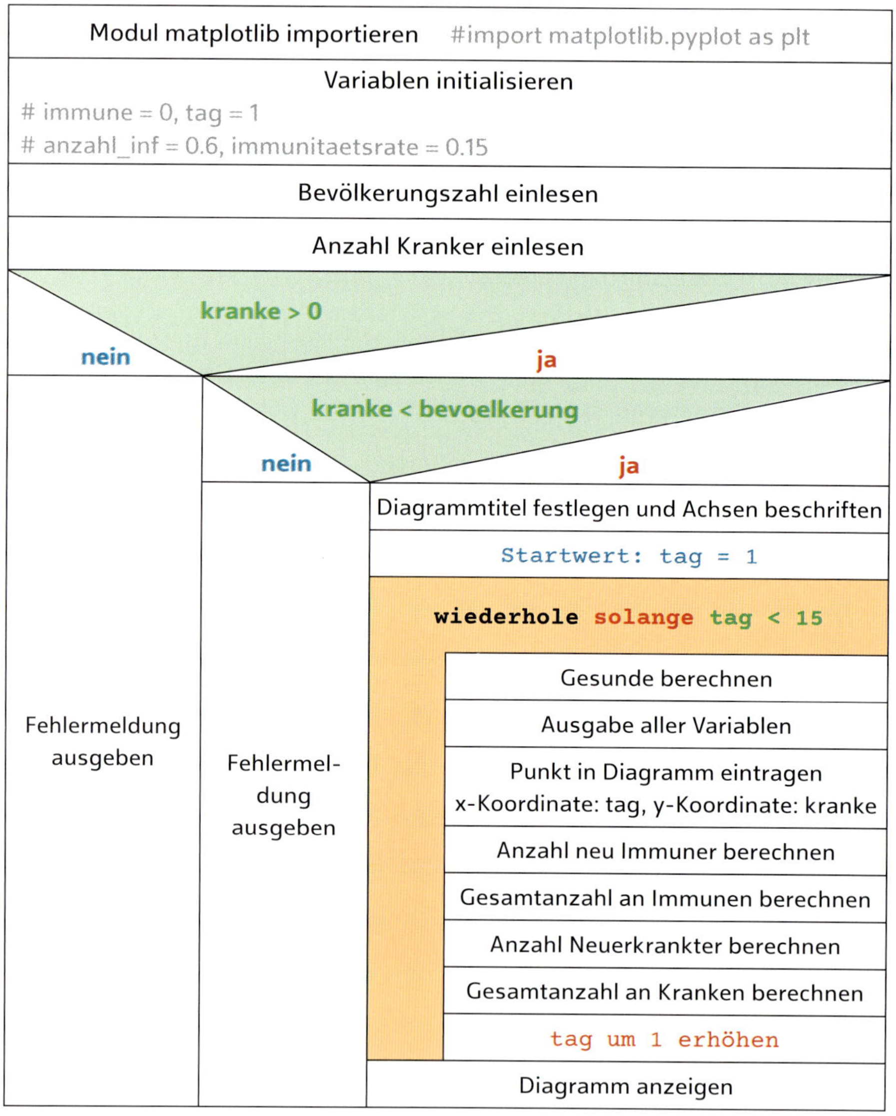


Das Struktogramm dient nun als Grundlage für die Fertigstellung des Programms und gleichzeitig als Dokumentation.

→ Aufgabe 36

## 5.6.5 Cheat-Sheets

**for-Schleife (Zählschleife)**

```
#Quadratzahlen für die Zahlen von 2 bis 8
#ausgeben
```

| Startwert: i = 2 | |
|---|---|
| **wiederhole solange i < 9** | |
| | Ausgabe der Quadratzahl von i (i*i) |
| | i um 1 erhöhen |

```
for i in range(2,9,1):
   print("Quadratzahl von", i, "ist", i*i)
```

**while-Schleife**

```
#Solange die Summe aller Benutzereingaben
#kleiner ist als 21, berechne die Summe
```

| summe = 0 | |
|---|---|
| **wiederhole solange summe < 21** | |
| | Zahl von Benutzer einlesen |
| | Summe berechnen |

```
summe = 0
while summe < 21:
   zahl = int(input("Zahl eingeben"))
   summe = summe + zahl
```

### Kompetenzkontrolle

Am Ende dieses Kapitels sollten Sie die aufgelisteten Punkte können.

Nehmen Sie sich nach jedem Abschnitt ein wenig Zeit und überprüfen Sie, ob Sie auf Kurs sind.

**Funktionen** (Abschnitt 5.2)

1. Ich kann beschreiben, was man unter einer Funktion versteht.
2. Ich kann beschreiben, was man unter Übergabeparametern und Rückgabewerten versteht.
3. Ich kann Funktionen in einem Programm verwenden.

**Variablen** (Abschnitt 5.3)
1. Ich kann beschreiben, wofür man Variablen benötigt.
2. Ich kann für Variablen geeignete Namen vergeben.
3. Ich kann Variablen initialisieren.
4. Ich kann Variableninhalte auf dem Bildschirm ausgeben.
5. Ich kann Werte unter Berücksichtigung des Datentyps vom Benutzer in eine Variable einlesen.

**Nutzung von Variablen** (Abschnitt 5.4)
1. Ich kann Variablen Werte zuweisen.
2. Ich kann den Vorgang einer Zuweisung mithilfe der Wörter Quelle und Ziel erklären.
3. Ich kann Berechnungen mithilfe der arithmetischen Operatoren durchführen.

**Eingabe, Verarbeitung, Ausgabe** (Abschnitt 5.2–5.4)
1. Ich kann Programme mit Benutzereingaben, einfachen Berechnungen und Ausgaben mithilfe eines Struktogramms planen und dokumentieren.
2. Ich kann Programme mit Benutzereingaben, einfachen Berechnungen und Ausgaben entwickeln und programmieren.

**Kontrollstruktur: Verzweigungen** (Abschnitt 5.5)
1. Ich kann den Programmablauf einer Verzweigung beschreiben und mittels eines Struktogramms darstellen.
2. Ich kann Bedingungen unter Verwendung von Vergleichsoperatoren formulieren.
3. Ich kann Verzweigungen ineinander verschachteln.
4. Ich kann die Funktionsweise der logischen Operatoren *and*, *or* und *not* beschreiben.
5. Ich kann Bedingungen mithilfe der logischen Operatoren verknüpfen.
6. Ich kann eigene Programme unter Nutzung von Kontrollstrukturen (Verzweigungen) mithilfe eines Struktogramms planen und dokumentieren.
7. Ich kann eigene Programme unter Nutzung von Kontrollstrukturen (Verzweigungen) entwickeln und programmieren.

**Kontrollstruktur: Schleifen** (Abschnitt 5.6)
1. Ich kann den Programmablauf einer for-Schleife beschreiben und mittels eines Struktogramms darstellen.
2. Ich kann den Programmablauf einer while-Schleife beschreiben und mittels eines Struktogramms darstellen.
3. Ich kann entscheiden, welche Schleifenart sich für das Lösen einer Aufgabe anbietet.
4. Ich kann eigene Programme unter Nutzung von Kontrollstrukturen (Verzweigungen und Schleifen) mithilfe eines Struktogramms planen und dokumentieren.
5. Ich kann eigene Programme unter Nutzung von Kontrollstrukturen (Verzweigungen und Schleifen) entwickeln und programmieren.

## Aufgaben

**1.** Stellen Sie folgende Vorüberlegungen zur Lösung der Challenge an:

a) Der Benutzer gibt die Bevölkerungszahl (Gesamtanzahl aller Personen) und die Anzahl an kranken Personen zu Beginn der Grippewelle ein. Die Anzahl an Immunen ist zu Beginn Null. Wie lässt sich aus diesen Informationen die Anzahl der gesunden Personen berechnen?

b) Welche Benutzereingaben sind ungültig oder nicht sinnvoll? Die folgenden Fragen helfen Ihnen dabei:
- Welche Bedingung muss erfüllt sein, damit die Eingabe der Bevölkerungszahl akzeptiert wird oder sinnvoll ist?
- Welche Bedingung muss erfüllt sein, damit die Eingabe der Anzahl an Kranken akzeptiert wird oder sinnvoll ist?

Sollte es mehrere Bedingungen geben, so schreiben Sie alle auf.

**2.** Überlegen Sie sich, wie Eingabe, Verarbeitung und Ausgabe bei von Ihnen genutzten Programmen (auch Apps sind Programme) funktionieren. Suchen Sie zwei Beispiele und beschreiben Sie jeweils Eingabe, Verarbeitung und Ausgabe.

**3.** Starten Sie Thonny und speichern Sie die Datei unter einem Namen Ihrer Wahl. Schreiben Sie ein Programm, das „Läuft bei mir!“ ausgibt.

**4.** Testen Sie die Textausgaben des dargestellten gramms. Schreiben Sie Ihre Erkenntnisse in Form von Kommentaren in Ihr Programm.

```
print("Ich bin nun ein Programmierer")

print("Ich bin nun",
      "ein Programmierer")

print("Ich bin nun")
print("ein Programmierer")

print("Ich bin nun \nein Programmierer")

print("""Ich bin nun
            ein
                Programmierer""")
```

**5.** Welche der genannten Befehle erzeugen die gleiche Ausgabe? Diskutieren Sie ihr Ergebnis zu zweit. Probieren Sie bei Unstimmigkeiten die Befehle aus.

a)
```
print("Python,",
      "ich liebe es")
```

b)
```
print("""Python, ich
liebe es""")
```

c)
```
print("Python, ich liebe es")
```

d)
```
print("""Python,
ich
liebe es""")
```

e)
```
print("""Python, ich liebe es""")
```

f)
```
print("Python,\nich\nliebe es")
```

**6.** Gestalten Sie sich ihr eigenes Cheat-Sheet im Karteikartenformat. Fassen Sie darauf die in den Aufgaben 4 und 5 erlernten Programmierkenntnisse über ein- und mehrzeilige Textausgabe und Kommentare zusammen.

**7.** Es gibt verschiedene Websites, die Rankings für die derzeit populärsten Programmiersprachen aufstellen. Die bekanntesten sind

- www.tiobe.com/tiobe-index/ und
- www.redmonk.com.

Bilden Sie zwei Gruppen und recherchieren Sie jeweils auf einer Website die derzeit fünf populärsten Programmiersprachen. Recherchieren Sie auch für Ihre Website, wie und in welchem zeitlichen Abstand die Rankings durchgeführt werden. Stellen Sie Ihr Ergebnis der jeweils anderen Gruppe vor.

**8.** Beschreiben Sie in eigenen Worten, was man bei Programmiersprachen unter „Syntax“ versteht.

**9.** Überlegen Sie sich je einen Vorteil von interpretierten und compilierten Programmiersprachen.

**10.** In dem Modul math gibt es die Funktionen pow() und cos(). Recherchieren Sie, welche Aufgabe diese Funktionen jeweils haben, und ermitteln Sie jeweils die Übergabe- und Rückgabewerte.

**11.** Das Programm, um die Challenge zu lösen, wurde bereits wie abgebildet erstellt.

Die_Challenge.py

```
 1  #Die Challenge - Grippewelle Anoroc
 2
 3  immune = 0     #Initialisierung der Variable immune
 4  tag = 1        #Zählvariable für die Tage
 5                 #Variable für die Immunitätsrate
 6                 #Variable für die Anzahl an Infektionen
 7
 8  #Benutzereingaben
 9  kranke = int(input("Bitte geben Sie die Anzahl an Kranken ein"))
10
```

**a)** Für die späteren Berechnungen werden zwei weitere Variablen benötigt. Initialisieren Sie in Zeile 5 eine Variable für die Immunitätsrate (Initialwert 0.15) und in Zeile 6 für die Anzahl an Infektionen (Initialwert 0.6).

**b)** Ergänzen Sie das Programm in Zeile 10 um die Benutzereingabe der Bevölkerungszahl.

**c)** Überprüfen Sie, ob die Benutzereingaben korrekt funktionieren. Programmieren Sie hierzu in Zeile 11 eine print-Anweisung, die alle Variableninhalte ausgibt.

**d)** Alternativ zu der Ausgabe der Variableninhalte kann das Programm mit dem sogenannten Debugger untersucht werden. Aktivieren Sie hierzu in Thonny das Variablen-Fenster (Ansicht → Variablen)

Durch das Klicken auf das Käfersymbol wird das Programm im sogenannten Debug-Modus (Fehlersuch-Modus) ausgeführt.

Durch das Drücken von F6 kann nun das Programm Zeile für Zeile im sogenannten Einzelschritt ausgeführt werden. Die Inhalte der Variablen werden entsprechend im Variablen-Fenster aktualisiert.

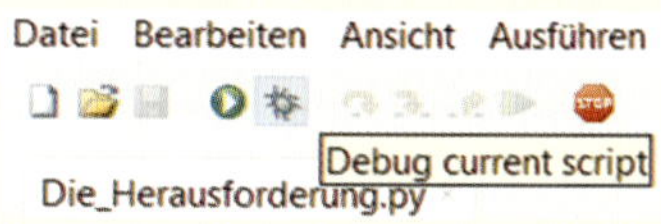


Die_Challenge.py

```
 1  #Die Challenge - Grippewelle Anoroc
 2
 3  immune = 0     #Initialisierung der Variable immune
 4  tag = 1        #Zählvariable für die Tage
 5                 #Variable für die Immunitätsrate
 6                 #Variable für die Infektionssrate
 7
 8  #Benutzereingaben
 9  kranke = int(input("Bitte geben Sie die Anzahl an Kranken ein"))
10
```

Variables

| Name | Value |
|---|---|
| immune | 0 |
| tag | 1 |

Treffen Sie die beschriebenen Vorbereitungen und führen Sie Ihr Programm mit dem Debugger im Einzelschritt (F6) aus.

**12.** Recherchieren Sie nach weiteren Regeln (Konventionen) zur Vergabe von Variablennamen und notieren Sie diese.

**13.** Beschreiben Sie in eigenen Worten, wofür Variablen beim Programmieren benötigt werden.

**14.** Recherchieren Sie, weshalb beim Programmieren die Fehlersuche als Debugging bezeichnet wird.

**15.** Schreiben Sie ein Programm zum Registrieren von Artikeln in einem Supermarkt. Wird das Programm gestartet, so soll der Name, der Preis (in €) und die Menge eines Artikels eingegeben werden können. Realisieren Sie das Programm in folgenden Teilschritten:

- Überlegen Sie sich geeignete und zulässige Variablennamen für Artikelname, -preis und -menge.
- Überlegen Sie sich, welcher Datentyp bei der jeweiligen Eingabe erwartet wird.
- Programmieren Sie die Benutzereingabe mit entsprechenden Hinweistexten.
- Versehen Sie das Programm mit entsprechenden Kommentaren.
- Testen Sie ihr Programm mit dem Debugger im Einzelschritt.

**16.** Schreiben Sie ein Programm für die Ergebnisanzeige eines Fußballspieles. Der Bediener soll zwei Mannschaftsnamen und die jeweilige Anzahl an Toren eingeben können. Anschließend wird der Spielstand ausgegeben.

**17.** Schreiben Sie ein Programm, das beim Erfassen der Personendaten für die Bestellung neuer Ausweise eingesetzt wird. Folgende Daten sollen eingegeben werden können: Vor-, Nachname, Geburtsdatum (Tag, Monat, Jahr jeweils separat), Geburtsort, Nationalität und Größe in m.
Zur Kontrolle, ob die Daten korrekt eingegeben wurden, sollen diese nochmals auf dem Bildschirm ausgegeben werden.

**18.** Das Programm, um die Challenge zu lösen, wurde nun bereits wie abgebildet gelöst.

Die_Challenge.py *

```
1  #Die Challenge - Grippewelle Anoroc
2  immune = 0    #Initialisierung der Variable immune
3  tag = 1       #Zählvariable für die Tage
4  immunitaetsrate = 0.15  #Variable für die Immunitätsrate
5  anzahl_inf = 0.6        #Variable für die Ansteckung
6
7  #Benutzereingaben
8  kranke = int(input("Bitte geben Sie die Anzahl an Kranken ein"))
9  bevoelkerung = int(input("Bitte geben Sie die Bevölkerungszahl ein"))
10
11 #Berechnungen
12 gesunde = bevoelkerung-kranke-immune   #Gesunde berechnen
13                                        #Ausgabe aller Personengruppen und des Tages
14 immune_neu = kranke*immunitaetsrate    #wieder gesund gewordene Personen berechnen
15 immune = immune + immune_neu           #Gesamtanzahl Immuner berechnen
16 kranke_neu = anzahl_inf *(kranke/bevoelkerung)*gesunde #Neuerkrante berechnen
17                                        #Gesamtanzahl Kranker berechnen
18                                        #tag inkrementieren
```

Vervollständigen Sie das Programm gemäß dem Struktogramm auf S. 156. Gehen Sie nach den einzelnen Teilaufgaben vor.

a) Geben Sie in Zeile 13 den Stand der aktuellen Zahlen in folgendem Format aus:
`Tag: x    Gesunde: x    Kranke: x    Immune: x`
Das x steht jeweils für den Inhalt der entsprechenden Variablen.

b) Berechnen Sie in Zeile 17 die Gesamtanzahl an kranken Personen. Sie setzt sich aus dem alten Stand der Kranken und den Neuerkrankten zusammen. Abgezogen werden müssen dann aber noch die neu Genesenen (immune_neu).

c) Erhöhen Sie in Zeile 18 die Variable *tag* um eins.

d) Testen Sie Ihr Programm im Einzelschrittmodus mithilfe des Debuggers und betrachten Sie die Variableninhalte.

Beispiel: Schleppen zwei vierköpfige Familien (acht Kranke) das Virus in Stuttgart (Bevölkerungszahl ca. 680.000) ein, so sehen die Inhalte der Variablen am Ende wie nebenstehend abgebildet aus.

Variables

| Name | Value |
|---|---|
| bevoelkerung | 680000 |
| gesunde | 679992 |
| immune | 1.2 |
| immune_neu | 1.2 |
| immunitaetsra | 0.15 |
| inf_rate | 0.6 |
| kranke | 11.599943529411764 |
| kranke_neu | 4.799943529411764 |
| tag | 2 |

**19.** Analysieren Sie nebenstehendes Programm. Überlegen Sie sich zunächst, welchen Inhalt die Variablen *a, b* und *tmp* jeweils nach dem Ausführen der Befehle in Zeile 5 und 6 haben. Verifizieren Sie Ihre Vermutung, indem Sie das Programm im Einzelschrittmodus testen.

```
1               #   a   b   tmp
2  a = 5        #   5   -   -
3  b = 6        #   5   6   -
4  tmp = a      #   5   6   5
5  a = b
6  b = tmp
```

**20.** Analysieren Sie nebenstehendes Programm. Überlegen Sie sich zunächst welche Ausgabe Zeile 4, 6 und 7 erzeugt. Verifizieren Sie Ihre Überlegung, indem Sie das Programm testen.

```
1  a = 7
2  b = 3                # ergebnis
3  ergebnis = a // b    # Ganzzahl-Division
4  print(ergebnis)      #
5  ergebnis = a % b     #Modulo (Rest)
6  print(ergebnis)      #
7  ergebnis = a ** b    #Potenzieren
8  print(ergebnis)      #
```

**21.** Gestalten Sie sich Ihr eigenes Cheat-Sheet im Karteikartenformat. Fassen Sie darauf die in Abschnitt 5.4 erlernten Programmierkenntnisse über die Operatoren //, % und ** zusammen.

**22.** Schreiben Sie ein Programm, mit dem die Mehrwertsteuer eines Artikels ausgewiesen werden kann. Der Benutzer soll den Preis eines Artikels eingeben und daraufhin erfolgt die Ausgabe der darin enthaltenen Mehrwertsteuer. Die Mehrwertsteuer beträgt 19 %. Erstellen Sie vorab ein Struktogramm.

**23.** Erstellen Sie ein Programm, das aus der erreichten Punktezahl und der maximalen Punktezahl einer Klassenarbeit die Note berechnet. Die Note berechnet sich durch:
Note = 6.0 – 5 · erreichte Punkte/maximale Punkte
Die maximale Punktezahl und die erreichte Punktezahl sollen vom Benutzer eingegeben werden können.

**24.** Erstellen Sie ein Programm, das den Kreisumfang und die Kreisfläche berechnet und ausgibt. Der Benutzer soll hierzu den Radius des Kreises eingeben.

**H**

Zur Berechnung wird die Konstante π (Pi) benötigt. Diese wird in Python über das Modul math zur Verfügung gestellt. Dieses Modul muss mit der import-Anweisung ganz oben in das Programm eingebunden werden.

```
import math
```

Mit math.pi kann nun auf die Konstante zugegriffen werden.

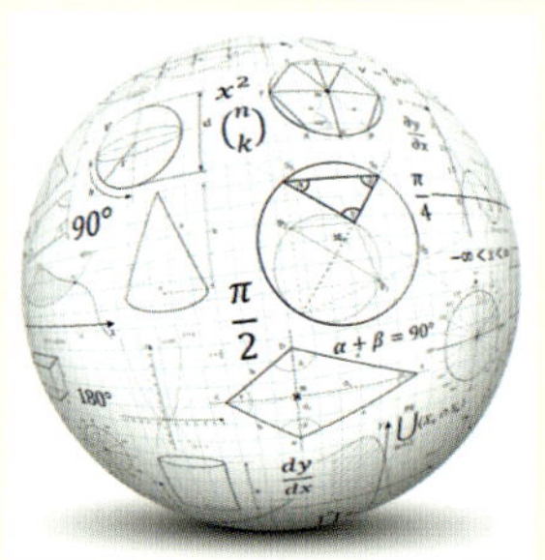

**25.** 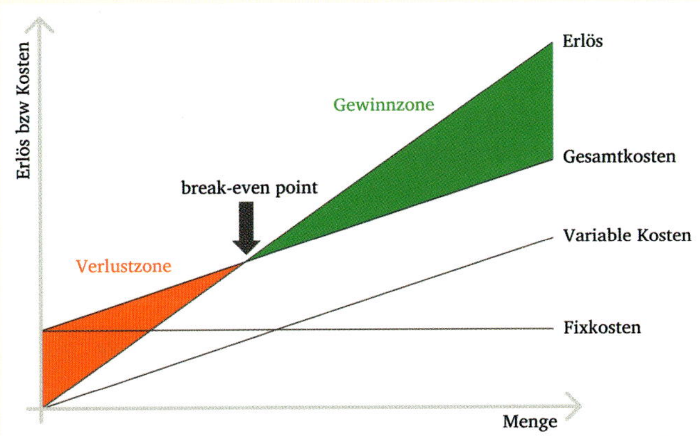


Schreiben Sie ein Programm, das von Unternehmen zu einer Break-Even-Analyse verwendet werden kann. Bei der Break-Even-Analyse wird ermittelt, ab welcher Verkaufsmenge eines Produktes das Unternehmen Gewinn macht.
Der Benutzer muss hierfür die variablen und die Fixkosten, sowie den Verkaufspreis des Produktes eingeben.

Über folgende Formel kann dann die Menge berechnet werden:
Menge = Fixkosten / (Verkaufspreis – variable Kosten)

**26.** Schreiben Sie ein Programm für den abgebildeten Glücksradbetreiber.
Der Betreiber möchte folgende Daten eingeben:
- Preis, der für eine Drehung bezahlt werden muss
- Summe, die bei einem Gewinn ausgezahlt wird

Das Programm soll dem Betreiber daraufhin den Erwartungswert berechnen und ausgeben.
**Beispiel:** Preis pro Drehung: 1,00 €, Gewinn: 5,00 €
Erwartungswert = 7/8 · 1,00 € + 1/8 · (1,00 € – 5,00 €) = 0,375 €
Der Betreiber kann also im Durchschnitt mit einer Einnahme von 0,375€ pro Drehung des Rades rechnen.

**27.** Schreiben Sie ein Programm, das den Durchschnittsverbrauch (Liter pro 100 km) für eine Autoanzeige berechnet. Über eine Benutzereingabe wird erfasst, wie viel Liter getankt wurden und wie viele Kilometer gefahren wurden. Erstellen Sie vorab ein Struktogramm. Achten Sie darauf, dass Sie keine „Schummelsoftware" schreiben.

**28.** **a)** Programmieren Sie die Challenge soweit, wie in Abschnitt 5.5 beschrieben. Testen Sie sowohl die Lösungsvariante mithilfe der Verschachtelung als auch die mithilfe der logischen Operatoren. Untersuchen Sie für beide Varianten den Programmablauf mithilfe des Debuggers im Einzelschrittmodus.
**b)** Die Berechnungen der Challenge sollen nur dann ausgeführt werden, wenn die Bevölkerungszahl größer als Null ist.
Beschreiben Sie, ob diese Bedingung mit den bereits programmierten erfüllt wird oder ob diese noch zusätzlich programmiert werden muss.

**29.** Optimieren Sie das Programm zur Break-Even-Analyse aus Aufgabe 25 wie in dem Struktogramm dargestellt.

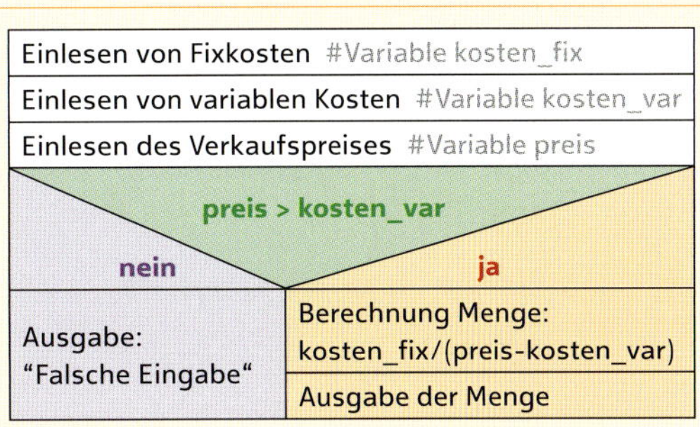

**30.** **a)** Optimieren Sie das Programm zur Berechnung einer Klassenarbeitsnote aus Aufgabe 23 wie in dem Struktogramm dargestellt.

**b)** Erweitern Sie das Struktogramm so, dass die Berechnung der Note auch nur ausgeführt wird, falls die erreichte Punktzahl kleiner oder gleich der Maximalpunktzahl ist. Ergänzen Sie die Erweiterung in Ihrem Programm.

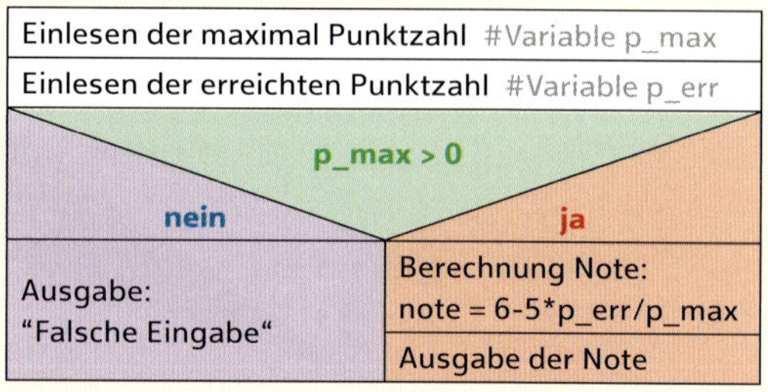


**31.** Eine Pizzeria bietet Speisen zum Mitnehmen (Mehrwertsteuer 7 %) und zum Verzehr im Restaurant an (Mehrwertsteuer 19 %).

**a)** Schreiben Sie ein Programm, das den Nettopreis (Preis ohne Mehrwertsteuer) und den Betrag der Mehrwertsteuer berechnet und ausgibt. Der Benutzer gibt zunächst den Bruttopreis (Preis inkl. Mehrwertsteuer) ein. Anschließend wird er gefragt: „Zum Mitnehmen?". Die Eingabe eines „j" bedeutet ja, sonstige Eingaben nein. Erstellen Sie zuerst ein Struktogramm.

**b)** Erweitern Sie das Programm so, dass anstelle eines „j" auch ein „J" für ja eingegeben werden kann.

**32.** Partnervermittlung

Unten sehen Sie verschiedene Bedingungen aufgelistet. Immer zwei davon drücken dasselbe aus. Finden Sie den jeweiligen Partner.

| | | |
|---|---|---|
| **a)** a < b | **d)** a <= b | **g)** not(a > b) |
| **b)** a == b | **e)** a > b or a < b | **h)** not(a < b or a > b) |
| **c)** a != b | **f)** not(a >= b) | |

**33.** Bei einem Weitsprungwettbewerb hat jeder Teilnehmende drei Sprünge. Der beste Sprung zählt. Schreiben Sie ein Programm, das nach Eingabe der drei Sprungweiten den besten Sprung ermittelt und dessen Weite ausgibt.

Erstellen Sie zuerst ein Struktogramm.

Erweiterung für Pros: Geben Sie alle Sprungweiten in absteigend sortierter Reihenfolge aus.

**H**

Informieren Sie sich zunächst unter Abschnitt 5.5.4 oder durch eine Internetrecherche, wie Zufallszahlen in Python erzeugt werden können.
Ob eine Zahl gerade oder ungerade ist, kann mithilfe des Modulo-Operators (%) festgestellt werden.
Beispiel: if zahl%2 == 0:
#zahl ist gerade

**34.** Programmieren Sie ein kleines Spiel. Zunächst soll der Benutzer eine Zahl zwischen 1 und 20 eingeben. Anschließend wird eine Zufallszahl in demselben Bereich generiert. Ist die Summe der beiden Zahlen gerade, so hat der Benutzer gewonnen. Ist die Summe ungerade, hat der Computer gewonnen. Das Programm soll die Zufallszahl und den Gewinner ausgeben.

**35.** Ein Programm, das ermittelt, ob es ich bei einer eingegebenen Jahreszahl um ein Schaltjahr handelt, kann wie nebenstehend abgebildet realisiert werden.
Schreiben Sie das Programm zu dem dargestellten Struktogramm.

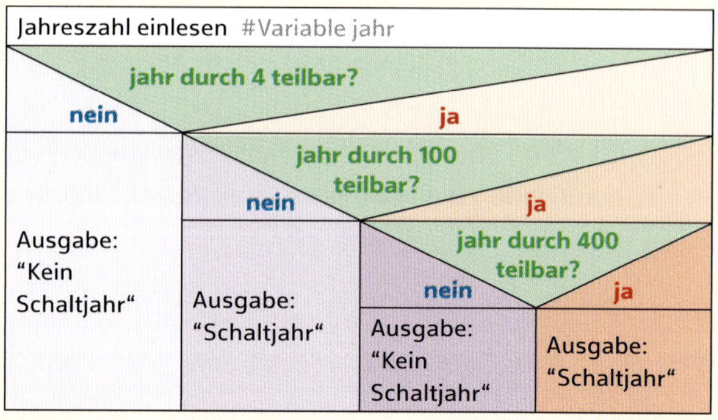

**36.** **a)** Programmieren Sie die Challenge gemäß dem Struktogramm auf S. 178.
**b)** Erweitern Sie die Challenge so, dass die Anzahl der Tage, für die die Berechnungen durchgeführt werden, vom Benutzer eingegeben werden kann.
**c)** Die Anzahl an Kranken, Gesunden und Immunen werden als Kommazahlen ausgegeben. Wandeln Sie die Werte mithilfe der Funktion *int()* bei der Text- und grafischen Ausgabe in eine Ganzzahl um.

**37.** Welche Ausgaben erzeugen die folgenden Schleifen?

**a)**
```
for i in range(3):
    print(i)
```
**b)**
```
for x in range(1,3,1):
    print(x)
```
**c)**
```
for x in range(-1,2,1):
    print(x)
```
**d)**
```
for i in range(0,4,2):
    print(i)
```
**e)**
```
end = 4
for j in range(end):
    print(j)
```
**f)**
```
for i in range(2):
    for x in range(3):
        print(i, x)
```
**g)**
```
for x in range(4,0,-1):
    print(x)
```
**h)**
```
for ch in "lecker":
    print(ch)
```
Überprüfen Sie ggf. Ihre Überlegungen, indem Sie die Schleifen programmieren und im Einzelschrittmodus testen.

**38.** Ein Herz für Bart

Zu Beginn jeder Simpsons-Folge muss Bart seine Albereien in der Schule büßen, indem er als Strafe mit einem Satz die Tafel voll schreiben muss.
**a)** Helfen Sie ihm, indem Sie ein Programm schreiben, das 10 Mal den Satz: *„Ich darf kein Schuleigentum verkaufen."* ausgibt.
**b)** Erweitern Sie das Programm so, dass Bart (Benutzer) den Satz und die Anzahl an Wiederholungen selbst eingeben kann. So ist er ein für alle Mal das lästige Schreiben los. Welch ein Tag!

**39.** Eine Normalparabel hat die Funktionsgleichung $y = x^2$. x soll im Bereich von -10 bis einschließlich +10 in 1er-Schritten verändert werden.
**a)** Geben Sie zu den x-Werten den jeweils zugehörigen y-Wert aus.
**b)** Zeigen Sie zusätzlich die Normalparabel wie abgebildet grafisch an.
**c)** Die Angaben für den Start- und Endwert sowie die Schrittweite dürfen bei einer for-Schleife nur Ganzzahlen sein. Überlegen Sie, wie realisiert werden kann, dass die Parabel von $x = -10$ bis $x = +10$ in 0,5er-Schritten ausgegeben wird. Testen Sie Ihre Überlegung.

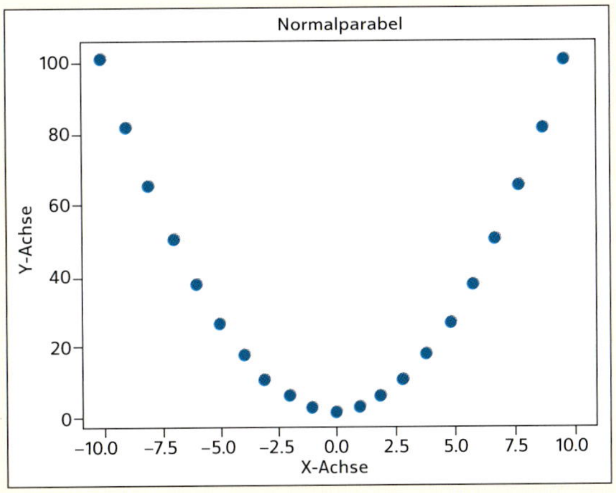


**40.** Laut Aussagen der WWF hat sich der Eisbärbestand in der südlichen und westlichen Hudson Bay (Kanada) innerhalb von fünf Jahren um 18 Prozent verringert. 2017 gab es dort noch 780 Eisbären.
Geben Sie die Entwicklung der Eisbärenpopulation unter diesen Voraussetzungen im 5-Jahresrythmus aus. (Beginn der Ausgabe: 2017; Ende der Ausgabe: 2047)

**41. a)** Erweitern Sie das Programm aus den Aufgaben 25 und 29 zur Break-Even-Analyse gemäß dem Struktogramm.

**H**

Für: Preis = 10,00 €
Fixkosten = 200,00 €
Var. Kosten = 5,00 €
beträgt die Menge, ab der Gewinn gemacht wird, 40 Stück.

| |
|---|
| Variablen initialisieren<br>#umsatz = 0, kosten = 1, menge = 0 |
| Preis von Benutzer einlesen<br>#Variable: preis |
| Fixkosten von Benutzer einlesen<br>#Variable: kosten_fix |
| Variable Kosten von Benutzer einlesen<br>#Variable: kosten_var |
| **wiederhole solange umsatz < kosten** |
|     Umsatz berechnen<br>    #umsatz = menge * preis |
|     Kosten berechnen<br>    #kosten=menge*kosten_var+kosten_fix |
|     Ausgabe der Variablen<br>    menge, kosten, umsatz |
|     menge um 1 erhöhen |

**b)** Erweitern Sie das Programm so, dass Umsatz und Kosten in einem Diagramm angezeigt werden.

Die Kosten als blaue Punkte:

```
plt.plot(menge,kosten,'bo')
```

Der Umsatz als rote Quadrate:

```
plt.plot(menge,umsatz,'rs')
```

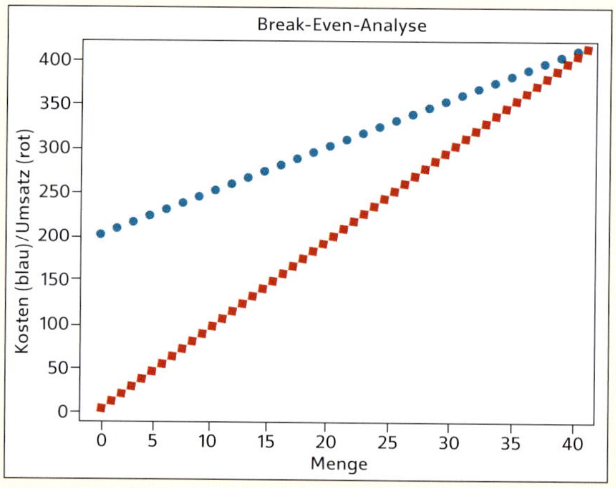


**42.** Glückspiel

Schreiben Sie das Programm für ein Spiel, bei dem der Benutzer eine Zufallszahl im Bereich von 1 bis 20 erraten muss. Der Benutzer gibt hierzu seinen Tipp ein und bekommt daraufhin eine Rückmeldung, ob seine Zahl zu groß, zu klein oder richtig ist. Es wird so lange gespielt, bis der Benutzer die Zahl erraten hat.

**a)** Erstellen Sie ein entsprechendes Struktogramm.

**b)** Programmieren Sie das Spiel.

**c)** Erweitern Sie das Spiel so, dass die Anzahl an Rateversuchen mitgezählt und angezeigt wird.

**d)** Erweitern Sie das Programm so, dass Benutzereingaben außerhalb des Zahlenbereiches von 1 bis 20 abgefangen und nicht gewertet werden.

**e)** Für Pros: Erweitern Sie das Programm so, dass der Benutzer nach einer Spielrunde gefragt wird, ob er noch einmal spielen möchte. Bei der Eingabe von „j" für Ja, beginnt das Spiel von vorne.

**43.** Kreditrechner

Schreiben Sie das Programm für einen Kreditrechner. Der Benutzer kann die Kreditsumme, die monatliche Tilgungsrate und den effektiven Jahreszins in Prozent eingeben. Die monatliche Entwicklung der Kreditsumme wird dann solange ausgeben, bis der Kredit abgezahlt ist.

a) Erstellen Sie das Struktogramm für den Kreditrechner.
b) Programmieren Sie den Kreditrechner.
Für: Kreditsumme: 5000,00 €, Tilgungsrate: 100,00 €, Zinssatz: 1 % werden 52 Monate benötigt.
c) Erweitern Sie den Kreditrechner so, dass am Ende zusätzlich folgende Größen ausgegeben werden:
- Gesamtsumme, die für das Abbezahlen des Kredits ausgegeben werden musste.
- Kreditlaufzeit in Jahre
d) Stellen Sie den Kreditverlauf grafisch dar.

**H** Pro Monat wird von der Kreditsumme die Tilgungsrate abgezogen, dazugezählt wird der Zinssatz: Zinsen/12 · Kreditsumme.

**44. Für Pros:** Black Jack oder einfach nur 17 und 4
Programmieren Sie das Spiel 17 und 4 (21). Das Ziel ist es, mit der Summe aus mehreren Karten möglichst nahe an 21 Punkte heran zu kommen. Kommt man über 21 Punkte, so hat man verloren.
a) Der Spieler bekommt hierzu eine Karte (Zufallszahl) im Bereich von 2 bis 11. Er bekommt so lange neue Karten, bis er keine mehr möchte oder über 21 kommt.
Anschließend kommt der Computer dran. Erzeugen Sie für diesen eine Zufallszahl zwischen 15 und 24. Nun wird der Gewinner ermittelt.
b) Ersetzen Sie den Computer durch einen zweiten Spieler.

# 6. Relationale Datenbanken

Während das Speichern von Daten jahrhundertelang ein nicht zu unterschätzendes logistisches Problem darstellte, bieten moderne Datenbanken nahezu unbegrenzte Speicherkapazität und diverse Möglichkeiten der Informationsselektion. Um ein leistungsfähiges Datenbanksystem zu entwickeln, bedarf es einer durchdachten Planung und Strukturierung der Daten.

Akten stellen eine alte Variante der Wissensspeicherung dar. Welche Vor- und Nachteile haben sie gegenüber modernen Datenbanksystemen?

In einer Bibliothek werden viele tausend Bücher verwaltet. Welche Daten muss eine Bibliothek speichern? Schließlich möchten die Besucher der Bibliothek Bücher zügig finden, ausleihen und wieder zurückbringen können.

Wie kann man herausfinden, ob die Jacke, die man bestellen möchte, sofort lieferbar ist? Abfragen an Datenbanksysteme filtern die gewünschten Informationen schnell heraus.

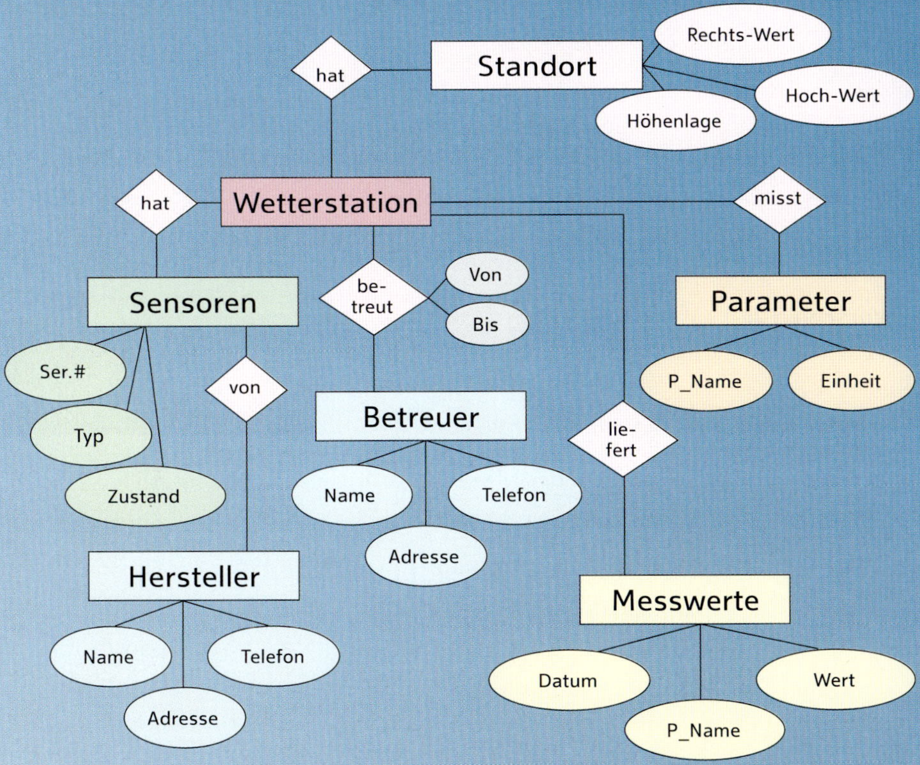


Eine Datenbank muss sorgfältig geplant und entworfen werden, damit sie später effizient arbeiten kann.

# Projekteinstieg: Tabellen

In Kapitel 1 haben wir Tabellen bereits kennen gelernt. Folgendes Problem soll mit Tabellen gelöst werden:

Für eine Surfschule mit einem Verleih für Surfzubehör soll die Verwaltung der Surfkurse sowie des Materialverleihs elektronisch organisiert werden.

**Vorschlag 1:**
Alle Daten werden in einer Tabelle erfasst.

| Name | Vorname | Unterkunft | Kursname | Beginnt | Dauer | Lehrer | Board Nr. | Rigg Nr. | Neopren-anzug Nr. |
|---|---|---|---|---|---|---|---|---|---|
| Bender | Thomas | Seestern | Grundkurs | 12.08.21 | 3 | Mark | S14 | 340 | M3 |
| Steiner | Marie | Krabbe | Kids Kurs | 12.08.21 | 4 | Simone | K5 | 117 | XS2 |
| Bender | Thomas | Seestern | Schnupper-kurs | 11.08.21 | 1 | Simone | S14 | 340 | M3 |
| Meyer | Karla | Muschel | Grundkurs | 12.08.21 | 3 | Mark | S11 | 312 | S5 |
| Jackson | Fiete | Hofmann | Grundkurs | 12.08.21 | 3 | Mark | S10 | 366 | L1 |
| Steiner | Ben | Krabbe | Kids Kurs | 12.08.21 | 4 | Simone | | | |
| Marly | Philippe | Dünenhof | Kids Kurs | 12.08.21 | 4 | Simone | | | |
| Bender | Thomas | Seestern | Aufbaukurs | 16.08.21 | 2 | Mark | S14 | 340 | M3 |
| Jackson | Fiete | Hofmann | Aufbaukurs | 16.08.21 | 2 | Mark | S10 | 366 | L1 |

**Vorschlag 2:**
Es werden mehrere Tabellen für die Daten verwendet.

| Kursnummer | Kursname | Beginnt | Dauer | Lehrer |
|---|---|---|---|---|
| 342 | Grundkurs | 12.08.21 | 3 | Mark |
| 592 | Schnupperkurs | 11.08.21 | 1 | Simone |
| 123 | Kids Kurs | 12.08.21 | 4 | Simone |
| 455 | Aufbaukurs | 16.08.21 | 2 | Mark |

| Teilnehmer Nr. | Name | Vorname | Unterkunft | Board Nr. | Rigg Nr. | Neoprenanzug Nr. |
|---|---|---|---|---|---|---|
| 1 | Bender | Thomas | Seestern | S14 | 340 | M3 |
| 2 | Steiner | Marie | Krabbe | K5 | 117 | XS2 |
| 3 | Meyer | Karla | Muschel | S11 | 312 | S5 |
| 4 | Jackson | Fiete | Hofmann | S10 | 366 | L1 |
| 5 | Steiner | Ben | Krabbe | | | |
| 6 | Marly | Philippe | Dünenhof | | | |

| Teilnehmer Nr. | Kurs Nr. |
|---|---|
| 1 | 342 |
| 1 | 592 |
| 1 | 455 |
| 2 | 123 |
| 3 | 342 |
| 4 | 342 |
| 4 | 455 |
| 5 | 123 |
| 6 | 123 |

→ Aufgaben 1 bis 4

# 6.1 Die Planung – Entity-Relationship-Modelle

Wie Sie sehen, gibt es bei der Erfassung komplexer Datensätze und Ihrer Bearbeitung in elektronischen Tabellen einiges zu bedenken. Wie bei der Entwicklung einer Software ist auch bei der Erstellung einer Datenbank ein durchdachter Entwurf wesentlich für eine gut funktionierende und möglichst einfach an neue Gegebenheiten anpassbare Datenbank. Die Daten einer Anwendungssituation müssen dazu korrekt strukturiert werden, damit das gewählte Datenbankmanagementsystem später effizient mit ihnen arbeiten kann. Werden beim Entwurf einer Datenbank Fehler gemacht, so kann dies zu Widersprüchen in den Daten führen.

**M** Widersprüche in den Datensätzen werden als Inkonsistenzen bezeichnet.

Die Vorteile daran, vorliegende Daten vor der Erfassung in ein Modell zu strukturieren, zu modellieren, liegen auf der Hand:
- Übersichtlichkeit
- Erweiterbarkeit
- Systemunabhängigkeit

**M** Der erste Schritt in der Planung einer Datenbank ist der Entwurf eines Entity-Relationship-Modells (siehe Abb. 6_1).

## Beispiel: Online-Buchhandel – Datenanalyse und Entwurf

ER-Modelle können sowohl auf Papier als auch digital entworfen werden. Es gibt z. B. Seiten, auf denen man direkt im Browser kostenlos ein ER-Modell zeichnen kann. Diese können über eine schnelle Suche im Internet gefunden werden.

Die folgende Anforderungsdefinition beschreibt einen Ausschnitt eines Online-Buchshops, der auf Grundlage einer Datenbank aufgebaut werden soll, und ist stark vereinfacht.

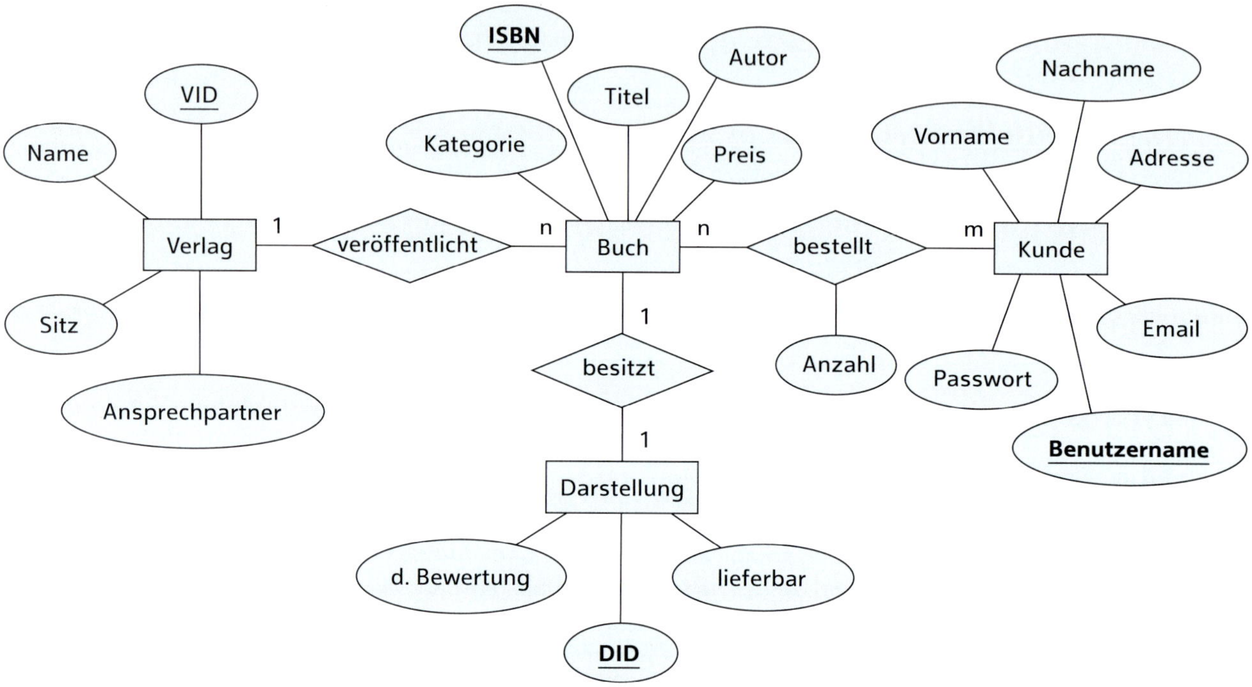


Abb. 6_1: Ein ER-Modell für den Online-Buchhandel

Abb. 6_2: Durch einen Mausklick kann ein Buch gekauft werden. Welche Daten müssen dabei gespeichert werden?

Ein Buchladen bietet Bücher aus verschiedenen Kategorien, z. B. Fachbücher, Comics, Romane oder Jugendbücher an. Jedes Buch verfügt über eine eindeutige ISBN (internationale Standardbuchnummer), sowie einen Titel und einen Autor. Der Händler bietet jedes Buch zu einem bestimmten Preis an. Zu jedem Buch soll auf der Internetseite eine eigene Darstellung existieren. In dieser Darstellung wird z. B. eine durchschnittliche Bewertung des Buches angezeigt und es wird ersichtlich, ob das jeweilige Buch lieferbar ist. Möchte man ein Buch online bestellen, so muss man zunächst ein Benutzerkonto anlegen. Dazu muss man seinen Vor- und Nachnamen, seine Postadresse sowie seine E-Mail-Adresse angeben. Zudem muss man einen Benutzernamen und ein Passwort festlegen, um sich auf der Internetseite des Buchshops anmelden zu können. Wenn man dann ein Buch bestellt, muss u. a. angegeben werden, wie viele Exemplare dieses Titels geliefert werden sollen. Intern muss der Händler noch die Kontaktdaten zu den einzelnen Verlagen pflegen, von denen er die Bücher bezieht, z. B. den Namen des Verlags, seinen Sitz und den jeweiligen Ansprechpartner.

Um für einen neuen Online-Buchshop eine Datenbank zu gestalten, werden zunächst aus dieser Anforderung alle relevanten Objekte und deren Beziehungen untereinander herausgefiltert. Dabei wird ein konzeptuelles Modell (Entity-Relationship-Modell, kurz: ER-Modell) erstellt, welches **Entitäten**, **Beziehungen**, **Kardinalitäten** und **Attribute** beschreibt.

**M** Eine **Entität** ist ein Objekt aus der Realsituation, über das Informationen zu speichern sind (z. B. das Buch „Der Herr der Ringe"). Gleichartige Entitäten fasst man zu Entitätstypen (z. B. Buch) zusammen und stellt sie im ER-Modell durch ein Rechteck dar:

Entitätstyp

Zunächst bestimmt man die Entitätstypen, die für die Anforderung relevant sind. Dazu bietet es sich an, alle Nomen im Text wie „Buch" oder „Verlag" näher zu betrachten, insbesondere wenn sie über weitere Merkmale wie „Autor" oder „Name" verfügen. Es kann auch vorkommen, dass Entitäten im Text nicht ausdrücklich genannt werden. So ist es z. B. sinnvoll, einen Entitätstyp *Kunde* anzulegen, obwohl das Nomen „Kunde" nicht auftaucht.

Zudem können auch abstrakte Objekte wie die Darstellung eines Buches auf der Internetseite als Entitätstyp in Betracht kommen. Damit können für das Beispiel des Online-Buchhandels folgende vier Entitätstypen ausgemacht werden: Buch, Verlag, Kunde und Darstellung.

Attribute dienen der genaueren Beschreibung von Entitäten. Nomen wie „Kategorie" oder „ISBN", die selbst keine weiteren relevanten Eigenschaften haben, sind Kandidaten für Attribute. Für das Beispiel des Online-Buchhandels ergeben sich die folgenden Attribute:

| | |
|---|---|
| Buch: | Kategorie, ISBN, Titel, Autor, Preis |
| Verlag: | Name, Sitz, Ansprechpartner |
| Kunde: | Vorname, Nachname, Adresse, E-Mail, Benutzername, Passwort |
| Darstellung: | durchschnittliche Bewertung, lieferbar |

**M** Ein **Attribut** beschreibt eine Eigenschaft aller Entitäten eines Entitätstyps (oder aller Beziehungen eines Beziehungstyps). Attribute werden im ER-Modell als Ellipsen dargestellt:

Attribut

Anschließend wird analysiert, in welchen Zusammenhängen die einzelnen Entitäten stehen. Beispielsweise steht ein Buch jeweils mit genau einem Verlag in Beziehung, denn es wird von nur einem Verlag herausgegeben. Umgekehrt kann aber ein bestimmter Verlag beliebig viele Bücher veröffentlichen. Es ergibt sich somit eine 1:n-Beziehung. Des Weiteren werden Entitäten des Entitätstyps *Buch* durch eine Bestellung mit Kunden in Beziehung gesetzt. Dabei kann ein Kunde beliebig viele Bücher bestellen und umgekehrt kann ein bestimmtes Buch von beliebig vielen Kunden bestellt werden. Hier liegt also eine n:m-Beziehung vor. Zudem muss der Kunde bei einer Bestellung die Anzahl der von ihm georderten Bücher eines bestimmten Titels angeben. Die Beziehung *bestellt* muss also um ein Attribut „Anzahl" ergänzt werden. Ein weiterer Beziehungstyp ist durch den Zusammenhang von Büchern und ihren Darstellungen auf der Internetseite gegeben. Jedes Buch hat genau eine Darstellung und umgekehrt bezieht sich eine bestimmte Darstellung auch auf genau ein Buch. Man spricht

hier von einer 1:1-Beziehung. Insgesamt kann man in der Situation des Online-Buchhandels somit drei Beziehungstypen ausmachen:
- Verlage veröffentlichen Bücher (1:n)
- Kunden bestellen Bücher (n:m) in einer bestimmten Anzahl
- Bücher besitzen eine Darstellung (1:1)

**M** Eine **Beziehung** beschreibt den Zusammenhang von Entitäten untereinander. Gleichartige Beziehungen fasst man zu Beziehungstypen zusammen und stellt sie im ER-Modell durch eine Raute dar.

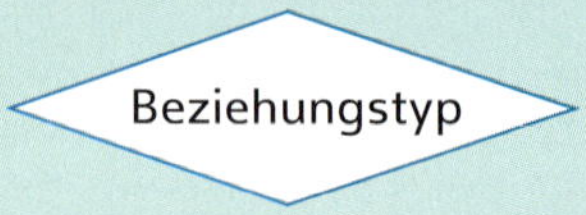


Auch Beziehungen können über Attribute verfügen.

**M** **Kardinalitäten** beschreiben, wie viele Entitäten eines Entitätstyps an einer konkreten Beziehung beteiligt sein können oder müssen. Es werden die Kardinalitäten
- 1 (kein oder ein) und
- m bzw. n (kein, ein oder mehrere)

unterschieden. Damit sind drei Beziehungsarten möglich (1:1, 1:n und m:n)

Wie legt man die Kardinalitäten eines Beziehungstyps fest? Am besten, indem man die Fragen nach „wieviel" stellt. Für den Beziehungstypen „Verlage veröffentlichen Bücher" ergeben sich folgende zwei Fragen und Antworten:
- Frage: Wie viele Bücher können von einem Verlag veröffentlicht werden?
- Antwort: **kein** Buch (der Verlag ist z. B. noch ganz neu), **ein** Buch oder **mehrere** Bücher
- Frage: Wie viele Verlage können ein Buch veröffentlichen?
- Antwort: **kein** Verlag (der Autor des Buches hat z. B. noch keinen Verlag gefunden) oder **ein** Verlag

Schließlich muss für jeden Entitätstypen ein **Primärschlüssel**[1] festgelegt werden, der jede Entität eindeutig identifiziert. Beispielsweise kann jedes Buch durch seine ISBN eindeutig identifiziert werden, da jede ISBN nur einmal vergeben wird. Der Primärschlüssel wird im ER-Modell unterstrichen.

**H** Synonym zu den Begriffen *Entitätstyp* und *Beziehungstyp* werden auch die Begriffe *Entitätsmenge* und *Beziehungsmenge* verwendet

Aus den obigen Überlegungen ergibt sich das folgende ER-Modell, das den Grundentwurf für eine Datenbank bildet.

→ Aufgaben 5 bis 8

## ✓ Kompetenzkontrolle

1. Was ist eine Entität?
2. Was ist ein Attribut?
3. Was ist eine Beziehung zwischen Entitäten?

1 Auf Primärschlüssel werden wir später noch genauer eingehen.

# 6.2 Die Übersetzung – Vom Entity-Relationship-Modell zum Relationenmodell

Nach der Phase des Entwurfs, in der ein Entity-Relationship-Modell entwickelt wurde, muss dieses Modell in **Relationen**[1] (d. h. in Tabellen) überführt werden. Da wir mit einem relationalen Datenbanksystem arbeiten wollen, welches auf Relationen beruhen, müssen alle Informationen unseres Modells in Tabellen organisiert werden. Das Ziel dieser Umwandlung ist ein relationales Datenmodell, das den gestellten Anforderungen entspricht und möglichst wenig Redundanzen (nicht notwendige oder doppelt gepflegte Daten) enthält. Um dieses Ziel zu erreichen, müssen bestimmte Regeln bei der Überführung eingehalten werden.

**D** Relationale Datenbanksysteme beruhen auf Relationen, das sind mathematische Beschreibungen von Tabellen. Somit bilden Tabellen die Grundstruktur eines relationalen Datenbanksystems.
Neben diesem weit verbreiteten Modell gibt es das hierarchische Modell, das Netzwerkmodell und das objektorientierte Modell, welche hier jedoch nicht behandelt werden.

**M** Der nächste Schritt auf dem Weg zu einer Datenbank ist die Übersetzung des Entity-Relationship-Modells zu einem Relationalen Modell, also einer Ansammlung von Tabellen. Diese Tabellen sind noch nicht die Datenbank, sondern nur das Muster, nach dem die Datenbank später angelegt wird.

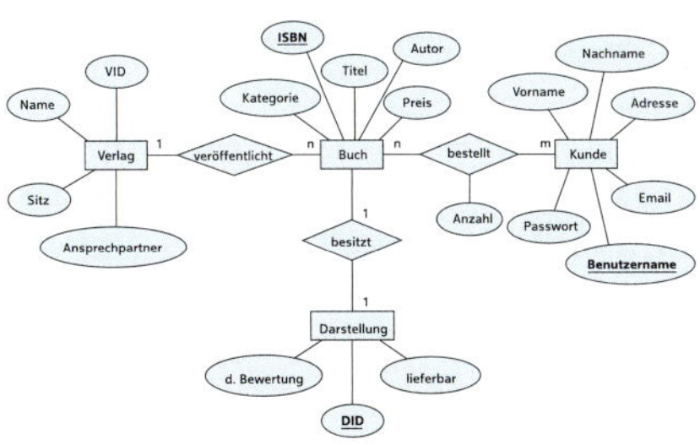


Abb. 6_3: ER-Modell

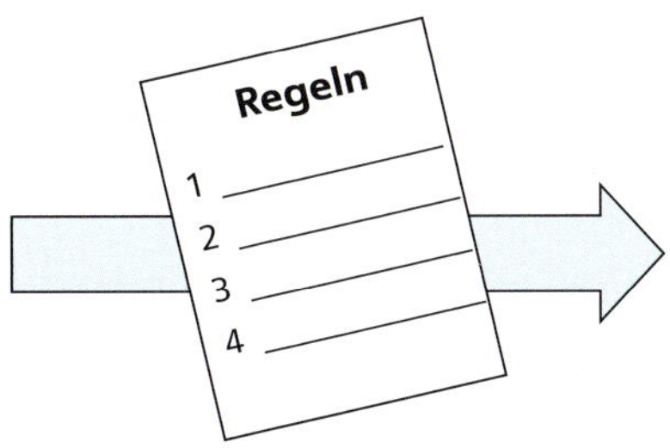


Transformationregeln

**bestellt**

| ↑ISBN | ↑Benutzername | Anzahl |
|---|---|---|
| 978-3-608-93544-8 | paula200 | 1 |
| 978-3-608-93544-8 | heinz_m | 2 |
| 978-3-423-59079-3 | heinz_m | 1 |

**Darstellung**

| ↑DID | d_Bewertung | lieferbar | ↑ISBN |
|---|---|---|---|
| 34 | 4 | TRUE | 978-3608935448 |
| 55 | 3 | FALSE | 978-3596294336 |

...

Tabellen

## 6.2.1 Entitätstypen

Zunächst werden die Entitätstypen in Relationen überführt, d. h., es wird der Aufbau für die Tabellen in der Datenbank festgelegt. Die Attribute eines Entitätstyps definieren zunächst das die Spalten einer Tabelle. Dabei verwenden wir folgende Notation (auch *Schema der Tabelle* genannt). Zuerst schreibt man den Namen der Tabelle und dann wird in Klammern die Bezeichnung der Spalten aufgezählt. Primärschlüssel werden unterstrichen.
Verlag(<u>VID</u>, Name, Sitz, Ansprechpartner)
Buch(<u>ISBN</u>, Titel, Autor, Preis, Kategorie)
Kunde(<u>Benutzername</u>, Passwort, Vorname, Nachname, Adresse, E-Mail)
Darstellung(<u>DID</u>, d_Bewertung, lieferbar)

1 Nicht zu verwechseln mit „Relationship“ aus dem Entity-Relationship-Modell.
Die Begriffe „Relation“ und „Tabelle“ können im Folgenden als Synonyme betrachtet werden.

**M** Regel 1: Jeder Entitätstyp wird im relationalen Modell in eine eigenständige Tabelle überführt, die Relation genannt wird. Die Attribute des Entitätstyps bilden die Spalten.

In unserem Beispiel der Buchhandlung wird in der ersten Zeile der Tabellenname notiert, dann folgen die Bezeichnungen der Attribute und darunter stehen zeilenweise die einzelnen konkreten Datensätze, d. h., jedes der Attribute wird mit einem konkreten Attributwert belegt.

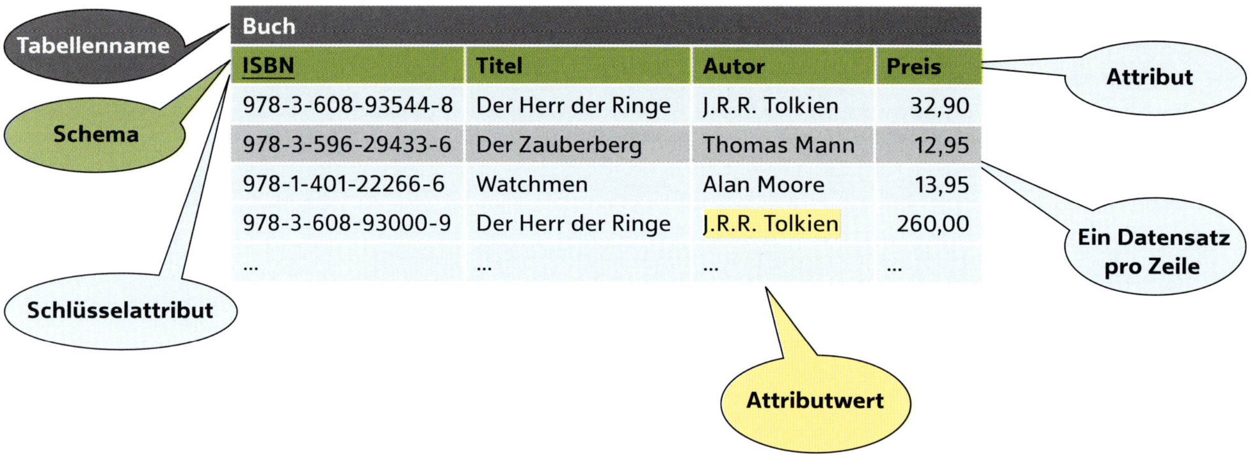


| Buch | | | |
|---|---|---|---|
| <u>ISBN</u> | Titel | Autor | Preis |
| 978-3-608-93544-8 | Der Herr der Ringe | J.R.R. Tolkien | 32,90 |
| 978-3-596-29433-6 | Der Zauberberg | Thomas Mann | 12,95 |
| 978-1-401-22266-6 | Watchmen | Alan Moore | 13,95 |
| 978-3-608-93000-9 | Der Herr der Ringe | J.R.R. Tolkien | 260,00 |
| ... | ... | ... | ... |

Als Schema lässt sich die Tabelle wie folgt notieren: Buch(<u>ISBN</u>, Titel, Autor, Preis)

**M** Ein **Primärschlüssel** einer Relation ist eine minimale Menge von Attributen, die jeden möglichen Datensatz eindeutig identifiziert.

Die Attribute in relationalen Datenbanken besitzen jeweils einen bestimmten Datentyp. Titel, Autor und ISBN werden als Text und der Preis als Dezimalzahl gespeichert. Die Festlegung eines Datentyps ist notwendig, damit ein Computer mit diesen Daten operieren kann. Der Datentyp legt auch den Wertebereich für die jeweiligen Attributwerte fest. Wichtige Datentypen bei der Arbeit mit Datenbanken sind *Text*, *Zahl*, *Datum* oder *Wahrheitswert*.

Jeder Spalte einer Tabelle wird ein Datentyp zugeordnet. Die häufigsten Datentypen sind:

| Datentyp | Beispiel | in der Datenbanksprache SQL |
|---|---|---|
| Text | Dies ist ein Beispieltext | TEXT |
| Ganzzahl | 42 | INTEGER |
| Fließkommazahl | 3,14 | FLOAT |
| Datum | 06.09.2020 | DATE |
| Wahrheitswert | falsch | BOOLEAN |

Im Beispiel fällt auf, dass ein Datensatz anscheinend doppelt vorhanden ist: das Buch *Der Herr der Ringe*. Die beiden aufgeführten Artikel sind jedoch nicht identisch, da es sich um unterschiedliche Ausgaben des Buches handelt. Dies wird z. B. durch die unterschiedlichen ISBN ersichtlich. Um alle Datensätze voneinander unterscheiden zu können, benötigt man einen (Primär-)Schlüssel, welcher für jeden Datensatz eindeutig ist. Die ISBN stellt einen Schlüssel für die Tabelle *Buch* dar, denn jedes Buch ist mit einer eindeutigen ISBN versehen. Der Titel wäre hier, wie im Beispiel gesehen, nicht geeignet. In anderen Fällen muss ggf. künstlich ein Schlüsselattribut – in der Regel eine ID-Nummer – definiert werden.
Ein Schlüssel für eine Relation kann sich auch aus mehreren Attributen zusammensetzen. Dabei ist darauf zu achten, dass nicht mehr Attribute als unbedingt nötig am Schlüssel beteiligt werden, d. h. der Schlüssel muss minimal sein.

## 6.2.2 m:n-Beziehungen

Auch die Beziehungen zwischen den Entitäten müssen in Form von Tabellen abgebildet werden. Um die Informationen der Beziehung *bestellt* zu speichern, muss jeweils festgehalten werden, welcher Kunde welches Buch bestellt. Dazu wird eine Tabelle angelegt, in der die Primärschlüssel der Kunden mit den passenden Primärschlüsseln der Bücher kombiniert werden. Da zudem noch die Anzahl der bestellten Bücher gespeichert werden muss, wird diese als weiteres Attribut hinzugefügt.

bestellt(↑ISBN, ↑Benutzername, Anzahl)

| **bestellt** | | |
|---|---|---|
| **↑ISBN** | **↑Benutzername** | **Anzahl** |
| 978-3-608-93544-8 | paula200 | 1 |
| 978-3-608-93544-8 | heinz_m | 2 |
| 978-3-423-59079-3 | heinz_m | 1 |

**M** Kommt ein Primärschlüssel einer Relation auch als Attribut einer anderen Relation vor, so stellt er dort einen Fremdschlüssel dar. Fremdschlüssel werden im Schema der Relation mit einem senkrechten Pfeil gekennzeichnet.

**M** Regel 2: Jede n:m-Beziehung wird im relationalen Modell in eine eigenständige Relation überführt. Attribute dieser Relation sind die Primärschlüssel der beiden an der Beziehung beteiligten Entitätstypen (als Fremdschlüssel), die gemeinsam den Primärschlüssel der Beziehungstabelle bilden, sowie ggf. Attribute des Beziehungstyps.

Auf diese Art und Weise kann abgebildet werden, dass ein bestimmtes Buch von mehreren Kunden bestellt wird, und umgekehrt, dass ein Kunde mehrere Bücher bestellt. Die Attribute *ISBN* und *Benutzername* bilden in dieser neuen Tabelle gemeinsam den Primärschlüssel. Da beide Attribute Primärschlüssel einer anderen Relation sind, spricht man hier von Fremdschlüsseln.

### 6.2.3 1:n-Beziehungen

Die Entitätstypen *Buch* und *Verlag* stehen in einer 1:n-Beziehung zueinander. Zwar kann ein Verlag beliebig viele Bücher veröffentlichen, allerdings kann andersherum ein Buch immer nur einem Verlag zugeordnet werden. Aufgrund dieser Einschränkung ist für die Beziehung *veröffentlicht* keine eigene Tabelle notwendig, um sie im relationalen Modell abzubilden. Stattdessen kann die Tabelle *Buch* die Beziehung zum jeweiligen Verlag aufnehmen. Dies geschieht, indem der Primärschlüssel *VID* aus der Tabelle *Verlag* als Fremdschlüssel in die Tabelle *Buch* übernommen wird; man sagt auch „der Relation *Buch* angefügt wird".

Buch(ISBN, Titel, Autor, Preis, Kategorie, ↑VID)

**Buch**

| **ISBN** | **Titel** | **Autor** | **Preis** | **Kategorie** | **↑VID** |
|---|---|---|---|---|---|
| 978-3-608-93544-8 | Der Herr der Ringe | J.R.R. Tolkien | 32,90 | Fantasy | 608 |
| 978-3-596-29433-6 | Der Zauberberg | Thomas Mann | 12,95 | Romane | 596 |
| 978-1-401-22266-6 | Watchmen | Alan Moore | 13,95 | Comics | 4012 |
| 978-3-608-93000-9 | Der Herr der Ringe | J.R.R. Tolkien | 260,00 | Fantasy | 608 |
| 978-3-423-21412-0 | Der kleine Hobbit | J.R.R. Tolkien | 7,95 | Fantasy | 423 |
| 978-3-596-29431-2 | Buddenbrooks | Thomas Mann | 9,95 | Romane | 596 |

M

Regel 3: Jede 1:n-Beziehung wird im relationalen Modell ohne eine eigene Tabelle abgebildet. Dies geschieht, indem der Relation mit der Kardinalität *n* der Primärschlüssel in die Tabelle mit der Kardinalität *1* als Fremdschlüssel aufgenommen wird. Attribute des Beziehungstyps werden ggf. auch in diese Tabelle eingetragen.

Auf diese Weise wird die Anforderung realisiert, dass jedes Buch nur von einem Verlag veröffentlicht wird. Umgekehrt kann ein bestimmter Verlag mehrere Bücher herausgeben, das heißt, die VID kann verschiedenen ISBN zugeordnet werden.

### 6.2.4 1:1-Beziehungen

1:1-Beziehungen können ähnlich behandelt werden wie 1:n-Beziehungen. Auch hier ist keine eigene Tabelle vonnöten, um die Beziehung zu realisieren. Da jedoch die Entitäten beider an der Beziehung beteiligten Entitätstypen jeweils mit höchstens einer Entität des anderen Typs in Beziehung stehen, ist es egal, in welche der beiden ‚betroffenen' Tabellen wir das Fremdschlüsselattribut aufnehmen. Im Beispiel besteht zwischen den Entitätstypen *Buch* und *Darstellung* eine 1:1-Beziehung. Hier könnte also entweder der Primärschlüssel *DID* des Entitätstyps *Darstellung* als Fremdschlüssel in die Relation *Buch* oder umgekehrt der Primärschlüssel *ISBN* des Entitätstyps *Buch* als Fremdschlüssel in die Relation *Darstellung* aufgenommen werden. Letztere Variante wurde gewählt, da dabei die wenigsten leeren Datenfelder zu erwarten sind. Jede Darstellung bezieht sich auf ein Buch, allerdings muss nicht jedes Buch zwangsläufig eine

Darstellung besitzen. Beispielsweise muss für neu in das Sortiment aufgenommene Bücher die Darstellung zunächst erstellt werden oder Darstellungen für Bücher, die aus dem Programm genommen wurden, können gelöscht werden.

Darstellung(DID, d_Bewertung, lieferbar, ↑ISBN)

| Darstellung | | | |
|---|---|---|---|
| **DID** | **d_Bewertung** | **lieferbar** | **↑ISBN** |
| 34 | 4 | TRUE | 978-3-608-93544-8 |
| 55 | 3 | FALSE | 978-3-596-29433-6 |
| ... | ... | ... | ... |
| | | | |

Das relationale Modell für die Modellierung des Online-Buchhandels verfügt somit über insgesamt fünf Relationen:

Verlag(VID, Name, Sitz, Ansprechpartner)

Buch(ISBN, Titel, Autor, Preis, Kategorie, ↑VID) – Umsetzung der 1:n-Beziehung

Kunde(Benutzername, Passwort, Vorname, Nachname, Adresse, Email)

Darstellung(DID, d_Bewertung, lieferbar, ↑ISBN) – Umsetzung der 1:1-Beziehung

bestellt(↑ISBN, ↑Benutzername, Anzahl) – Umsetzung der m:n-Beziehung

**M** Regel 4: Jede 1:1-Beziehung wird im relationalen Modell ohne eine eigene Tabelle abgebildet. Dies geschieht, indem einer der an der Beziehung beteiligten Tabelle der Primärschlüssel der anderen Tabelle als Fremdschlüssel angefügt wird. Attribute der Beziehungsmenge werden ggf. auch in diese Tabelle aufgenommen.

Die vorgestellten Regeln sind nicht die einzige Möglichkeit, ein korrektes relationales Modell zu erhalten. Die Beziehungstypen 1:n und 1:1 hätten wie bei der m:n-Beziehung auch in einer eigenen Tabelle abgebildet werden können. Dies hätte allerdings zu Redundanzen geführt.

**M** Eine Redundanz liegt vor, wenn Daten mehrmals gespeichert werden. Sie können weggelassen werden, ohne dass Informationen verloren gehen.

## ✓ Kompetenzkontrolle

1. Welche Datentypen kennen Sie?
2. Was ist ein Primärschlüssen? Was ist ein Fremdschlüssel?
3. Was ist eine Redundanz?

## 6.2.5 Relationale Datenbanken verbessern durch Normalformen

Durch eine gute ER-Modellierung sowie eine Überführung des Modells entsprechend vorgestellten Regeln kann eine effiziente Struktur für eine Datenbank erzeugt werden. Oftmals werden Datenbanken[1] allerdings nicht von Grund auf neu entworfen, sondern bestehende Datenbanksysteme sollen erweitert oder angepasst werden. In einem solchen Fall kann es natürlich vorkommen, dass die Daten weniger gut strukturiert sind und Redundanzen aufweisen. Redundant gespeicherte Daten können durch Einfüge-, Lösch- oder Änderungsoperationen zu widersprüchlichen Daten werden. Die Datenbank wird dann inkonsistent und kann nicht mehr fehlerfrei arbeiten. Durch den Vorgang der Normalisierung kann ein bestehendes relationales Modell so umstrukturiert werden, dass keine Redundanzen mehr bestehen. Der Informationsgehalt der Tabellen muss dabei natürlich erhalten bleiben. Schrittweise werden die gegebenen Tabellen dabei in die erste, zweite und schließlich die dritte Normalform überführt. Da das Verfahren nur mit den Tabellen arbeitet, kann es auch angewendet werden, wenn das ER-Modell einer Datenbank nicht bekannt ist.

### Erste Normalform (1NF)

Ein Sportverein verwaltet seine Mitglieder sowie ihre Teilnahme an den unterschiedlichen Sportgruppen in folgender Tabelle.

**Sportverein**

| <u>Mitglieds Nr</u> | Name | Jahrgang | Sportgruppe | seit wann | max. Gruppengröße | Beitragsgruppe | Monatsbeitrag |
|---|---|---|---|---|---|---|---|
| 789 | Anna Aufschlag | 1996 | Volleyball D1, Badminton 2 | 2010, 2008 | 16,20 | Ermäßigt | 4,00 |
| 530 | Heinz Schauer | 1958 | | | | Vollzahler | 5,50 |
| 796 | Sarah Turner | 1997 | Rhönrad 1, Trampolin 1, Volleyball D1 | 2005, 2003, 2011 | 12, 20, 16 | Ermäßigt | 4,00 |
| 823 | Pepe Hüpfer | 2011 | Trampolin 3 | 2014 | 15 | Kind | 3,50 |

Wie kann man nur den Nachnamen herausfiltern?

Wie kann man Informationen über einzelne Sportgruppen filtern?

Die Überführung in die erste Normalform (1NF) setzt an der Struktur der einzelnen Datenwerte an. Dabei werden die Attribute atomisiert, sodass keine komplexen Wertbelegungen von Attributen mehr vorkommen. So werden u. a. Abfragen erheblich erleichtert.

Die Werte der Attribute „Name“, „Sportgruppe“ und „max. Gruppengröße“ sind noch nicht atomar. Der Name lässt sich in die Informationseinheiten „Vorname“ und „Nachname“ aufteilen. Die Attribute „Sportgruppe“, „seit wann“ und „max. Gruppengröße“ enthalten jeweils eine Liste von sinngleichen Informationen.

1 Datenbanken können Sie sich als eine Sammlung von Tabellen vorstellen.

Diese Listen werden aufgelöst, indem für jedes Element ein neuer Datensatz angelegt wird.

**Sportverein**

| Mitglieds Nr | Vorname | Nachname | Jahrgang | Sportgruppe | seit wann | max. Gruppen-größe | Beitrags-gruppe | Monats-beitrag |
|---|---|---|---|---|---|---|---|---|
| 789 | Anna | Aufschlag | 1996 | Volleyball D1 | 2010 | 16 | Ermäßigt | 4,00 |
| 789 | Anna | Aufschlag | 1996 | Badminton 2 | 2008 | 20 | Ermäßigt | 4,00 |
| 530 | Heinz | Schauer | 1958 | | | | Vollzahler | 5,50 |
| 796 | Sarah | Turner | 1997 | Rhönrad 1 | 2005 | 12 | Ermäßigt | 4,00 |
| 796 | Sarah | Turner | 1997 | Trampolin 1 | 2003 | 20 | Ermäßigt | 4,00 |
| 796 | Sarah | Turner | 1997 | Volleyball D1 | 2011 | 16 | Ermäßigt | 4,00 |
| 823 | Pepe | Hüpfer | 2011 | Trampolin 3 | 2014 | 15 | Kind | 3,50 |

Durch diesen Schritt werden die Redundanzen zunächst erhöht. Zudem ist der Schlüssel MitgliedsNr nicht mehr eindeutig, da es zu einigen Mitgliedern nun zwei oder mehr Datensätze gibt. Deshalb wird das Attribut Sportgruppe mit in den Primärschlüssel aufgenommen.

**M** Eine Tabelle befindet sich in der ersten Normalform, wenn alle Attribute einen atomaren Wertebereich haben.

## Zweite Normalform (2NF)

Mit der Überführung in die erste Normalform wurde zwar das Problem der Abfragbarkeit einzelner Informationen beseitigt. Die neue Tabelle weist nun allerdings zahlreiche Redundanzen auf (gelb markiert). Damit können Anomalien auftreten.

**Sportverein**

| Mitglieds Nr | Vorname | Nachname | Jahrgang | Sportgruppe | seit wann | max. Gruppen-größe | Beitrags-gruppe | Monats-beitrag |
|---|---|---|---|---|---|---|---|---|
| 789 | Anna | Aufschlag | 1996 | Volleyball D1 | 2010 | 16 | Ermäßigt | 4,00 |
| 789 | Anna | Aufschlag | 1996 | Badminton 2 | 2008 | 20 | Ermäßigt | 4,00 |
| 530 | Heinz | Schauer | 1958 | | | | Vollzahler | 5,50 |
| 796 | Sarah | Turner | 1997 | Rhönrad | 2005 | 12 | Ermäßigt | 4,00 |
| 796 | Sarah | Turner | 1997 | Trampol | 2003 | 20 | Ermäßigt | 4,00 |
| 796 | Sarah | Turner | 1997 | Volleyba | 2011 | 16 | Ermäßigt | 4,00 |
| 823 | Pepe | Hüpfer | 2011 | Trampoli | 2014 | 15 | Kind | 3,50 |

Eine Namensänderung muss bei mehreren Datensätzen erfolgen (Änderungsanomalie).

Man kann keine (passiven) Mitglieder einfügen, die an keiner Sportgruppe teilnehmen (Einfügeanomalie), da der Primärschlüssel dann einen NULL-Wert hat.

Wenn das letzte Mitglied einer Sportgruppe gelöscht wird, so gehen auch die Informationen über diese Sportgruppe verloren (Löschanomalie).

Einige Redundanzen können beseitigt werden, indem die Tabelle in die zweite Normalform überführt wird. Dazu werden die funktionalen Abhängigkeiten zwischen Nichtschlüsselattributen und einem Teil des zusammengesetzten Primärschlüssels untersucht.

Die Nichtschlüsselattribute Vorname, Nachname und Jahrgang sowie Beitragsgruppe und Monatsbeitrag weisen Redundanzen auf. Sie sind alle Eigenschaften des jeweiligen Mitglieds und nicht abhängig von der jeweiligen Sportgruppe des Datensatzes. Allein die Mitgliedsnummer bestimmt diese Eigenschaften eindeutig.

**M** Ein Attribut B ist von einem Attribut A **funktional abhängig**, wenn durch jeden Wert von A eindeutig ein Wert für B bestimmt wird. A → B

<u>MitgliedsNr</u> → Vorname, Nachname, Jahrgang, Beitragsgruppe, Beitrag

Die Attribute Vorname, Nachname, Jahrgang, Beitragsgruppe und Beitrag sind funktional abhängig von der MitgliedsNr.

Auch die maximale Gruppengröße wird redundant gespeichert. Dass die maximale Gruppengröße der Gruppe Volleyball D1 bei 20 Mitgliedern liegt, lässt sich beispielsweise aus den Datensätzen von Anna Aufschlag oder von Sarah Turner ablesen. Es besteht also eine weitere funktionale Abhängigkeit.

<u>Sportgruppe</u> → max. Gruppengröße

Die maximale Gruppengröße ist funktional abhängig von der Sportgruppe.

Das Attribut „seit wann" hingegen benötigt den vollen Primärschlüssel (MitgliedsNr, Sportgruppe), um eindeutig bestimmt zu werden. Beispielsweise existieren zur Mitgliedsnummer 789 die Werte 2010 und 2008 für das Attribut „seit wann". Erst die Hinzunahme der jeweiligen Sportgruppe macht die Zuordnung eindeutig. Andererseits genügt auch die Sportgruppe nicht, um den Wert des Attributs eindeutig zu bestimmen. So existieren für die Sportgruppe Volleyball D1 die Werte 2010 und 2011. Das Attribut „seit wann" ist also voll funktional abhängig vom Primärschlüssel.

<u>(MitgliedsNr, Sportgruppe)</u> → seit wann

Das Attribut „seit wann" ist voll funktional abhängig von den Attributen MitgliedsNr und Sportgruppe.

**M** Ein Attribut B ist von einer Attributkombination ($A_1$, $A_2$) **voll funktional abhängig**, wenn B funktional abhängig von der Kombination ($A_1$, $A_2$) ist, nicht aber bereits von $A_1$ oder $A_2$.

Die funktionalen Abhängigkeiten für die Tabelle Sportverein gestalten sich also wie folgt.

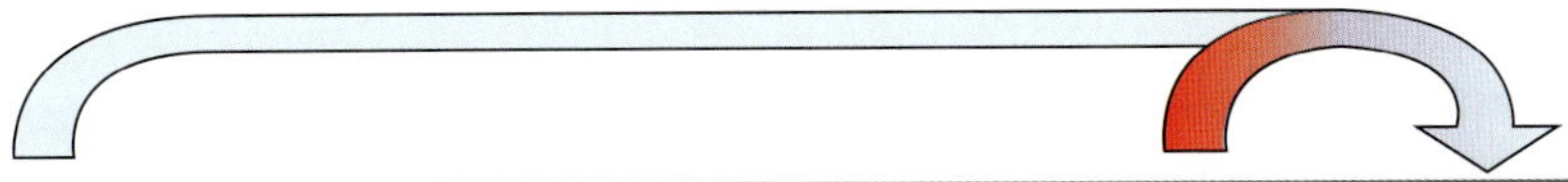

**Sportverein**

| Mitglieds Nr | Vorname | Nachname | Jahrgang | Sportgruppe | seit wann | max. Gruppengröße | Beitragsgruppe | Monatsbeitrag |
|---|---|---|---|---|---|---|---|---|
| 789 | Anna | Aufschlag | 1996 | Volleyball D1 | 2010 | 16 | Ermäßigt | 4,00 |
| 789 | Anna | Aufschlag | 1996 | Badminton 2 | 2008 | 20 | Ermäßigt | 4,00 |
| 530 | Heinz | Schauer | 1958 | | | | Vollzahler | 5,50 |
| 796 | Sarah | Turner | 1997 | Rhönrad 1 | 2005 | 12 | Ermäßigt | 4,00 |
| 796 | Sarah | Turner | 1997 | Trampolin 1 | 2003 | 20 | Ermäßigt | 4,00 |
| 796 | Sarah | Turner | 1997 | Volleyball D1 | 2011 | 20 | Ermäßigt | 4,00 |
| 823 | Pepe | Hüpfer | 2011 | Trampolin 3 | 2014 | 15 | Kind | 3,50 |

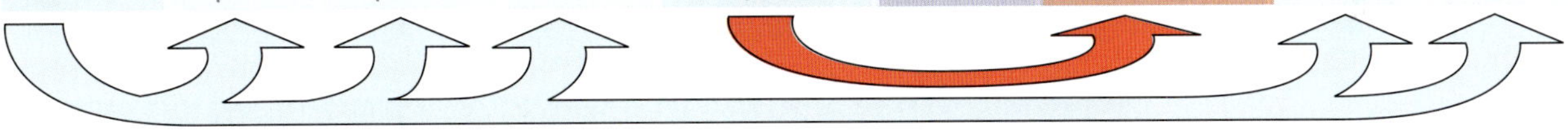

Um die zweite Normalform zu erhalten, müssen nun alle Nichtschlüsselattribute, die funktional von einem Teil des Primärschlüssels, allerdings nicht voll funktional vom gesamten Primärschlüssel abhängig sind, aus der Tabelle entfernt werden. Sie werden zusammen mit dem Teilschlüssel, von dem sie abhängig sind, in neue Tabellen ausgelagert. Es entstehen also zwei neue Tabellen für die Mitglieder und die Sportgruppen. Die Tabelle Sportverein beinhaltet dann nur noch die Schlüsselattribute MitgliedsNr und Sportgruppe sowie das voll funktional abhängige Attribut „seit wann".

**Mitglied**

| Mitglieds-Nr | Vorname | Nachname | Jahrgang | Beitragsgruppe | Monatsbeitrag |
|---|---|---|---|---|---|
| 789 | Anna | Aufschlag | 1996 | Ermäßigt | 4,00 |
| 530 | Heinz | Schauer | 1958 | Vollzahler | 5,50 |
| 796 | Sarah | Turner | 1997 | Ermäßigt | 4,00 |
| 823 | Pepe | Hüpfer | 2011 | Kind | 3,50 |

**Sportgruppe**

| Sportgruppe | max. Gruppengröße |
|---|---|
| Volleyball D1 | 16 |
| Badminton 2 | 20 |
| Rhönrad 1 | 12 |
| Trampolin 1 | 20 |
| Trampolin 3 | 15 |

**Sportverein**

| ↑MitgliedsNr | ↑Sportgruppe | seit wann |
|---|---|---|
| 789 | Volleyball D1 | 2010 |
| 789 | Badminton 2 | 2008 |
| 796 | Rhönrad 1 | 2005 |
| 796 | Trampolin 1 | 2003 |
| 796 | Volleyball D1 | 2011 |
| 823 | Trampolin 3 | 2014 |

**H** Besteht der Primärschlüssel nur aus einem Attribut, so liegt bei jeder Relation, die sich in der 1NF befindet, zwangsläufig die 2NF vor.

**M** Ein Datenbankschema ist in der **zweiten Normalform**, wenn es in der 1NF ist und zusätzlich jedes Nichtschlüsselattribut vom Primärschlüssel voll funktional abhängig ist und nicht bereits von einem Teil der Schlüsselattribute.

### Dritte Normalform (3NF)

Auch wenn die zweite Normalform erreicht ist, können noch Redundanzen in einer Tabelle vorkommen. Dass Mitglieder der Beitragsgruppe „Ermäßigt" einen Montagsbeitrag von 4,00 € zahlen müssen, geht aus den Datensätzen von Anna Aufschlag und Sarah Turner hervor. Diese Information wird also redundant gespeichert. Diese Redundanz wird durch die Überführung in die dritte Normalform beseitigt.

**M** Ein Attribut C ist von einem Attribut A **transitiv abhängig**, wenn es ein Attribut B gibt mit A → B → C. Dabei darf A nicht funktional abhängig von B sein.

**Mitglied**

| Mitglieds-Nr | Vorname | Nachname | Jahrgang | Beitrags-gruppe | Monats-beitrag |
|---|---|---|---|---|---|
| 789 | Anna | Aufschlag | 1996 | Ermäßigt | 4,00 |
| 530 | Heinz | Schauer | 1958 | Vollzahler | 5,50 |
| 796 | Sarah | Turner | 1997 | Ermäßigt | 4,00 |
| 823 | Pepe | Hüpfer | 2011 | Kind | 3,50 |

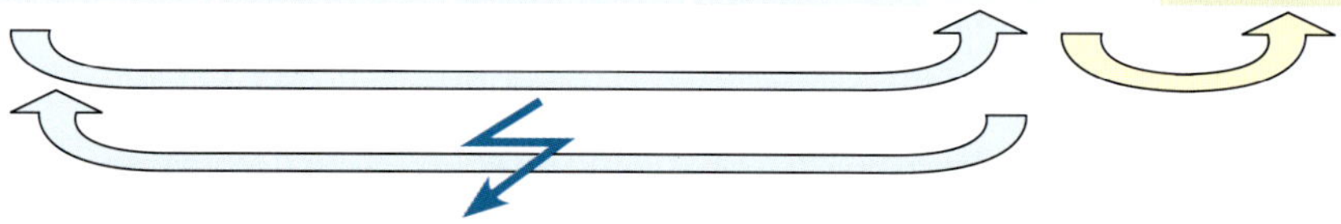

Die Beitragsgruppe in der Tabelle Mitglied ist natürlich, wie alle anderen Attribute auch, vom Schlüsselattribut MitgliedsNr funktional abhängig (blau). Umgekehrt gilt diese Abhängigkeit nicht. Zu einer Beitragsgruppe, z. B. „Ermäßigt", darf es mehrere Mitglieder im Sportverein geben. Allerdings legt das Nichtschlüsselattribut Beitragsgruppe wiederum eindeutig einen bestimmten Monatsbeitrag fest. Kinder zahlen 3,50 €, Ermäßigte (Studenten, Rentner usw.) 4,00 € und Vollzahler 5,50 €. Insgesamt liegt eine transitive Abhängigkeit des Monatsbeitrags von der Mitgliedsnummer vor.

| MitgliedsNr → | Beitragsgruppe | → Monatsbeitrag |
|---|---|---|

Der Monatsbeitrag ist transitiv abhängig von der MitgliedsNr.

**M** Ein Datenbankschema ist in der **dritten Normalform**, wenn es in der 2NF ist und es zusätzlich kein Nichtschlüsselattribut gibt, das transitiv abhängig von einem Schlüsselattribut ist. Es darf also keine funktionalen Abhängigkeiten zwischen Nichtschlüsselattributen geben.

Um die transitiven Abhängigkeiten aufzulösen, wird das transitiv abhängige Attribut in eine neue Tabelle ausgelagert. Primärschlüssel dieser neuen Tabelle ist das Attribut, über welches die transitive Abhängigkeit bestand. Es entsteht also eine neue Tabelle „Beitrag" mit den Attributen Beitragsgruppe und Monatsbeitrag, wobei das Attribut Beitragsgruppe den Primärschlüssel darstellt.

**Mitglied**

| MitgliedsNr | Vorname | Nachname | Jahrgang | ↑Beitragsgruppe |
|---|---|---|---|---|
| 789 | Anna | Aufschlag | 1996 | Ermäßigt |
| 530 | Heinz | Schauer | 1958 | Vollzahler |
| 796 | Sarah | Turner | 1997 | Ermäßigt |
| 823 | Pepe | Hüpfer | 2011 | Kind |

**Beitrag**

| Beitragsgruppe | Monatsbeitrag |
|---|---|
| Ermäßigt | 4,00 |
| Vollzahler | 5,50 |
| Kind | 3,50 |

**Kompetenzkontrolle**

Wieso ergibt es Sinn, eine Tabelle in Normalform zu bringen?

H Der Vorgang der Normalisierung kann noch um drei weitere Normalformen ergänzt werden. Diese sind für die Praxis allerdings weniger relevant und werden deshalb nicht behandelt.

→ Aufgaben 9 bis 15

## 6.3 Es wird konkret – Erstellen und Füllen einer Datenbank

Im letzten Abschnitt haben wir ein ER-Modell in ein relationales Modell übersetzt und eine Anzahl von Tabellen erhalten. Diese Tabellen können wir nun als Grundlage für unsere Datenbank verwenden. Dafür müssen wir aber zuerst eine Datenbanksprache lernen.

Wir wollen die Datenbanksprache SQL (Structured Query Language, auf Deutsch: Strukturierte Abfrage-Sprache) verwenden, um eine Datenbank zu erstellen und zu füllen.

Einen schnellen Einstieg bietet das SQL-Tutorial von w3schools. Dieses findet man auf folgender Seite: https://www.w3schools.com/sql/default.asp

Auf der linken Seite befindet sich das Auswahlmenü der einzelnen SQL-Befehle. Wählt man einen SQL-Befehl im Menü aus, gliedert sich die Übung in der Regel in folgende drei Schritte:

- **Syntax:** Hier wird die Syntax, also der Aufbau des SQL-Befehls dargestellt.
- **Example:** Hier wird ein Beispiel des SQL-Befehls gegeben.
- **Exercise:** Hier bekommt man eine kleine Aufgabe zu dem SQL-Befehl gestellt und kann diese durch Klicken auf den Button „Submit Answer" kontrollieren lassen.

## 6.3.1 Eine Datenbank anlegen und füllen

**H** In SQL sind Befehle nicht von der Groß-/Kleinschreibung abhängig. Zur besseren Lesbarkeit werden jedoch die Schlüsselworte in Großbuchstaben geschrieben.

**Erstellen einer Datenbank**
Im ersten Schritt erstellen wir eine Datenbank. Dafür klicken wir auf den Menüpunkt „SQL Create DB“ (weiter unten im Menü).

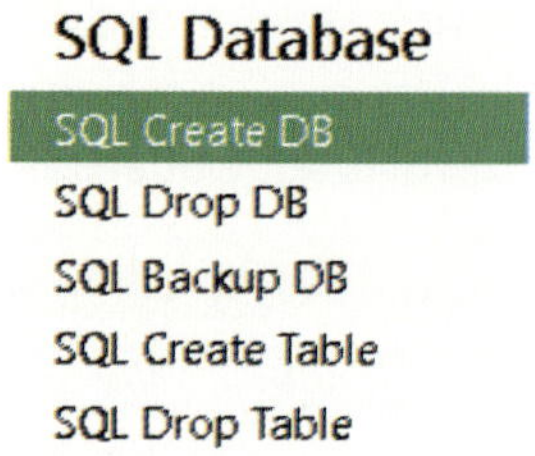

Abb. 6_4: w3schools SQL-Menü

Die Syntax ist folgendermaßen:

```
CREATE DATABASE Datenbankname;
```

Probieren Sie es selbst bei w3school.

**Erstellen einer Tabelle**
Jetzt können wir Tabellen anlegen. Dafür klicken wir auf den Menüpunkt „SQL Create Table“ (weiter unten im Menü).

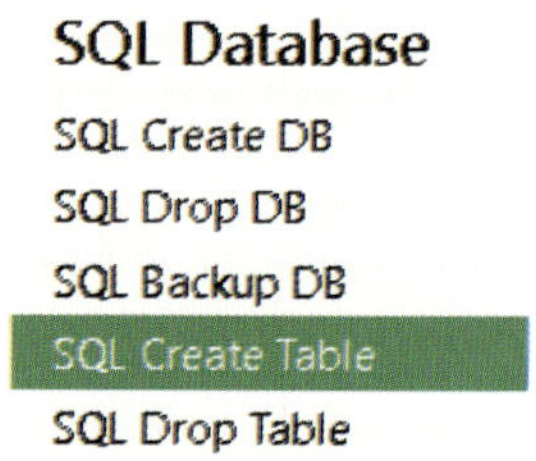

Abb. 6_5: w3schools SQL-Menü

Die Syntax ist folgendermaßen:

```
CREATE TABLE Tabellen_Name (
     Spalte1 Datentyp,
     Spalte2 Datentyp,
     Spalte3 Datentyp,
     ....
);
```

Probieren Sie es selbst bei w3school.

**Füllen einer Tabelle**
Nun möchten wir in unsere Tabelle mit Datensätzen füllen. Dafür klicken wir auf den Menüpunkt „SQL Insert Into“ (weiter oben im Menü).

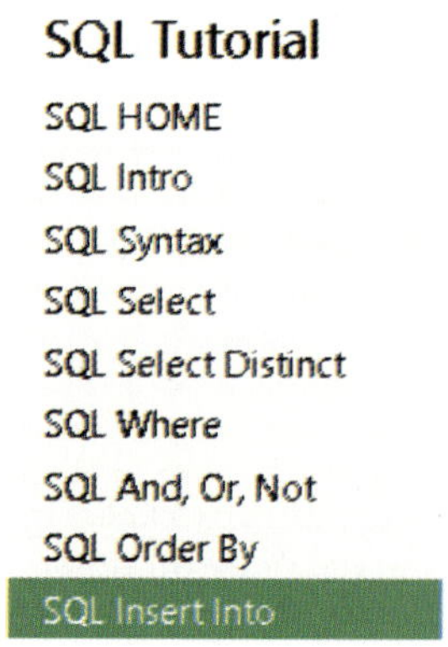

Abb. 6_6: w3schools SQL-Menü

Die Syntax ist folgendermaßen:

```
INSERT INTO Tabellen_Name
VALUES (Wert1, Wert2, Wert3...);
```

Probieren Sie es selbst bei w3school.

Das Tutorial auf w3schools eignet sich hervorragend, um die Datenbanksprache SQL zu lernen. Allerdings ist man auf die vorgegebenen Beispiele beschränkt. Möchte man nun beliebige Datenbanken und Tabellen anlegen, hat man verschiedene Möglichkeiten. Es können Programme wie MS Access, MySQL oder MariaDB auf dem Rechner installiert werden. Es gibt auch Bundle-Desktop-Lösungen wie XAMPP.
Der einfachste und schnellste Weg, um eine SQL-Datenbank anzulegen, ist direkt über Internetseiten im Browser, da keine Installationen nötig sind. Eine Internetsuche mit den Suchbegriffen „SQL online“ sollte zielführend sein. Beispielsweise kann auf folgenden Seiten direkt mit SQL gearbeitet werden.

- https://sqliteonline.com/
- https://www-ps.informatik.uni-kiel.de/~mras/infsyssql/?load=ltp
- https://www.jdoodle.com/execute-sql-online/

Nun kommen wir zurück zu unserem Beispiel der Buchhandlung. Zur Veranschaulichung beschränken wir uns auf einen Teilausschnitt.
Zur Erinnerung: Zuerst hatten wir das ER-Modell

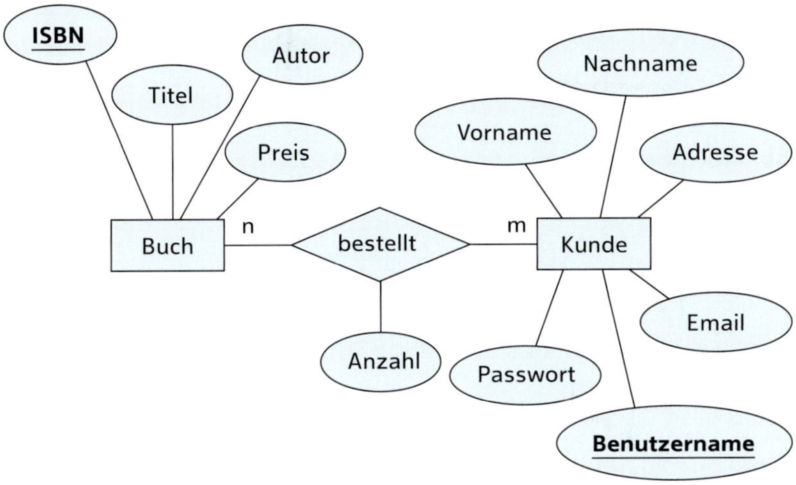


Abb. 6_7: ER-Modell

und haben daraus folgende Muster für die Tabellen erhalten.

| Buch | | | |
|---|---|---|---|
| ISBN | Titel | Autor | Preis |

| bestellt | | |
|---|---|---|
| ↑ISBN | ↑Benutzername | Anzahl |

| Kunde | | | | | |
|---|---|---|---|---|---|
| Benutzername | Passwort | Nachname | Vorname | Adresse | E-Mail |

Der SQL-Code würde nun folgendermaßen aussehen.

Je nachdem in welcher Umgebung man sich befindet, muss man zuerst eine Datenbank erstellen. Auf Internetseiten im Browser ist das meistens nicht nötig.

```
CREATE DATABASE Buchhandlung;
```

Dann werden die Tabellen angelegt.

```
CREATE TABLE Buch(
  ISBN varchar(255),
  Titel Varchar(255),
  Author Varchar(255),
  Preis float(2)
  );
```

```
CREATE TABLE bestellt(
  ISBN varchar(255),
  Benutzername Varchar(255),
  Anzahl int
  );

CREATE TABLE Kunde(
  Benutzername varchar(255),
  Passwort Varchar(255),
  Nachname Varchar(255),
  Vorname Varchar(255),
  Adresse Varchar(255),
  E-Mail Varchar(255)
  );
```

Das Buch „Herr der Ringe" kann man nun folgendermaßen in die Tabelle einfügen.

```
INSERT INTO Buch
VALUES ('978-3-608-93544-8', 'Der Herr der Ringe', 'J.R.R.
Tolkien', '32,90');
```

Mit folgendem SQL-Befehl kann man sich alle Datensätze einer Tabelle anzeigen lassen und kontrollieren, ob das Füllen der Tabelle funktioniert hat. Dies wird im nächsten Kapitel noch genauer behandelt.

```
SELECT * FROM Tabellenname;
```

## 6.3.2 Integritätsbedingungen prüfen

Wurde das relationale Modell für eine Datenbank erstellt, können die Tabellenschemata konkret in einem Datenbankmanagementsystem (DBMS) angelegt werden. Eine wesentliche Aufgabe eines DBMS ist es, die Konsistenz der Daten während des Betriebs jederzeit aufrechtzuerhalten. Unterschiedliche Benutzer oder Softwareanwendungen fügen neue Daten in das System ein, sie löschen oder ändern Daten. Bei all diesen Operationen muss der Datenbestand jeweils von einem konsistenten Zustand in einen anderen konsistenten Zustand überführt werden. Um dieses Ziel zu erreichen, muss das DBMS bestimmte Integritätsbedingungen automatisch kontrollieren.

M Ein Datenbestand einer Datenbank ist **konsistent**, wenn keine Widersprüche vorliegen. Sonst ist er **inkonsistent**.

Mit der Integrität einer Datenbank ist die logische Korrektheit und damit Widerspruchsfreiheit der Daten gemeint. Integritätsbedingungen greifen auf drei Ebenen:

**1. Datenfeldebene**
Jedem Datenfeld wird ein bestimmter Wertebereich zugewiesen. Zusätzlich zum Datentyp können Ober- und Untergrenzen sowie Plausibilitätsprüfungen definiert werden. Neu eingegebene Daten müssen diese Wertebereichsintegrität erfüllen.

| Fach | | | |
|---|---|---|---|
| <u>Kennziffer</u> | Name | Stunden pro Woche | Klausuren |
| 001 2,00 | Deutsch | 400 | |
| 002 Zwei | | 4,0 MA | |
| | Geschichte | 2 | 2 3 |

**2. Datensatzebene**
Jeder Datensatz muss über den Primärschlüssel eindeutig identifizierbar sein. Dies führt zu der Forderung, dass Primärschlüsselattribute keinen Null-Wert haben dürfen und sich bei jedem Datensatz voneinander unterscheiden müssen.

**3. Beziehungsebene**
Beziehungen werden im relationalen Modell durch Fremdschlüssel realisiert. Der Fremdschlüssel stellt dabei eine Referenz auf einen Datensatz dar. Wird dieser Datensatz gelöscht, verweist der Fremdschlüssel ins Leere. Die Kontrolle der referenziellen Integrität soll solche inkonsistenten Referenzen verhindern.

**Beispiele**
Ein Schüler oder eine Schülerin kann beliebig viele Arbeitsgemeinschaften (AGs) besuchen. Eine AG besteht aus mehreren Schülerinnen und Schülern.

Es liegt also eine n:m-Beziehung vor, die durch eine eigenständige Tabelle *besucht* realisiert wird.

| Schüler | | |
|---|---|---|
| <u>SID</u> | Name | Vorname |
| mmeier1 | Meier | Marlene |
| lmueller3 | Müller | Leonard |
| cbade1 | Bade | Clemens |

| AG | |
|---|---|
| <u>AGNr</u> | AGName |
| 1 | Fußball |
| 2 | Hörspiele |
| 3 | Robotik |

| besucht | |
|---|---|
| ↑<u>SID</u> | ↑<u>AGNr</u> |
| cbade1 | 1 |
| cbade1 | 3 |
| mmeier1 | 2 |

Die referenzielle Integrität stellt sicher, dass die Fremdschlüssel *SID* und *AGNr* in der Tabelle *besucht* nur mit Werten gefüllt werden, die auch in den Tabellen *Schüler* bzw. *AG* als Primärschlüssel existieren. Man kann also z. B. keine Schüler einer AG zuordnen, die es im System gar nicht gibt. Wird beispielsweise die Hörspiel-AG aufgelöst und soll aus der Tabelle *AG* gelöscht werden, so können auch die Einträge der Beziehungstabelle gelöscht werden, in denen die entsprechende AGNr vorkommt. Schließlich kann die Hörspiel-AG nun nicht mehr von Schülerinnen und Schülern besucht werden. Das DBMS sollte in diesem Fall eine referenzielle Integrität mit Löschweitergabe umsetzen. Das bedeutet, dass beim Löschen eines Datensatzes automatisch auch alle Datensätze gelöscht werden, in denen der Primärschlüssel des gelöschten Datensatzes als Fremdschlüssel vorkommt. So wird sichergestellt, dass es keine leeren Referenzen gibt.

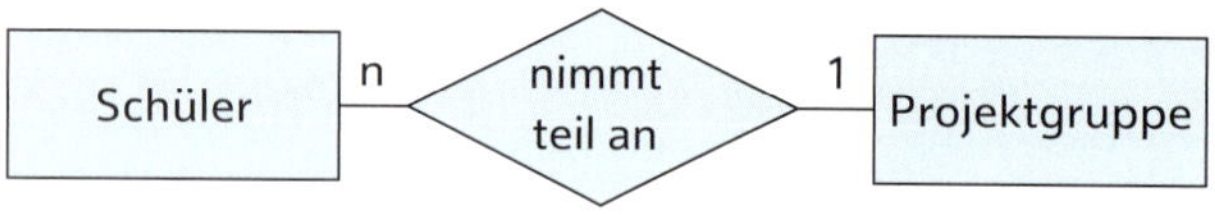


Es gibt allerdings auch Fälle, in denen eine Löschweitergabe nicht sinnvoll ist.

Während der Projekttage einer Schule wird jeder Schüler und jede Schülerin einer Projektgruppe zugeordnet. Es liegt eine 1:n-Beziehung vor, die wie folgt umgesetzt wird.

**Schüler**

| SID | Name | Vorname | ↑PGNr |
|---|---|---|---|
| mmeier1 | Meier | Marlene | 1 |
| lmueller3 | Müller | Leonard | 1 |
| cbade1 | Bade | Clemens | 3 |

**Projektgruppe**

| PGNr | PGName |
|---|---|
| 1 | Schul-T-Shirts |
| 2 | Vermessung der Welt |
| 3 | Wetter |

Wird nun eine Projektgruppe gelöscht, beispielsweise die Gruppe *Wetter*, da sich zu wenig Schülerinnen und Schüler angemeldet haben, so würde bei einer Löschweitergabe auch der Datensatz des Schülers Clemens Bade gelöscht werden, da er die PGNr 3 als Fremdschlüssel beinhaltet. Damit wären allerdings die Daten des Schülers verloren. In diesem Fall darf die Löschweitergabe also nicht aktiviert werden. Damit die referenzielle Integrität trotzdem gewahrt wird, muss das DBMS das Löschen der Projektgruppe verhindern, bis alle ihr zugeordneten Schülerinnen und Schüler anderen Gruppen zugeteilt wurden.

→ Aufgaben 16 bis 20

**M** Die referenzielle Integrität ist sichergestellt, wenn zu jedem Fremdschlüssel auch ein entsprechender Primärschlüssel existiert. In der Regel sollte bei 1:1- und 1:n-Beziehungen die referentielle Integrität ohne Löschweitergabe und bei m:n-Beziehungen die referentielle Integrität mit Löschweitergabe aktiviert werden. In Ausnahmefällen können auch andere Einstellungen oder ein Verzicht auf die Kontrolle der referenziellen Integrität sinnvoll sein.

## Kompetenzkontrolle

1. Wie lauten die SQL-Befehle zum Erstellen und zum Füllen einer Tabelle?
2. Was bedeutet *referenzielle Integrität*?

# 6.4 Die Suche – Daten filtern und auswerten mit SQL

Unsere Datenbank ist nun also erstellt und gefüllt. Nun wollen wir uns damit beschäftigen, wie wir Daten finden können, die uns interessieren.

Auch hier ist, wie bereits im vorherigen Kapitel, w3school sehr geeignet um die SQL-Befehle schnell in der Praxis anzuwenden. Schauen Sie einfach bei allen Befehlen, die Sie in diesem Kapitel kennen lernen, einmal bei w3school vorbei, um diese auszuprobieren. Sie können sich dabei immer an der linken Menüleiste orientieren und die entsprechenden Befehle dort suchen.

**Der Grundaufbau einer SQL-Abfrage ist immer gleich:**

```
SELECT Spalte(n)                 ← Projektion
FROM Tabelle(n)
[WHERE Bedingung(en)];           ← Selektion (kann entfallen)
```

### Projektion

Eine Projektion filtert bestimmte Spalten für die Ausgabe. Sie blendet also alle anderen Spalten aus.

| Buch | | | |
|---|---|---|---|
| ISBN | Titel | Autor | Preis |
| 978-3-608-93544-8 | Der Herr der Ringe | J.R.R. Tolkien | 32,90 |
| 978-3-596-29433-6 | Der Zauberberg | Thomas Mann | 12,95 |
| 978-1-4012-2266-6 | Watchmen | Alan Moore | 13,95 |

```
SELECT Autor
FROM Buch;
```

| Autor |
|---|
| J.R.R. Tolkien |
| Thomas Mann |
| Alan Moore |

Das Zeichen * bewirkt, dass alle Spalten einer Tabelle ausgegeben werden.

```
SELECT *
FROM Buch;
```

| ISBN | Titel | Autor | Preis |
|---|---|---|---|
| 978-3-608-93544-8 | Der Herr der Ringe | J.R.R. Tolkien | 32,90 |
| 978-3-596-29433-6 | Der Zauberberg | Thomas Mann | 12,95 |
| 978-1-4012-2266-6 | Watchmen | Alan Moore | 13,95 |

### Selektion

Eine Selektion filtert jene Zeilen heraus, die einer bestimmten Bedingung genügen.

| Buch | | | |
|---|---|---|---|
| **ISBN** | **Titel** | **Autor** | **Preis** |
| 978-3-608-93544-8 | Der Herr der Ringe | J.R.R. Tolkien | 32,90 |
| 978-3-596-29433-6 | Der Zauberberg | Thomas Mann | 12,95 |
| 978-1-4012-2266-6 | Watchmen | Alan Moore | 13,95 |

... aus der Tabelle Buch, ...

... deren Titel den Wert „Watchmen“ hat.

```
SELECT *
FROM Buch
WHERE Titel = 'Watchmen';
```

| ISBN | Titel | Autor | Preis |
|---|---|---|---|
| 978-1-401-22266-6 | Watchmen | Alan Moore | 13,95 |

Durch die Verbindung von Projektion und Selektion können die Daten einer Tabelle gezielt nach bestimmten Spalten und bestimmten Bedingungen gefiltert werden.

| Buch | | | |
|---|---|---|---|
| **ISBN** | **Titel** | **Autor** | **Preis** |
| 978-3-608-93544-8 | Der Herr der Ringe | J.R.R. Tolkien | 32,90 |
| 978-3-596-29433-6 | Der Zauberberg | Thomas Mann | 12,95 |
| 978-1-401-22266-6 | Watchmen | Alan Moore | 13,95 |

```
SELECT Autor
FROM Buch
WHERE Titel = 'Watchmen';
```

| Autor |
|---|
| Alan Moore |

Eine wesentliche Aufgabe von Datenbankmanagementsystemen ist es, Daten nach bestimmten Kriterien zu filtern. Mit einfachen Projektionen und Selektionen sind diese Abfragen an die Datenbank nicht mehr möglich. Bei vielen Fragestellungen reicht es nicht aus, einfach nur gewisse Spalten oder Zeilen einer Tabelle herauszufiltern. Es müssen mehrere Bedingungen miteinander verknüpft, die Daten sortiert oder Berechnungen auf Zahlenwerten einer Tabelle durchgeführt werden.

Der SELECT-Befehl in SQL bietet zahlreiche Möglichkeiten, um Abfragen differenziert zu formulieren und zu gestalten. Die wichtigsten werden nun vorgestellt.

## 6.4.1 Vergleichsoperatoren

Bei einer Selektion werden die Datensätze nach einer bestimmten Bedingung gefiltert, welche hinter den SQL-Befehl WHERE geschrieben wird. Dabei können folgende Operatoren verwendet werden, um eine Bedingung zu formulieren.

| Operator | Erläuterung |
|---|---|
| = | gleich |
| <> | ungleich |
| < | kleiner |
| > | größer |
| <= | kleiner oder gleich |
| >= | größer oder gleich |
| BETWEEN | Es wird ein zusammenhängender Bereich durch Angabe eines Start- und eines Endwertes bestimmt. Der Start- und Endwert selbst zählen mit zum Ergebnis. |
| LIKE | Es wird mit einem Muster verglichen. Jokerzeichen helfen bei der Formulierung des Musters. % steht für beliebig viele beliebige Zeichen, _ steht für genau ein beliebiges Zeichen. |
| IN | Es wird mit einer Liste von Kriterien verglichen. |
| IS NULL | Es wird geprüft, ob ein Wert vorhanden ist oder ob das Feld noch mit NULL belegt ist. |

**H** In MS-Access werden die Platzhalter * für beliebig viele beliebige Zeichen und ? für ein beliebiges Zeichen verwendet.

**Beispiele**:
Welche Buchtitel beginnen mit einem Buchstaben von ‚A‘ bis ‚D‘?

```
SELECT Titel
FROM Buch
WHERE Titel < ’E’;
```

| Titel |
|---|
| Der Herr der Ringe |
| Der Zauberberg |

Welche Bücher kosten 10 bis 20 €?

```
SELECT Titel
FROM Buch
WHERE Preis BETWEEN 10 AND 20;
```

| Titel |
|---|
| Der Zauberberg |
| Watchmen |

Suche alle Autoren, deren Name ‚Tolk' beinhaltet, sowie ihre Werke.

```
SELECT Autor, Titel
FROM Buch
WHERE Autor LIKE '%Tolk%';
```

| Autor | Titel |
|---|---|
| J.R.R. Tolkien | Der Herr der Ringe |

Suche alle Werke, die für 12,95 € oder 13,95 € angeboten werden.

```
SELECT Titel, Preis
FROM Buch
WHERE Preis IN (12.95, 13.95);
```

| Titel | Preis |
|---|---|
| Der Zauberberg | 12,95 |
| Watchmen | 13,95 |

### 6.4.2 Logische Operatoren

Ähnlich wie in anderen Programmiersprachen lassen sich auch in SQL einzelne Bedingungen mithilfe von logischen Operatoren (AND, OR, NOT) miteinander verknüpfen. So können in die WHERE-Klausel mehrere Bedingungen aufgenommen werden.

**Beispiel**:
Welche Bücher von Thomas Mann oder Alan Moore werden angeboten?

```
SELECT Titel
FROM Buch
WHERE Autor = 'Thomas Mann' OR Autor = 'Alan Moore';
```

| Titel |
|---|
| Der Zauberberg |
| Watchmen |

### 6.4.3 Verfeinern der Ausgabe

SQL bietet einige Möglichkeiten, die auszugebenden Tabellen den eigenen Ansprüchen anzupassen. Spaltennamen können mit dem AS-Operator umbenannt werden. Zudem können die Datensätze für die Ausgabe sortiert dargestellt werden. Dies leistet der Befehl ORDER BY. Manchmal ist es wünschenswert, dass in der Ergebnistabelle keine Einträge doppelt vorkommen. Dann wird der DISTINCT-Befehl angewendet.

**Beispiele**:
Die folgenden Abfragen beziehen sich auf eine erweiterte Buchtabelle:

| Buch | | | |
|---|---|---|---|
| **ISBN** | **Titel** | **Autor** | **Preis** |
| 978-3-608-93544-8 | Der Herr der Ringe | J.R.R. Tolkien | 32,90 |
| 978-3-596-29433-6 | Der Zauberberg | Thomas Mann | 12,95 |
| 978-1-401-22266-6 | Watchmen | Alan Moore | 13,95 |
| 978-3-608-93000-9 | Der Herr der Ringe | J.R.R. Tolkien | 260,00 |
| 978-3-423-59079-3 | Der kleine Hobbit | J.R.R. Tolkien | 7,95 |
| 978-3-596-29431-2 | Buddenbrooks | Thomas Mann | 9,95 |

```
SELECT Titel AS Buchname
FROM Buch
WHERE Autor = 'Alan Moore';
```

| Buchname |
|---|
| Watchmen |

```
SELECT Titel, Autor, Preis
FROM Buch
WHERE NOT Autor = 'Alan Moore'
ORDER BY Preis ASC;
```

Der Zusatz ASC (von engl. ascending – aufsteigend) kann weggelassen werden. Um die Daten absteigend zu sortieren, muss der Zusatz DESC (von engl. descending – absteigend) angefügt werden.

| Titel | Autor | Preis |
|---|---|---|
| Der kleine Hobbit | J.R.R. Tolkien | 7,95 |
| Buddenbrooks | Thomas Mann | 9,95 |
| Der Zauberberg | Thomas Mann | 12,95 |
| Der Herr der Ringe | J.R.R. Tolkien | 32,90 |
| Der Herr der Ringe | J.R.R. Tolkien | 260,00 |

```
SELECT DISTINCT Autor
FROM Buch;
```

| Autor |
|---|
| J.R.R. Tolkien |
| Thomas Mann |
| Alan Moore |

## 6.4.4 Aggregatfunktionen und mathematische Operatoren

Mithilfe von Aggregatfunktionen können Auswertungen über alle Datensätze einer Tabelle gemacht werden. So kann mit der Funktion COUNT die Anzahl der Datensätze ermittelt werden. Auf numerischen Attributen können weitere Funktionen angewendet werden: SUM liefert die Summe aller Werte, MAX den größten und MIN den kleinsten Wert der Datenreihe. Mit MONTH kann man aus einem Datum den Monat und mit YEAR das Datum auslesen. Zudem kann mit der Funktion AVG das arithmetische Mittel aller Zahlenwerte berechnet werden. Eine Aggregatfunktion liefert als Ergebnis einen Zahlenwert. Die bekannten Operatoren für die vier Grundrechenarten (+, –, *, /) sowie die Klammerung von Rechenausdrücken werden auch von SQL unterstützt.

**Beispiele:**
Wie viele Bücher von J.R.R. Tolkien werden angeboten?

```
SELECT COUNT (*) AS Anzahl_Tolkien
FROM Buch
WHERE Autor = 'J.R.R. Tolkien';
```

Mit dem AS-Befehl wird das Ergebnis der Aggregatfunktion sinnvoll benannt.

| Anzahl_Tolkien |
|---|
| 3 |

Wie viele Autoren sind im Angebot aufgenommen?

```
SELECT COUNT (DISTINCT Autor) AS Anzahl_Autoren
FROM Buch;
```

| Anzahl_Autoren |
|---|
| 3 |

**M** Aggregatfunktionen werten eine Gruppe von Werten aus und geben einen einzigen Wert zurück.

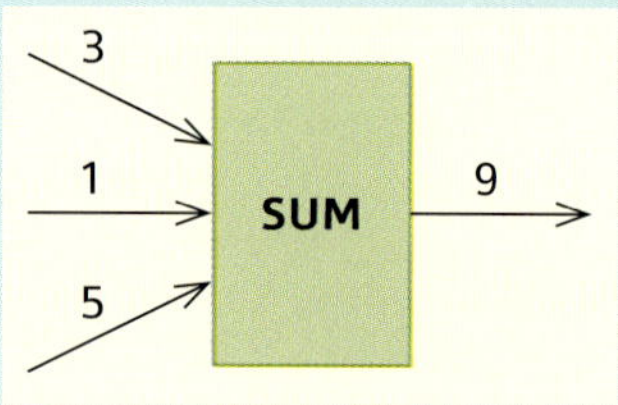


Wie viel kostet das günstigste Buch von Tolkien?

```
SELECT MIN(Preis) AS günstigster_Tolkien
FROM Buch
WHERE Autor = 'J.R.R. Tolkien';
```

| günstigster_Tolkien |
|---|
| 9,95 |

Wie hoch ist der Durchschnittspreis aller angebotenen Bücher?

```
SELECT AVG(Preis) AS Durchschnittspreis
FROM Buch;
```

| Durchschnittspreis |
|---|
| 64,75 |

Wie hoch ist jeweils die Mehrwertsteuer der einzelnen Bücher?

```
SELECT Titel, Preis, Preis * 7/100 AS Mehrwertsteuer
FROM Buch;
```

| Titel | Preis | Mehrwertsteuer |
|---|---|---|
| Watchmen | 13,95 | 0,98 |
| Der Zauberberg | 12,95 | 0,91 |
| Der Herr der Ringe | 32,90 | 2,3 |

### 6.4.5 Gruppieren von Datensätzen

Oftmals möchte man Aggregatfunktionen differenziert auf einzelne Gruppen von Datensätzen anwenden. Anstatt nach dem durchschnittlichen Preis aller angebotenen Bücher zu fragen, wäre es auch interessant zu wissen, wie teuer jeweils die Bücher eines bestimmten Autors im Schnitt sind. Dazu müssen die Datensätze zunächst nach dem Merkmal Autor gruppiert werden. Der Befehl GROUP BY Autor bewirkt, dass die folgenden Gruppen unterschieden werden:

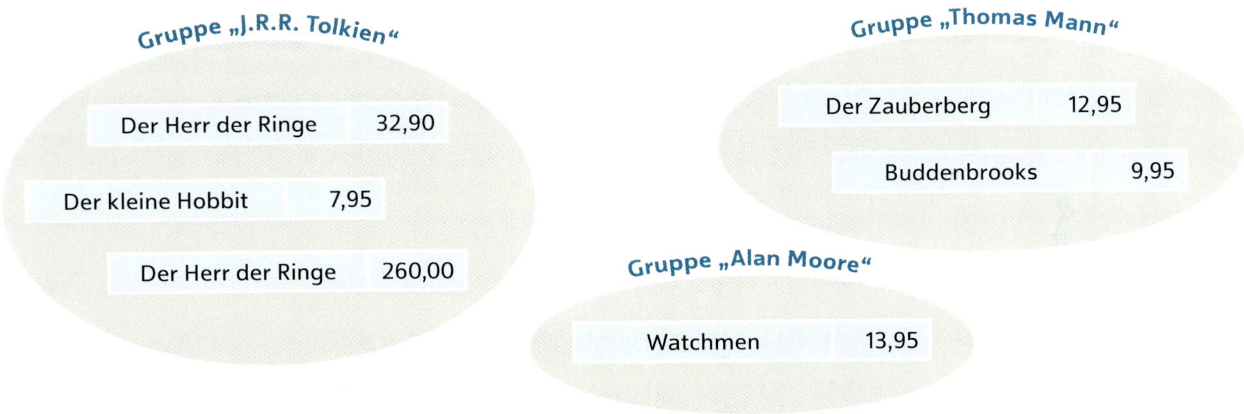


Nun kann die Aggregatfunktion AVG auf das Attribut *Preis* angewendet werden, um für jede Gruppe den jeweiligen Durchschnittspreis zu ermitteln. Da in der Ergebnistabelle jede der drei Gruppen einen Datensatz darstellen wird, ist dies sogar notwendig, um alle einzelnen Werte der ausgewählten Attribute zu einem einzigen Wert zusammenzuführen. Da dies für das Attribut *Titel* nicht sinnvoll ist, darf es auch nicht im SELECT-Teil der Abfrage auftauchen:

Wie teuer sind die Bücher der einzelnen Autoren im Schnitt?

```
SELECT Autor, AVG(Preis)
FROM Buch
GROUP BY Autor;
```

Falls gruppiert wird, müssen alle ausgewählten Attribute (außer dem, nach dem gruppiert wird) mit einer Aggregatfunktion versehen werden.

| Autor | AVG (Preis) |
|---|---|
| J.R.R. Tolkien | 100,28 |
| Thomas Mann | 11,45 |
| Alan Moore | 13,95 |

## 6.4.6 Geschachtelte Select-Ausdrücke

SQL-Abfragen können wiederum selbst als Bedingung für eine weitere Abfrage dienen. Ein solcher geschachtelter SELECT-Ausdruck enthält in der WHERE-Klausel eine Unterabfrage. Unterabfragen werden in runde Klammern gesetzt und vom Interpreter zuerst ausgewertet.

**Beispiele**:
Finde alle Bücher, die vom selben Autor geschrieben wurden wie „Der Kleine Hobbit".

```
SELECT Titel, Autor
FROM Buch
WHERE Autor = (
   SELECT Autor
   FROM Buch
   WHERE Titel =
   'Der kleine Hobbit');
```

**Ergebnis der Unterabfrage**

| Autor |
|---|
| J.R.R. Tolkien |

**Gesamtergebnis**

| Titel | Autor |
|---|---|
| Der Herr der Ringe | J.R.R. Tolkien |
| Der Herr der Ringe | J.R.R. Tolkien |
| Der kleine Hobbit | J.R.R. Tolkien |

Achtung: Die Unterabfrage darf nur einen einzigen Wert (hier: „J.R.R. Tolkien") als Ergebnis haben. Ansonsten muss mit dem IN-Operator gearbeitet werden.

Finde alle Bücher, die günstiger sind als Watchmen.

```
SELECT Titel, Autor, Preis
FROM Buch
WHERE Preis < (
   SELECT Preis
   FROM Buch
   WHERE Titel = ‚Watchmen');
```

**Ergebnis der Unterabfrage**

| Preis |
|---|
| 13,95 |

**Gesamtergebnis**

| Titel | Autor | Preis |
|---|---|---|
| Der Zauberberg | Thomas Mann | 12,95 |
| Der kleine Hobbit | J.R.R. Tolkien | 7,95 |
| Buddenbrooks | Thomas Mann | 9,95 |

Zudem muss die Unterabfrage immer auf ein einziges Attribut projizieren.

## 6.4.7 Übersicht der SQL-Befehle

Zusammenfassend ergibt sich für SQL-Abfragen folgender grundlegender Aufbau, bei dem die Reihenfolge der Schlüsselwörter fest vorgegeben ist.

| SQL-Befehl | Reihenfolge bei der Analyse | Beschreibung |
|---|---|---|
| SELECT [DISTINCT] | 5 | Projiziert auf die angegebenen Spalten. Hier werden auch die Aggregatfunktionen angegeben. |
| FROM | 1 | Angabe der Datenquelle, ggf. mehrere Tabellen als Verbund miteinander verknüpft ([LEFT \| RIGHT \| INNER] JOIN ... ON) |
| WHERE | 2 | Selektiert alle Datensätze, welche die Bedingung erfüllen. Hier können auch Unterabfragen angegeben werden. |
| GROUP BY | 3 | Gruppiert nach einem Attribut |
| ORDER BY ... [ASC \| DESC] | 4 | Sortiert auf- oder absteigend |

Bei der Analyse einer SQL-Abfrage ist es jedoch sinnvoll, die Befehle nicht sequentiell zu betrachten. Dies soll an einem Beispiel verdeutlicht werden.

```
SELECT Autor, AVG(Preis)
FROM Buch
WHERE Autor <> ‚Alan Moore'
GROUP BY Autor
ORDER BY AVG(Preis) DESC;
```

1. Aus der Tabelle Buch ...
2. ... wähle alle Datensätze aus, die nicht „Alan Moore" als Autor haben.
3. Bilde dabei Gruppen nach Autoren ...
4. ... und sortiere die Ausgabe absteigend nach dem Durchschnittspreis.
5. Projiziere schließlich auf die Spalten Autor und AVG(Preis).

| Autor | AVG (Preis) |
|---|---|
| J.R.R. Tolkien | 100,28 |
| Thomas Mann | 11,45 |

→ Aufgaben 21 und 22

### Kompetenzkontrolle

1. Mit welchem SQL-Befehl fangen Auswertungen an?
2. Welche Vergleichsoperatoren kennen Sie?
3. Welche logischen Operatoren kennen Sie?

## 6.5 Speicherung von Massendaten: „Big Data“

Datenbanken werden unter anderem dazu verwendet, große Datenmengen, sog. Big Data, zu speichern.

M Es gibt keine eindeutige Definition von Massendaten oder „Big Data“. Der Begriff wird unter anderem verwendet, um Datenmengen zu beschreiben, die mit herkömmlichen Methoden der Datenverarbeitung nicht ausgewertet werden können, weil sie zu schnelllebig, zu schwach strukturiert oder einfach zu groß sind.

Wie bei den meisten Tools ist Massendatenspeicherung nicht von Grund auf gut oder schlecht. Es kommt darauf an, wie und von wem sie eingesetzt wird.

### 6.5.1 Personalisierte Daten

Eine spezielle Form der Massendatenspeicherung ist das Speichern von personalisierten Daten.

**Wie kann man Daten einer bestimmten Person zuordnen?**
Eine Möglichkeit der Zuordnung von Daten zu einer bestimmten Person ist die zu einem Benutzerprofil. Wenn man z. B. mit einem Google-Account angemeldet ist, können alle darüber laufenden Suchanfragen diesem Profil zugeordnet werden. Aber auch über die IP-Adresse oder Cookies können Zuordnungen zu Personen oder zumindest einem Gerät und seinem Nutzer getroffen werden.

**Was kann gespeichert werden?**
Prinzipiell können alle Daten, die zu einer Person generiert werden, auch gespeichert werden.
Hierunter fallen die Suchbegriffe, die man bei Suchmaschinen eingibt, die Seiten, die man besucht, die Produkte oder Videos, die man anklickt und die Summe der Zeit, die man im Internet verbringt.
Bei Social-Media-Accounts speichern wir selbst Informationen und Bilder von uns.

**Wer speichert Daten?**
Daten werden im Internet von vielen Organisationen gespeichert. Besonders die oft als „Datenkraken“ bezeichneten Konzerne wie Google Inc oder soziale Netzwerke wie Facebook sind an Ihren Daten interessiert. Andere Unternehmen bezahlen sehr viel Geld, um personalisierte Werbung senden zu können.

**Wie könnten die Daten verwendet werden?**
Neben der auf dem Internetnutzungsprofil beruhenden personalisierten Werbung, könnten zum Beispiel auch Versicherungen und Krankenkassen auf die Idee kommen, Beiträge von Erkenntnissen aus gespeicherten Daten abhängig zu machen. Wenn zum Beispiel viele Bilder von Partys mit Alkohol oder Zigaretten auf sozialen Medien zu finden sind oder man Payback verwendet und viele ungesunde Produkte vermerkt sind, könnte der Beitrag zur Krankenversiche-

rung steigen. Bei einer Bank könnten die erhobenen Daten eine Auswirkung darauf haben, ob man einen Kredit bekommt. Bei einer Bewerbung könnte die Entscheidung eines Arbeitgebers dadurch beeinflusst werden, wieviel Zeit ein Bewerber mit Onlinespielen oder auf Social Media verbracht hat. Wenn man beispielsweiße bis spät in die Nacht im Internet aktiv ist, könnte das für einen Arbeitgeber Rückschlüsse darauf geben, dass man nicht genug Schlaf bekommt und folglich tagsüber nicht so leistungsfähig ist.
Datenbanken, in denen solche persönlichen Daten gesammelt werden, können auch gehakt werden. Mit Daten, die die Hacker dadurch gewinnen, können Sie zum Beispiel einzelne Personen erpressen.

**Was kann man tun, damit weniger personalisierte Daten gespeichert werden?**
Zuerst kann man natürlich die Daten, die man selbst von sich z. B. bei sozialen Medien hochlädt, reduzieren. In Browsern gibt es oft verschiedene Add-ons, durch die zum Beispiel „Tracking“ verhindert wird. Dann kann man sich überlegen, welche Tools man verwendet. Bei Suchmaschinen, Messengerdiensten oder E-Mail-Anbietern gibt es immer Alternativen, die weniger Daten sammeln.

## 6.5.2 Unpersonalisierte Big Data: Wettervorhersage

Eine weitere Form von Massendatenspeicherung, die nicht personenbezogen ist, sind Wetterdaten. Es werden täglich an sehr vielen verschiedenen Orten auf der ganzen Welt Messwerte erhoben, darunter Temperatur, Windgeschwindigkeit, Luftfeuchtigkeit und Niederschlagsmenge. Daraus ergibt sich eine gigantische Menge an Daten. Mathematiker arbeiten seit vielen Jahren daran, diese Daten auszuwerten und damit immer bessere Modelle für Vorhersagen entwickeln zu können.

→ Aufgaben 23 bis 28

## Aufgaben

1. Vergleichen Sie die beiden Vorschläge miteinander, indem Sie Gemeinsamkeiten und Unterschiede herausstellen.

2. Die gespeicherten Daten der Surfschule unterliegen ständigen Änderungen. Erläutern Sie für die folgenden Situationen, welche Operationen in den jeweiligen Datenbeständen der beiden Vorschläge erforderlich wären.
Beschreiben Sie auch Probleme, die dabei auftreten können.

Karla möchte nach ihrem Grundkurs noch mehr beim Windsurfen ausprobieren und den Aufbaukurs belegen.

Der Surflehrer Mark fällt für längere Zeit aus. Zum Glück können seine Kurse von seinem Bruder Daniel übernommen werden.

Der Kids Kurs endet und soll aus dem Datenbestand gelöscht werden. Es müssen allerdings noch die Teilnahmebescheinigungen an die Kursteilnehmer verschickt werden.

Ein neuer Grundkurs soll ab dem 19.08. von Simone angeboten werden.

Sina kommt am 12.08. in die Surfschule und möchte am liebsten noch am selben Tag mit einem Kurs starten. Wie viele Kurse beginnen am 12.08.16?

3. Beurteilen Sie, welcher Vorschlag für die Verwaltung der Surfschule besser geeignet ist. Argumentieren Sie auch mit Ihren Ergebnissen aus Aufgabe 2.

4. Legen Sie selbst eine oder mehrere Tabellen an, in denen Sie Daten wie Name, Vorname, Kurse, Lehrer, Raum, Fach usw. von Ihnen und einigen Ihrer Mitschüler darstellen. Versuchen Sie, die Daten so zu strukturieren, dass Änderungen leicht realisierbar sind. Die Tabelle/n können Sie auf dem Papier oder digital (z. B. in Word oder Excel) anlegen. Der Kern der Aufgabe soll die Strukturierung sein.

5. Ein Fitnessstudio möchte seine Kunden und die angebotenen Kurse verwalten. Die Kurse unterscheiden sich durch Kursnummern und jede Kundin und jeder Kunde kann an beliebig vielen Kursen teilnehmen. Um für jede Kundin und jeden Kunden einen individuellen Trainingsplan erstellen zu können, werden neben den für die Verwaltung erforderlichen Daten wie Name und Adresse auch Informationen wie Gewicht, Körpergröße, Geschlecht und ggf. körperliche Beschwerden (z. B. Knieprobleme) gespeichert. Jede Kundin und jeder Kunde bekommt eine Chipkarte, mit der man sich im Studio anmelden kann und mithilfe derer die Fitnessgeräte einen individuellen Trainingsplan abrufen.
   a) Legen Sie Entitätstypen, Attribute und Beziehungstypen fest. Bestimmen Sie auch passende Kardinalitäten und Primärschlüssel.
   b) Entwerfen Sie ein vollständiges ER-Modell.
   c) Erweitern Sie Ihr ER-Modell um sinnvolle Informationen, die im Aufgabentext nicht explizit genannt werden

**6. Mietshäuser**

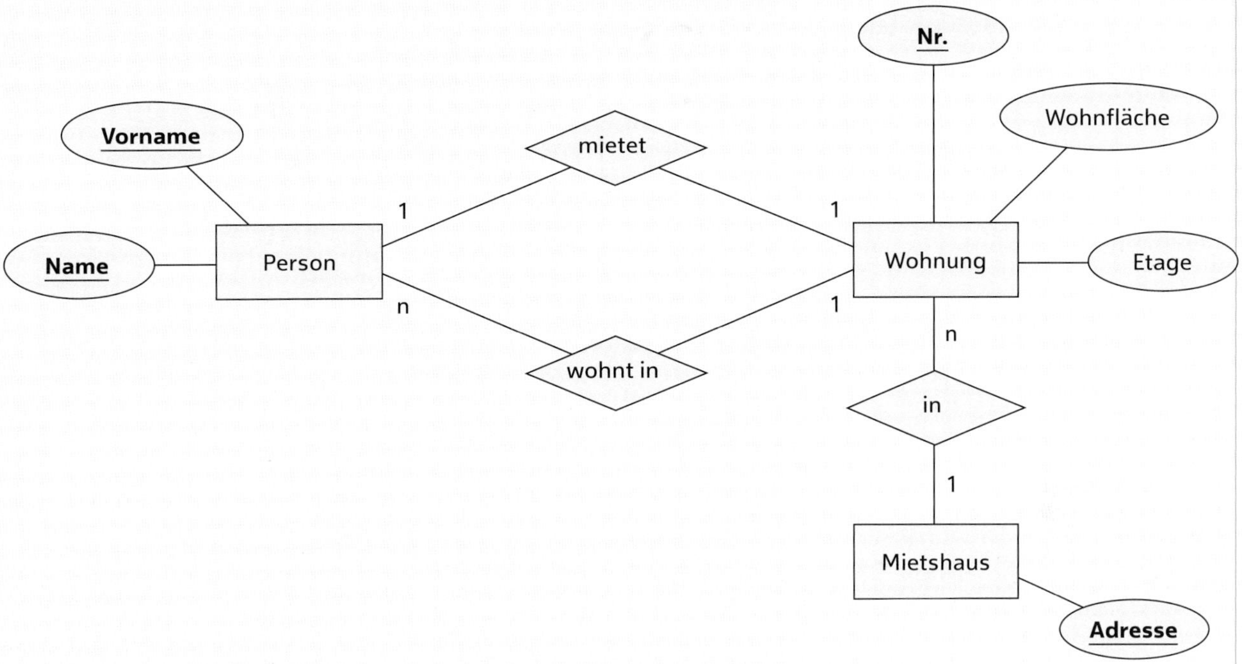


Abb. 6_8: ER-Modell Vermietung

a) Erläutern Sie das dargestellte ER-Modell. Gehen Sie dabei insbesondere auf die Beziehungen sowie ihre Kardinalitäten ein.

b) Erweitern Sie das Modell um die folgenden Anforderungen.
- Es soll zusätzlich gespeichert werden, ab wann eine Wohnung vermietet wird.
- Auch der Name und Vorname des Vermieters sollen aufgenommen werden.

**7. Kardinalitäten**

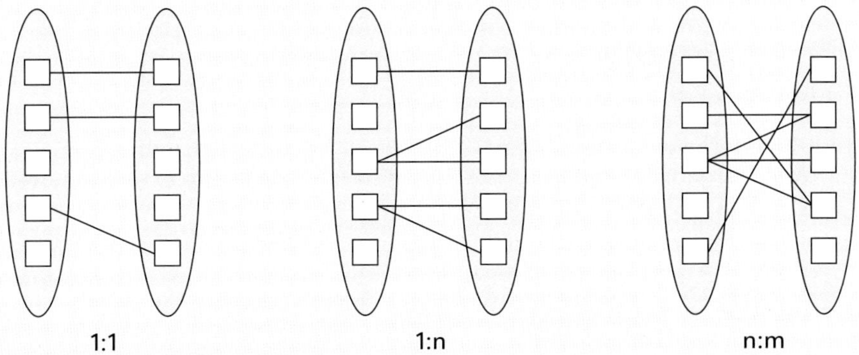


Abb. 6_9: Die drei Beziehungstypen in abstrakter Darstellung

Ordnen Sie den Beziehungstypen jeweils passende Kardinalitäten zu. Begründen Sie Ihre Wahl der Kardinalitäten. (Es müssen nicht immer genau zwei Entitätstypen an einer Beziehung beteiligt sein. In Aufgab d) liegt eine reflexive (selbstbezügliche) und in f) eine Dreifachbeziehung vor.)

a)

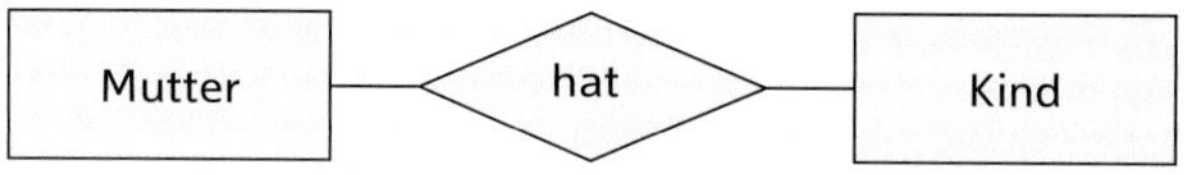


b)

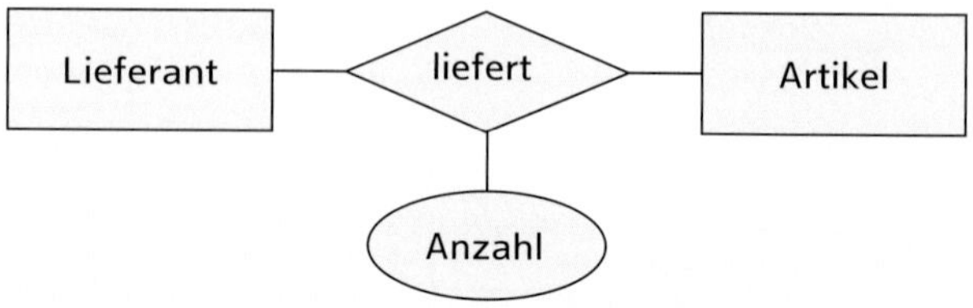


c)

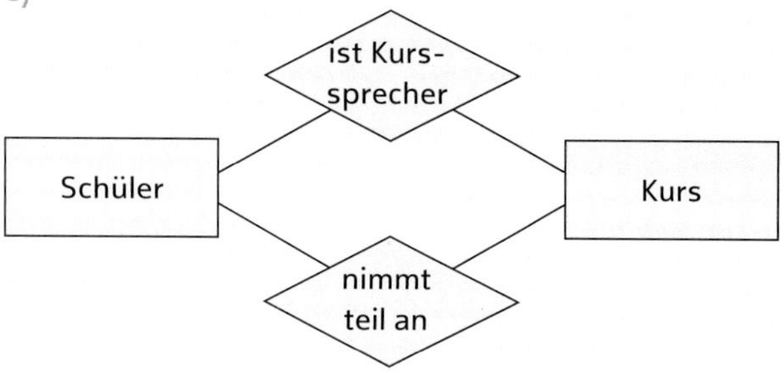


d)

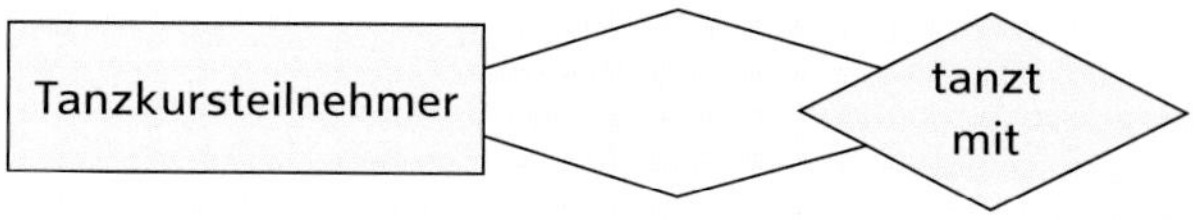


e)

f)

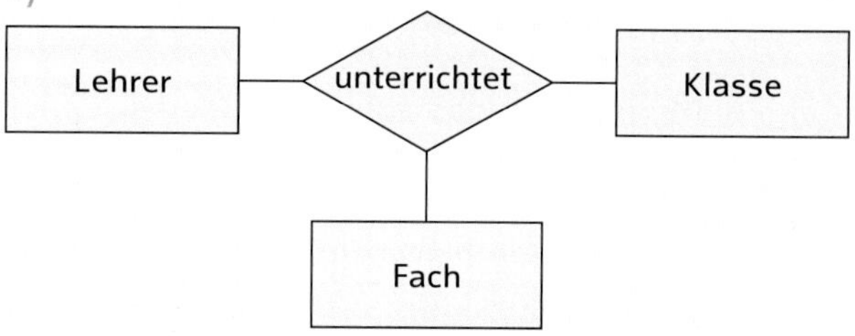


8. Erweiterung eines ER-Modells

a) Das ER-Modell soll um Informationen zum Trainer erweitert werden. Paul möchte den Entitätstypen *Mannschaft* um ein Attribut *Trainer* ergänzen. Paula möchte für den Trainer einen eigenen Entitätstypen anlegen. Entscheiden Sie sich begründet für eine der beiden Varianten.

b) Zudem soll die Trikotnummer eines Spielers in das Modell aufgenommen werden. Steffi schlägt vor, die Trikotnummer als Attribut des Spielers zu modellieren. Begründen Sie, warum dieser Vorschlag nicht zielführend ist, und geben Sie eine andere Lösung an.

9. Überführen Sie jeweils das angegebene ER-Modell in ein relationales Modell. Finden Sie für jede Entität geeignete Attribute und Primärschlüssel und geben Sie für jede Tabelle drei Beispieldatensätze an. Die Tabellen können Sie auf Papier oder digital in einem Programm Ihrer Wahl anlegen.

a)

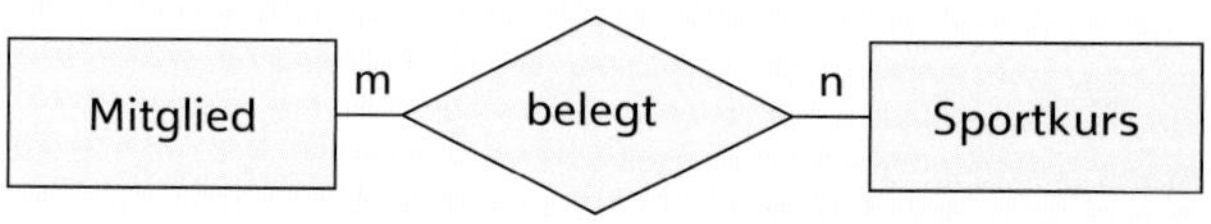

b)

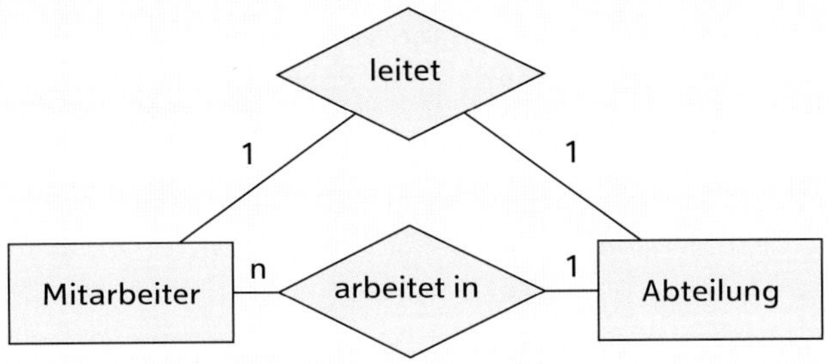


c)

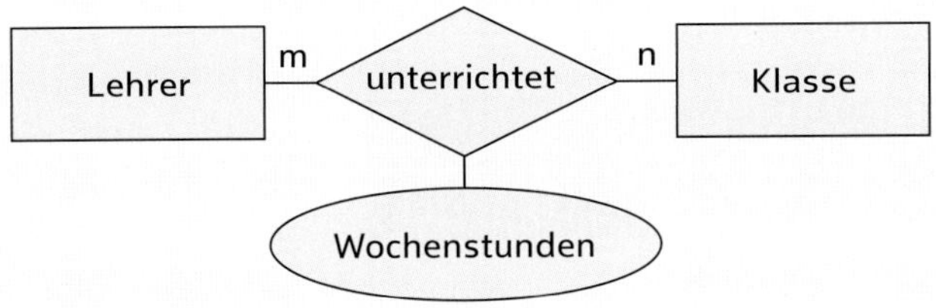


**10.** Überführen Sie das ER-Modell in ein relationales Modell.

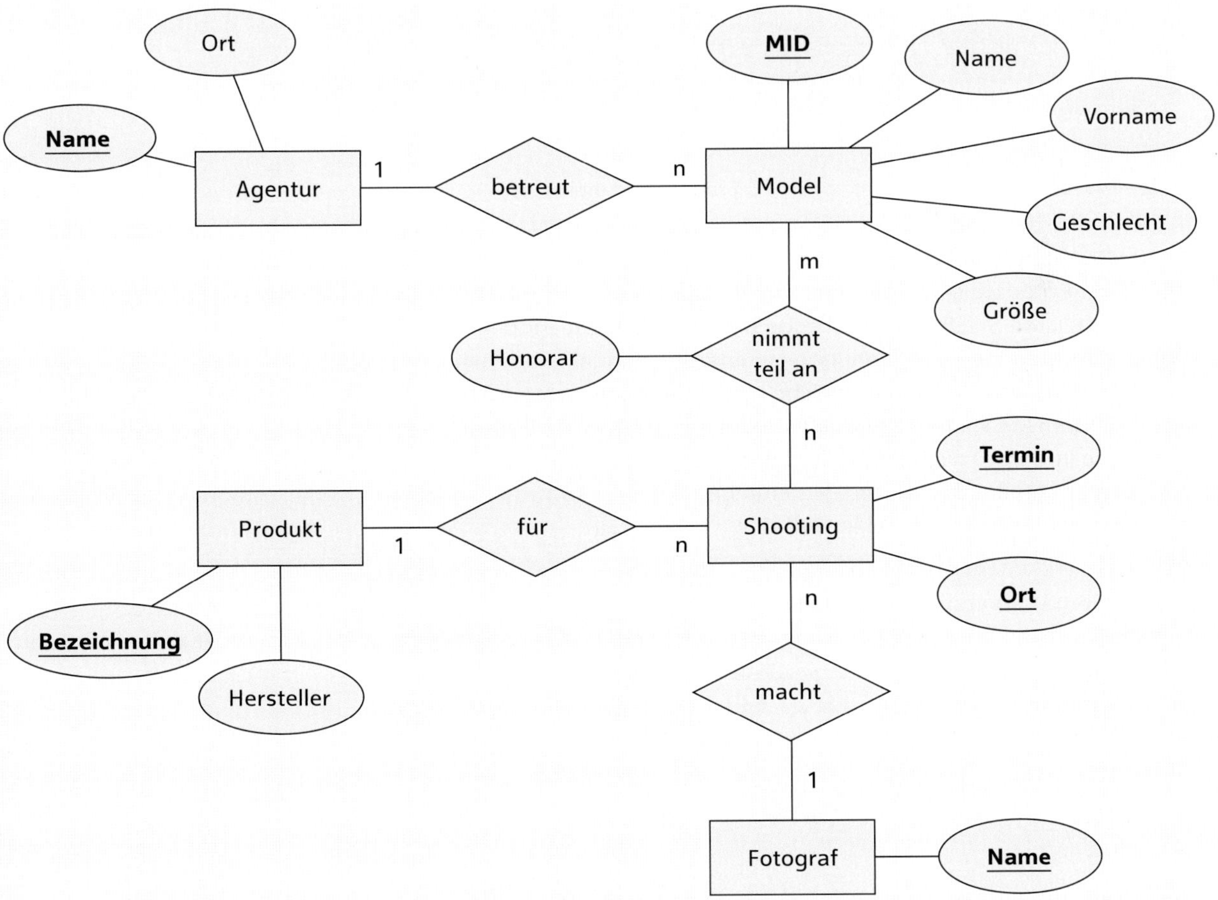

**11.** Eine Dienstleistungsagentur, die Produkttester vermittelt, gibt die Entwicklung einer Datenbank in Auftrag, um zukünftig den Einsatz ihrer Testesser zu koordinieren. Für die Datenbank sind zunächst die folgenden Tabellen vorgesehen. Darin sind die Beziehungen unter den einzelnen Entitäten noch nicht realisiert.

**Produkttester**

| TID | Name | Vorname | Kategorie | Gehalt |
|---|---|---|---|---|
| 6634 | Meyer | Thomas | Getränke | 3500 |
| 6544 | Selke | Eva | Milchprodukte | 3800 |

**Produkt**

| PID | Name | Kategorie | Brennwert in kJ pro 100 g |
|---|---|---|---|
| 5557 | Chococream | Brotaufstrich | 2273 |
| 2311 | Vollmunder Käse | Milchprodukte | 1480 |
| 9004 | Wiesendorfers Brause | Getränke | 122 |

**Firma**

| Name | Ansprechpartner |
|---|---|
| Wiesendorf | Herr Maas |
| Dr. Choco | Frau Schumann |

Jeder Produkttester ist für das Testen einer bestimmten Produktkategorie ausgebildet. Eine Firma, die eines ihrer Produkte testen lassen möchte, kann einen Produkttester zu einem festen Gehalt buchen.

a) Modellieren Sie die zu erstellende Datenbank im ER-Modell.
b) Überführen Sie die Beziehungen in entsprechende Relationenschemata.
c) Erläutern Sie am Beispiel, welche Integritätsbedingungen in der Datenbank von Bedeutung sind.
d) Erläutern Sie am Beispiel, wie es zu Inkonsistenzen im Datenbestand kommen kann, wenn die referenzielle Integrität nicht kontrolliert wird.
e) Begründen Sie, für welche Beziehungen Sie eine Kontrolle der referenziellen Integrität mit bzw. ohne Löschweitergabe empfehlen würden.

**12. Implementation von Datenbanken**
Implementieren Sie die Beispieldatenbank Onlinebuchhandel in einem DBMS. Achten Sie dabei insbesondere auf die Einhaltung der Integritätsbedingungen.

## 13. Funktionale Abhängigkeiten

a)

| Spiel | | |
|---|---|---|
| **Schnick** | **Schnack** | **Schnuck** |
| Stein | Stein | Stein |
| Schere | Papier | Schere |
| Papier | Stein | Stein |
| Schere | Papier | Schere |

Untersuchen Sie, ob in der Tabelle die folgenden funktionalen Abhängigkeiten gelten:
Schnick → Schnack
Schnick → Schnuck
Schnack → Schnick
Schnack → Schnuck
Schnuck → Schnack
Schnuck → Schnick

b)

| Abzählreim | | | | |
|---|---|---|---|---|
| **Bestimmer1** | **Bestimmer2** | **Anna** | **Berta** | **Carla** |
| ene | ene | ene | ene | mene |
| ene | mene | mene | ene | mene |
| mene | ene | ene | ene | ene |
| mene | mene | muh | mene | ene |

Untersuchen Sie, ob in der Tabelle die folgenden vollen funktionalen Abhängigkeiten gelten.
(Bestimmer1, Bestimmer2 → Anna
(Bestimmer1, Bestimmer2) → Berta
(Bestimmer1, Bestimmer2) → Carla

## 14. Dritte Normalform

| Universität | | | |
|---|---|---|---|
| **Mitarbeiter_ID** | **Name** | **Fachgebiet** | **Institut** |
| 123 | Engels | Datenbank- und Informationssysteme | Informatik |
| 128 | Blömer | Codes und Kryptografie | Informatik |
| 115 | Dietz | Stochastik | Mathematik |
| 234 | Engels | Angewandte Mechanik | Maschinenbau |
| 332 | Sauer | Datenbank- und Informationssysteme | Informatik |
| 443 | Soltenborn | Datenbank- und Informationssysteme | Informatik |

a) Erläutern Sie am Beispiel, welche Daten redundant gespeichert werden.
b) Geben Sie alle transitiven Abhängigkeiten an.
c) Überführen Sie die Tabelle in die dritte Normalform.

**15. Transitive Abhängigkeiten**

| Kartenreihen | | | |
|---|---|---|---|
| **Karte1** | **Karte2** | **Karte3** | **Karte4** |
| pik | pik | pik | pik |
| herz | herz | herz | herz |
| kreuz | caro | herz | pik |
| caro | herz | herz | herz |

Untersuchen Sie, ob in der Tabelle die folgenden transitiven Abhängigkeiten bestehen.
Karte1 → Karte2 → Karte3
Karte1 → Karte2 → Karte4
Karte1 → Karte3 → Karte4
Karte1 → Karte3 → Karte2
Karte1 → Karte4 → Karte2
Karte1 → Karte4 → Karte3

**16.** Begründen Sie, warum nur die ISBN in der Tabelle Abb. 6_2 (S. 194) als Schlüsselattribut infrage kommt.

**17.** In der Mittagspause wird Sven, Praktikant einer kleinen Werbeagentur, in den nächsten Supermarkt geschickt, um dort für seine Kollegen einzukaufen. Alle Kollegen notieren ihren Einkaufswunsch auf einem Zettel, aber viele Kollegen beschweren sich, dass Sven ihrer Ansicht nach das falsche Produkt oder die falsche Menge kauft.

a) Erläutern Sie, warum es Sven nicht gelingt, die Einkaufswünsche der Kollegen immer korrekt zu erfüllen.
b) Entwickeln Sie ein Tabellenschema, das Sven einen möglichst fehlerfreien Einkauf ermöglicht.
c) Erstellen Sie mit SQL eine Tabelle zu dem Tabellenschema und füllen Sie diese mit drei Beispielbestellungen.

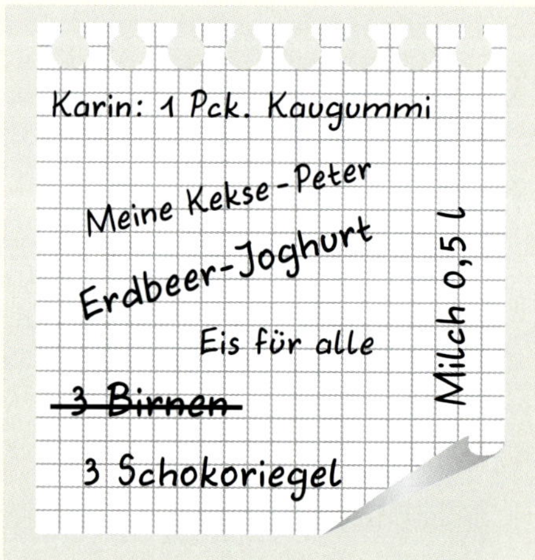

**18.** Sandra und Myriam kommen vom Shoppen zurück.

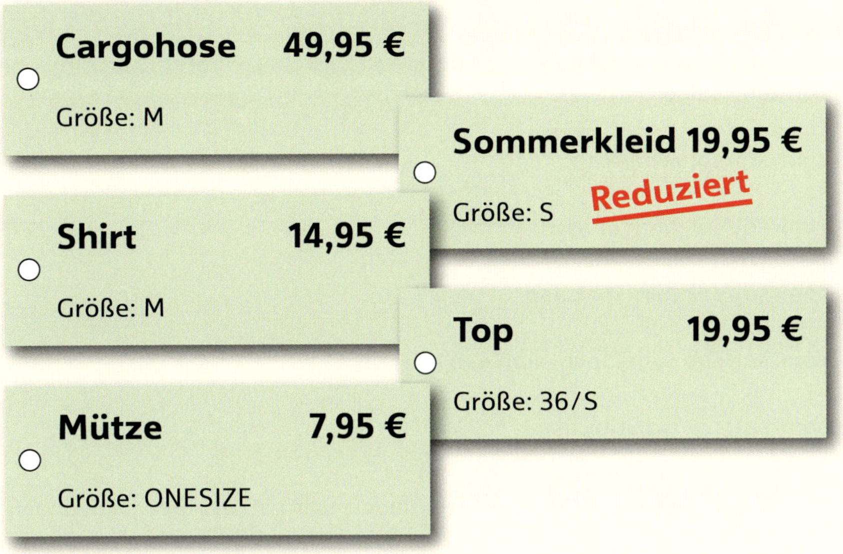


a) Entwickeln Sie ein Schema, in dem die Daten der Etiketten gespeichert werden können.
b) Legen Sie geeignete Datentypen für die einzelnen Attribute fest und bestimmen Sie einen Schlüssel für die Relation.
c) Erstellen Sie mit SQL eine Tabelle zu dem Tabellenschema und füllen Sie diese mit den 5 Etiketten.

**19.** Eine Fahrschule verwaltet ihre Fahrschüler und -lehrer in der abgebildeten Tabelle.

| Name | Vorname | Geburts-datum | Anzahl Fahrstunden | Theorie bestanden | Praxis bestanden | Fahrlehrer Vorname | Fahrlehrer Nachname | Fahrlehrer Telefonnummer |
|---|---|---|---|---|---|---|---|---|
| Schröder | Luisa | 03.04.96 | 12 | Ja | Nein | Manfred | Schulte | 0171-1234567 |
| Schumacher | Lennard | 23.07.96 | 4 | Nein | Nein | Sandra | Kraft | 0151-9876543 |
| Tilmann | Malte | 15.05.95 | 22 | Ja | Ja | Manfred | Schulte | 0171-1234567 |

a) Geben Sie das Schema der Tabelle an, legen Sie einen Schlüssel für die Tabelle fest und bestimmen Sie geeignete Datentypen für die Attribute.
b) Erläutern Sie, wie es bei Operationen auf der Tabelle zu Inkonsistenzen führen kann.

**20.** Eine Hundepension verwaltet die bei ihnen zur Betreuung untergebrachten Hunde in einer Relation mit dem folgenden Schema.
HUND(Name, Rasse, Alter, Geschlecht, BesitzerName, BesitzerVorname, BesitzerTel, ZimmerNr, Medikamente)
Die Hunde werden in Gruppenzimmern mit frei zugänglichen Auslaufflächen untergebracht, wobei Hunde mit demselben Namen unterschiedliche Zimmer erhalten. Somit kann die Kombination (Name, ZimmerNr) als Schlüssel verwendet werden.

a) Geben Sie drei Beispieldatensätze der Tabelle HUND an und erläutern Sie, welche Daten ggf. redundant gespeichert werden.

21. Arbeiten Sie folgende Abschnitte auf www.w3schools.com durch:
   a) SQL Select
      https://www.w3schools.com/sql/sql_select.asp
   b) SQL Order by
      https://www.w3schools.com/sql/sql_orderby.asp
   c) SQL Where
      https://www.w3schools.com/sql/sql_where.asp
   d) SQL And, Or, Not
      https://www.w3schools.com/sql/sql_and_or.asp
   e) SQL Min and Max
      https://www.w3schools.com/sql/sql_min_max.asp
   f) SQL Count, Avg, Sum
      https://www.w3schools.com/sql/sql_count_avg_sum.asp
   g) SQL Group By
      https://www.w3schools.com/sql/sql_groupby.asp

22. Eine Schülerfirma hat an ihrer Schule einen kleinen Schreibwarenladen eröffnet, der die Schülerinnen und Schüler mit diversen Produkten für den täglichen Gebrauch in der Schule versorgt. Die Firma verwaltet ihr Sortiment in der folgenden Tabelle:

| **Sortiment** | | | | | |
|---|---|---|---|---|---|
| **Artikelnr** | **Artikelbezeichnung** | **Rubrik** | **Menge** | **Einkaufspreis** | **Verkaufspreis** |
| 10034 | Papier A3 | Bedruckbares | 3 | 6,07 | 11,98 |
| 10044 | Papier A4 | Bedruckbares | 16 | 2,91 | 5,99 |
| 10326 | Schulheft A4/26 | Hefte | 30 | 0,44 | 0,79 |
| 10325 | Schulheft A4/25 | Hefte | 26 | 0,44 | 0,79 |
| 10966 | Hefter A4 | Ordnung | 39 | 0,50 | 0,99 |
| 10932 | Ordner A4 | Ordnung | 21 | 2,04 | 3,89 |
| 22002 | Fineliner | Schreibgeräte | 80 | 0,27 | 0,59 |
| 22044 | Bleistift | Schreibgeräte | 33 | 0,78 | 1,09 |
| 20003 | Kugelschreiber | Schreibgeräte | 27 | 0,70 | 1,29 |
| 33993 | Geodreieck | Zeichnen | 11 | 1,80 | 3,19 |
| 33800 | Zirkel | Zeichnen | 4 | 5,85 | 7,79 |

Entwickeln Sie SQL-Abfragen, die die folgenden Informationen liefern. Geben Sie auch die Ergebnistabellen an.
   a) Welche Artikel kosten 1,00 € bis 2,00 €?
   b) Bei welchen Schreib- oder Zeichengeräten ist der Bestand bereits auf unter 30 Stück zurückgegangen?
   c) Bei welchen Artikeln (Angabe von Artikelnr, Artikelbezeichnung, Verkaufspreis, Gewinn) verdient die Schülerfirma mehr als 1,00 € ? Geben Sie die Artikel absteigend sortiert nach dem Gewinn aus.
   d) Welche Rubriken bietet der Schreibwarenladen an?
   e) Wie viele verschiedene Artikel werden angeboten?
   f) Welche Artikel sind im Einkauf günstiger als ein Schulheft?

23. Sammeln Sie Beispiele von personalisierter Werbung, die Sie erhalten haben, nachdem Sie zum Beispiel eine bestimmte Seite besucht haben oder auf einen Artikel geklickt haben.

24. Recherchieren Sie selbstständig weitere Bereiche, in denen Massendatenspeicherung eingesetzt wird.

25. Überlegen Sie sich die Konsequenzen von Massendatenspeicherung in totalitären Systemen.

26. Stellen Sie sich vor, allen Menschen in Deutschland hätten ein Smartphone und deren Live-Standorte würden alle gespeichert werden. Daraus könnte man für jede Person eine Bewegungsdatenanalyse erstellen.
Erörtern Sie, wie man diese beispielsweise bei einer Pandemie einsetzen könnte.

27. Recherchieren Sie, welche Schritte Sie unternehmen können, damit über Sie im Internet weniger Daten gespeichert werden.

28. a) Suchen Sie im Internet nach Zahlen zu den Umsätzen und Gewinnen, die zum Beispiel Unternehmen wie Google oder Facebook durch geschaltete Werbung erzielen.
b) Vergleichen Sie die Börsenwerte von Facebook und Daimler. Erörtern Sie die Ursache des großen Unterschiedes in Anbetracht der Tatsache, dass Facebook „nur" Server mit Nutzerdaten, wohingegen Daimler unter anderem viele Produktionsstellen mit Maschinen hat.

# 7. Algorithmen und Datenstrukturen

„Handle, bevor die Dinge da sind. Ordne sie, bevor die Verwirrung beginnt.“ Dieses Sprichwort des chinesischen Philosophen Laotse könnte auf jedem Informatikerschreibtisch stehen. Ohne eine übergeordnete Struktur könnten die riesigen Datenmengen, die sich auf einem Computer befinden, nicht verwaltet werden.

So aufgeräumt ist der Computer in seinem Inneren zwar nicht, aber ohne Ordnung wäre eine Datenverwaltung, die in Sekundenbruchteilen Ergebnisse liefert, nicht möglich.

In den Schließfächern einer Bank können Geld, Schmuck oder andere Wertgegenstände sicher verwahrt werden. Jedes Schließfach hat eine eindeutige Nummer und die Anzahl der Fächer ist begrenzt.

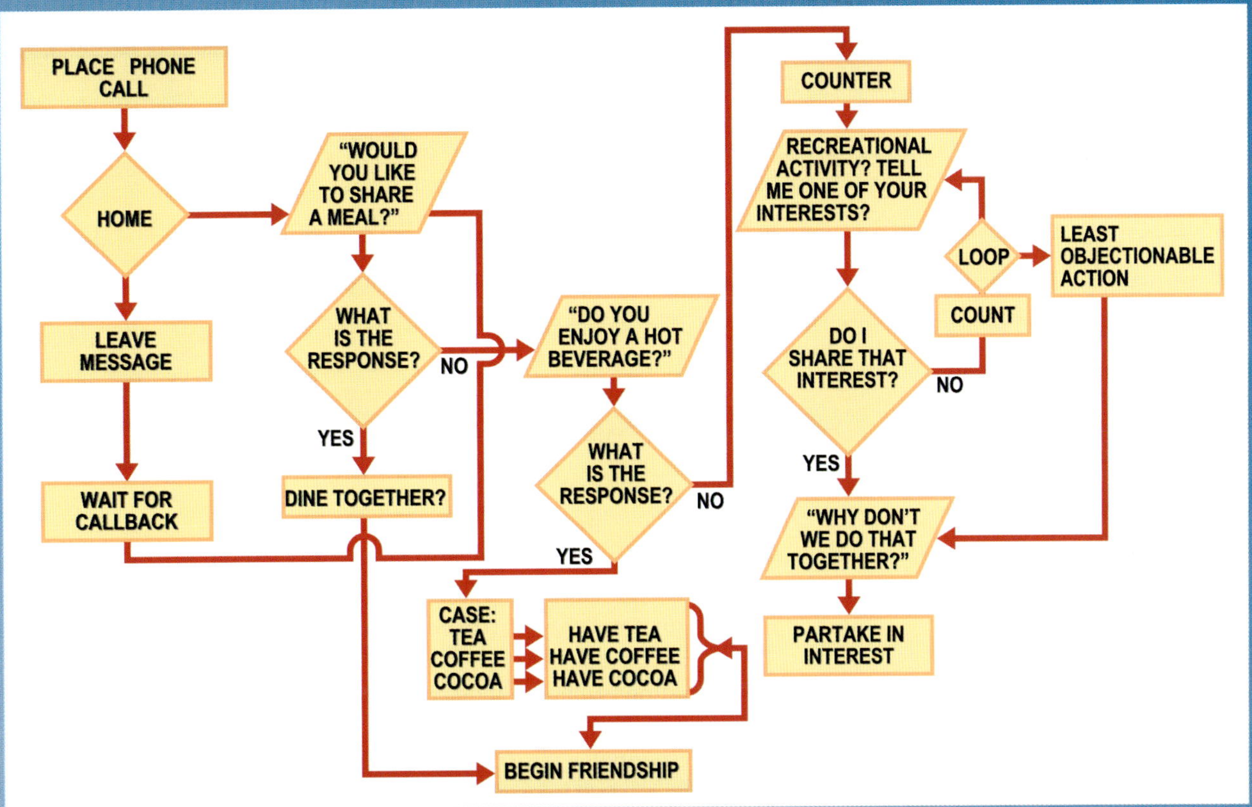


Der „Freundschafts-Algorithmus" von Dr. Sheldon Cooper aus der TV-Serie „Big Bang Theory" beschreibt ein genaues Vorgehen für das Schließen von Freundschaften. Nach ebenso starren Vorschriften werden Computerprogramme algorithmisiert.

Um eine Ordnung in Daten zu bekommen, sind beispielsweise sogenannte Sortieralgorithmen nötig. In sortierten Daten ist schließlich das Suchen um vieles einfacher.

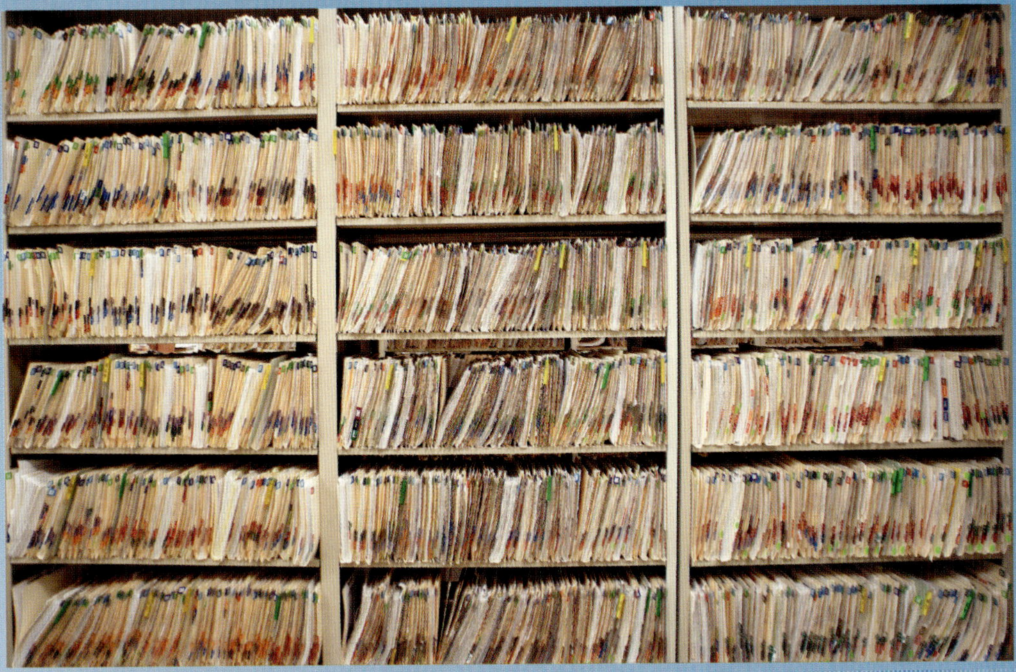

Diese medizinischen Akten sind nach einem bestimmten Kriterium, wie etwa dem Behandlungsdatum, sortiert. Eine Umsortierung nach einem anderen Kriterium, z. B. dem Patientennamen, würde viel Zeit in Anspruch nehmen. Ein Computer kann diese arbeitsintensive Aufgabe dank guter Sortierverfahren sehr schnell erledigen.

Ein Navigationssystem muss eine große Anzahl von Orten mit ihren jeweiligen Verbindungsstraßen organisieren. Dabei ist es ratsam, die Orte in einer sinnvollen Struktur zu speichern, um sie bei Bedarf schnell wiederzufinden. Es ist daher bedeutsam, wie ein Computerprogramm Daten speichert, um die anfallenden Aufgaben zu erledigen. Bei einer Datenstruktur wird sowohl die Struktur, in der die Daten gespeichert werden, als auch die Art, wie mit ihnen gearbeitet werden kann (Operationen), festgelegt.

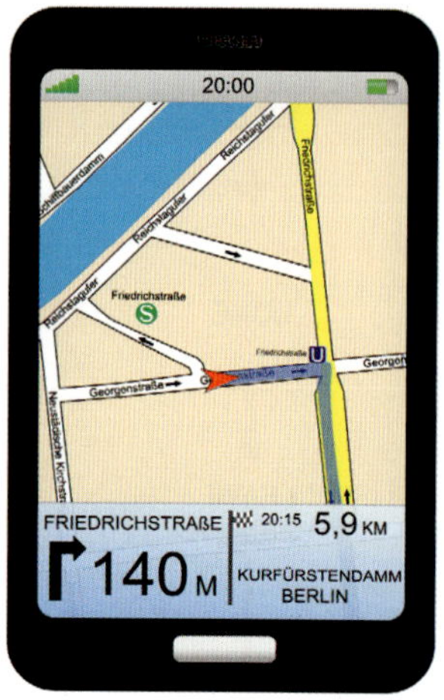

Abb. 7_1: Navigationssystem

**M** Datenstrukturen organisieren beliebige Daten in einer bestimmten Anordnung.

Verschiedene Datenstrukturen unterscheiden sich zum einen durch die Art und Weise, wie die Daten miteinander verknüpft sind, und zum anderen durch die Operationen, die auf den Datenstrukturen ausgeübt werden können.

Soll z. B. ein Navigationssystem entwickelt werden, ist es notwendig, die Daten so miteinander zu verknüpfen, dass klar wird, zwischen welchen Orten eine Verbindung besteht und wie lang diese ist. Zudem müssen geeignete Operationen zur Verfügung gestellt werden, damit die Navigationsanwendung mit den Daten arbeiten kann. So sollte es z. B. möglich sein, alle von einem Ort aus erreichbaren Nachbarorte abzufragen.

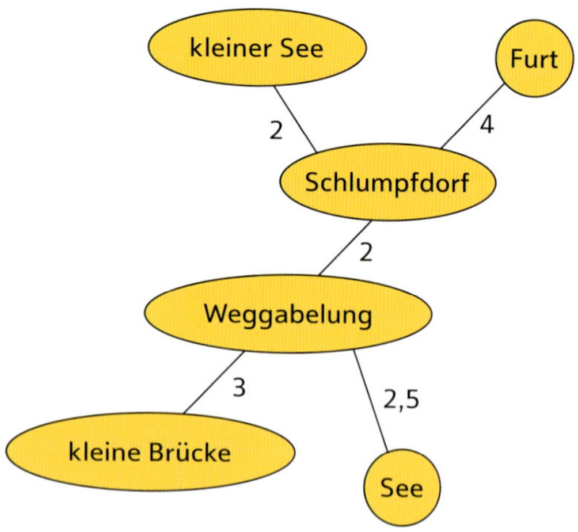


Abb. 7_2

Die Programmierer des Navigationssystems müssen sich also für eine geeignete Datenstruktur entscheiden. Denn die Art und Weise der Speicherung der Daten entscheidet auch darüber, wie schnell z. B. der Weg zwischen Start- und Zielort berechnet werden kann. Da die Berechnung des Wegs immer nach einem festgelegten Verfahren arbeitet, kann hierbei von einem Algorithmus gesprochen werden.

**M** Algorithmen sind Verfahren, mit denen man Probleme (effizient) lösen kann.

Etwas abstrakter formuliert, kann man sagen: Unter einem Algorithmus versteht man eine eindeutige Handlungsvorschrift mit endlich vielen Schritten, die ein bestimmtes Problem bzw. eine Problemgruppe löst.
Solche Handlungsvorschriften tauchen natürlich nicht nur in der Informatik auf. Das Anziehen der Kleidung am Morgen folgt einem bestimmten Ablauf, ebenso das Verhalten an einer Fußgängerampel, wie auch das Zusammenbauen von Selbstbaumöbeln. In der Informatik kommen Algorithmen in erster Linie bei der Implementation von Software zur Anwendung. Dort bilden sie die Handlungsvorschriften, die das Programm bei seiner Ausführung abarbeiten soll. Während aber Menschen bei der Abarbeitung der Algorithmen immer auch Interpretationsmöglichkeiten haben, was einerseits zu nicht vorhersehbaren Lösungen, aber durch Missinterpretation auch zu Fehlern führen kann, werden Algorithmen von Computern strikt nach Anweisung ausgeführt. Daher müssen Computeralgorithmen in einer Programmiersprache formuliert werden.

Wie bereits angedeutet, hängt die Effizienz eines Algorithmus auch von der Art und Weise ab, wie die Daten gespeichert sind. Daher ist es für die Entwicklung von Softwaresystemen bedeutend, eine passende Datenstruktur zu finden. Ein Navigationssystem benötigt eine andere Art der Verknüpfung von Daten als eine Adressauskunft und auch andere Operationen, die auf den Daten ausgeführt werden. Obwohl es eine große Anzahl von Softwaresystemen gibt, benötigt man nur eine begrenzte Anzahl von Datenstrukturen. In der Informatik werden vor allem die Datenstrukturen *Array*, *Schlange*, *Stapel*, *Liste* und *Baum* verwendet.

Diese Datenstrukturen, sowie Algorithmen, mit deren Hilfe in diesen Strukturen Elemente gesucht oder geordnet werden können, werden in den folgenden Abschnitten erläutert. Die Programmierung der Datenstrukturen und Algorithmen wird hierbei mit der Programmiersprache Python, die bereits aus Kapitel 5 bekannt ist, umgesetzt.

# 7.1 Speichern mit Struktur – Arrays

Sollen in einem Programm einzelne Daten gespeichert werden, so geschieht dies mithilfe von Variablen. Oft ist es jedoch notwendig, eine ganze Reihe gleichartiger Werte oder Objekte zu verwalten, z. B. bei einem Ranking, das die vier besten Punktzahlen eines Computerspiels verwaltet. In einem solchen Fall bietet sich die Speicherung der Daten in einem Array an.

**M** Bei einem Array handelt es sich um ein Feld, das in der Lage ist, größere Datenmengen des gleichen Datentyps zu speichern.

In Kapitel 5 wurden Variablen mit Schubladen verglichen. Bleibt man bei diesem Bild, so kann gesagt werden, dass mithilfe eines Arrays mehrere Schubladen zusammengefasst werden können. Es kann ein Schrank daraus gebaut werden. Hierbei wird nun der Schrank beschriftet und nicht mehr die einzelnen Schubladen. Der Programmierer vergibt also für das Array einen **Namen**, gleich einem Variablennamen. Im Falle des Rankings könnte man für das Array den Namen *ranking* wählen.

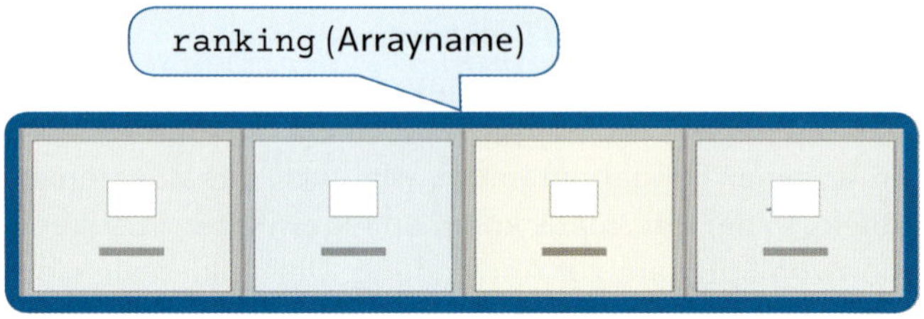


Um trotzdem auf die einzelnen Schubladen, d.h. **Arrayelemente** zugreifen zu können, werden diese durchnummeriert. Man spricht hierbei vom **Index**. Die **Nummerierung beginnt immer bei 0.**

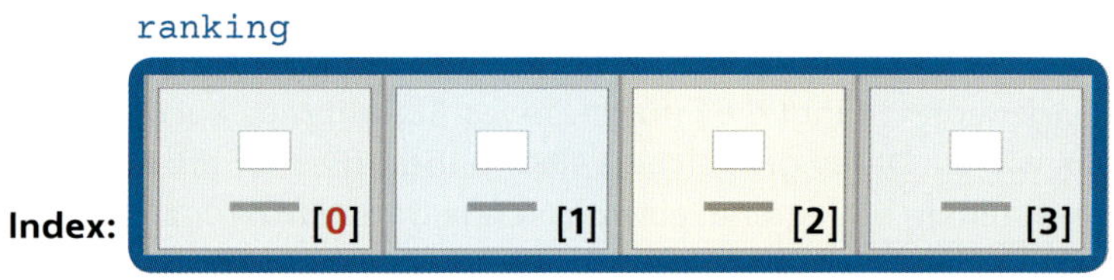


Unter Angabe des Arraynamens und des entsprechenden Index' in eckigen Klammern kann man auf die Inhalte der einzelnen Elemente zugreifen und sozusagen in die Schublade etwas hineinlegen oder herausholen. Der Index kann hierbei auch der ganzzahlige Inhalt einer Variablen oder das Ergebnis einer Berechnung sein.

**Beispiel:**

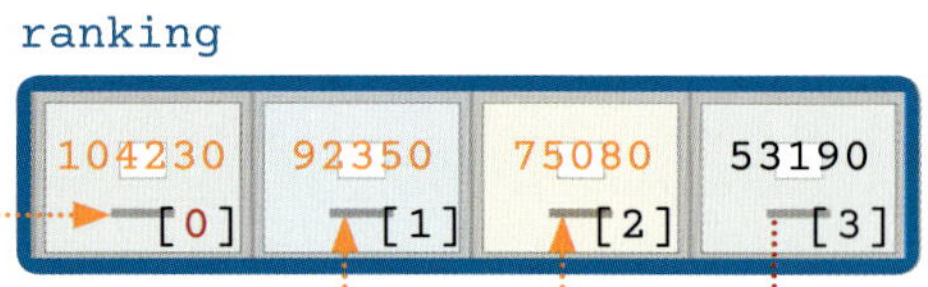


```
ranking[0] = 104230

i = 1
ranking[i] = 92350

punkte = 75080
platz = 3
ranking[platz - 1] = punkte

print("Platz 4:", ranking[3]) #Ausgabe: Platz 4: 53190
```

## 7.1.1 Verwendung von Arrays in Python

### Deklaration und Initialisierung

Vor der ersten Verwendung muss gekennzeichnet werden, dass es sich um ein Array und nicht um eine gewöhnliche Variable handelt. Das Array muss deklariert werden, indem man dem gewünschten Arraynamen eckige Klammern zuweist.

```
ranking = [ ]        #Arrayname = [ ]
```

Das Array kann bei der Deklaration auch gleich initialisiert, d. h., jedes Element mit einem Startwert belegt werden.

```
ranking = [0, 0, 0, 0] #Das Array besteht aus vier Elementen
                       #Zu Beginn hat jedes Element den Wert 0
```

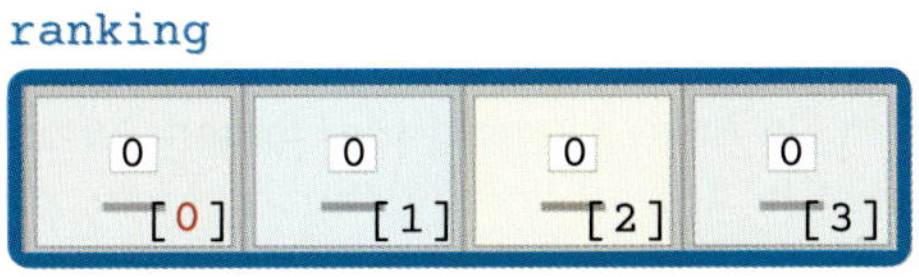


### Ausgabe eines kompletten Arrays

Alle Inhalte können auf einmal mit der Funktion *print()* und dem Arraynamen ausgegeben werden. Die einzelnen Inhalte der Elemente werden dann in eckigen Klammern und mit einem Komma getrennt auf dem Bildschirm ausgegeben.

```
print(ranking)               #Bsp. Ausgabe: [0, 0, 0, 0]
```

### Ein Element am Ende hinzufügen (append)

Mit der Funktion ***append()*** kann am Ende des Arrays ein Element hinzugefügt werden. Dies ist insbesondere dann notwendig, wenn das Array nicht initialisiert wurde und sozusagen noch aus keinem Element besteht (siehe Beispiel 2).

**Beispiel 1:**

```
ranking = [0, 0, 0, 0]
```

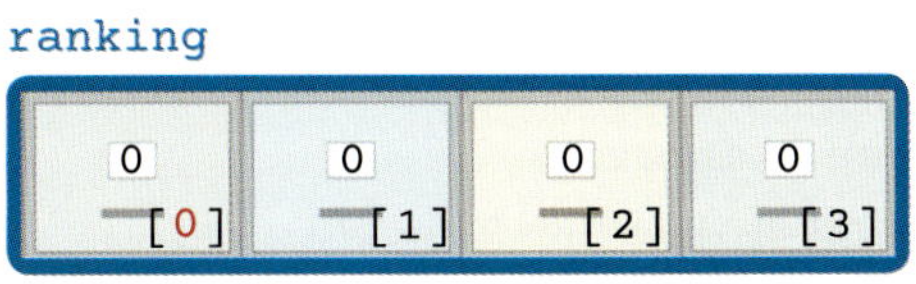


```
ranking.append(10)    #Neues Element mit dem Inhalt 10 hinzufügen
```

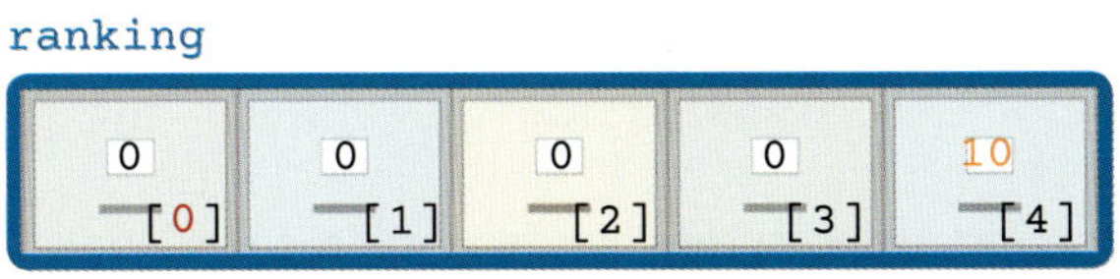

H

Beim Hinzufügen eines Arrayelements mit *append()* handelt es sich genaugenommen um einen sogenannten Methodenaufruf. Dies ist ein Begriff aus der objektorientierten Programmierung. Eine Methode kann wie eine Funktion betrachtet werden, die fest zu einem Objekt (z. B. dem Array *ranking*) gehört.

**Beispiel 2:** Ein Array erstellen und mit 10 ganzzahligen Benutzereingaben füllen

```
eingabe = [ ]

for i in range(10):
  zahl = int(input("Bitte Zahl eingeben"))
  eingabe.append(zahl)
```

### Die Länge eines Arrays ermitteln (len)

Mithilfe der Funktion ***len()*** (für Länge, engl. length) kann die Anzahl von Elementen, d. h. die Länge eines Arrays, bestimmt werden.

```
anz_elemente = len(ranking)
print(anz_elemente)                     #Bsp. Ausgabe: 4
```

### Ein Array durchlaufen

Um ein Array Element für Element zu durchlaufen, bietet sich eine for-Schleife an. Die Anzahl der Durchgänge wird durch die aktuelle Anzahl der Arrayelemente bestimmt und sollte mithilfe der Funktion len() festgelegt werden.

**Beispiel:** Die Elemente von *ranking* sollen mit einem individuellen Text ausgegeben werden.

```
ranking = [104230, 92350, 75080, 53190]

for i in range(len(ranking)):
  print("Platz", i + 1, ":", ranking[i])

Ausgabe:   Platz 1: 104230
           Platz 2: 92350
           Platz 3: 75080
           Platz 4: 53190
```

Python bietet eine weitere Möglichkeit Arrays zu durchlaufen:

**Beispiel:**

```
arr = [10, 20, 30, 40]

for a in arr:                # a nimmt der Reihe nach die
  print("Inhalt:", a)        #Inhalte der einzelnen Arrayele-
                             #mente an

Ausgabe:   Inhalt: 10
           Inhalt: 20
           Inhalt: 30
           Inhalt: 40
```

Um ein Array zu durchlaufen, sollte nach Möglichkeit die zweite Variante gewählt werden. Mit dieser Variante ist sichergestellt, dass man keine Speicherbereichsverletzung begeht. Zur Veranschaulichung der Sortier- und Suchalgorithmen in den folgenden Abschnitten kann diese Variante allerdings nicht verwendet werden.

In anderen Programmiersprachen wie z. B. C oder C++ sind Arrays die zentralen Datenstrukturen. Python kennt mit der Liste, dem Tupel, dem Set und dem Dictonary weit vielseitigere Datenstrukturen. Bei der Arraybetrachtung in diesem Abschnitt handelt es sich genau genommen um eine Liste, die ausschließlich mit Daten desselben Datentyps gefüllt wird. Diese Betrachtung ist für das Verständnis von Arrays ausreichend.

Soll in Python ein Array vergleichbar mit anderen Programmiersprachen implementiert werden, so muss das Modul *array* hinzugefügt werden. Dies lohnt sich jedoch nur bei immens großen Datenmengen, da das Array sparsamer mit dem Speicherplatz umgeht als z. B. eine Liste.

## 7.1.2 Cheat-Sheets

**Array -1-**

```
#Initialisierung und Zugriff auf Elemente
punkte = [10, 8, 12, 13]
```

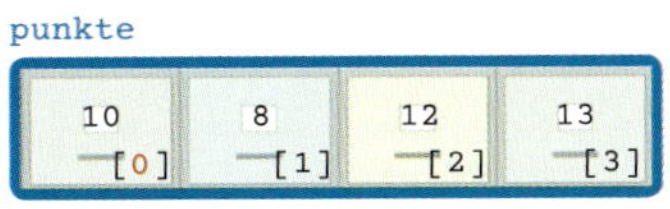


```
print(“Punkte Klausur 1:“, punkte[0])
punkte[1] = 12
klausur_nr = 3
punkte[klausur_nr - 1] = 11
punkte[3] = punkte[3] + 1

print(punkte)  #Ausgabe: [10, 12, 11, 14]
```

**Array -2-**

```
#Array mit 6 Zufallszahlen zw. 1 und 10 füllen
import random

zahlen=[]

for i in range(6):
  zufallszahl = random.randint(1,10)
  zahlen.append(zufallszahl)

#Array durchlaufen und ausgeben
for i in range(len(zahlen)):

    print(“Zahl“, i+1, “ist:“, zahlen[i])
```

→ Aufgaben 1 bis 5

## 7.2 Wer sucht der findet – Suchen und sortieren

Nahezu jedes Informatiksystem, vom Handy bis zur Supermarktkasse, speichert eine große Menge Daten, mit denen das System arbeitet. Diese Daten werden in der Regel in Datenstrukturen wie z. B. Arrays verwaltet. Dort sollen sie aber nicht nur einfach abgelegt, sondern bei Bedarf auch möglichst schnell wieder aufgefunden werden.

**M** Den Datensatz, nach dem gesucht werden soll, z. B. ein bestimmter Barcode, der von der Supermarktkasse eingelesen wurde, nennt man Suchschlüssel.

Meistens möchte man an weitere Informationen bezüglich dieses Suchschlüssels gelangen, z. B. an den Preis des Produkts. Manchmal wird aber auch nur gesucht, um zu schauen, ob ein bestimmter Datensatz überhaupt existiert.

Für die Suche des Suchschlüssels in einer Datenstruktur gibt es verschiedene Suchalgorithmen, die angewendet werden können. Entscheidend dafür, welcher Algorithmus angewendet wird, ist die Form, in der die Daten in der Datenstruktur vorliegen.

Abb. 7_3: In einer sortierten Menge lässt sich das kleinste Element leichter finden ...

Abb. 7_4: ... als in einer unsortierten Menge.

Wie das Bild veranschaulicht, kann in einer sortierten Datenstruktur, z. B. einem Array, in dem die Inhalte in aufsteigender Größe sortiert sind, anders vorgegangenen werden als in einer unsortierten Datenstruktur.

## 7.2.1 Einfach munter drauf los – Lineare Suche

Auf einer Party hat Florian ein nettes Mädchen kennengelernt. Er hat sich sogar getraut, sie nach ihrer Telefonnummer zu fragen! Den Zettel hält er in den Händen, doch leider kann er sich beim besten Willen nicht an ihren Namen erinnern ...

Sucht man zu einer bestimmten Telefonnummer den entsprechenden Namen, steht man vor einem Problem: Telefonbücher sind nicht nach Nummern, sondern nach Namen sortiert. Es bleibt einem also nichts anderes übrig, als alle Nummern der Reihe nach durchzugehen. Es gibt keine Strategie, die in einem solchen Fall die Suche erleichtern würde. Man muss vorne anfangen und Seite für Seite so lange weitersuchen, bis man die entsprechende Nummer gefunden hat. Ein solches Suchverfahren nennt man sequenzielle oder lineare Suche. Dies kann natürlich sehr lange dauern, z. B. wenn der Nachname der gesuchten Person weit hinten im Alphabet angesiedelt ist.

Bei digitalen bzw. Online-Telefonbüchern übernimmt das Suchen der Computer. Die Vorgehensweise ist jedoch dieselbe. Liegt das Telefonbuch als Arraystruktur vor, wird diese nach dem Prinzip der linearen Suche Element für Element durchsucht.

**M** Bei der **linearen Suche** wird das Array in einer Schleife von vorn beginnend durchlaufen, bis das gesuchte Element gefunden oder das Ende des Arrays erreicht ist.

Der Algorithmus der linearen Suche lässt sich mit folgendem Struktogramm beschreiben:

In einem Array beginnt man beim ersten Element (Index = 0) mit der Suche.

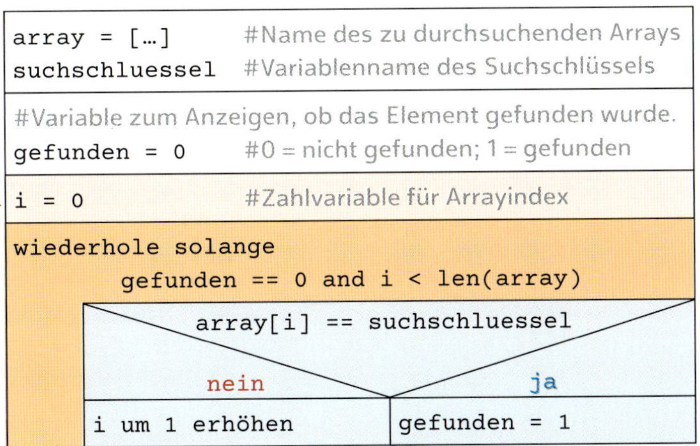


Die Suche läuft so lange, bis das gesuchte Element gefunden wurde oder bis das Ende des Arrays erreicht wurde.

Falls das Element mit dem Suchschlüssel übereinstimmt, kann die Suche beendet werden, sonst wird mit dem nächsten Element fortgefahren.

**Beispiel:** Um den Ablauf zu verdeutlichen, wird im Folgenden ein Beispiel betrachtet, in dem in einem Array, das vier Noten speichert, nach der Note 1.0 gesucht wird. Die einzelnen Schleifendurchgänge werden jeweils separat dargestellt. Über den Variablen befindet sich in blau der aktuelle Variableninhalt.

```
noten = [1.5, 1.4, 1.0, 1.8]
suchschluessel = 1.0
gefunden = 0
i = 0
```

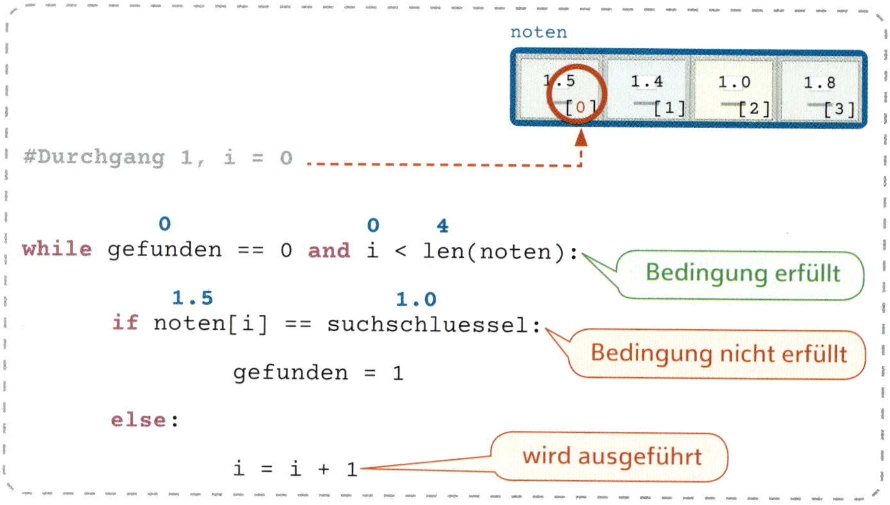


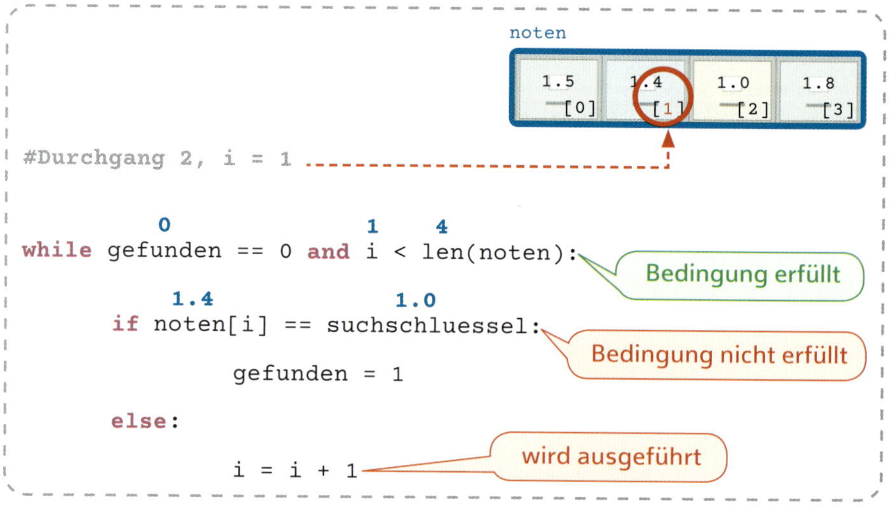

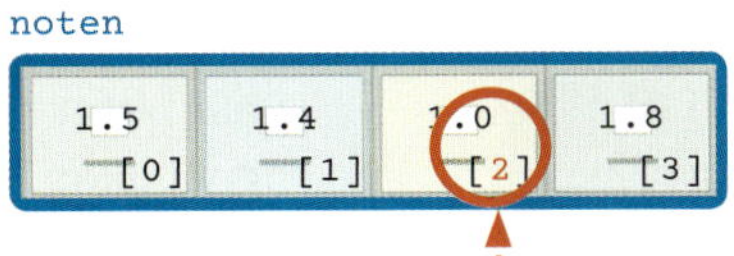


```
#Durchgang 3, i = 2

              0                 2     4
while gefunden == 0 and i < len(noten):        Bedingung erfüllt

               1.0                1.0
       if noten[i] == suchschluessel:          Bedingung erfüllt

                 gefunden = 1                  wird ausgeführt

       else:

                 i = i + 1
```

```
#Durchgang 4, i = 2

              1                 2     4
while gefunden == 0 and i < len(noten):        Bedingung nicht erfüllt

               1.0                1.0
       if noten[i] == suchschluessel:

                 gefunden = 1

       else:

                 i = i + 1
```

Der vierte Durchgang wird nicht mehr ausgeführt. Die Variable *gefunden* ist auf „1", deshalb kann davon ausgegangen werden, dass der Inhalt von *i* dem Index des Arrayelements, in dem sich der Suchschlüssel befindet, entspricht.

Wie bereits anhand der Telefonnummernsuche im Telefonbuch deutlich wurde, ist diese Art zu suchen nicht besonders effizient. Auf unsortierten Daten ist die lineare Suche aber oft die einzige Möglichkeit, ein gesuchtes Objekt ausfindig zu machen. Wesentlich schneller kann man suchen, wenn die Daten bereits in einer gewissen Ordnung vorliegen.

## 7.2.2 Suchen in sortierten Daten – Binäre Suche

Paul bittet seinen Bruder Lukas, ihm sein Fahrrad zu leihen. Lukas zögert: „Du kannst es haben, wenn du die Zahlenkombination des Fahrradschlosses errätst! Ich gebe dir zehn Rateversuche und sage dir außerdem jedes Mal, ob dein Versuch zu groß oder zu klein geraten ist." Lukas hat ein dreistelliges Zahlenschloss für sein Fahrrad. Es kommen also insgesamt 1000 verschiedene Kombinationen von 000 bis 999 infrage. Hat Paul mit seinen zehn Versuchen eine faire Chance, das Fahrrad zu bekommen?

Mit einfachem Raten oder einer linearen Vorgehensweise kommt man bei diesem Problem nicht weiter. Hier gilt es, eine geschickte Strategie anzuwenden, um bei jedem Rateversuch möglichst viele falsche Zahlenkombinationen auszuschließen. Netterweise gibt Lukas nach jedem Versuch den Hinweis, ob die geratene Zahl zu groß oder zu klein ist.

Paul startet in der Mitte aller Zahlenkombinationen: mit 500. Die gesuchte Kombination ist kleiner als 500, also fallen nach dem ersten Versuch bereits 500 falsche Kombinationen weg. Als nächstes sollte Paul jene Zahl wählen, die genau in der Mitte der verbleibenden Zahlen liegt, also die 250. Diese Strategie setzt er solange fort, bis er die richtige Kombination erraten hat.

Die Abbildung zeigt, wie Paul durch seine Suche den Bereich, in dem sich die gesuchte Zahl befindet, immer weiter eingrenzt. Wenn er es geschickt anstellt, benötigt er mit dieser Strategie tatsächlich höchstens zehn Versuche und das Fahrrad seines Bruders ist ihm sicher.

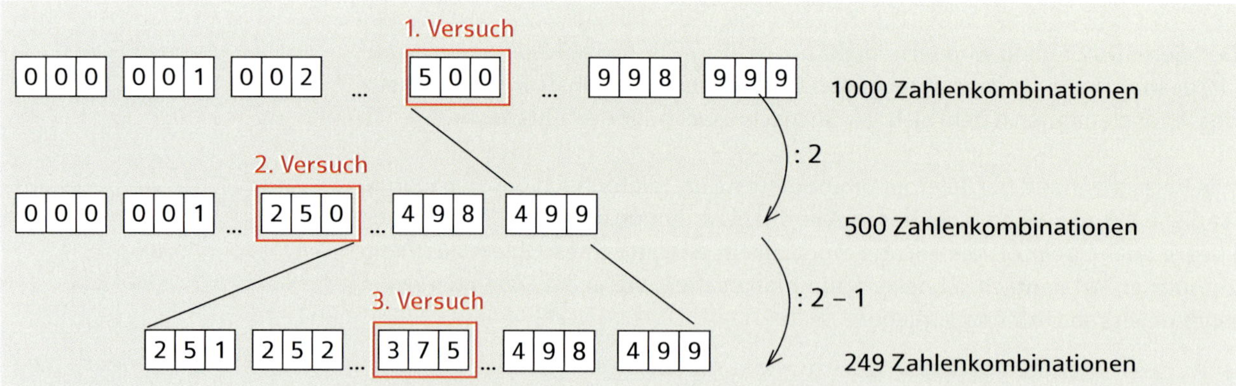


Das von Paul angewandte Verfahren nennt sich **binäre Suche.**

**M** Die binäre Suche schließt bei jedem Schritt etwa die Hälfte aller Objekte aus. Als Voraussetzung für die binäre Suche müssen die Elemente, die durchsucht werden, sortiert sein. Man wählt ein Element aus der Mitte und entscheidet, ob man davor oder dahinter weitersuchen muss. Dadurch wird der Suchbereich halbiert und man kann das Verfahren so lange anwenden, bis das gesuchte Element gefunden wurde.

Eine Umsetzung der binären Suche in einem Array kann mit folgendem Struktogramm beschrieben werden:

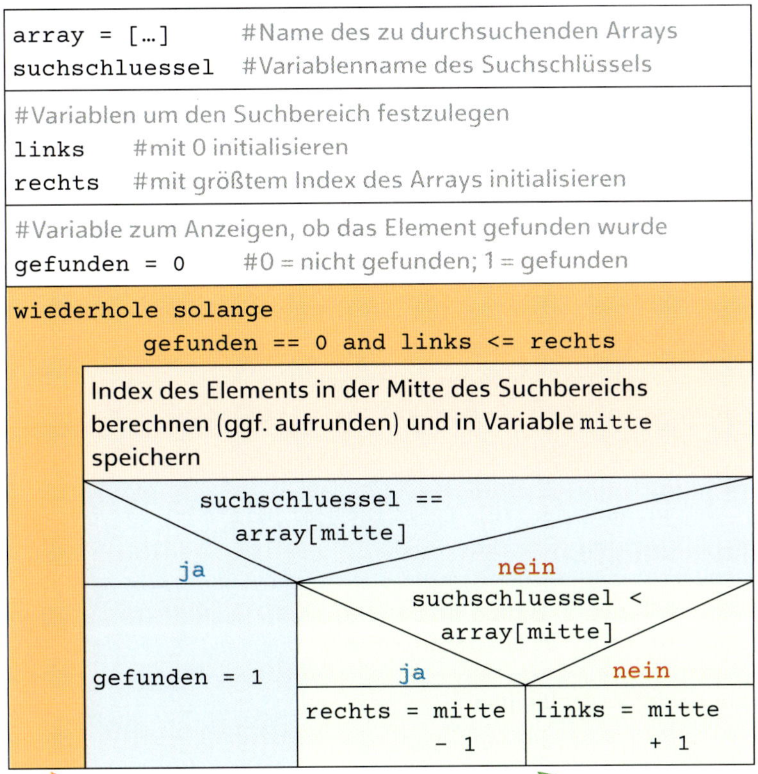


Im Modul *math* steht die Funktion *ceil* zur Verfügung, mit deren Hilfe Zahlen aufgerundet werden können. Die Mitte kann in Python also wie folgt berechnet werden:
mitte=math.ceil((rechts+links)/2)

Falls das Element mit dem Suchschlüssel übereinstimmt, kann die Suche beendet werden, sonst wird ermittelt, ob sich das Element rechts oder links von der Mitte befindet.

Die Suche läuft so lange, bis das gesuchte Element gefunden wurde oder bis der komplette Bereich abgesucht wurde.

Falls sich das Element links von der Mitte befindet, wird der linke Bereich auf *mitte -1* verkleinert,

sonst wird der rechte Bereich auf *mitte + 1* verkleinert.

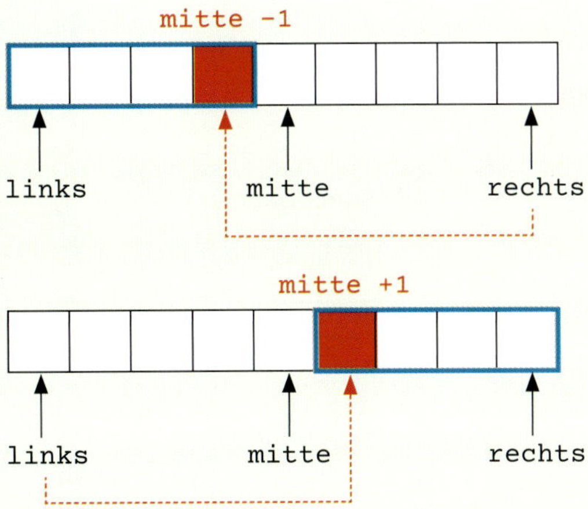

Es folgt ein Beispiel, in dem in einem Array, das mit verschiedenen Artikelnummern gefüllt ist, nach der Artikelnummer 1007 gesucht wird. Die Inhalte der Variablen *links, mitte, rechts* werden für jeden Schleifendurchgang veranschaulicht.

```
import math

artikel_nr = [998, 1000, 1001, 1002, 1005, 1006, 1007]
suchschluessel = 1007
links = 0
rechts = len(artikel_nr) - 1
gefunden = 0

while gefunden == 0 and links <= rechts:
        mitte = math.ceil((rechts+links)/2)
        if suchschluessel == artikel_nr[mitte]:
            gefunden = 1
        else:
            if suchschluessel < artikel_nr[mitte]:
                rechts = mitte - 1
            else:
                links = mitte + 1
```

Veranschaulichung der Variableninhalte

Durchgang 1:

links = 0,
mitte = 3,
rechts = 6

Durchgang 2:

links = 4,
mitte = 5,
rechts = 6

Durchgang 3:

links = 6,
mitte = 6,
rechts = 6

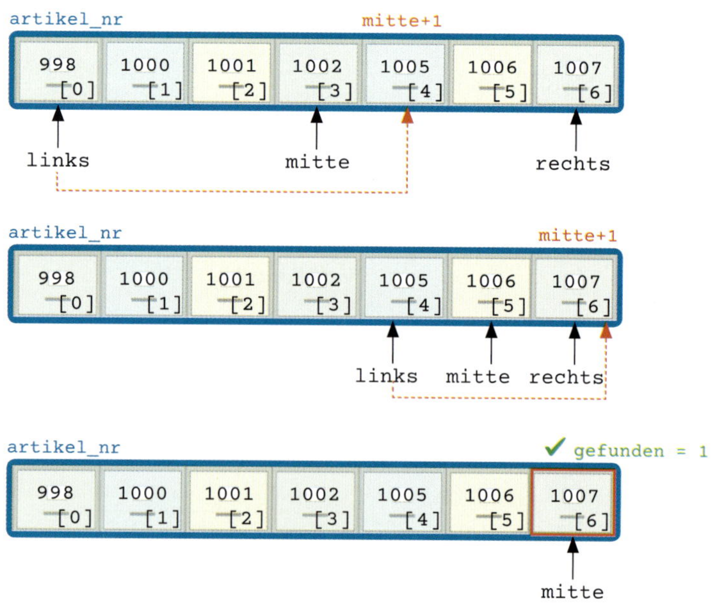


→ Aufgaben 6 bis 9

Der Suchschlüssel wurde gefunden. Der Inhalt von *mitte* entspricht dem Index des Arrayelements, in dem sich der Suchschlüssel befindet.

## 7.2.3 Cheat-Sheets Suchalgorithmen

**Lineare Suche**

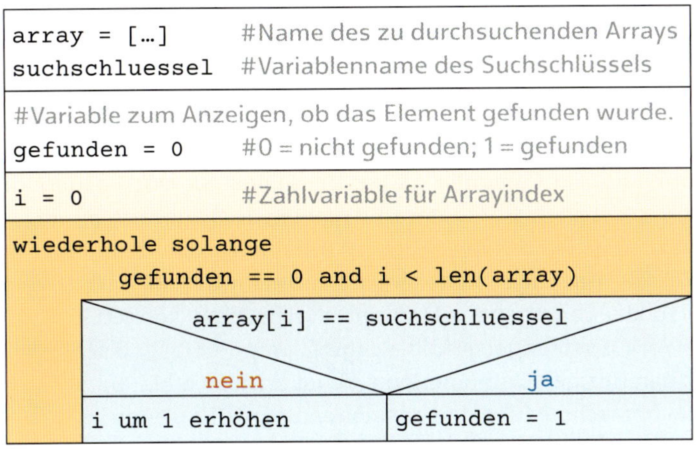


**Binäre Suche**

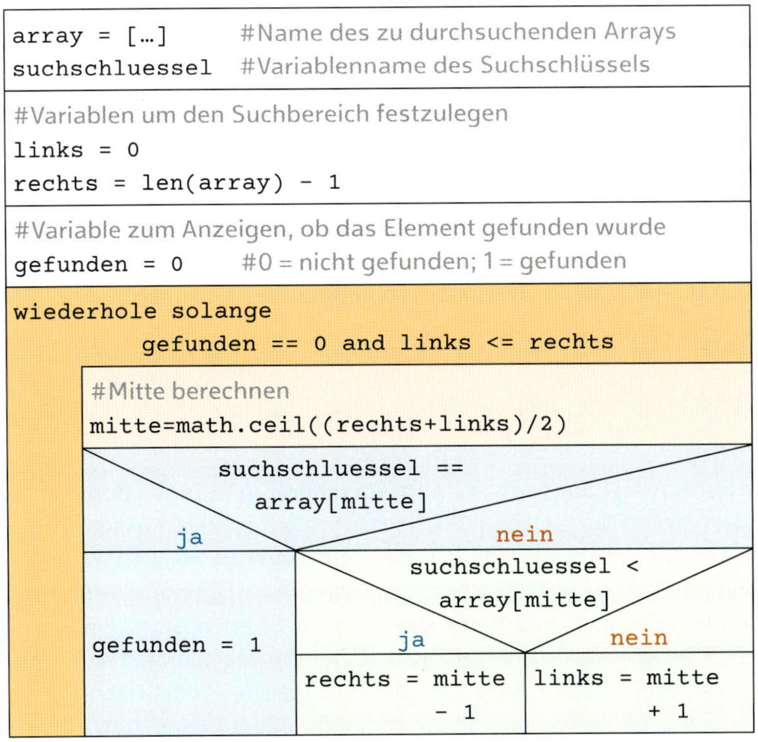

## 7.2.4 Ordnung ist das halbe Leben!? – Sortierverfahren

Abb. 7_5: Im kreativen Chaos findet so mancher seine Dinge sehr gut wieder – das ist aber nichts für Computer.

Abb. 7_6: Der Anfangsbuchstabe des Namens eines Objekts ist ein häufig gewähltes Sortierkriterium.

Hinter dem Satz „Wer Ordnung hält, ist nur zu faul zum Suchen!“ steckt ein nicht zu unterschätzendes informatisches Problem:

Spart man durch den Sortieraufwand, den das Ordnen zuerst einmal kostet, wirklich am Ende insgesamt Zeit beim Suchen ein?

Bei uns Menschen ist das bis zu einer gewissen Menge an Durcheinander typabhängig. Für Computer gibt es allerdings nur eine Lösung: Erst sortieren, dann suchen. Computer sind nicht in der Lage, sich intuitiv auf die Suche zu machen mit der Frage „Wo habe ich das denn noch mal hingelegt?“. Sie benötigen klare Anweisungsschritte, anhand derer sie eine ebenso klar vorgegebene Ordnung durchsuchen können. Sind diese beiden Voraussetzungen erfüllt, suchen Computer rasend schnell und zuverlässig in riesigen Datenmengen. So ist auch zu erklären, dass eine Internetsuchmaschine für einen gesuchten Begriff Tausende von Ergebnissen in einem Sekundenbruchteil auf unserem Bildschirm anzeigen kann. Ohne eine vorherige Sortierung aller Inhalte des Internets, das Anfang 2012 ca. eine halbe Milliarde Seiten umfasste, inklusive zugehöriger Bewertung der Relevanz dieser Seite für den gesuchten Begriff wäre dieses unmöglich. Die Sortier- und Bewertungsalgorithmen von Suchmaschinenanbietern sind hochkomplex und stellen ein streng gehütetes Betriebsgeheimnis dar. Immerhin sollen damit allgemein anerkannte relevante Ergebnisse präsentiert werden, die für den einzelnen Nutzer nachvollziehbaren Sinn ergeben. Einfache Sortierungen von Datenmengen sind aber auch schon für Informatikanfänger leicht zu verstehen.

**M** Sortieren beschreibt den Prozess, durch den man Gegenstände oder Daten in eine Ordnung bringt. Der Vorgang des Sortierens benötigt ein Bezugskriterium, mithilfe dessen sich alle Gegenstände oder Daten eindeutig klassifizieren lassen z. B. der Anfangsbuchstabe des Namens. Das Kriterium muss dabei vergleichbar sein, etwa durch größer, heller oder schneller.

Abb. 7_7: Die Bonbons sind zwar in eine Ordnung gebracht worden, allerdings ohne erkennbares Sortierkriterium. Im informatischen Sinne sind sie somit nicht sortiert.

Eine Sortierung kann auch anhand von mehreren Kriterien durchgeführt werden, wobei diese dann jedoch Prioritäten besitzen müssen. Zusammenfassend spricht man davon, dass eine strenge schwache Ordnung definiert ist, wenn zwar gleichartige Elemente vorkommen dürfen, diese aber insgesamt in eine klare Ordnung zu bringen sind. Eine solche strenge schwache Ordnung liegt u. a. bei der lexikografischen Sortierung vor: Hier können zwar z. B. mehrere gleiche Nachnamen vorkommen, diese befänden sich aber hintereinanderstehend noch in einer Ordnung.

| Titel | Auflage | Erstausgabe |
|---|---|---|
| **Focus** | 576 311 | 1993 |
| **Spiegel** | 971 254 | 1947 |
| **Stern** | 854 221 | 1948 |

| Titel | Auflage | Erstausgabe |
|---|---|---|
| Spiegel | **971 254** | 1947 |
| Stern | **854 221** | 1948 |
| Focus | **576 311** | 1993 |

| Titel | Auflage | Erstausgabe |
|---|---|---|
| Spiegel | 971 254 | **1947** |
| Stern | 854 221 | **1948** |
| Focus | 576 311 | **1993** |

Die drei deutschen wöchentlichen Nachrichtenmagazine sortiert nach drei verschiedenen Sortierkriterien.

Die meisten Sortierverfahren sind vergleichsbasiert, d. h., sie vergleichen paarweise die zu sortierenden Elemente. Entscheidend für die Güte eines Sortierverfahrens ist seine Effizienz – und diese kann sehr stark variieren.

Aus der Vielzahl an möglichen Sortieralgorithmen werden im Folgenden zwei grundlegende Algorithmen an Beispielen erklärt. Zuvor allerdings werden noch die unterschiedlichen Sortierstrategien von Mensch und Computer betrachtet.

### 7.2.4.1 Wer sortiert wie?

**Ein Mensch sortiert ...**

Im Alltag sortieren wir häufig Dinge, z. B. die Spielkarten auf der Hand beim Kartenspiel oder die DVDs im heimischen DVD-Regal. Dabei benutzen wir intuitiv eigene Strategien, um eine Sortierung herzustellen.

Situation: Adriana bekommt die Aufgabe, 16 Länderkarten, die verdeckt und unsortiert vor ihr liegen, nach ihrer Fläche zu sortieren. Zunächst deckt sie alle Karten auf und verschafft sich einen Überblick.

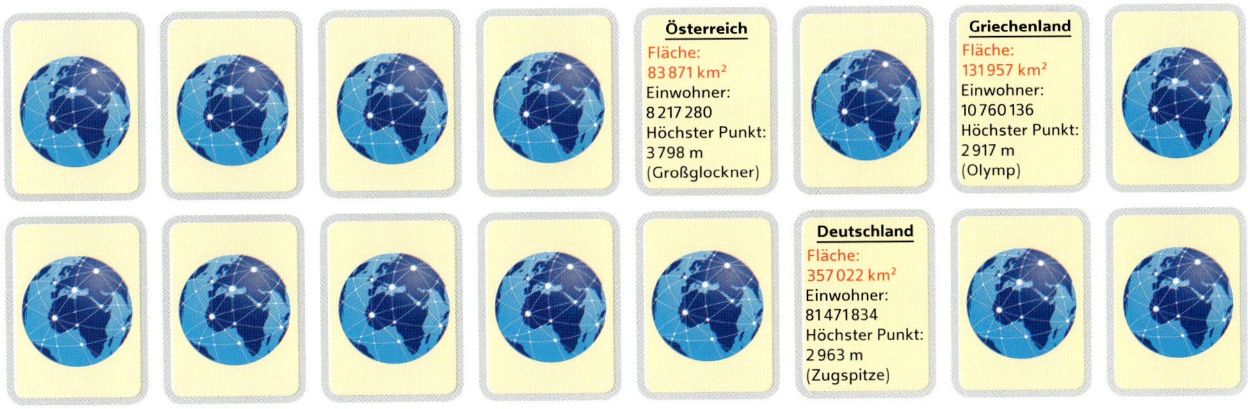


Bereits beim Aufdecken trifft sie eine Vorsortierung basierende auf ihrem Erdkundewissen, ihren Erfahrungen und Intuitionen. Sie weiß, dass Luxemburg eine sehr kleine Fläche, Frankreich hingegen eine eher große Fläche hat. Nach der Vorsortierung konkretisiert sie die Reihe, indem sie die einzelnen Karten vergleicht und zunächst nach der Karte mit der kleinsten Fläche sucht, dann nach der Karte mit der zweitkleinsten Fläche usw. Schließlich hat sie die Aufgabe gemeistert.

**Ein Computer sortiert...**

Die Sortierstrategien eines Menschen sind nicht eins zu eins auf den Computer übertragbar.

Im Gegensatz zu Adriana kann sich ein Computer beim Sortieren keinen Gesamtüberblick über die zu sortierenden Objekte machen, sondern immer nur Einsicht in eine Karte, d. h. eine Speicherzelle, nehmen. Er kann auch keine Erfahrungen einfließen lassen, z. B. weiß er nicht, dass Luxemburg ein flächenmäßig sehr kleines Land ist. Er kann auch nicht intuitiv entscheiden, wie er in bestimmten Situationen vorgeht, sondern benötigt immer klare Anweisungen. Damit ein Computer mit den zu sortierenden Objekten arbeiten kann, müssen diese in einer Datenstruktur gespeichert werden.

**M** Ausgehend von der Speicherung der Daten in einem Array gelten für einen Computer die folgenden Regeln:
- Die einzelnen Arrayelemente können nur einzeln und nacheinander ausgelesen werden.
- Mithilfe von Variablen kann sich der Computer die Inhalte einzelner Arrayelemente „merken“.

Unter Beachtung dieser Regeln wird im Folgenden das Auslesen einer Speicherzelle, d. h. eines Arrayelementes, durch Aufdecken einer Karte simuliert. Nach dem Auslesen wird die Karte wieder verdeckt. Eine Variable wird durch einen Stift simuliert, der auf die entsprechende Karte zeigt. Diese Karte darf aufgedeckt sein, denn über die Variable ist jederzeit ein Zugriff auf den darin gespeicherten Inhalt möglich.

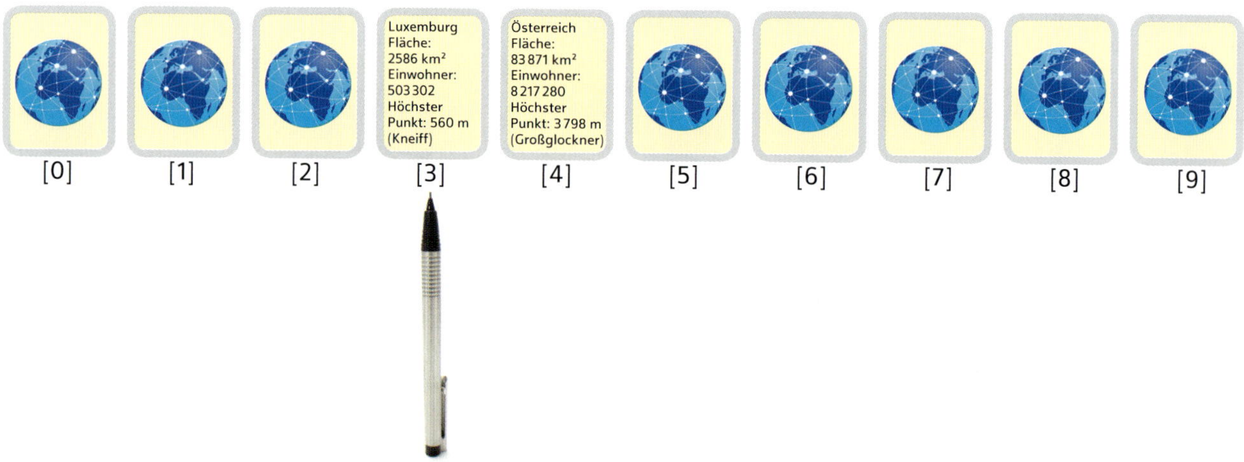


Der Computer liest das 4. Element aus. Die anderen Elemente bleiben ihm in diesem Moment verborgen. Der Inhalt des dritten Elements wurde zuvor in einer Variablen gespeichert (erkennbar durch den Stift) und darf aufgedeckt bleiben.

### 7.2.4.2 Selection-Sort – Sortieren nach Auswählen

Dieses Verfahren ist sehr lebensnah: Man sucht aus der unsortierten Menge immer den niedrigsten Wert heraus und sortiert diesen in die sortierte Menge ein. Genau so funktioniert das informatische Sortieren durch Auswählen (engl.: Selection Sort).

Abb. 7_8: Schnell sortiert: vom kleinsten Schein an immer den nächstgrößeren Schein auswählen.

**M** Beim Selection-Sort sucht man zunächst das kleinste Objekt und sortiert dieses nach vorne, indem man es mit dem vordersten tauscht. Dann sucht man das zweitkleinste Objekt und tauscht dieses mit dem zweiten Element. Dies wiederholt man bis zum letzten Element.

Das beschriebene Prinzip des Selection-Sort-Algorithmus wird nachfolgend mit Stiften veranschaulicht. Die Stifte werden, beginnend vom Kleinsten, ihrer Größe nach sortiert.

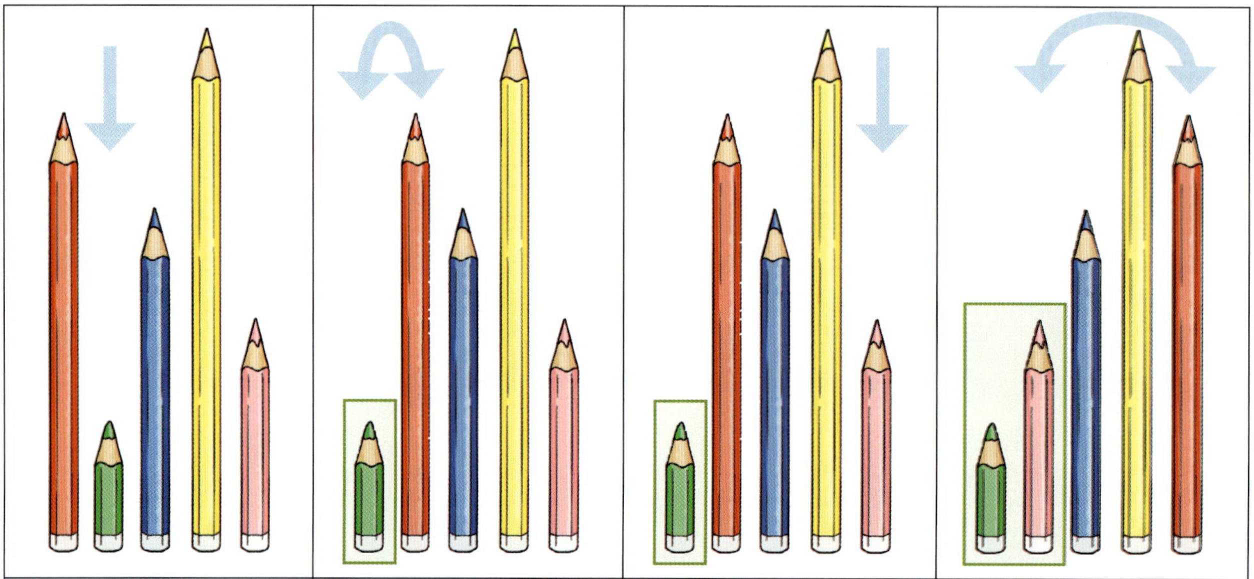

| | | | |
|---|---|---|---|
| **Kleinstes Element finden** | **Tauschen mit dem 1. Element der unsortierten Folge** | **Kleinstes Element finden** | **Tauschen mit dem 1. Element der unsortierten Folge** |

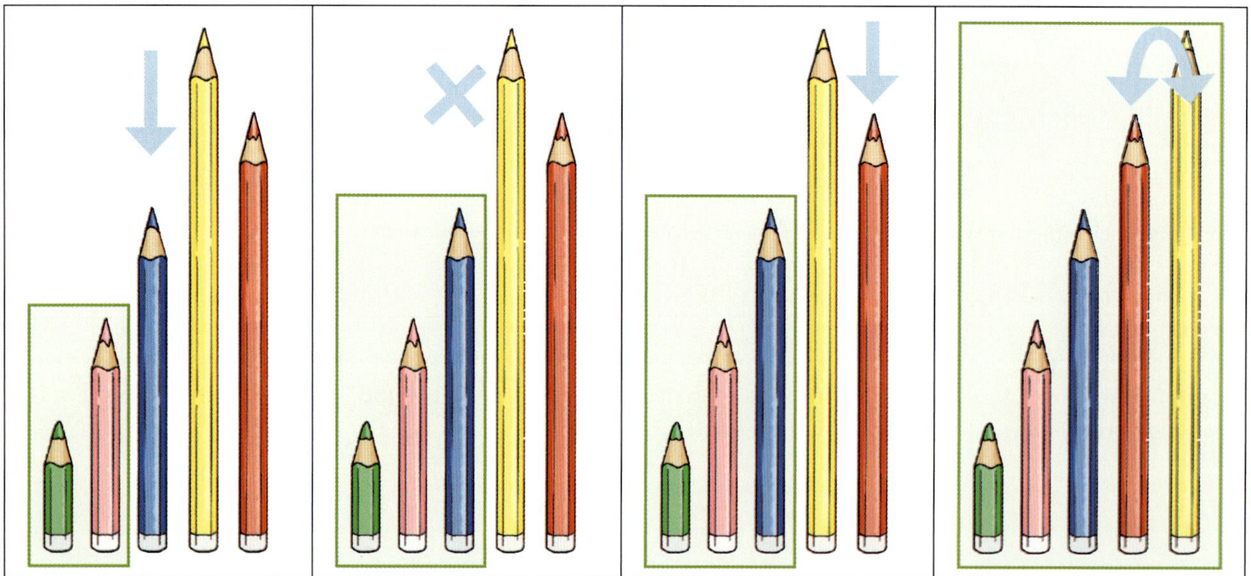

| | | | |
|---|---|---|---|
| **Kleinstes Element finden** | **Kein Tausch notwendig** | **Kleinstes Element finden** | **Tauschen mit dem 1. Element der unsortierten Folge, das verbleibende Element ist das größte** |

Der Algorithmus für das Sortieren durch Auswählen lässt sich durch folgendes Struktogramm beschreiben:

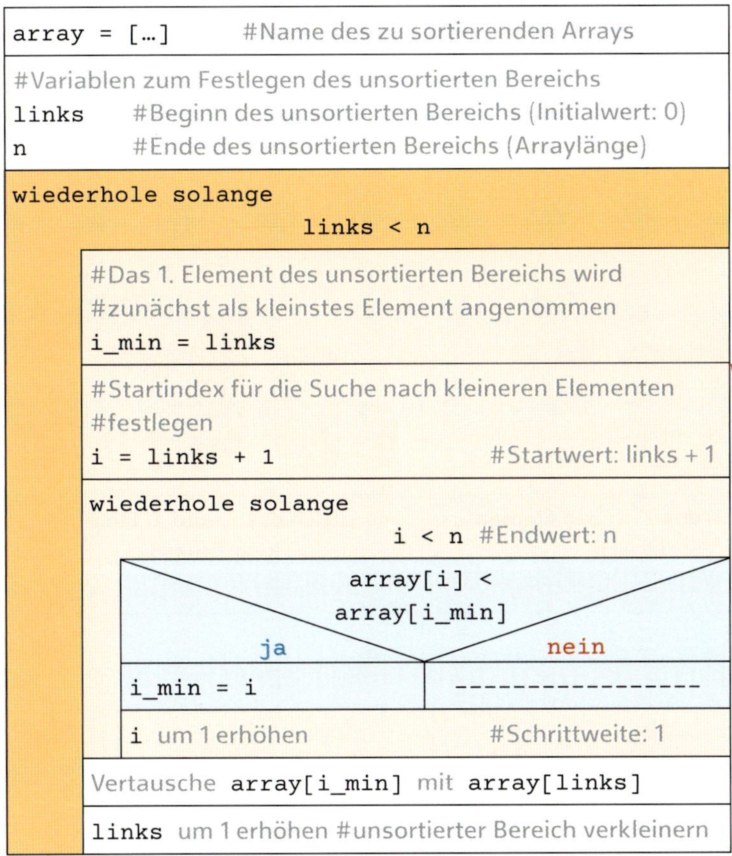


**Im unsortierten Bereich wird der Index des Elementes mit dem kleinsten Inhalt gesucht und in der Variablen `i_min` gespeichert.**

Hierzu wird zunächst davon ausgegangen, dass das 1. Element des unsortierten Bereichs (Variable links) den kleinsten Inhalt hat.

Beim nächsten Element (links +1) wird nun mit der Suche nach kleineren Inhalten begonnen.

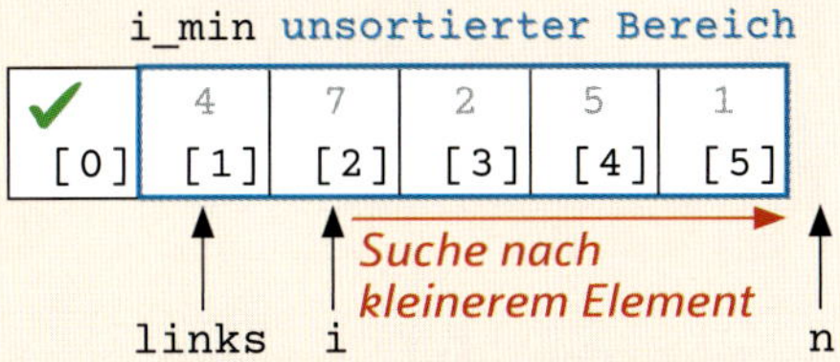


Es wird so lange nach kleineren Inhalten gesucht, bis das ganze Array durchlaufen wurde.

Falls der Inhalt des aktuellen Elements kleiner ist, als der bisher kleinste Inhalt, wird der Variablen i_min der Index des aktuellen Elements zugewiesen.

Die Suche läuft so lange, bis das komplette Array sortiert ist. Der unsortierte Bereich wird über die Variable *links* bei jedem Schleifendurchgang um ein Element verkleinert. Am Ende entspricht ihr Inhalt dem Index des letzten Elements.

**H** Der Tausch von Variableninhalten lässt sich in Python so realisieren:

```
array[links], array[i_min] = array[i_min], array[links]
```

### 7.2.4.3 Bubble-Sort

**M** Der Bubble-Sort durchläuft die Reihe von vorne nach hinten und vergleicht jeweils zwei benachbarte Elemente miteinander. Diese zwei Elemente tauschen ihren Platz, wenn das vordere größer ist als das zweite.

Am Ende des ersten Durchlaufs befindet sich das größte Element an der letzten Stelle der Reihe. Dieses wird so oft wiederholt, wie die Reihe Elemente hat. Auf diese Art wandern die Elemente nacheinander der Größe nach in der korrekten Reihenfolge an das Ende der Reihe. Dieses Fortschreiten der großen Elemente an das Ende der Reihe lässt sich mit dem Aufsteigen von Luftblasen unter Wasser vergleichen. Auch hier steigen die größten Blasen als erstes nach oben. Aufgrund dieser Analogie erhielt der Bubble-Sort seinen Namen.

Das beschriebene Prinzip des Bubble-Sort-Algorithmus wird nachfolgend mit Radiergummis veranschaulicht.

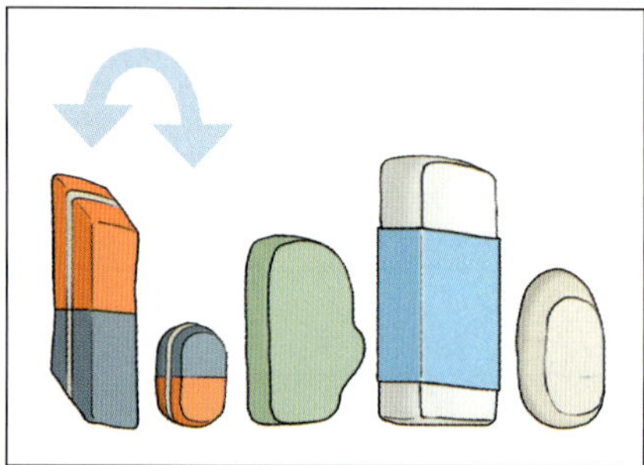

**Vergleich des 1. und 2. Elements**
**Tausch**

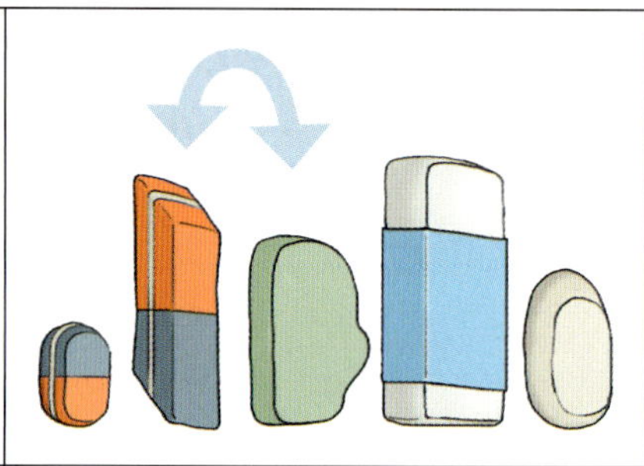

**Vergleich des 2. und 3. Elements**
**Tausch**

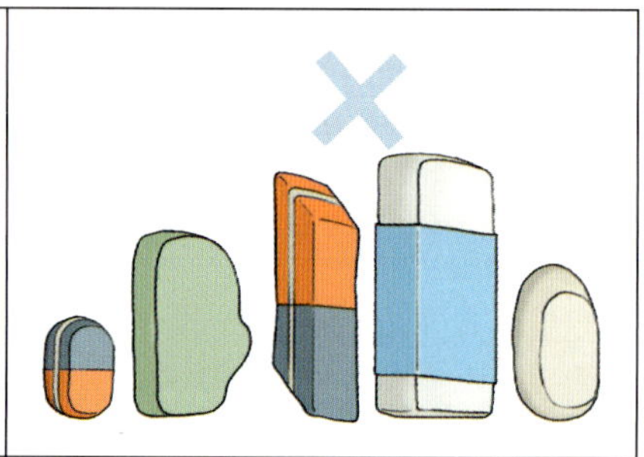

**Vergleich des 3. und 4. Elements**
**Kein Tausch**

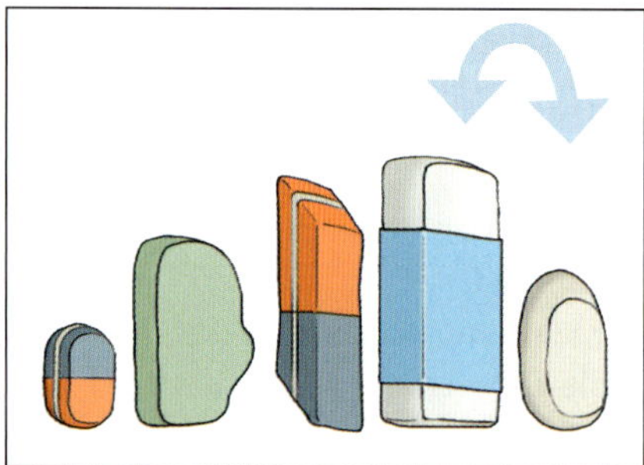

**Vergleich des 4. und 5. Elements**
**Tausch**

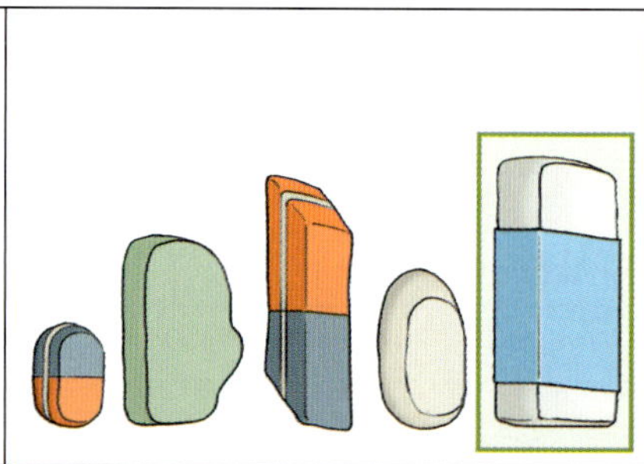

**Das größte Element ist am richtigen Platz**

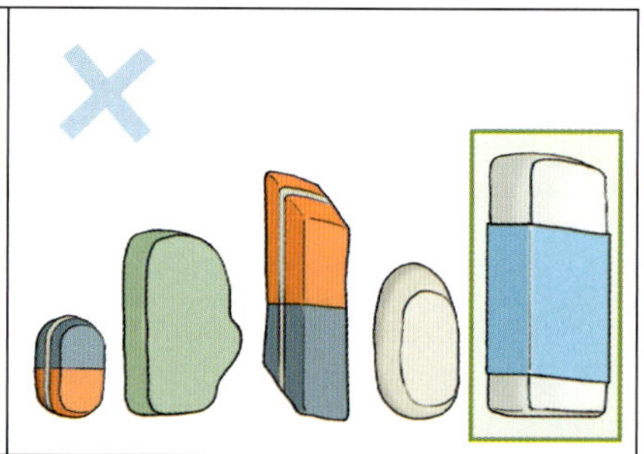

**Vergleich des 1. und 2. Elements**
**Kein Tausch**

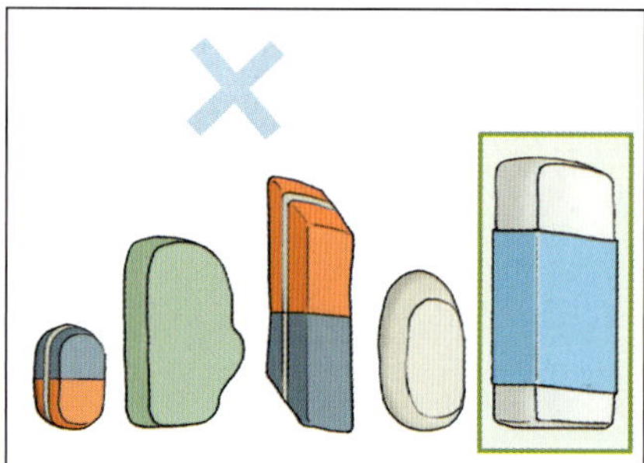

**Vergleich des 2. und 3. Elements**
**Kein Tausch**

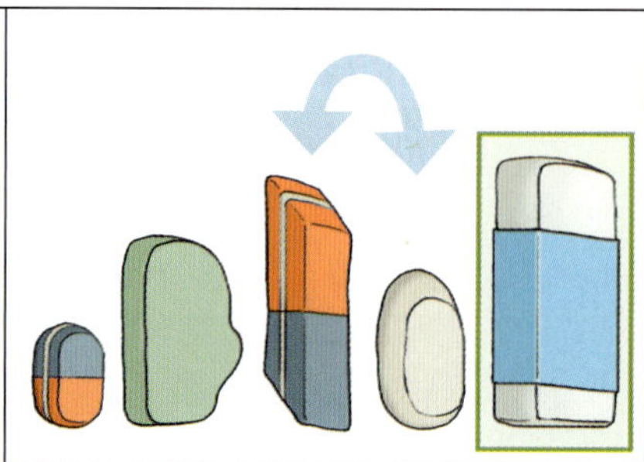

**Vergleich des 3. und 4. Elements**
**Tausch**

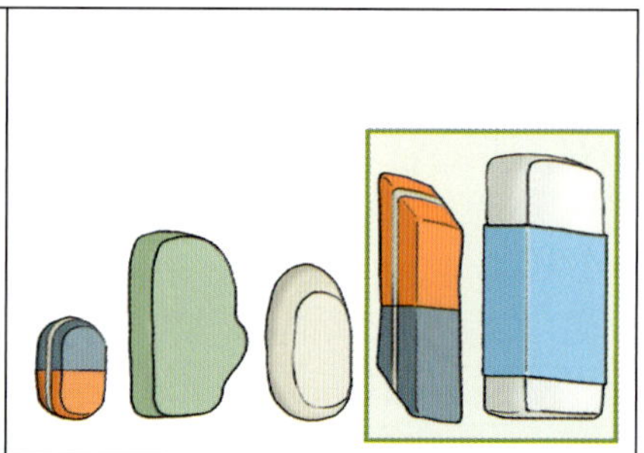

**Die beiden größten Elemente sind sortiert**

| | |
|---|---|
| **Wiederholungen** | 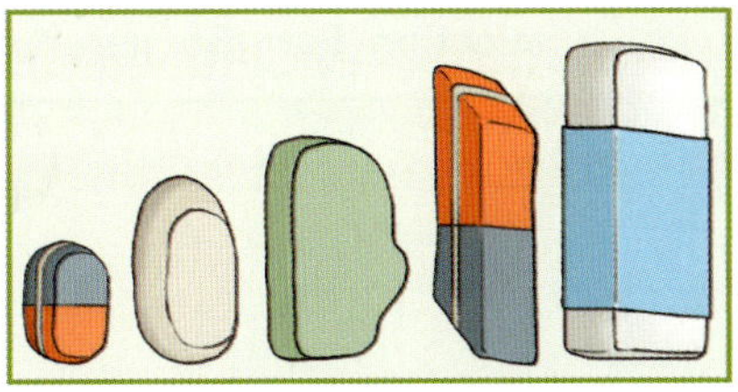 |
| **Es wird noch zwei Mal gebubbelt** | **Die Folge ist sortiert** |

Der Algorithmus für den Bubble-Sort lässt sich mit folgendem Struktogramm beschreiben:

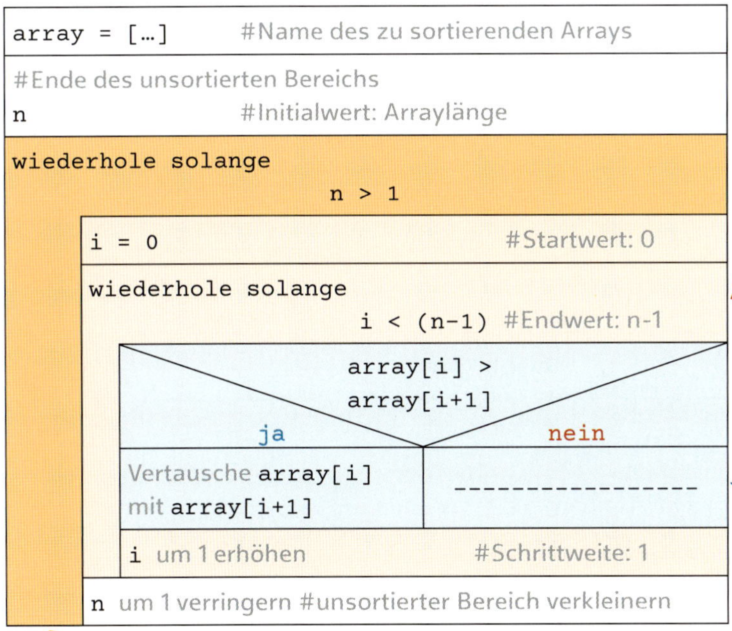


**Im unsortierten Bereich werden alle benachbarten Elemente miteinander verglichen und ggf. vertauscht.**

Das letzte Element des unsortierten Bereichs hat den Index n-1. Da ein Element immer mit dem des nächstgrößeren Indexes verglichen wird, reicht es, wenn die Schleife bis n-2, d. h., solange i < n-1 ist, zählt.

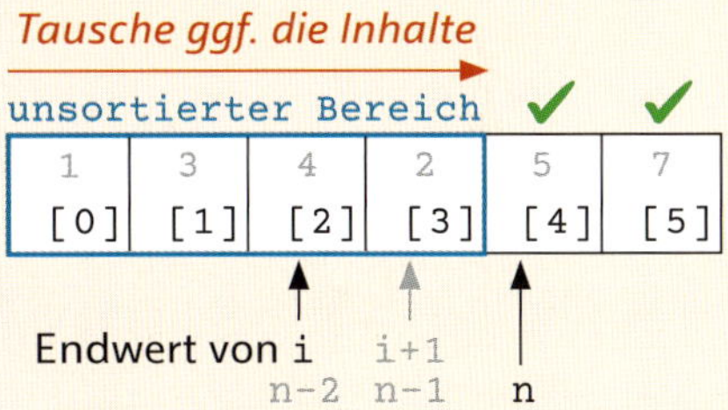


Falls der Inhalt des aktuellen Elements größer ist als der des benachbarten Elementes, werden diese miteinander vertauscht.

Die Suche läuft so lange, bis das komplette Array sortiert ist. Der unsortierte Bereich wird über die Variable n bei jedem Schleifendurchgang um ein Element verkleinert.

### 7.2.5 Cheat-Sheets

**Selection-Sort (Sortieren nach Auswählen)**

```
array = […]           #Name des zu sortierenden Arrays

#Variablen
links = 0             #Beginn des unsortierten Bereichs
n = len(array)        #Ende des unsortierten Bereichs

wiederhole solange
                  links < n
    i_min = links   #Index des kleinsten Elements

    #Suchen des Elements mit dem kleinsten Inhalt und
    #dessen Index in der Variable i_min speichern
    for i in range(links+1, n, 1)
                  array[i] <
                  array[i_min]
            ja                          nein
        i_min = i               | -----------------

    #Vertausche array[i_min] mit array[links]
    array[i_min],array[links] = array[links],
                                array[i_min]

    links = links + 1 #unsortierter Bereich verkleinern
```

**Bubble-Sort**

```
array = […]           #Name des zu sortierenden Arrays

#Ende des unsortierten Bereichs festlegen
n = len(array)  #Initialwert: Arraylänge

wiederhole solange
                  n > 1
    #Im unsortierten Bereich werden alle benachbarten
    #Elemente miteinander verglichen und ggf. vertauscht
    for i in range(0, n-1, 1)
                          array[i] >
                          array[i+1]
                ja                        nein
        #Vertausche benachbarte Elemente |
        array[i], array[i+1] =           |  -------
        array[i+1], array[i]             |

    n = n - 1     #unsortierter Bereich verkleinern
```

→ Aufgaben 10 bis 12

# 7.3 Dynamische Datenstrukturen

Die weiteren Abschnitte befassen sich mit dynamischen Datenstrukturen, und zwar linearen und nichtlinearen. Zum Beispiel *Queues* (Warteschlangen), *Stacks* (Kellerspeicher/Stapelspeicher), verketteten Listen und *Bäumen*. Damit wir verkettete Listen, Stacks, Queues und Bäume bauen können, brauchen wir *Zeiger* und *Objekte*. Aber zuerst brauchen wir Luftballons und Schnüre.

## 7.3.1 Einführung: Luftballons und Schnüre

Stellen Sie sich vor, Sie haben einen Luftballon. Damit der nicht wegfliegt, haben Sie eine Schnur. Sie können die Schnur lösen, aber dann fliegt der Luftballon weg. Wenn Sie vorher eine zweite Schnur an den Luftballon hängen, können Sie die erste Schnur lösen, ohne dass Sie den Luftballon verlieren.

**Verkettete Luftballons**
Sie können Luftballons mit Schnüren aneinanderhängen (verketten). Daraus können lange Reihen (Listen) entstehen. Mit etwas Grips und Hilfsschnüren, können Sie in der Mitte der Reihe einen Luftballon entfernen und sogar neue Luftballons hinzufügen.

**Luftballon-Warteschlangen**
Wenn Sie eine Reihe verketteter Luftballons haben, können Sie folgende Regel einführen: Luftballons können nur unten hinzugefügt und nur oben herausgelöst werden. Dann haben Sie das FIFO-Prinzip (First-In-First-Out) einer Warteschlange.

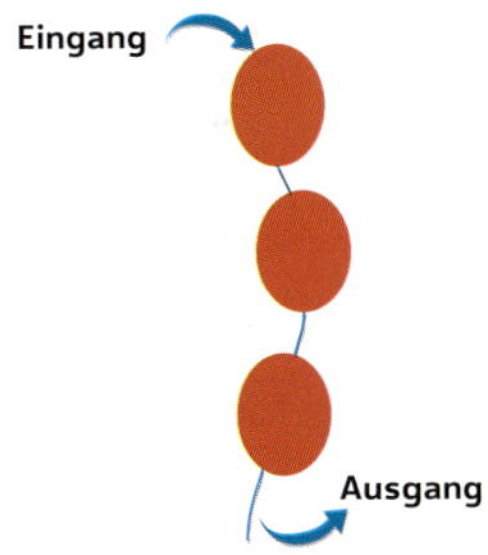


**Luftballon-Keller (Stapel)**
Sie könnten eine Reihe verketteter Luftballons aber auch nach dieser Regel benutzen: Ein Ballon kann nur ganz unten hinzugefügt und wieder herausgelöst werden. Dann haben Sie das LIFO-Prinzip (Last-In-First-Out) eines sogenannten Kellerspeichers (auch Stack, Stapel) genannt.

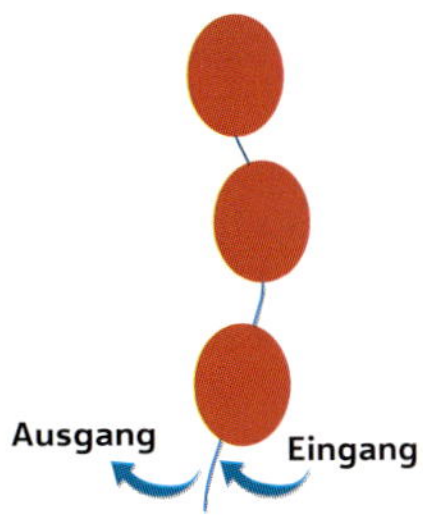


**Luftballon-Bäume**
Sie können nicht nur einen, sondern auch zwei oder mehr Luftballons an einen Luftballon hängen. So können Sie Bäume aus Luftballons bauen.

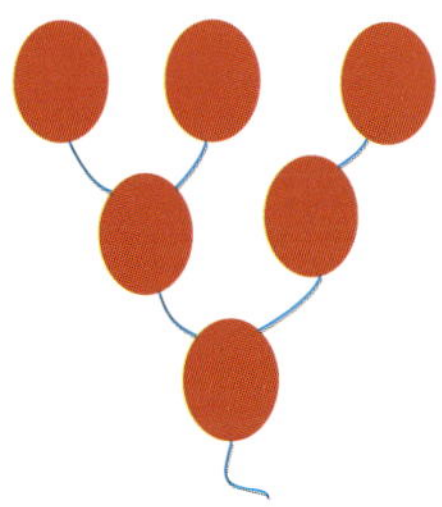

Wenn Sie sich all dies vorstellen können und auch schon Lösungsideen für Probleme wie das Einfügen eines neuen Luftballons in eine Reihe haben, haben Sie die folgenden Abschnitte eigentlich schon verstanden!

## 7.3.2 Objekte und Zeiger

Stellen Sie sich ein Objekt wie einen Luftballon vor und einen Zeiger wie eine Schnur, die den Luftballon festhält. Wenn wir die letzte Schnur, die einen Luftballon hält, lösen, verlieren wir den Luftballon. Wenn wir den letzten Zeiger von einem Objekt lösen, verlieren wir das Objekt. Um einen Zeiger von einem Objekt zu lösen, muss man ihn umbiegen. Umbiegen bedeutet, dass der Zeiger danach auf etwas anderes zeigt. Er kann auch auf Nichts zeigen, dieses Nichts nennt man in der Informatik oft ***NULL*** oder ***null***. In Python nennt man es *None*.

**M** Das Prinzip des **Verweises** finden wir in Hyperlinks, Fremdschlüsseln bei Datenbanken und vielen weiteren Bereichen. Verweise sind in Programmiersprachen meist als **Zeiger** (Pointer) oder **Referenzen** umgesetzt.

**Objekte** sind Programmstücke, die eigene Variablen und eigene Funktionen haben können. Bei Objekten spricht man statt von Variablen von **Attributen** und statt von Funktionen von **Methoden**.

In Wahrheit ist in Python **jede Variable ein Objekt**, ganz egal ob String, Integer oder Float. Auch Zeichenketten sind Objekte. Man kann Methoden (Funktionen) eines Objekts aufrufen, indem man hinter das Objekt einen Punkt schreibt:

```
objektname.methodenname()
```

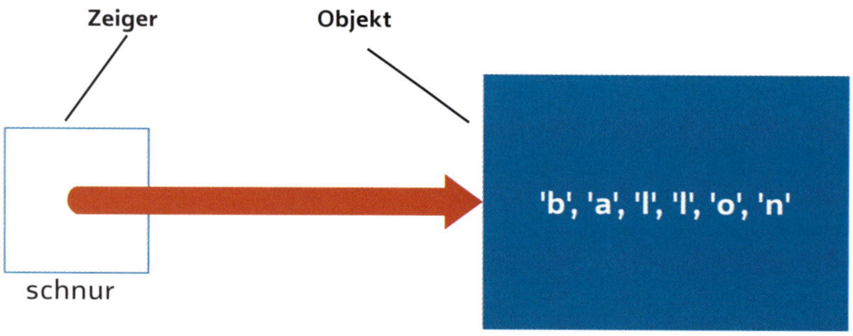


Ein Variablenname in Python ist in Wahrheit ein **Zeiger auf ein Objekt**. Wenn man in Python zum Beispiel den Code *schnur = „ballon“* ausführt, erstellt Python intern ein String-Objekt mit dem Inhalt „ballon“.

Wenn die nächste Zeile jedoch *schnur = None* ist, verlieren wir den „ballon“. In Thonny können wir uns das ansehen, wenn wir unter Ansicht/View -> *Variable* einstellen und dann zuerst nur die erste Zeile und danach beide Zeilen hintereinander ausführen.

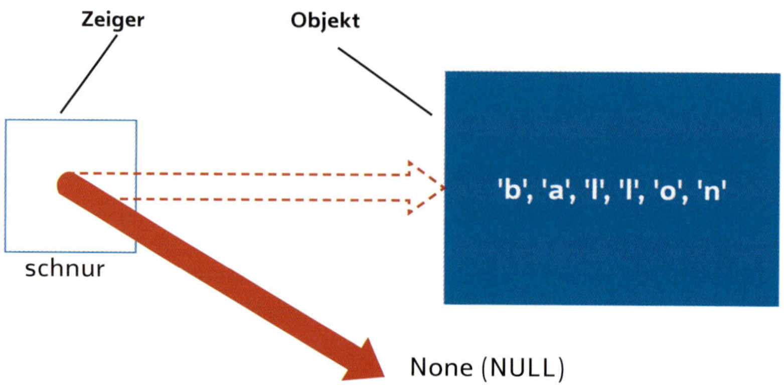

## 7.3.3 Lineare dynamische Datenstrukturen

Lineare Datenstrukturen stecken in vielen Technologien, die wir im Alltag nutzen. Wir haben bereits das Array kennen gelernt. In Python haben wir es aber mit einer Liste umgesetzt. Wie Listen aufgebaut sind und welche dynamischen linearen Datenstrukturen es noch gibt, werden wir nun betrachten.

### 7.3.3.1 Warteschlangen

Vor Kassen, Schaltern und vielen anderen Orten bilden sich häufig Schlangen, in denen Menschen auf etwas warten. Die Anzahl der Personen in der Warteschlange ändert sich dabei ständig und wie viele es insgesamt werden können, weiß man zu Beginn auch nicht. Allerdings sind die Regeln klar definiert, nach denen eine Warteschlange funktioniert. Wer zuerst in die Schlange eintritt, verlässt sie auch wieder als Erster. Dieses Vorgehen nennt man auch das First-In-First-Out- oder kurz FIFO-Prinzip.

Warteschlangen werden in der Informatik häufig eingesetzt, z. B. zur Verwaltung von Arbeitsaufträgen. Eine Druckerwarteschlange, der Drucker-Spooler, arbeitet auf diese Weise die eingehenden Druckaufträge ab. Neue Druckaufträge werden am Ende der Warteschlange eingefügt, abgearbeitete werden am Kopf entfernt.

**M** Das **FIFO-Prinzip** (englisch: **F**irst **I**n **F**irst **O**ut) beschreibt die Struktur einer Warteschlange (englisch: queue): Das Element, das zuerst eingefügt wurde, wird auch zuerst wieder entfernt.

**M** Eine **Schlange** (englisch: queue) ist eine lineare Datenstruktur, die beliebig viele Objekte nach dem FIFO-Prinzip verwaltet. Das Einfügen von Objekten am Ende der Schlange nennt sich **enqueue** und das Entfernen von Objekten am Anfang **dequeue.**

**Objekte miteinander verketten**

Damit das FIFO-Prinzip der Schlange umgesetzt werden kann, müssen die einzelnen zu verwaltenden Objekte miteinander in Beziehung gesetzt, man sagt verkettet, werden. Als Beispiel dient eine Reihe von Menschen, die vor der Tür eines Büros warten.

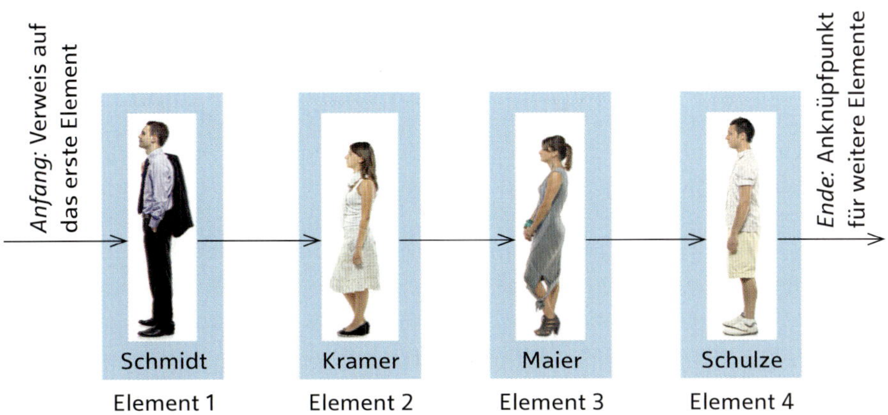


Abb. 7_9: Alltagsproblem Warteschlange

Um die Reihenfolge der Personen abzubilden, „merkt“ sich jede Person, wer hinter ihr steht. Die Personobjekte verwalten also nicht nur die Namen der einzelnen Personen, sondern zusätzlich ein Attribut *nachfolger*, welches einen Verweis auf die nächste Person speichert. Auf diese Weise kann eine beliebig lange Kette von Objekten gebildet werden. Die letzte Person in der Schlange hat keinen Nachfolger und verweist somit auf *null*.

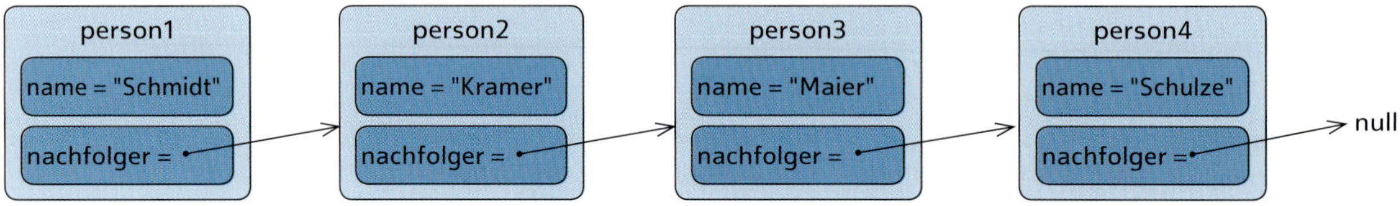


Abb. 7_10: Objekte vom Typ *Person* werden miteinander verkettet.

Durch diese Verkettung kann also eine Reihe von wartenden Menschen modelliert werden. Wie sieht es aber aus, wenn keine Personen, sondern beispielsweise Druckaufträge, Datenbankanfragen, Autos, die auf ihre Reparatur warten, oder beliebige andere Objekte nach dem FIFO-Prinzip organisiert werden sollen? Die Verwaltung der FIFO-Struktur sollte dazu in ein anderes Programmstück ausgelagert werden, das nur diese Aufgabe übernimmt.

**Zusammenfassung**
Im Gegensatz zum echten, statischen Array bietet die Datenstruktur *Schlange* den Vorteil, dass sie beliebig viele Objekte verwalten kann. Man muss sich also bei der Erstellung eines Programms nicht auf eine bestimmte Größe der Datenstruktur festlegen. Vielmehr kann sich ihre Größe zur Laufzeit des Programms beliebig ändern. Man spricht deshalb von einer dynamischen Datenstruktur. Somit wird kein Speicherplatz unnötig belegt. Hat man die Schlange und ihre Knotenstruktur einmal implementiert, kann sie für verschiedene Problemstellungen wiederverwendet werden, in denen Objekte nach dem FIFO-Prinzip organisiert werden sollen. Dies spart Arbeit und ist weniger fehleranfällig, als die Objekte immer wieder selbst miteinander zu verketten.

→ Aufgaben 13 bis 14

### 7.3.3.2 Kellerspeicher (Stapel, Stack)

Im Jahr 1957 patentierten die Informatik-Pioniere Friedrich L. Bauer und Klaus Samelson diese Speicherart unter dem Namen *Kellerprinzip*. Sie stellten sich damals vor, dass Datenelemente in eine Grube (Keller) gelegt werden und man immer nur Zugriff auf das Datenelement ganz oben hat. Das Prinzip hatte großen Erfolg und wir finden es heute in sehr vielen Systemen. Inzwischen hat sich sein Name gewandelt. Im US-Amerikanischen wurde aus Kellerspeicher *stack*. *Stack* wurde dann wieder als *Stapel* zurück ins Deutsche übersetzt. Seitdem hat sich die Bezeichnung *Stapelspeicher* weit verbreitet.

Situation: Esra sitzt spät abends am Laptop und muss noch ein Referat zu Ende schreiben. Sie drückt ein paar Tasten, die sie nicht hätte drücken sollen, und schon ist die Grafik, die sie gerade bearbeiten wollte, verschwunden. Zum Glück bietet ihre Software die sehr nützliche Funktion „Bearbeiten rückgängig“ an, mit der die gemachten Änderungen zurückgenommen werden können.

Welches Prinzip steckt hinter dieser Funktion? Das Programm speichert zunächst alle durchgeführten Arbeitsschritte. Es stapelt sie einfach aufeinander.

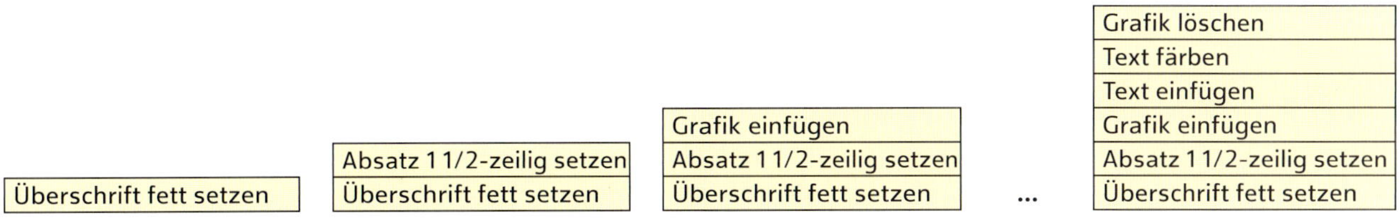


Zunächst wird die erste Anweisung „Überschrift fett setzen“ abgespeichert. Darauf folgt die Absatzformatierung „Absatz 1 1/2-zeilig“, die auf der ersten Anweisung abgelegt wird usw. Wenn das Programm nun wissen muss, welche Anweisung zuletzt gemacht wurde, muss es nur auf das oberste Element des Stapels zugreifen, in dem die letzte Anweisung gespeichert ist. Wird die Anweisung zurückgenommen, wird sie vom Stapel heruntergenommen. Sollen weitere Arbeitsschritte zurückgenommen werden, wird dieser weiter geleert, bis kein Element mehr enthalten bzw. kein Arbeitsschritt mehr übriggeblieben ist. Diese Arbeitsweise erinnert an die der Queue, denn auch der Stack verwaltet ein und ausgehende Objekte, allerdings funktioniert er nach einem anderen Prinzip, dem sogenannten LIFO-Prinzip.

**M** Das **LIFO-Prinzip** (englisch: **L**ast **I**n **F**irst **O**ut) beschreibt die Struktur eines Stapels (englisch: stack). Das Element, das als letztes eingefügt wurde, wird als erstes wieder entfernt.

**M** Ein **Keller/Stapel** (englisch: **stack**) ist eine lineare Datenstruktur, die theoretisch beliebig viele Objekte nach dem LIFO-Prinzip verwaltet. Das Ablegen von Objekten auf dem Stapel nennt sich **push** (einkellern) und das Entfernen von Objekten **pop** (auskellern).

Betrachtet man den Aufbau eines Stapels, sieht man, dass die Objekte genauso miteinander verkettet werden wie bei einer Schlange. Auch der Stapel arbeitet mit einer Knotenstruktur, um beliebige Objekte verwalten zu können. Allerdings benötigt der Stapel nur eine Referenz auf den obersten Knoten des Stapels *(head)*, da dort die Operationen *push* und *pop* stattfinden.

→ Aufgaben 15 und 16

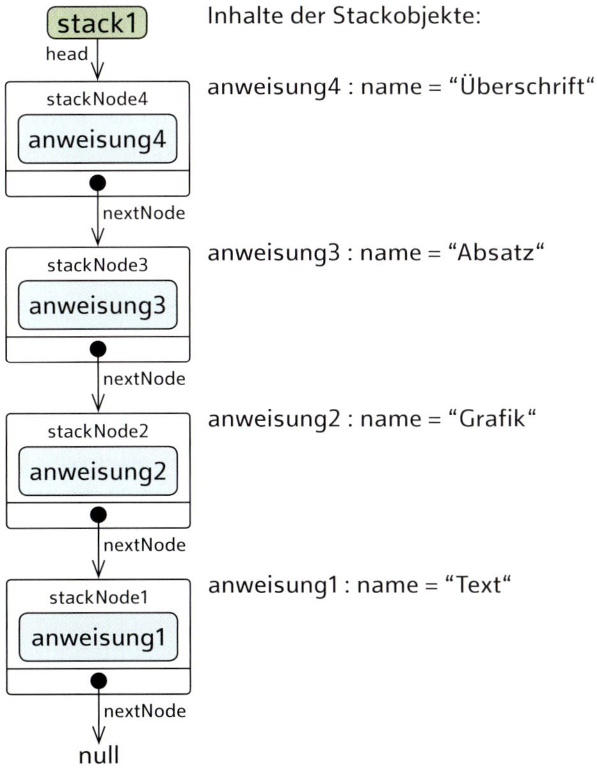


Abb. 7_11: Objektdiagramm eines Stapels

### 7.3.3.3 Lineare Liste

Das Lernen von Englischvokabeln kann, je nach Veranlagung und Interesse, eine Beschäftigung sein, die nur wenige Schüler mit Freude und Hingabe bei der Sache sein lässt. Ein selbstgeschriebenes Programm kann zumindest den Schülerinnen und Schülern der Informatik, insofern die Beschreibung auf sie zutrifft, etwas Abwechslung beim Erlernen der Fremdsprachen verschaffen. Das Programm sollte eine beliebige Menge Vokabeln speichern können. Eine Vokabel besteht dabei aus dem deutschen Wort und der englischen Übersetzung. Man sollte seine Vokabeln nach einem bestimmten Wort durchsuchen und jederzeit Wörter entfernen und hinzufügen können. Zudem sollte es möglich sein, die Vokabeln zu sortieren, z. B. alphabetisch oder nach ihrer Schwierigkeit.

Betrachtet man die bisher zur Verfügung stehenden Datenstrukturen *Array*, *Schlange* und *Stapel*, ist keine dabei, die sich für die Speicherung von Vokabeln eignet. Das Array besitzt keine dynamische Größe und beim Einfügen an einer beliebigen Stelle müssten zahlreiche Feldinhalte kopiert werden. Schlange und Stapel ermöglichen hingegen nur den Zugriff auf das zuerst bzw. zuletzt eingefügte Element. Das Auffinden einer bestimmten Vokabel wäre nicht praktikabel, da z. B. bei der Schlange alle vorangehenden Vokabeln aus der Datenstruktur entfernt werden müssten, um an das gesuchte Element zu gelangen. Dies ist recht umständlich und würde die Qualität der Software erheblich verschlechtern. Um ein funktionstüchtiges Verwaltungsprogramm für Vokabeln entwickeln zu können, benötigt man vielmehr eine Datenstruktur, die nicht nur eine dynamische Größe besitzt, sondern auch den Zugriff auf jedes einzelne Element ermöglicht.

**H** Die hier verwendete Variante der Liste nennt man auch **einfach verkettete Liste**. Man kann jedoch auch andere Modellierungen wählen, indem z. B. jeder Knoten mit seinem Nachfolger und Vorgänger verknüpft wird. Man spricht dann von einer **doppelt verketteten Liste**. Diese Variante kann das Auffinden eines Elements in der Liste beschleunigen.

Hierfür bietet sich die Datenstruktur Liste an, die die geforderten Kriterien erfüllt. Bei der Entwicklung dieser Datenstruktur ist es nützlich, auf die bereits entwickelten dynamischen Datenstrukturen *Schlange* und *Stapel* zurückzugreifen. Die Struktur der Liste besteht ebenfalls aus einer beliebigen Menge an Knoten, die durch die Referenz *next* linear miteinander verknüpft sind und jeweils auf ein Inhaltsobjekt verweisen.

**M** Eine **Liste** (englisch: list) ist eine lineare Datenstruktur, die beliebig viele Objekte verwalten kann. Das Einfügen und Löschen von Elementen ist an jeder Position der Liste möglich.

**Modellierung der Liste**

Ebenso wie die Schlange verfügt die Liste über einen Verweis auf den Anfang (*first*) und auf das Ende (*last*) der Struktur. Darüber hinaus benötigt die Liste allerdings noch einen Verweis auf das jeweils aktuelle Element (*current*). Dieser Zeiger kann beliebig vor- und zurückgeschoben werden, sodass auf jedes Element der Liste zugegriffen werden kann. Somit ist es auch möglich, an jeder Stelle der Liste ein neues Element einzufügen, zu entfernen oder die Liste vom Anfang zum Ende hin zu durchlaufen.

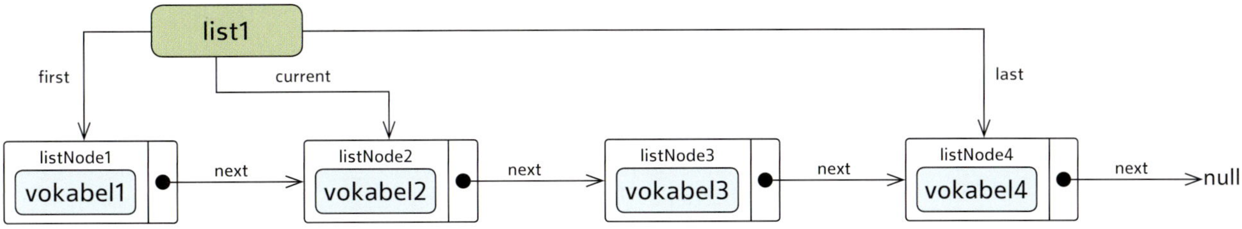


Abb. 7_12: Objektdiagramm einer Vokabelliste

**Zusammenfassung**

Es wurden die vier linearen Datenstrukturen *Array*, *Schlange*, *Stapel* und *Liste* vorgestellt. Je nach Anwendung, in der Daten verwaltet werden sollen, gilt es zu entscheiden, welche dieser Strukturen jeweils geeignet ist. Das Array zeichnet sich durch seine einfache Handhabung aus. Es bietet einen schnellen Zugriff auf seine einzelnen Speicherzellen sowie die direkte Abfrage seiner Größe über das Attribut *length*. Allerdings handelt es sich bei einem Array um eine statische Datenstruktur, d.h., dass die Anzahl der Felder eines Arrays bereits bei seiner Erstellung festgelegt werden muss und anschließend nicht mehr angepasst werden kann. Ein Array sollte also nur verwendet werden, wenn man schon bei der Erstellung des Programms weiß, wie viele Felder benötigt werden. Die Strukturen *Schlange*, *Stapel* und *Liste* hingegen sind dynamisch, d.h., zur Laufzeit können beliebig viele Objekte aufgenommen werden, ohne dass unnötig Speicherplatz belegt wird. Die Liste stellt dabei die mächtigste der drei Datenstrukturen dar, denn sie stellt die umfangreichsten Operationen zur Verfügung. Sie ist daher für sehr viele Anwendungen geeignet. Manchmal möchte man allerdings nur eine eingeschränkte Schnittstelle auf die verwalteten Daten zulassen. Sollen Daten nach dem First-In-First-Out-Prinzip organisiert werden, ist die Schlange eine geeignete Datenstruktur, handelt es sich jedoch um das Last-In-First-Out-Prinzip, sollte ein Stapel gewählt werden.

→ Aufgaben 17 und 18

## 7.3.4 Nichtlineare dynamische Datenstrukturen

Wir können viele Dinge nicht mit linearen, eindimensionalen Strukturen fassen. Das sind zum Beispiel Website-Strukturen, Entscheidungsbäume, Freundschaftsnetzwerke, Familienstammbäume oder Verzeichnisbäume. Auch die einzelnen HTML-Elemente und ihre Bestandteile werden im Document-Object-Model (DOM) baumförmig dargestellt.

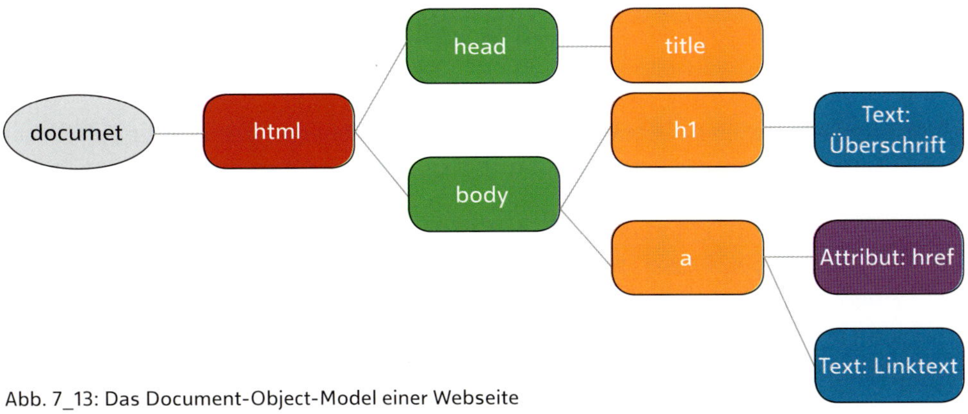


Abb. 7_13: Das Document-Object-Model einer Webseite

### 7.3.4.1 Spielbaum für Tic-Tac-Toe

Das Spiel Tic Tac Toe ist ein einfaches Strategiespiel für zwei Spieler. Ziel des Spiels ist es, als Erster drei der eigenen Zeichen in einer Zeile, Spalte oder Diagonale eines Spielfelds von drei mal drei Zellen zu platzieren. Spielen beide Spieler optimal, kann jedoch keiner der beiden gewinnen und es kommt zu einem Unentschieden.

Tic Tac Toe war eines der ersten Spiele, die auf einem Computer umgesetzt wurden (bereits 1952). Der Spielalgorithmus benötigt eine Strategie, nach der jeweils der nächste Zug des Computers bestimmt wird. Die möglichen Spielstellungen im Verlauf einer Partie Tic Tac Toe können in einem sogenannten Spielbaum systematisch dargestellt werden:

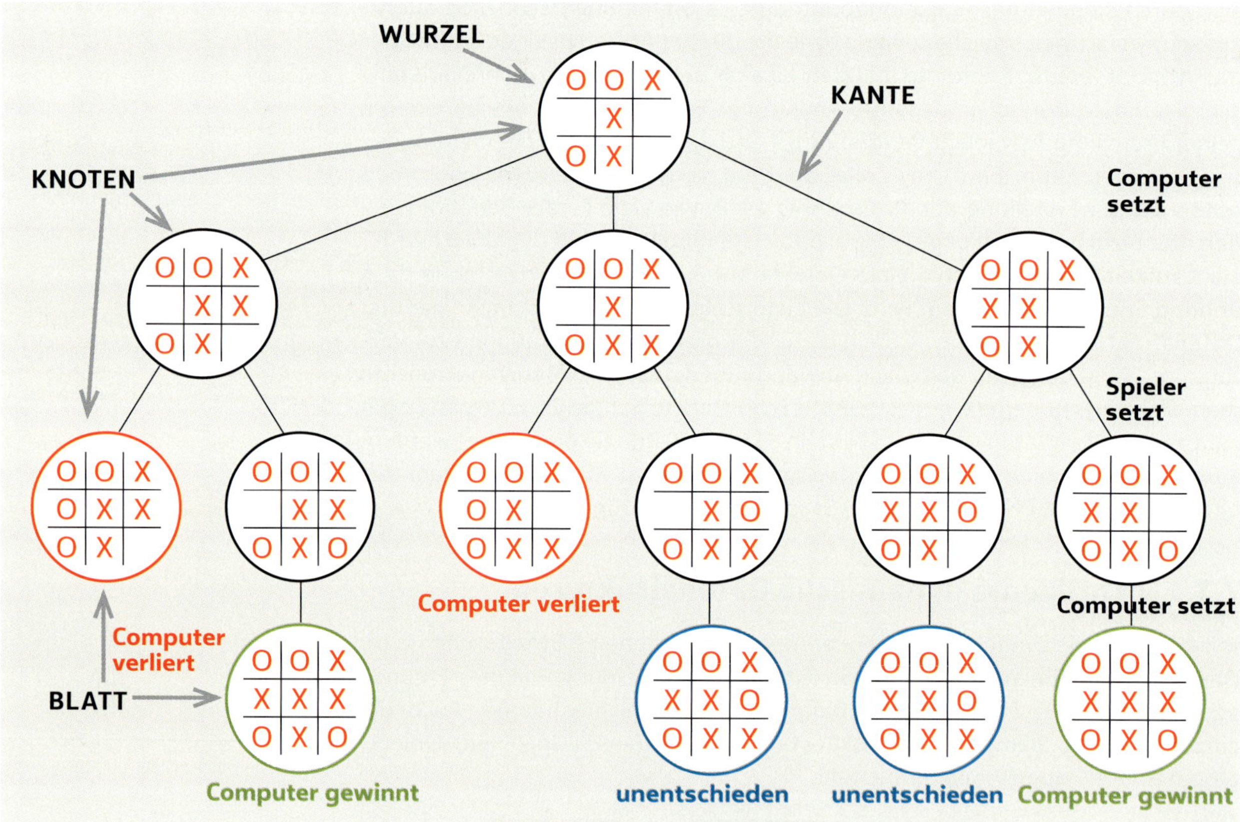


Abb. 7_14: Der Computer ist am Zug. Für welche der drei Möglichkeiten sollte er sich entscheiden?

Dabei enthält jeder Knoten des Baums eine bestimmte Stellung des Spiels. Der Baum beginnt mit einer Stellung mitten im Verlauf des Spiels. Nur noch drei Felder sind frei. Dieser erste Knoten nennt sich allgemein die Wurzel des Baumes. In dieser Situation hat der Computer nun drei Möglichkeiten, sein Zeichen (das Kreuz) zu setzen. Diese drei nachfolgenden Knoten sind durch Kanten mit der Wurzel verbunden. Jeder Knoten außer der Wurzel hat genau einen Vorgängerknoten, allerdings kann er einen, mehrere oder aber keine Nachfolger haben. Knoten, die keine weiteren Nachfolger haben, heißen Blätter des Baumes. Im Beispiel des Spielbaums sind in den Blättern genau die Stellungen dargestellt, die das Spiel beenden. Dies ist entweder der Fall, wenn einer der Spieler drei seiner Symbole waagerecht, senkrecht oder diagonal in einer Reihe platzieren konnte, oder wenn das Spielfeld vollständig gefüllt ist.

**M** Eine **Baumstruktur** (ein **Baum**) ist eine hierarchische Struktur, die aus Knoten und Kanten besteht. Die Wurzel der Baumstruktur ist der einzige Knoten ohne Vorgänger. Alle anderen Knoten des Baums haben genau einen Vorgänger sowie einen, keinen oder mehrere Nachfolger. Knoten ohne Nachfolger heißen Blätter. In der Informatik werden Bäume als Datenstrukturen eingesetzt.

Bei der Arbeit mit Baumstrukturen sind weitere Fachbegriffe von Bedeutung:

### Grad eines Knotens und eines Baums

Beim Spiel Tic Tac Toe hat man je nach Zeitpunkt im Spiel unterschiedlich viele Möglichkeiten, sein Zeichen auf dem Spielfeld zu setzen. Während man zu Beginn die freie Wahl zwischen allen neun Feldern hat, verringert sich die Anzahl der Wahlmöglichkeiten mit jedem weiteren Spielzug. Würde man den Spielbaum für Tic Tac Toe von Beginn einer Partie an aufzeichnen, so hätte der erste Knoten (die Wurzel) also neun Nachfolger, an diese Nachfolger würden sich jeweils acht weitere Spielstellungen anschließen usw. Man spricht vom (Verzweigungs-)Grad oder der Ordnung eines Knotens und meint damit die Anzahl der Nachfolger dieses Knotens. Die Blätter eines Baums beispielsweise haben somit immer den Grad null, da sie keine Nachfolger besitzen. Der (Verzweigungs-)Grad oder die Ordnung eines Baums bezeichnet hingegen die maximale Anzahl der Nachfolger, die ein Knoten dieses Baums haben kann. Der vollständige Tic Tac Toe-Baum hat somit den Grad neun.

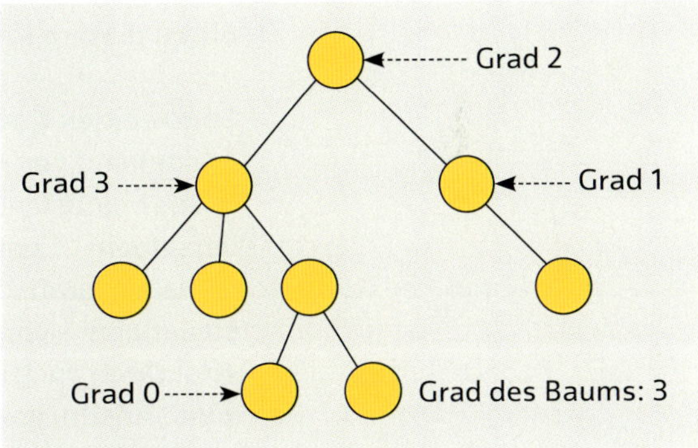


Abb. 7_15: Der Baum hat den Grad 3, wenn auch seine einzelnen Knoten einen geringeren Grad haben können.

### Pfad

Ein Pfad in einem Baum ist der Weg über Kanten des Baums, den man gehen muss, um von einem Knoten zu einem anderen zu gelangen. Dabei ist es unmöglich, im Kreis zu laufen und den Ausgangsknoten wieder zu erreichen. Ein Pfad im Spielbaum dokumentiert somit einen möglichen Spielverlauf oder zumindest einen Teil davon.

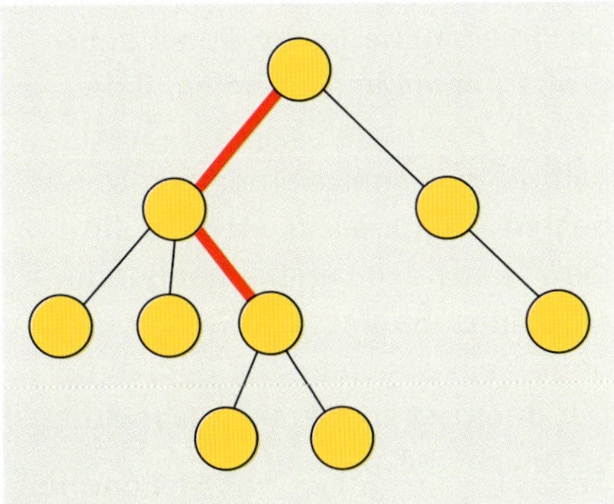

Abb. 7_16: Ein Pfad in einem Baum kann niemals einen Kreis bilden.

### Tiefe

Eine Partie Tic Tac Toe umfasst maximal neun Spielzüge (z. B. bei einem Remis). Diese Größe beschreibt die Tiefe des Spielbaums, also die Anzahl der Kanten im längsten Pfad eines Baums.

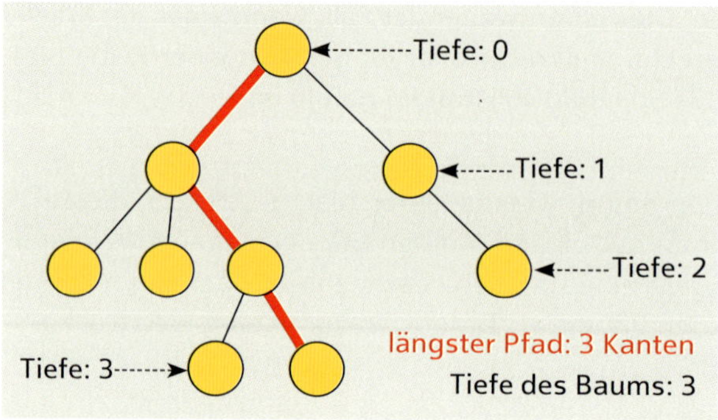


Abb. 7_17: Tiefe eines Baums

Die Tiefe eines Knotens ist die Anzahl der Kanten auf dem Pfad von der Wurzel bis zu diesem Knoten.

**Ebene eines Knotens**

Ausgehend von der Wurzel kann man die Knoten eines Baums in **Ebenen (Niveaus)** einteilen. Alle Knoten mit dem gleichen Abstand zur Wurzel liegen in derselben Ebene. Dies sollte in grafischen Darstellungen von Baumstrukturen auch unbedingt zum Ausdruck kommen. Im Spielbaum ist ein Niveau jeweils einem bestimmten Spieler zugeordnet. Alle aktuellen Zugmöglichkeiten dieses Spielers sind so auf einer Ebene dargestellt.

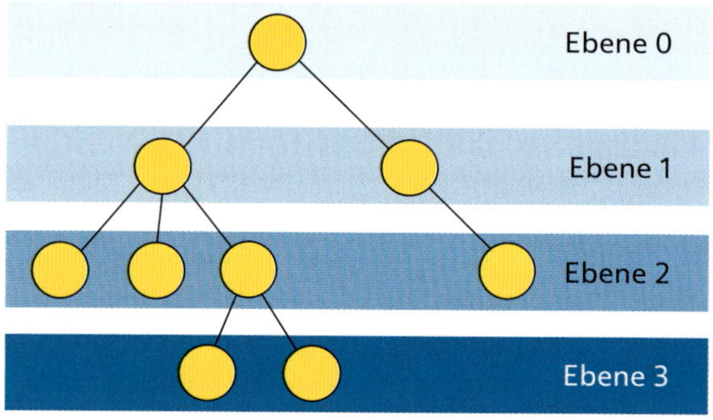


Abb. 7_ 18: Die Ebenen in einer Baumstruktur.

**Teilbaum**

Da Spielbäume in der Regel sehr große Ausmaße annehmen, ist es üblich, nur einen Teil des Spielbaums zu analysieren, um die besten Zugmöglichkeiten zu finden. Jeder zusammenhängende Teil eines Baums ist wieder ein Baum, ein sogenannter Teilbaum. Der Baum ist somit rekursiv (selbstähnlich) aufgebaut.

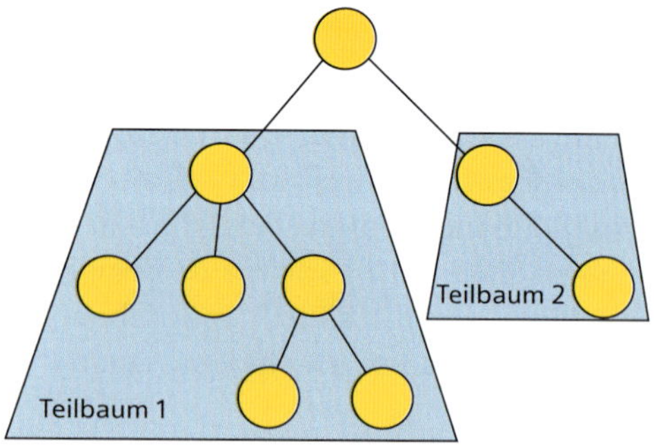


Abb. 7_ 19: Baumstruktur mit zwei Teilbäumen

→ Aufgaben 19 bis 21

### 7.3.4.2 Binärbäume

Lineare Datenstrukturen organisieren gespeicherte Daten so, dass das Suchen, Einfügen und Löschen geplant durchgeführt werden kann. Dies scheint bei Baumstrukturen auf den ersten Blick erst einmal nicht der Fall zu sein. Denn welchen Nachfolgeknoten wählt man, wenn man in der Struktur weitergehen mochte? In einer Baumstruktur kann ein Knoten schließlich mehrere Nachfolger besitzen. Eine besondere Baumstruktur stellen binäre Bäume dar, deren Knoten immer höchstens zwei Nachfolger haben dürfen.

M Ein **binärer Baum (Binärbaum)** ist eine Baumstruktur vom Grad zwei, d. h., jeder Knoten kann höchstens zwei Nachfolger haben. Dies lässt sich auch rekursiv definieren: Ein binärer Baum ist entweder leer, oder er besteht aus einer Wurzel sowie einem linken und einem rechten Teilbaum. Bei diesen Teilbäumen handelt es sich wiederum um binäre Bäume.

Nichtleere Binärbäume bestehen aus einer Wurzel mit einem linken und rechten Binärbaum. Diese Definition nutzt unsere bisherigen Begriffe rekursiv. Knoten, von denen weitere Knoten ausgehen, nennt man auch Elternknoten, und Knoten, die Elternknoten (Eltern) haben, nennt man auch Kindknoten (Kind).

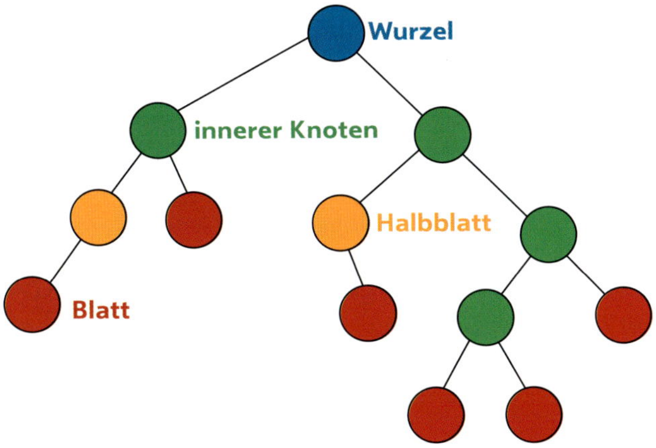


Abb. 7_20: Bestandteile von Binärbäumen

Zusätzlich zur Wurzel gibt es innere Knoten, Blätter und Halbblätter. Ein **innerer Knoten** ist ein Knoten der zwei Kindknoten besitzt. Ein **Halbblatt** ist ein Knoten der nur einen Kindknoten besitzt. Ein Blatt ist ein Knoten der keine **Kindknoten** besitzt.

| Eigenschaften von Binärbäumen | |
|---|---|
| **Geordneter Binärbaum** | – Der Wert jedes linken Kindknotens ist kleiner als der Wert seines Elternknotens.<br>– Der Wert jedes rechten Kindknotens ist größer als der Wert seines Elternknotens.<br>– Alle Halbblätter haben einen linken Kindknoten. |
| **Voller Binärbaum** | Es gibt keine Halbblätter |
| **Vollständiger Binärbaum** | Alle Blätter haben die gleiche Tiefe (Abstand zur Wurzel) |

In der Ahnenforschung kann man Binärbäume einsetzen.

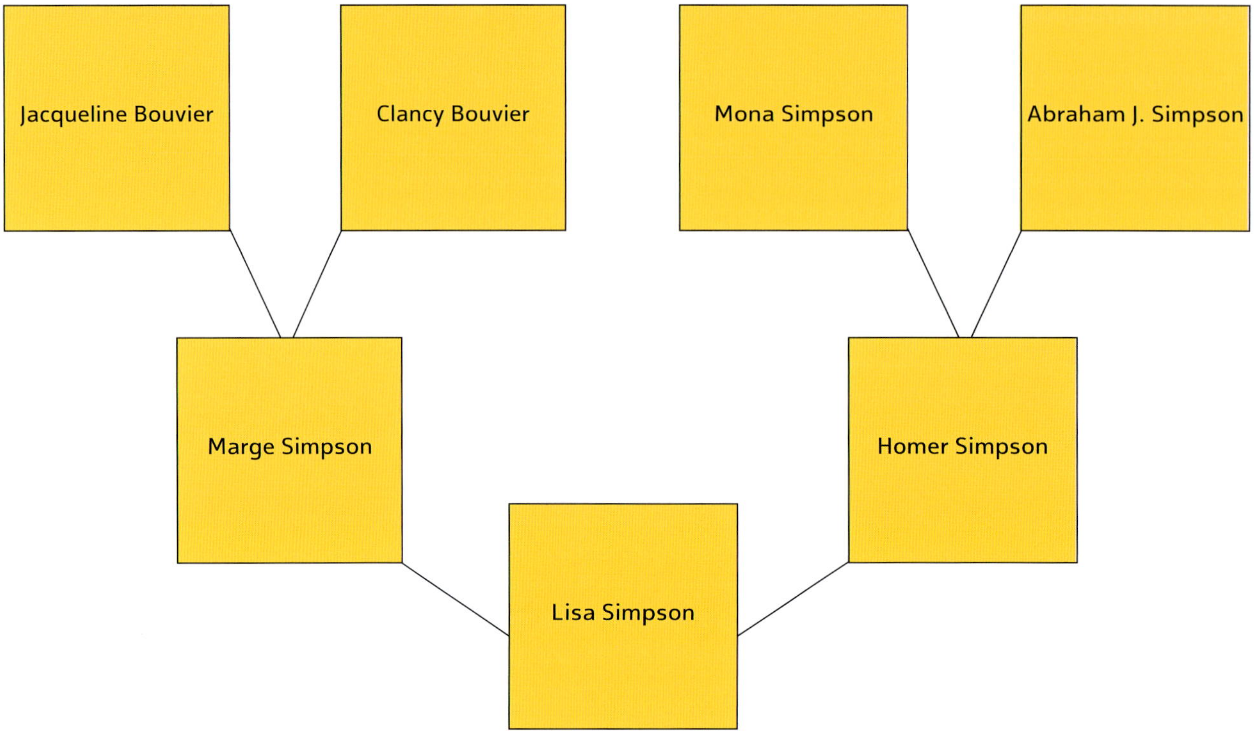


Abb. 7_21: Der Ahnenbaum von Lisa Simpson stellt ihre direkten Vorfahren übersichtlich dar.

Ein Ahnenbaum bildet die direkten Vorfahren einer Person ab. Ausgehend von *Lisa Simpson* werden zunächst ihre Eltern, dann deren Eltern, also Lisas Großeltern usw. dargestellt. Da in der Regel nur die leiblichen Eltern aufgeführt werden, hat somit jeder Knoten zwei Nachfolger: eine leibliche Mutter und einen leiblichen Vater. Es ist üblich, bei der Darstellung von Baumstrukturen die Wurzel oben zu platzieren. Für den Ahnenbaum bedeutet dies, dass *Lisa Simpson* ganz oben steht, gefolgt von ihren Eltern usw. Zudem werden die Knoten aller weiblichen Ahnen rosa und die der männlichen Vorfahren blau gefärbt.

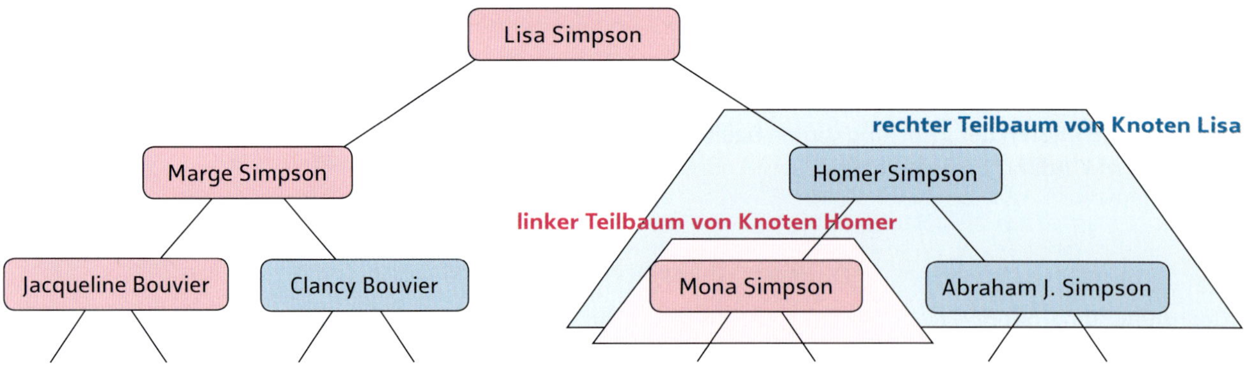


Abb. 7_22: Ahnenbaum von Lisa Simpson in der gewohnten Baumdarstellung

Die Struktur des Ahnenbaums ist ungemein hilfreich, wenn man z. B. Lisas Großmutter väterlicherseits sucht. Diese Information muss nicht in einem der Knoten, entweder bei Lisa oder ihrer Großmutter, gespeichert werden, sondern sie lässt sich allein durch die vorgegebene Struktur ermitteln. Da klar ist, dass ausgehend von Lisa die Mutter ihres Vaters gesucht werden soll, geht man also zuerst zum rechten Teilbaum und von dort aus zum linken Teilbaum. Wären die Objekte alle hintereinander, also linear angeordnet, so wären in der Regel mehr als zwei Schritte nötig, um die gesuchte Person aufzufinden. Auf diese Weise lässt sich der Baum jedoch nicht nach einem bestimmten Element durchsuchen. Sucht man z. B. nach *Abraham J. Simpson*, ohne zu wissen, in welcher Verwandtschaftsbeziehung er zur Wurzel *Lisa* steht, so muss wohl oder übel der gesamte Ahnenbaum durchforstet werden. Man benötigt somit eine Strategie, um den vollständigen Baum nach einem Element zu durchsuchen. Dies erscheint auf den ersten Blick ein schwieriges Unterfangen zu sein, denn ist man erst einmal einen Pfad im Baum bis zu einem Blatt hinuntergewandert, dann gibt es kein Zurück mehr, da ein Knoten in der Regel nur seine Nachfolger, nicht aber seine Vorgänger speichert. An dieser Stelle kommt die rekursive Baumstruktur zum Tragen, die es ermöglicht, so lange die linken Nachfolger zu durchsuchen, bis es keine weiteren linken Nachfolger mehr gibt, und dann die jeweils rechten Nachfolger. Wie folgt lässt sich eine rekursive Methode *besuche* definieren, die systematisch alle Knoten des übergebenen binären Baumes abarbeitet. Man sagt: Der Baum wird traversiert.

```
besuche (binBaum b)
      bearbeite die Wurzel von b
      falls b einen nichtleeren linken Teilbaum hat dann
          besuche(linker Teilbaum von b)
      ende falls
      falls b einen nichtleeren rechten Teilbaum hat dann
          besuche(rechter Teilbaum von b)
      ende falls
```

**Rekursive Aufrufe von *besuche* auf den Teilbäumen**

Diese Strategie, einen binären Baum zu traversieren, bearbeitet also zunächst immer die Wurzel, dann den linken Teilbaum und schließlich den rechten Teilbaum des gegebenen Baumes. Dieses Verfahren nennt sich **Preorder-Traversierung** eines Binärbaums.

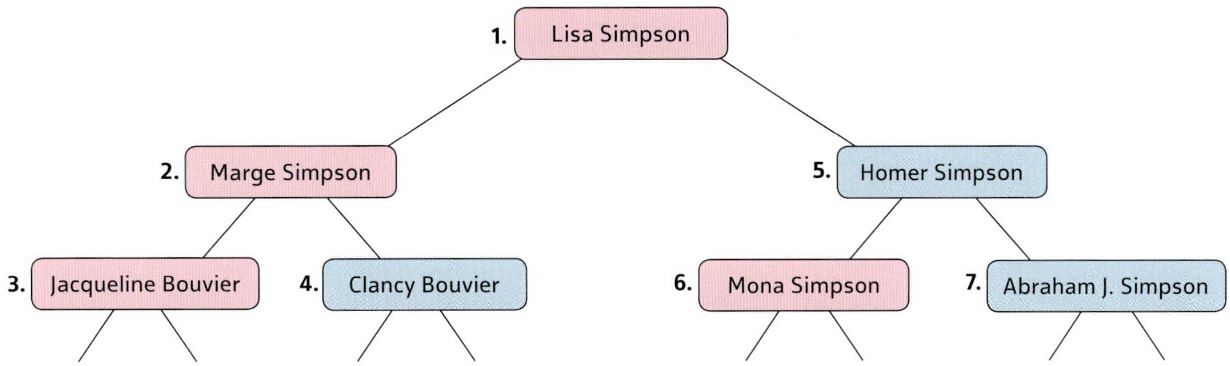


Abb. 7_23: Die Reihenfolge der Preorder-Traversierung für den Ahnenbaum von Lisa

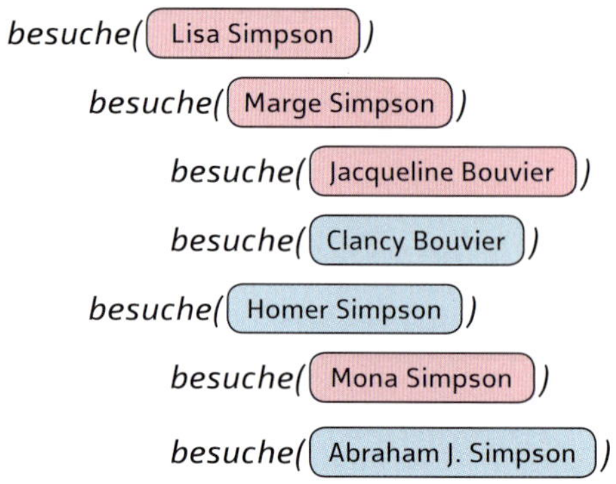


Abb. 7_24: Aufrufstruktur der rekursiven besuche-Methode bei der Preorder-Traversierung

Neben der Preorder-Traversierung gibt es noch zwei weitere Varianten, alle Knoten eines binären Baums systematisch zu besuchen:

- die **Inorder-Traversierung**, bei der zunächst der linke Teilbaum, dann die Wurzel und schließlich der rechte Teilbaum besucht wird und
- die **Postorder-Traversierung**, bei der man zunächst den linken Teilbaum, dann den rechten und schließlich die Wurzel abarbeitet.

→ Aufgaben 22 und 23

Die Bezeichnungen der Verfahren leiten sich aus dem Zeitpunkt ab, zu dem die Wurzel des Baums bearbeitet wird. Dies kann vor *(pre)*, nach *(post)* oder zwischen *(in)* den Durchläufen des linken und des rechten Teilbaums sein. In jedem Fall wird allerdings der linke Teilbaum vor dem rechten bearbeitet.

## Kompetenzkontrolle

Am Ende dieses Kapitels sollten Sie die aufgelisteten Punkte können. Nehmen Sie sich nach jedem Abschnitt ein wenig Zeit und überprüfen Sie, ob Sie auf Kurs sind.

**Datenstruktur Array**

1. Ich kann die Datenstruktur *Array* beschreiben.
2. Ich kann die Begriffe *Element*, *Index* und *Länge* im Zusammenhang mit Arrays erläutern.
3. Ich kann ein Array deklarieren und initialisieren.
4. Ich kann auf einzelne Elemente eines Arrays zugreifen.
5. Ich kann ein Array mithilfe einer Schleife durchlaufen.
6. Ich kann mithilfe von Arrays Algorithmen zur Problemlösung programmieren.

**Suchalgorithmen**

1. Ich kann das Prinzip der linearen Suche erläutern.
2. Ich kann den Algorithmus der linearen Suche anhand der Datenstruktur *Array* mithilfe eines Struktogramms beschreiben.
3. Ich kann das Prinzip der binären Suche erläutern.
4. Ich kann den Algorithmus der binären Suche anhand der Datenstruktur *Array* mithilfe eines Struktogramms beschreiben.

5. Ich kann entscheiden, wann welches Suchverfahren eingesetzt werde kann.
6. Ich kann die Suchalgorithmen lineare und binäre Suche zur Problemlösung anwenden und programmieren.

**Sortieralgorithmen**

1. Ich kann das Prinzip des Selection-Sorts erläutern.
2. Ich kann den Algorithmus des Selection-Sorts anhand der Datenstruktur *Array* mithilfe eines Struktogramms beschreiben.
3. Ich kann das Prinzip des Bubble-Sort erläutern.
4. Ich kann den Algorithmus des Bubble-Sorts anhand der Datenstruktur *Array* mithilfe eines Struktogramms beschreiben.

**Lineare dynamische Datenstrukturen**

1. Ich kann Objekt und Zeiger beschreiben.
2. Ich kann das FIFO-Prinzip beschreiben und anwenden.
3. Ich kann das Einfügen eines neuen Elements in eine Warteschlange beschreiben.
4. Ich kann das Herauslösen des ersten Elements aus einer Warteschlange beschreiben.
5. Ich kann das Löschen einer Warteschlange beschreiben.
6. Ich kann das LIFO-Prinzip beschreiben und anwenden.
7. Ich kann das Einfügen eines neuen Elements in einen Stack beschreiben.
8. Ich kann das Herausholen eines Elements aus einem Stack beschreiben.
9. Ich kann das Einfügen eines Elements in eine verkettete Liste beschreiben.
10. Ich kann das Löschen eines Elements aus einer verketteten Liste beschreiben.

**Nichtlineare dynamische Datenstrukturen**

1. Ich kann Bestandteile von Bäumen beschreiben.
2. Ich kann die Begriffe *Grad*, *Pfad*, *Tiefe* und *Ebene eines Baums* auf konkrete Bäume anwenden.
3. Ich kann den Aufbau von Binärbäumen beschreiben.
4. Ich kann einen gegebenen Binärbaum auf die Eigenschaften *geordnet*, *voll* und *vollständig* untersuchen.
5. Ich kann die Traversierung in *Inorder*, *Preorder* und *Postorder* anwenden.

## Aufgaben

**1.** Skizzieren Sie das Array, das durch den nachfolgenden Programmcode angelegt wird.

```
preise = [1.99, 4.95, 2.99, 9.99, 12.99]
```

**2.** Geben Sie die jeweiligen Bildschirmausgaben an. Testen Sie die Programme im Einzelschrittmodus und überprüfen Sie Ihre Angaben.

a)
```
pin = [2, 4, 6, 5]
print(pin)
print(len(pin))
```

b)
```
pin = [2, 4, 6]
print(pin)
print(len(pin))
pin.append(5)
print(pin)
print(len(pin))
```

c)
```
reihe=[]
for i in range(4):
    reihe.append(i)
print(reihe)
```

d)
```
quad=[]
for i in range(4):
    quad.append(i*i)
print(quad)
```

e)
```
noten=[1.3, 2.0, 1.6, 1.4]
for i in range(len(noten)):
    print("Note KA", i+1, ":", noten[i])
```

f)
```
noten=[1.3, 2.0, 1.6]
for a in noten:
    print(a)
```

**3.** Speichern Sie in einem Array den Punktestand des DAX (Deutscher Aktien Index) bei Börsenöffnung für die letzten fünf Tage.
Gehen Sie gemäß den Teilaufgaben vor.

a) Recherchieren Sie zunächst die Tagespunktestände.

b) Initialisieren Sie das Array mit den jeweiligen Tagespunkteständen. Geben Sie dann das Array aus.

c) Ändern Sie das Programm so, dass die Tagespunktestände vom Benutzer eingegeben werden können und anschließend ausgegeben werden.

d) Erweitern Sie das Programm so, dass die Punktestände zusätzlich in einem Diagramm dargestellt werden. (Hinweis: Modul *matplotlib*, siehe Abschnitt 5.6.3)

**4.** a) Implementieren Sie eine Würfelsimulation mit 30 Würfen, indem Sie ein Array mit 30 Feldern anlegen. Geben Sie dem Array den Namen *wuerfel*. Erzeugen Sie die Würfelergebnisse mithilfe von Zufallszahlen von 1 bis 6.

**b)** Erweitern Sie Ihr Programm so, dass die Würfelergebnisse in folgender Form auf dem Bildschirm ausgegeben werden:
Wurf 1 ergab 5.
Wurf 2 ergab 1.
...

**c)** Erweitern Sie die Würfelsimulation so, dass am Ende die Gesamtsumme aller Würfelergebnisse ausgegeben wird. Der Algorithmus zum Berechnen der Gesamtsumme kann mit folgendem Struktogramm beschrieben werden:

```
summe = 0
Array durchlaufen
    summe = summe + Inhalt des aktuellen Arrayelementes
```

**d)** Erweitern Sie die Würfelsimulation so, dass am Ende auch der arithmetische Mittelwert aller Würfelergebnisse berechnet und ausgegeben wird.

**5.** Schreiben Sie ein Programm, das ein Lottospiel simuliert.

**a)** Lesen Sie sechs Zahlen zwischen 1 und 49 vom Benutzer in ein Array ein.

**b)** Erzeugen Sie ein zweites Array und füllen Sie es mit sechs Zufallszahlen zwischen 1 und 49.

**c)** Ermitteln Sie die Anzahl an Richtigen und geben Sie diese aus. Hierzu müssen alle Elemente des einen mit denen des anderen Arrays verglichen werden. Der Algorithmus kann mit folgendem Struktogramm beschrieben werden:

```
#Variablen
eingabe = []            #Array für Benutzereingaben
lotto = []              #Array für Lottozahlen
anz_richtige = 0        #Variable für die Anzahl an Richtigen

Array eingabe mit Benutzereingaben füllen
Array lotto mit Zufallszahlen füllen
Array eingabe durchlaufen
    Array lotto durchlaufen
        Element von eingabe == Element von lotto
        nein: ------
        ja:   Anzahl Richtige um 1 erhöhen
```

**d)** Für Pros:
- Fangen Sie Benutzereingaben außerhalb des gültigen Zahlenbereichs ab.
- Verhindern Sie, dass Zufallszahlen doppelt gespeichert werden können.

**6.** Erweitern Sie die Würfelsimulation aus Aufgabe 4 um folgende Funktionalitäten:

a) Nachdem das Programm die 30 Würfelergebnisse simuliert hat, wird geprüft, ob sich eine Sechs unter den Ergebnissen befindet. Eine entsprechende Benutzerausgabe teilt das Suchergebnis mit.

b) Es soll nun zusätzlich die Anzahl an Sechsen, die im Würfelergebnis enthalten sind, ausgegeben werden.

c) Die Zahl, nach der gesucht werden soll (Suchschlüssel), soll nun vom Benutzer eingegeben werden können.

**7.** Spielen Sie mit Ihrem Nachbarn das Spiel *Zahlenraten*: Ihr Nachbar denkt sich eine Zahl aus einem zuvor festgelegten Bereich (z. B. zwischen 0 und 500). Versuchen Sie mit möglichst wenigen Versuchen, die gedachte Zahl zu erraten. Nach jedem Versuch sagt Ihnen Ihr Nachbar, ob die geratene Zahl zu klein, zu groß oder die richtige ist.
Notieren Sie die Anzahl Ihrer Versuche für verschiedene Zahlbereiche.

**8.** Im Kader der deutschen Fußballnationalmannschaft hat jeder Spieler seine eigene Trikotnummer. Joshua Kimmich möchte wissen, ob er für die Startaufstellung des kommenden Spiels vorgesehen ist. Die Trikotnummern der aufgestellten Spieler sind in Form eines sortierten Arrays angegeben.

| | | | | | | | | | | |
|---|---|---|---|---|---|---|---|---|---|---|
| 1 | 3 | 7 | 8 | 9 | 11 | 13 | 16 | 17 | 18 | 19 |
| [0] | [1] | [2] | [3] | [4] | [5] | [6] | [7] | [8] | [9] | [10] |

a) Führen Sie den Algorithmus der binären Suche auf dem Array aus, um zu prüfen, ob Joshua Kimmich aufgestellt ist. Notieren Sie in jedem Schritt die Werte der Variablen *links*, *mitte* und *rechts*.

b) Programmieren Sie den Algorithmus für das „Kimmich-Problem". Überprüfen Sie Ihre Überlegungen aus dem Aufgabenteil a), indem Sie das Programm im Einzelschrittmodus testen und sich die Variableninhalte anzeigen lassen.

| **Mittelfled** | |
|---|---|
| 20 | Julian Brand |
| 7 | Julian Draxler |
| 14 | Leon Goretzka |
| 21 | Ilkay Gündoğan |
| 6 | Sami Khedira |
| 8 | Toni Kroos |
| 10 | Mesut Özil |
| 19 | Sebastian Rudy |
| **Sturm** | |
| 23 | Mario Gomez |
| 13 | Thomas Müller |
| 11 | Marco Reus |
| 9 | Timo Werner |

| **Torhüter** | |
|---|---|
| 1 | Manuel Neuer |
| 22 | Marc-André ter Stegen |
| 12 | Kevin Trapp |
| **Abwehr** | |
| 17 | Jérôme Boateng |
| 4 | Matthias Ginter |
| 3 | Jonas Hector |
| 5 | Mats Hummels |
| 18 | Joshua Kimmich |
| 2 | Marvin Plattenhardt |
| 16 | Antonio Rüdiger |
| 15 | Niklas Süle |

**9.** Schreiben Sie ein Programm, mit dessen Hilfe die Wochenstatistik einer Schritt-Zähler-App realisiert werden kann. Die täglich absolvierten Schritte werden in einem Array mit sieben Elementen gespeichert (eines für jeden Tag).

a) Simulieren Sie die täglich absolvierten Schritte, indem Sie das Array mit sieben Zufallszahlen im Bereich von 3 000 bis 12 000 füllen und geben Sie es aus.

b) Zählen Sie wie oft der Benutzer 10 000 Schritte oder mehr gegangen ist. Geben Sie die Anzahl aus und beglückwünschen Sie den Benutzer.

c) Ermitteln Sie die minimale und maximale Anzahl an Schritten und geben Sie diese jeweils aus.

d) Ermitteln Sie die durchschnittliche Anzahl an Schritten und geben Sie diese aus.

**10.** Führen Sie die beiden Sortierverfahren Bubble-Sort und Selection-Sort mit der Zahlenreihe 6, 3, 8, 11, 12, 4, 2, 1 anhand des jeweils gegebenen Struktogramms durch und dokumentieren Sie alle Teilschritte in einer Tabelle der folgenden Form.

| **Wert** | **6** | **3** | **8** | **11** | **12** | **4** | **2** | **1** |
|---|---|---|---|---|---|---|---|---|
| Index | [0] | [1] | [2] | [3] | [4] | [5] | [6] | [7] |

Diese Aufgabe lässt sich gut in Expertengruppen bearbeiten, die sich jeweils auf eines der zwei Sortierverfahren spezialisieren. Die Ergebnisse zu den einzelnen Verfahren stellt man sich dann jeweils in Zweiergruppen vor.

**11.** Sucht man bei Internetanbietern nach Produkten, so können die Treffer nach dem Preis sortiert werden. Deklarieren und initialisieren Sie zunächst ein Array für das Speichern der Preise. Das Array soll folgenden Aufbau haben.

a)

| 5.99 | 5.95 | 4.99 | 6.50 | 4.50 | 5.50 |
|---|---|---|---|---|---|
| [0] | [1] | [2] | [3] | [4] | [5] |

b) Implementieren Sie das Sortierverfahren *Selection-Sort* auf das Array, sodass die Preise in aufsteigender Reihenfolge sortiert werden. Geben Sie anschließend die Inhalte des Arrays aus.

c) Implementieren Sie das Sortierverfahren *Bubble-Sort* auf das Array, sodass die Preise nach aufsteigender Reihenfolge sortiert werden. Geben Sie anschließend die Inhalte des Arrays aus.

d) Ändern Sie die jeweiligen Algorithmen der Verfahren so ab, dass die Preise in absteigender Reihenfolge sortiert werden. Zeichnen Sie zunächst für beide Verfahren das jeweilige Struktogramm und implementieren Sie dann die Algorithmen.

**12.** Analysieren Sie das Laufzeitverhalten der beiden Sortieralgorithmen *Selection-Sort* und *Bubble-Sort*, indem Sie die Zeit messen, die der Algorithmus für das Sortieren benötigt.

a) Vervollständigen und Implementieren Sie hierzu für beide Algorithmen den nachfolgenden Quellcode.

```
import time
#Hier: Array mit 1000 Zufallszahlen im Bereich von 1 bis 1000 füllen
start = time.perf_counter()
#Hier: Array mit dem jeweiligen Algorithmus sortieren
ende = time.perf_counter()
print("Zeit in Sekunden:", start-ende)
```

b) Notieren Sie Ihre gewonnenen Erkenntnisse.

**13.** Stellen Sie sich die Warteschlange als Luftballonkette vor. Entwerfen Sie für die Luftballonwarteschlange folgende Algorithmen als Diagramm oder verbal:

a) Einfügen eines neuen Elements am Ende der Schlange.

b) Herauslösen des Elements am Anfang der Schlange.

c) Löschen der Warteschlange.

**14.** Recherchieren Sie die mögliche Implementierung einer Warteschlange (Queue) in einer Programmiersprache.

a) Untersuchen Sie die Algorithmen zum Einfügen und Herauslösen von Elementen und zum Löschen der Schlange.

b) Vergleichen Sie die Lösungen mit Ihren Ideen aus Aufgabe 13.

15. Stellen Sie sich den Stack als Luftballonkette vor. Entwerfen Sie für den Luftballonstack folgende Algorithmen als Diagramm oder verbal:
   a) Einfügen eines neuen Elements am Anfang des Stacks.
   b) Herauslösen des Elements am Anfang des Stacks.
   c) Löschen des Stacks.

16. Recherchieren Sie die mögliche Implementierung eines Stacks in einer Programmiersprache.
   a) Untersuchen Sie die Algorithmen zum Einfügen und Herauslösen von Elementen und zum Löschen des Stacks.
   b) Vergleichen Sie die Lösungen mit Ihren Ideen aus Aufgabe 15.

17. Stellen Sie sich die verkettete Liste als Luftballonkette vor. Entwerfen Sie dafür folgende Algorithmen als Diagramm oder verbal:
   a) Einfügen eines neuen Elements in der Mitte der Liste.
   b) Löschen eines Elements in der Mitte der Liste.
   c) Löschen der Liste.
   d) Suchen eines Elements mit einem bestimmten Wert.

18. Recherchieren Sie die mögliche Implementierung einer Liste in einer Programmiersprache.
   a) Untersuchen Sie die Algorithmen zum Einfügen und Löschen von Elementen und zum Löschen der Liste.
   b) Untersuchen Sie gängige Suchalgorithmen in linearen Listen.
   c) Vergleichen Sie die Lösungen mit Ihren Ideen aus Aufgabe 17.

19. Entscheiden Sie begründet, welche der untenstehenden Strukturen einen Baum darstellen und welche nicht.

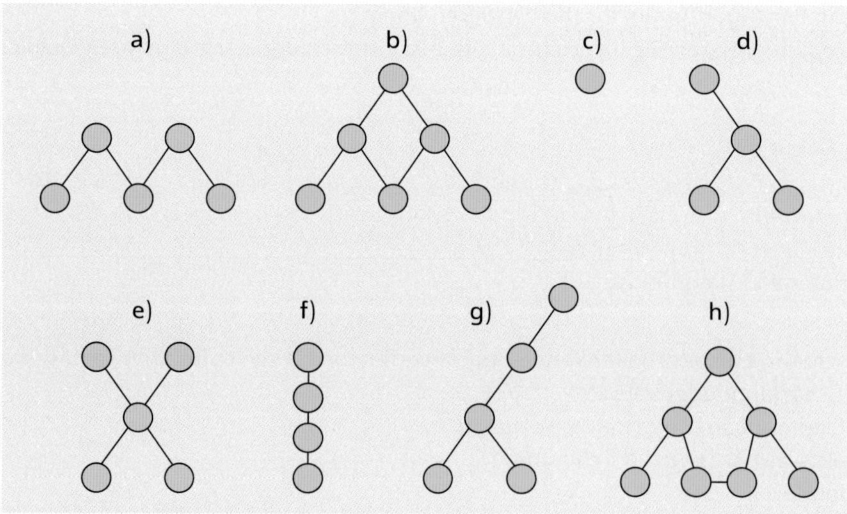


20. Erläutern Sie anhand der Verzeichnisstruktur auf einer Festplatte die Begriffe *Knoten*, *Wurzel*, *Blatt*, *Vorgänger*, *Nachfolger*, *Pfad*, *Tiefe* und *Grad*.

**21.** Bestimmen Sie den Grad jedes Knotens sowie die Tiefe des Baums.

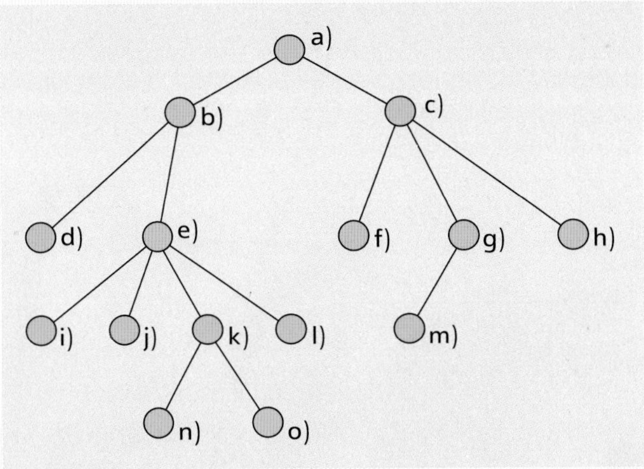


**22.** Ein Binärbaum folgt der Regel: der linke Teilbaum enthält nur Elemente, die kleiner sind als die Wurzel, und der rechte Teilbaum enthält Elemente, die größer sind als die Wurzel.

a) Nutzen Sie ein Blatt Papier und fügen Sie die Zahlenfolge 8, 10, 14, 3, 6, 4, 13, 7, 1 in den Baum ein.

b) Schreiben Sie alle zutreffenden Eigenschaften des Baums darunter: *geordnet*, *voll*, *vollständig*.

c) Fügen Sie nun noch eine 9 in einer neuen Farbe dazu und wiederholen Sie die Eigenschaftsprüfungen aus Aufgabe b).

d) Fügen Sie nun 2, 20, und –1 in einer neuen Farbe dazu und Wiederholen Sie die Eigenschaftsprüfungen aus Aufgabe b).

e) Traversieren Sie den Baum in Preorder, Inorder und Postorder und schreiben Sie die jeweils resultierende Zahlenfolge auf.

**23.** Gegeben sind die Preorder- und die Inordertraversierung eines binären Baumes.

Preorder: 1, 2, 4, 3, 5, 6, 7

Inorder: 4, 2, 1, 6, 5, 7, 3

Rekonstruieren Sie den Aufbau des binären Baums und stellen Sie ihn mit allen Knoten und Kanten dar.

# 8. Gesellschaftliche Aspekte

Große Entdeckungen und Erfindungen haben die Menschheit nachhaltig verändert. Die Möglichkeit, Feuer zu machen, war eine solche große Entdeckung.

Es folgte die Erfindung des Rades und als Folge davon des Wagens – zuerst einachsig, dann zweiachsig mit Lenkachse.

Die Erfindung der Dampfmaschine läutete die Industrialisierung ein. Das Leben der Menschen wurde wesentlich verändert.

Die Informationstechnologie stellt uns heute eine Technik zur Verfügung, mit der ungeahnte Dinge möglich sind. Wir können grenzenlos miteinander kommunizieren. Wir können Informationen speichern und auf gespeicherte Informationen zugreifen. Wissen ist prinzipiell in jedem Land zu jeder Zeit für jeden abrufbar. Durch geschicktes Suchen kann in Sekundenschnelle gefunden werden, wonach man noch vor wenigen Jahren tagelang in Bibliotheken und Fernausleihen recherchieren musste.

Soziale Medien und digitale Medien bringen Menschen einander näher. Teamarbeit muss nicht mehr in einem Großraumbüro stattfinden. Teamarbeit ist entfernungsunabhängig und sogar von zu Hause aus machbar. Sprachbarrieren nehmen durch online-Übersetzer stetig weiter ab.

Privates wird durch soziale Medien nach außen projiziert, man macht sich gläsern. Datenschutz wird zwar staatlich eingefordert, aber allzu oft in sozialen Medien freiwillig aufgegeben.

Früher dauerte es auch bei den großen Erfindungen der Menschheit Jahrhunderte, bis sie international bekannt waren und genutzt wurden. Seit der Industrialisierung verbreiten sich neue Technologien aber rasend schnell. Das Internet ist erst etwa 40 Jahre alt – ist aber für die Wirtschaft und für sehr viele Privatpersonen absolut notwendig. Soziale Medien wie Facebook, Pinterest, Instagram usw. sind erst im 21. Jahrhundert aufgetaucht. Die Entwicklungsgeschwindigkeit nimmt stetig zu. Und mit dieser Entwicklung ändert sich das gesellschaftliche Miteinander. Die Veränderungen sind ähnlich weitreichend wie bei der Erfindung des Feuers, des Rades, des Schießpulvers oder der Dampfmaschine. Wir sind im Informationszeitalter angekommen!

Computernetze sind in Betrieben, Behörden, Krankenhäusern, Schulen, Privathaushalten und und und anzutreffen. Und sie sind alle mit dem Internet und damit miteinander verbunden. Unvorstellbar große Datenmengen, unvorstellbares Wissen steht jedem nun in Sekundenbruchteilen zu Verfügung. Unsere ganze Gesellschaft hat sich verändert und ist weiterhin in einem nicht enden wollenden Veränderungsprozess.

Die Chancen, die die Informationstechnik bietet, sind riesig. Die Risiken natürlich auch. Für junge Menschen ist das Internet und die stetige Erreichbarkeit von Personen und Informationen etwas Normales, weil es schon so war, seit sie denken können. Für ältere Menschen ist der Umgang mit Informationstechnologie manchmal eine Herausforderung und fehlendes Wissen darum kann gar ein Ausschluss aus gesellschaftlichem Leben bedeuten.

→ Aufgabe 1

Zwei fast reale Geschichten sollen dies illustrieren:

## Ausflug mit Hindernissen

*Die Enkel kommen auf Besuch zu den Großeltern. Die wollen etwas Tolles mit den Kleinen unternehmen und beschließen, eine Bahnfahrt zu machen. Leider gibt es am örtlichen Bahnhof keinen Fahrkartenschalter mehr und auch keinen Bahnhofsvorsteher, den man um Rat fragen könnte. Etwas ratlos blickt die alt-junge Gruppe umher und entdeckt einen Fahrkartenautomaten. Gut, denken die Großeltern, wir ziehen eine Fahrkarte. Sie stehen vor dem Automaten und staunen, wie kompliziert eine solch einfache Aktion gemacht werden kann (naja, die Fahrkartenautomaten sind für ihre schlechte „Usability“ bekannt und alles andere als intuitiv und selbsterklärend zu bedienen). Ein Berufsschüler auf dem Bahnsteig erkennt die Problematik und bietet seine Hilfe an. Die Fahrkarte ist schnell gekauft, ein Gruppen-Tagesticket für alle. Die Großeltern bedanken sich für die Hilfe. Der Schüler gibt ihnen noch den Rat, künftig doch die Tickets daheim über das Internet zu buchen und auf das Smartphone zu laden. Lächelnd bedanken sich sie sich und schauen einander dann ratlos an.*

*Die Fahrt verläuft reibungslos, von den Verspätungen einmal abgesehen. Davon scheinen alle anderen Passagiere zu wissen, weil sie die Online-Fahrplanauskunft nutzen. Die Großeltern mit den Kindern sehen ihr Unwissen als Abenteuer und Herausforderung.*

*Am Zielort angekommen ist nach kurzem Fußmarsch das Ziel der Reise erreicht. Die Kinder freuen sich, dass sie endlich eine echte und richtig große Ritterburg besichtigen können. An der Eingangskontrolle sind Drehkreuze, die den Einlass versperren. Andere Besucher zeigen dem Gerät ein Stück Papier oder auch ihr Smartphone, und das Drehkreuz wird freigeschaltet. Nachdem sie einige Zeit verzweifelt und hilflos herumstehen, kommt eine freundliche Frau und fragt nach dem Problem. Sie erklärt, dass man nur mit online gekauften Tickets eingelassen wird und dies auch nur zu dem im Voraus gebuchten Zeitpunkt. Damit werde der Andrang eingedämmt und Personal gespart. Die Abenteurer haben heute keine Chance mehr, die Burg zu besichtigen.*

*Die Burgschenke hat geöffnet. Ohne Vorbuchung dürfen sie rein und direkt, von Mensch zu Mensch, fünf große Eisbecher mit Sahne bestellen und mit echtem Bargeld bezahlen. Die Rückreise verläuft problemlos. Den Kindern hat der Ausflug trotzdem gefallen und die Großeltern fragen sich, ob sie wohl aus der Zeit gefallen sind.*

## Weinhandel 4.0

*Heinz Schluck hat vor 30 Jahren die Weinhandlung von seinen Eltern übernommen. Das Haus hat Tradition, war früher ein blühendes Unternehmen. Vor einigen Jahren aber gingen die Umsätze laufend zurück. Heinz überlegte, woran das liegen könne. Zwei Faktoren konnte er ausmachen. Der erste sind die Supermärkte, die denselben Wein anboten wie er, aber etwas günstiger liegen im Preis. Der zweite Faktor waren die Internethändler. Er überlegte, was er tun solle: aufhören und eine andere Arbeit suchen, oder sich den neuen Gegebenheiten anpassen. Er entschied sich für das zweite. Er mietete sich einen Online-Webshop und bot dort seine Spitzenweine an. Die Überlegung war, den Supermärkten den Verkauf der günstigeren Weine zu Preisen zu überlassen, bei denen er auf keinen Fall mithalten könnte, und sich auf Spitzenweine zu konzentrieren, die sich im höheren Preisniveau befinden. Nachdem der Webshop fertig war, die Artikel in den Shop eingestellt, sollte der Verkauf starten. Natürlich kamen sehr wenige Zufallsbestellungen. Denn wer kannte schon den Online-Weinhändler Heinz Schluck? Er buchte Werbeplätze auf diversen Internetplattformen und schaltete Werbung in der Tagespresse. Zögerlich nahm der Shop Fahrt auf. Nach einigen Monaten hatte sich der Shop etabliert. Heinz Schluck verbrachte nun mehr Zeit mit dem Verpacken und Versenden seines Weins als im Laden. Er war fast zufrieden. Da hatte er eine noch bessere Idee. Größere Bestellungen erledigte er nicht mehr selbst, sondern ließ die Weinkisten direkt vom Großhändler an den Kunden liefern. Er schickte die Versandpapiere elektronisch an den Großhändler und dieser verschickte in Heinz' Auftrag und mit Heinz' Papieren den Wein direkt an die Kunden. Mittlerweile macht Heinz wieder Ladendienst, weil er den Kundenkontakt und die Weinverkostungen liebt. Aber 80 % des Umsatzes macht er mit dem Internet – fast vollautomatisch. Das Weinhaus Schluck ist wieder erstes Haus am Ort.*

Technik und das Internet durchdringen alle Lebensbereiche und alle Berufe. Manche Verbindungen sieht man nicht auf den ersten Blick. Hier eine Geschichte zur Heizungstechnik:

*Früher wurde geheizt, wenn es kalt war. Mit Holz und Kohlen wurde in einem oder in wenigen Zimmern die Öfen beheizt. Später kamen die Zentralheizungen, die wesentlich mehr Komfort brachten. Der Ofen war im Heizraum und Heizkörper sorgten für Wärme in den Zimmern. Damit man die Heizung nicht von Hand aufdrehen musste, wurden Thermostate an den Heizkörpern angebracht. Und damit die Heizung auch die Wärme dazu liefern konnte, bekam jede Heizung eine Steuerung mit Außenfühler. Kühlte die Temperatur außen ab, begann die Heizung im Keller zu laufen. Dies ist heute Stand der Technik. Aber das Internet bietet mehr: moderne Heizungen warten nicht, bis die Außentemperatur abfällt. Sie reagieren nicht auf Temperaturabfälle, sie agieren im Voraus in Abhängigkeit vom Wetterbericht! Wenn die Temperatur abfällt und geheizt werden muss, muss nicht erst das Heizwasser erwärmt werden, es ist schon warm, weil die Heizung es schon vorher wusste. Das Einzige, was die moderne Heizung braucht, ist ein Internetanschluss und eine entsprechende Steuerungssoftware.*

Doch je mehr Technik und Internet unser Leben beeinflussen, desto abhängiger werden wir auch von funktionierenden Systemen. Was wäre, wenn die Vernetzung plötzlich zusammenbrechen würde? Wenn kein E-Mail-Austausch, keine Nutzung sozialer Medien, kein Surfen im Internet mehr möglich wäre? Für einige Menschen würde das Leben wie gewohnt weiter gehen. Aber die meisten wären dadurch in vielfacher Weise betroffen. Oder was wäre, wenn die Industrie plötzlich kein Internet mehr hätte? In vielen Betrieben würde innerhalb kurzer Zeit die Produktion stillstehen oder der Handel zum Stillstand kommen. Industrie 4.0 lebt davon, in Echtzeit Daten in allen Produktionsschritten zu übermitteln – auch Unternehmens-übergreifend. Die Home-Automation würde, wenn überhaupt, nur noch eingeschränkt funktionieren. Alexa und Siri würden nichts mehr verstehen...

→ Aufgaben 2 und 3

# 8.1 Algorithmen beeinflussen unser Leben

Ein Algorithmus ist eine Verfahrens- oder Handlungsvorschrift, um ein Problem effizient zu lösen (siehe hierzu auch Kapitel 7). Er gliedert sich in mehrere (oder auch sehr viele) Einzelschritte. Ein Backrezept, um einen Kuchen herzustellen, ist prinzipiell auch ein Algorithmus. In der IT sind Algorithmen Handlungsschritte, die in Computerprogrammen umsetzt werden. Es sind klare Anweisungen, was gemacht werden muss, abhängig von aktuellen Zuständen (von Variablen).

**M** Ein Algorithmus ist eine Handlungsvorschrift, die sich in viele einzelne Handlungsschritte gliedert.

In einer Gesellschaft der Informationen werden diese über Algorithmen miteinander verknüpft, um die gewünschten Ziele zu erreichen. Suchmaschinen und Kataloge (Suchmaschinen mit geprüften Inhalten) scannen permanent das Internet ab auf der Suche nach neuen Websites und neuen Inhalten in bekannten Seiten. Das Gefundene wird gespeichert und mit Schlagworten versehen. Eine Suchanfrage bei einer Suchmaschine sucht nun in den gespeicherten Schlagworten nach den eingegebenen Wörtern. Je präziser die Suchanfrage ist, desto präziser sind die Suchergebnisse. Die Algorithmen von Google und Co werden nicht publiziert. Warum welcher Treffer auf welchem Platz steht, ist ein ungeklärtes Geheimnis der Suchmaschinen.

Aber nicht nur Webseiteninhalte werden analysiert und gespeichert. Auch unser Kaufverhalten, unsere Suchen im Internet, unser gesamtes „Klick-Verhalten" wird analysiert und gespeichert. Die „Datenkonzerne", die solche Analysen erstellen, loben die Vorzüge ihrer Systeme. Wenn Suchmaschinen wissen, wer nach gewissen Schlagwörtern sucht, dann kann die Suchmaschine die für ihn vermeintlich interessanten Inhalte oben auf der Liste ausgeben. Außerdem können Werbetreibende Werbebanner für genau diese Artikel platzieren, an denen verstärktes Interesse besteht.

Die sozialen Netzwerke beobachten sehr präzise, was wir wie lange anschauen, welche Kommentare wir abgeben und welche eigenen Beiträge wir schreiben. Aus der Vielzahl der über jeden Menschen gesammelten Daten werden Rankings oder Scorings erstellt. Dadurch wissen die Maschinen genaustens, wann sie uns beispielsweise mit Autowerbung und Artikel über Autos locken können, aber nichts über die Radfahrerei zeigen müssen, weil uns das momentan augenscheinlich nicht interessiert.

**M** Algorithmen in Internet sind Anwendungen, die zum Sammeln und Auswerten von Daten genutzt werden.

Haben Sie sich schon einmal gewundert, welche Kontaktvorschläge Ihnen von Ihrer Social-Media-Plattform gemacht wurden? Haben Sie sich über die Treffsicherheit der Ihnen eingeblendeten Werbung schon gewundert? Suchen Sie in derselben Suchmaschine nach denselben Begriffen wie Ihr Freund oder Freundin, dann bekommen Sie möglicherweise andere Treffer angezeigt und auch andere Werbung? Wenn Sie einen Kauf vorbereitet haben, dann den Artikel aber doch nicht gekauft haben, wurde Ihnen eben dieser Artikel nicht wochenlang immer wieder und überall eingeblendet? Ist das Ihre Chance auf ein Schnäppchen oder eher die Chance für den Händler, Sie doch noch von der „Notwendigkeit" zu überzeugen, den Artikel zu kaufen?

Ihre Zahlungsfähigkeit (Bonität) wird genau berechnet. Sie bekommen einen „Score". Hier fließen Ihre Käufe ein, Ihr Einkommen, Ihr Wohnort, einfach alles, was über Sie in Erfahrung zu bringen ist. Übrigens leidet Ihr Scoring, wenn Sie in der Nähe einer Justizvollzugsanstalt wohnen oder nahe dem Rotlichtviertel. Eine Wohnadresse in Prominentenviertel ist gut für Ihren Punktestand.

Sogenannte Wirtschaftsauskunfteien sind Unternehmen, deren Geschäftszweck das Sammeln und Verknüpfen von Daten von Privatpersonen und Unternehmen ist. Die bekannteste Wirtschaftsauskunftei ist die Schufa, die *Schutzgemeinschaft für allgemeine Kreditsicherung*. Sie schreibt auf ihrer Internetseite, dass über Scoring mit gesammelten Daten und Erfahrungen für die Zukunft Einschätzungen über mögliche Ereignisse oder Entwicklungen erstellt werden, wie wir auch selbst Einschätzungen treffen, wie z. B. bei der Auswahl unseres Urlaubshotels.
Bei einem Kreditscoring wird eine Einschätzung abgegeben, wie wahrscheinlich jemand seinen Zahlungsverpflichtungen nachkommen wird. Diese Vorabeinschätzung wird in der deutschen Wirtschaft als unverzichtbar wahrgenommen und ist sowohl für die kreditgebende Wirtschaft als auch die Verbraucher von maßgeblicher Bedeutung. Eine möglichst akkurate Einschätzung schützt auf der einen Seite Unternehmen vor Zahlungsausfällen. Zum anderen aber auch Verbraucher vor einer Überschuldung. In manchen Fällen ermöglicht es sogar Personen eine Kreditaufnahme, die aufgrund primär subjektiver Beurteilungen erst einmal keinen Kredit erhalten würden.

**M** Das Scoring bei Kreditverträgen und Onlineeinkäufen hilft Zahlungsausfälle zu vermeiden.

Die genauen Algorithmen, wie einzelne Dienstleister ihre Scores berechnen, werden nicht veröffentlicht.

Viele Onlinehändler erfragen Ihr Scoring während Ihres Einkaufs. Wenn Ihnen beim Gang „Zur Kasse" nur Vorkasse oder Nachnahme als Zahlungsmöglichkeit angeboten wird, dann wissen Sie, dass die Auskunft über Sie nicht sehr gut war.

# 8.2 Das Leben in Graphen

In der Mathematik gibt es die Graphen-Theorie. Dabei werden Knoten über Kanten zueinander in Beziehung gesetzt. Eine Kante zwischen zwei Knoten, bei der keine Richtung für die Beziehung angegeben wird, heißt ungerichtet Kante. Eine Kante, bei der der Anfangspunkt bei einem Knoten und der Endpunkt an einem anderen Knoten liegt, heißt gerichtete Kante.

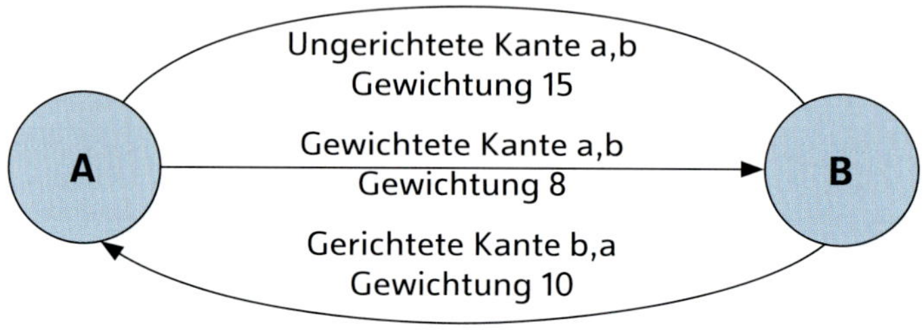


Abb. 8_1: Knoten und Kanten

Der Grad eines Knotens wird bestimmt durch die Anzahl der angeschlossenen Kanten (vgl. Kapitel 7). Kanten können gewichtet werden. D.h., jeder Kante kann ein Wert zugewiesen werden. In der IT nennt man dies *Metrik*. Der Weg oder Pfad durch einen Graphen ist die Folge von Knoten, die über Kanten miteinander verbunden sind und Start- und Endpunkt miteinander verbinden. Die Summe der einzelnen Kantengewichte gibt das Pfadgewicht. Der Pfad mit dem geringsten Gesamtgewicht ist der beste Pfad.

## 8.2.1 Graphen bei der Suche nach dem besten Weg

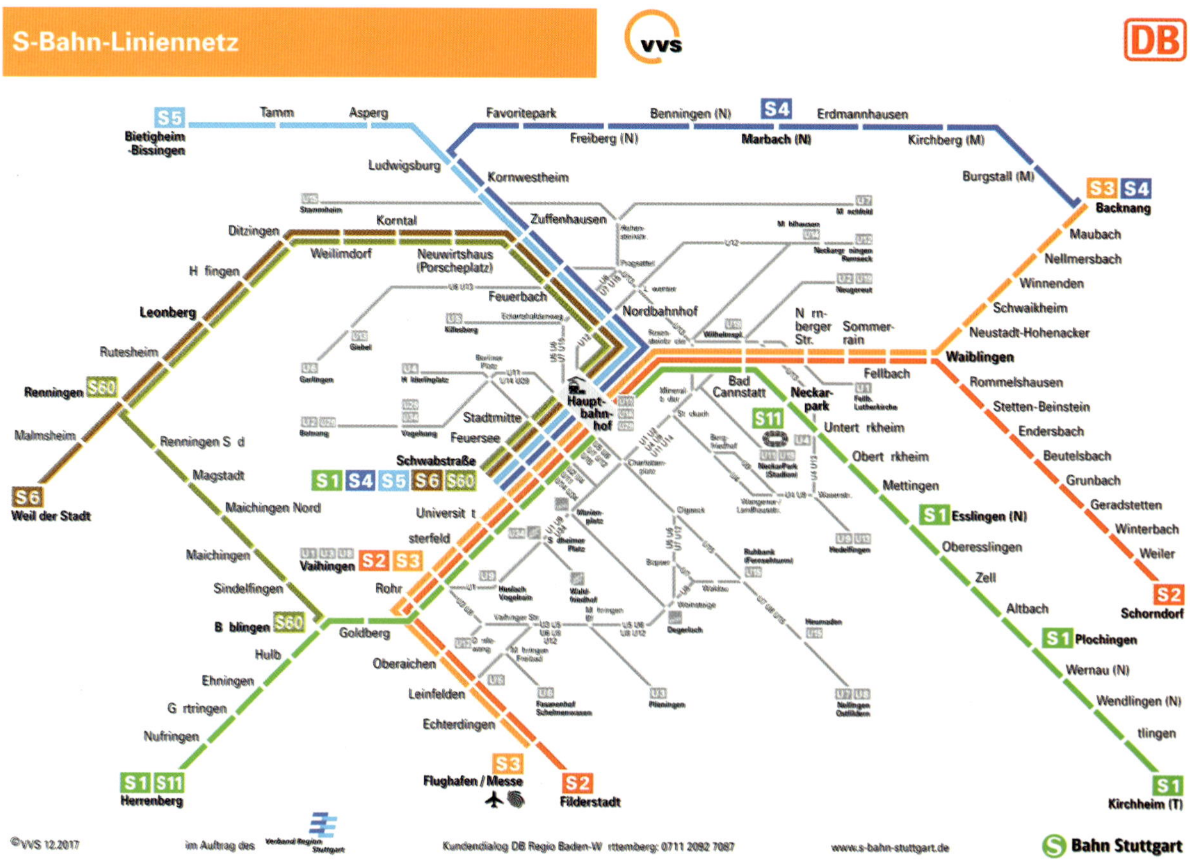

Betrachten Sie den S-Bahn-Plan von Stuttgart. Wenn Sie beispielsweise von Herrenberg (links unten im Plan) nach Kirchheim/Teck (rechts unten) fahren möchten, dann würden Sie die S1 nehmen. Das ist noch kein Problem und sofort aus dem Plan zu erkennen. Was aber, wenn Sie von Herrenberg nach Backnang (rechts oben) möchten? Auch kein Problem; Irgendwo zwischen Rohr und Hauptbahnhof muss man in die S3 umsteigen. Aber je weniger Direktverbindungen Sie haben, umso komplizierter wird das Ganze. Der Mensch kann einen solchen Plan noch einigermaßen überblicken und die beste Verbindung herausfinden. Bei komplizierteren Netzen wird es allerdings schnell unübersichtlich. Doch dazu gibt es Onlinedienste und Apps. Aber wie funktionieren die?

Wenn wir einen Stadtplan als Graphen betrachten, dann ist jede Haltestelle ein Knoten und jede Verbindung ist eine Kante. Auf dem Weg von einem Ort zum anderen addieren wir die „Gewichte" der Kanten (also der Teilstrecken). Um den besten Weg zu finden, addieren wir die Gewichtungen der Teilstrecken zwischen Startpunkt und Ziel. Die Kombination mit der geringsten Gesamtgewichtung ist die beste Verbindung.

Beispiel: Wir wollen in Stuttgart von Rohr zum Hauptbahnhof fahren. Dazu betrachten wir ausgiebig den Streckenplan und suchen die beste Verbindung. In dem Stadtplan von Stuttgart sehen wir drei Linien, die von Rohr zum Hauptbahnhof führen (S1, S3, S2). Diese drei Linien sind gleichwertig, haben daher dieselbe Metrik. Allerdings ist die S3 bei Messebetrieb am Flughafen sehr voll mit Messebesuchern. Also kann man S1 und S2 bevorzugen und S3 in dieser Zeit meiden. Man gibt der S3 eine hohe Metrik, S1 und S2 bleiben bei der alten Metrik und werden daher bevorzugt.

Der Dijkstra-Algorithmus (nach Prof.Dr. Edsger Dijkstra, niederländischer Mathematiker 1930 – 2002) löst das Problem der kürzesten Pfade. Dieser Algorithmus wird in lokalen Netzen eingesetzt, um die Switches effizient miteinander zu verbinden. Er kann auch zur Wegfindung durch Städte oder auf dem Land dienen.

Stellen wir uns die Frage, wie wir am besten von Stuttgart nach Ulm kommen, so gibt es viele Möglichkeiten. Wählen wir das Auto und beschränken wir uns auf Straßen, die einen hohen Durchsatz versprechen, so fallen Landstraßen weg. Es bleiben zwei alternative Strecken: Kante 1 = Bundesstraße 10 und Kante 2 = Autobahn A8.

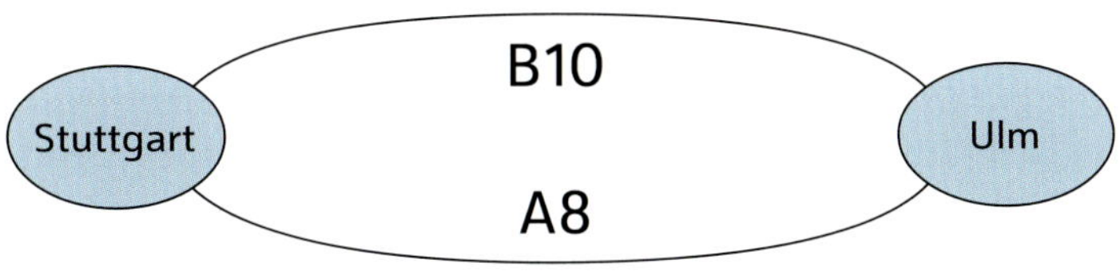


Abb. 8_2

Welche Straße wir wählen, hängt nun wieder von den Metriken der einzelnen Strecken ab. Die einfachste Metrik ist die Entfernung. Hier schneidet die B10 mit 88,5 km geringfügig besser ab als die A8 mit 92,8 km. Wenn wir nur diese Metrik verwenden, müssen wir immer B10 fahren.

**H** Der kürzeste Weg muss nicht immer der beste sein! Vielleicht ist eine Überlandfahrt länger als eine Autobahnfahrt, sie ist aber sicherlich entspannter und man sieht mehr.

Betrachtet man den Streckenverlauf, so fällt auf, dass die B10 nicht kreuzungsfrei ist und durch einige Städte führt. Hier muss die Geschwindigkeit reduziert werden und Ampeln, Querverkehr und Fußgänger stören den Verkehrsfluss. Weiterhin fällt beim Nachdenken auf, dass die Verkehrslage sich laufend ändern kann. Die Metriken müssen also dynamisch sein und permanent angepasst werden. Im Regelfall ist die A8 die längere, aber trotzdem schneller passierbare Strecke, weil man hier nur durchfahren muss. Bei Stau am Aichelberg kann aber die B10 die bessere, weil in diesem Moment schnellere, Strecke sein.

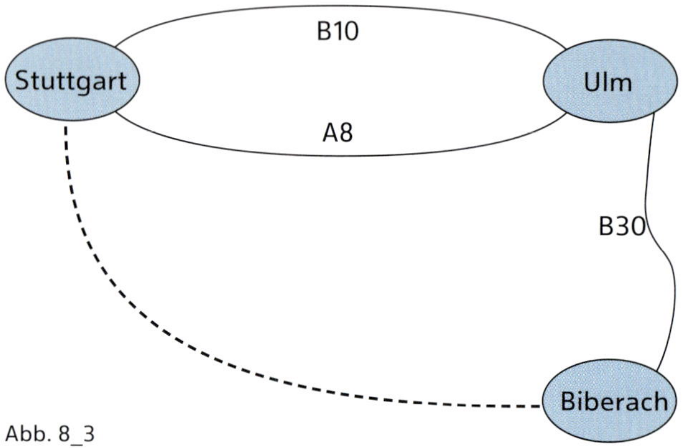

Abb. 8_3

Wollen wir von Stuttgart nach Biberach, dann bietet sich die Strecke über Ulm an: Stuttgart – Ulm – Biberach. Die Direkte Verbindung Stuttgart – Biberach führt übers Land und ist deutlich kürzer, aber die Fahrt dauert wesentlich länger. Ein Graph von der Landkarte mit entsprechend gewichteten Teilstrecken (Kanten) liefert und den schnellsten Weg.

## 8.2.2 Graphen im Internet

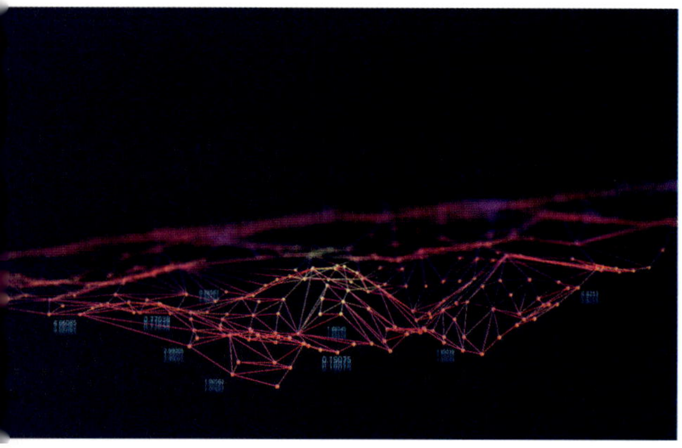

Auch das Verhalten eines Nutzers im Internet kann als Graph gespeichert und analysiert werden. Die besuchten Seiten, die gesuchten Artikel, die gekauften Artikel, die persönlichen Daten – einfach alles kann über Graphen in Beziehung zueinander gesetzt werden.

Stellen wir uns vor, dass alle unsere Aktionen im Internet Knoten darstellen. Je nach Anzahl der Kanten, die von den Knoten abgehen, ändern sich die Grade der Knoten und somit deren Wichtigkeit. Tätigen wir viele Einkäufe in Netz, so wird der Einkaufsknoten höher gewertet. Dies kann beliebig komplex ausgebaut werden – Stichwort „Big Data“ (vgl. Kapitel 6.5).

Ein Beispiel: Ein Verkäufer im Netz definiert Zielgruppen für seine Artikel. Bekommt er nun von einem „Datensammler“ z. B. aus einem sozialen Netzwerk die Daten einer Person, die gerade in irgendwelchen Foren nach etwas sucht, so bekommt er den Graphen dieser Person (des möglichen Kunden) anonym übermittelt. Er kann nun entscheiden, ob er (gegen Gebühr) diesem potentiellen Kunden seine Werbung einblenden lassen will. Je besser der Graph des Forenlesers zu den Artikeln passt, die der Verkäufer im Angebot hat, desto besser sind die Chancen, dass der potentielle Kunde zum realen Kunden wird.

# 8.3 Chancen und Risiken beim Einsatz von Algorithmen

Wie in allen Bereichen des Lebens gibt es auch bei der Nutzung des Internets Chancen und Risiken. Als Verbraucher kann man durch die gezielte Werbung evtl. schneller und möglicherweise auch günstiger an einen gesuchten Artikel kommen. Möglicherweise hätte man ihn aber auch deutlich preiswerter im Laden um die Ecke bekommen oder ihn gar nicht gekauft, weil er doch nicht so wichtig war.

Künstliche Intelligenz, kurz KI (engl. artificial intelligence, AI) befasst sich mit Algorithmen, um Entscheidungen zu treffen, die menschlichen Entscheidungen gleichen oder nahekommen. Die menschliche Entscheidungsfindung basiert auf gelerntem oder erlebtem Wissen, welches miteinander verknüpft ist. Dies versucht die KI mit großen Wissensdatenbanken nachzubauen.

Es gibt viele Aufgaben, bei denen die KI den Menschen unterstützen kann und teilweise auch schon ersetzt wird, z. B. bei
- Internet-Suchmaschinen
- Rechtschreibprüfung in Textverarbeitungssystemen
- Automatischen Übersetzungen
- Bilderkennung (in der Industrie zur Qualitätssicherung, an der Obstwaage im Supermarkt,
- Pflanzenbestimmungs-APP auf Smartphones...)
- Gesichtserkennung (auf Überwachungsvideos, in sozialen Medien...)
- Spracherkennung, Sprachsteuerung, Spracheingabe
- Selbstfahrenden Autos

Doch was passiert bei Fehlern im Algorithmus oder fehlerhaften Eingangsdaten? Was, wenn die Auskunft über Sie nicht stimmt, weil der Algorithmus Daten Ihres (zahlungsunfähigen) Namensvetters bei Ihnen mitberechnet hat? Bekommen Sie dann den Kredit für Ihr Wunschauto? Oder bekommen Sie den Kredit zu deutlich schlechteren Konditionen? Merken Sie den Fehler, finden Sie die Ursache? Fragen über Fragen.

→ Aufgaben 4 und 5

# 8.4 Cyber-Kriminalität, Cybercrime

Die grenzenlose Internetwelt eröffnet auch neue Möglichkeiten der Kriminalität. Kleinkriminelle, organisierte Banden, staatliche Stellen, Spaßvögel... – die Liste der Internetkriminellen ist lang. Die Antriebe dahinter sind unterschiedlich. Die einen wollen nur ihre Fähigkeiten unter Beweis stellen, andere wollen Geld beschaffen, Geheimnisse ausspähen, Wahlen beeinflussen, Staaten destabilisieren, Schaden anrichten, Menschen verletzen... – auch diese Liste ist lang.

### 8.4.1 Cybermobbing

Das Beleidigen von Mitschülern ist kein Kavaliersdelikt, es ist eine Straftat. Dies reicht von Beleidigungen in sozialen Netzwerken, über das Verbreiten von Unwahrheiten und manipulierten Bildern bis zu massiven Angriffen auf die Persönlichkeit. Betroffene schweigen dazu nur allzu oft. Sie sollten sich Hilfe holen, um gegen die Täter vorzugehen.
Bei Cybermobbing besteht, wie beim traditionellen Mobbing, ein Machtunterschied zwischen Täter und Opfer. Der Täter führt seine Tat nicht einmalig aus, sondern er wiederholt sie laufend.

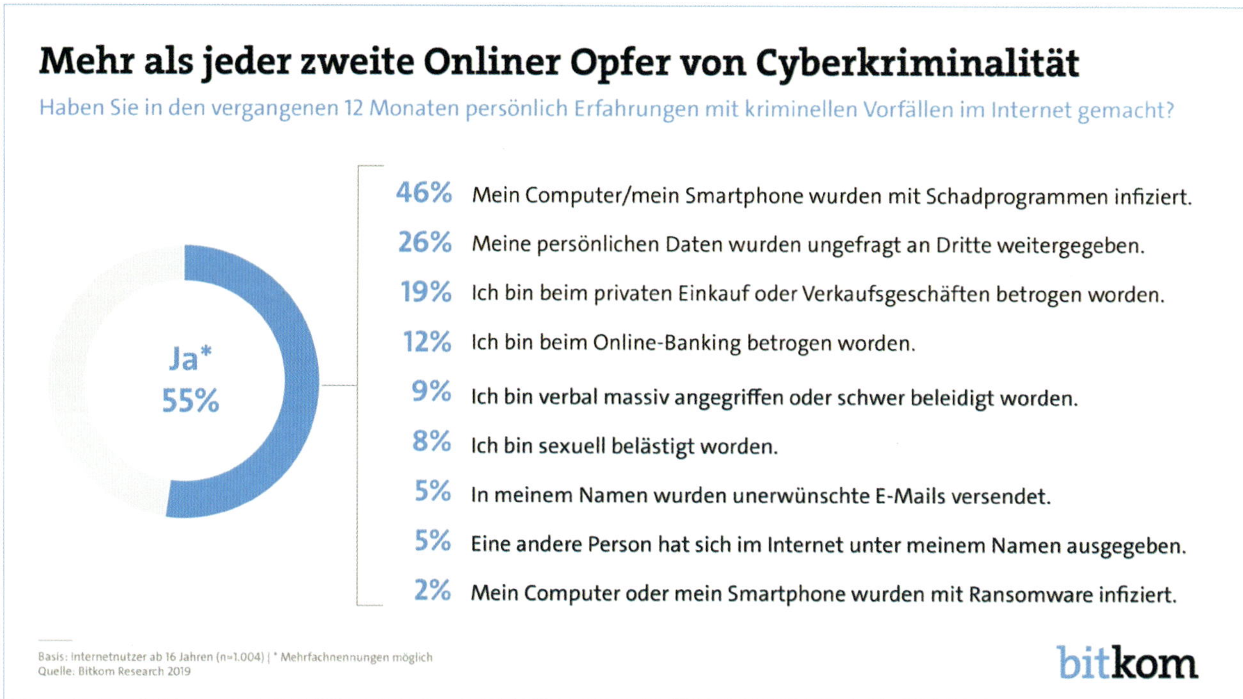


Abb. 8_4: Erfahrungen von Internetkriminalität 2019

Laut einer Studie der Techniker Krankenkasse und der Universität Münster im Jahr 2011 sind rund 32 % der Jugendlichen Opfer von Cybermobbing geworden. Rund 21 % der Befragten konnten sich auch vorstellen, selbst als Täter aufzutreten.

Das Internet erlaubt es, sich durch das Verwenden von Nicknames (vermeintlich) zu verstecken. Dies bewirkt bei den Tätern eine Enthemmung und lockt häufig weiter Akteure an. Aber bei polizeilichen Ermittlungen kann man über die Internetzugangsdaten letztendlich auch die Identität der Täter ermitteln.
Die Mobbingopfer werden dabei oft so ausgegrenzt, dass sie schwerwiegende Probleme bekommen. Eine Vielzahl von ihnen muss sich in Behandlung begeben. Auch sind Fälle bekannt, in denen sich Mobbingopfer umgebracht haben. Cybermobbing ist im Gegensatz zu traditionellem Mobbing wesentlich gefährlicher, da es im Internet sehr schnell eine Eigendynamik entwickeln kann.

## 8.4.2 Cyberkriminalität

Cyberkriminalität bezeichnet immer die Nutzung eines Computers – mit oder ohne Internetanschluss. Dabei werden alle Straftaten zusammengefasst, die die Informations- und Kommunikationstechnik ausnutzen.

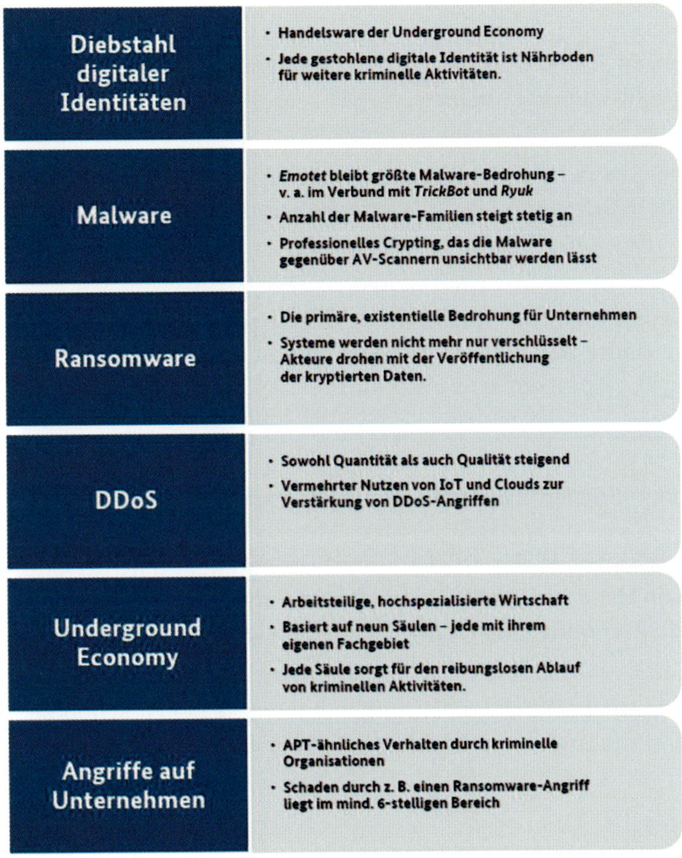


Abb. 8_5: BKA-Lagebild Cybercrime 2019: Bereiche der Cyberkriminalität

**H** Achim Berg, der Präsident der Bitkom, betont 2020, dass gerade im globalen Wettbewerb jede Information über die Konkurrenz zum Vorteil werden kann und immer mehr Unternehmen dafür zu kriminellen Mitteln greifen.

Die Abbildung 8_5 zeigt, in welche Bereiche das Bundeskriminalamt die Cyberkriminalität einteilt. Das BKA veröffentlicht regelmäßig sog. Lagebilder www.BKA.de/lagebilder – eine Lektüre, die lesenswert ist.

Im Diagramm 8_6 sehen wir die Verteilung der Straftaten 2019 auf die verschiedenen Deliktsbereiche der Internetkriminalität. Mit über ¾ aller Straftaten sind die Vermögens- und Fälschungsdelikte die bei Weitem häufigste Art von Straftat im Internet. In diesen Bereich gehören auch die wachsenden Bereiche der Datenmanipulation/Computersabotage und das Ausspähen von Daten und Passwörtern.

→ Aufgabe 6 bis 8

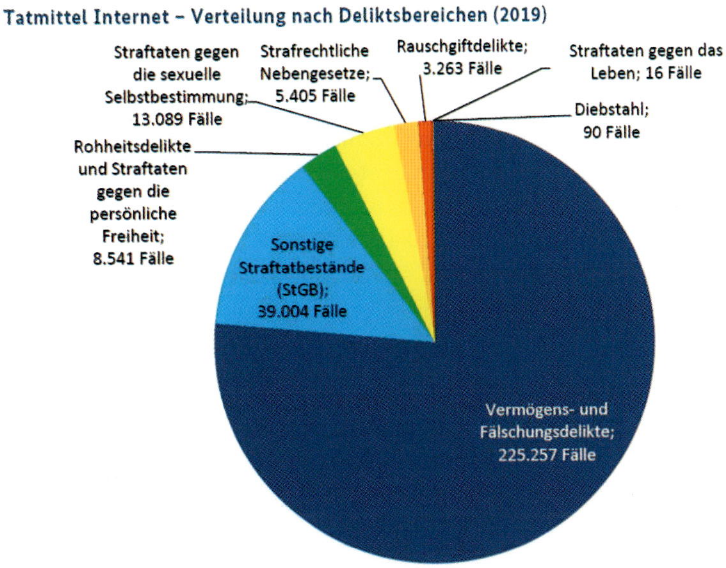


Abb. 8_6: BKA-Lagebild Cybercrime 2019: Verteilung nach Deliktsbereichen

## Aufgaben

1. Lesen Sie sich die beiden Geschichten auf Seite 282 und 283 durch. Diskutieren Sie in kleinen Gruppen die Chancen und die Risiken, die das Internet in beiden Geschichten bietet.
Besprechen Sie im Anschluss in der Klasse Ihre Erkenntnisse.

2. Erstellen Sie eine Liste mit Funktionen, die heute üblich sind oder die Sie sich für die Zukunft wünschen, die das Internet benutzen und die so früher nicht möglich gewesen wären.

3. Machen Sie sich Gedanken zu einem Worst-Case-Szenario. Listen Sie Lebensbereiche auf, die ohne Netzwerk und Internet nicht mehr funktionieren würden. Schreiben Sie Ihre Gedanken und die Schlüsse daraus auf.

4. Teilen Sie sich in der Klasse in mehrere Gruppen auf. Die eine Hälfte der Gruppen erarbeitet die Chancen, die die Nutzung von Algorithmen bietet, die andere Hälfte befasst sich mit den Risiken. Jede Gruppe erstellt eine Präsentation von etwa sieben Minuten Länge und präsentiert sie der Klasse. Die Chancen- und Risiko-Gruppen wechseln sich beim Vortragen ab.

5. Recherchieren zum Thema „Künstliche Intelligenz“. Suchen Sie nach Einsatzgebieten und überprüfen Sie kritisch die Sinnhaftigkeit.
Dokumentieren Sie Ihre Ergebnisse in einem Textdokument. Randbedingung: Textdokument mit Titelseite, Inhaltsverzeichnis (automatisch erzeugt, nicht von Hand), mindestens drei Bilder, Fußzeile mit Seitennummern, Stichwortverzeichnis am Dokumentenende. Der reine Inhalt soll mindestens vier Seiten betragen

6. Diskutieren Sie in der Klasse das Thema Cybermobbing. Welche Erfahrungen haben Sie selbst schon gemacht? Welche Erfahrungen wurden in ihrem direkten Umfeld gemacht? Wie wurde auf das Mobbing reagiert, bzw. wie hätte reagiert werden können?

7. Lesen Sie das aktuelle Bundeslagebild Cybercrime des Bundeskriminalamtes (www.bka.de/lagebild) quer. Teilen Sie sich in Gruppen zu 3–4 Schülern auf. Jede Gruppe sucht sich ein Fallbeispiel aus dem vorliegenden Lagebild. Sie analysiert den Fall und die Hintergründe. Im Anschluss daran stellt jede Gruppe in einem Kurzvortrag den Fall der Klasse vor.

8. Lesen Sie Bericht cybercrimeSonderauswertungCorona2019.pdf des BKA und analysieren Sie die durch Home-Office usw. eingetretenen Veränderungen in der Cyberkriminalität.

# Stichwortverzeichnis

# Bildquellenverzeichnis

|Berghahn, Matthias, Bielefeld: 235.1, 236.2, 254.1, 254.2, 254.3, 254.4, 254.5, 254.6, 254.7, 254.8, 254.9, 254.10, 254.11, 254.12, 254.13, 254.14, 254.15, 254.16, 254.17, 254.18, 254.19, 254.20, 254.21, 254.22, 254.23, 254.24, 254.25, 254.26, 254.27, 254.28, 256.1, 256.2, 256.3, 256.4, 256.5, 256.6, 256.7, 256.8, 256.9, 256.10, 256.11, 256.12, 256.13, 256.14, 256.15, 256.16, 256.17, 256.18, 256.19, 256.20, 256.21, 256.22, 256.23, 256.24, 256.25, 256.26, 256.27, 256.28, 256.29, 256.30, 256.31, 256.32, 256.33, 256.34, 256.35, 256.36, 256.37, 256.38, 256.39, 256.40, 256.41, 256.42, 256.43, 256.44, 256.45, 257.1, 257.2, 257.3, 257.4, 257.5. |Bitkom - Bundesverband Informationswirtschaft, Telekommunikation und neue Medien e.V., Berlin: 290.2. |bpk-Bildagentur, Berlin: Alinari Archives / Ranzani Mauro 120.2. |Bundeskriminalamt, Wiesbaden: 291.1, 291.2. |Di Gaspare, Michele (Bild und Technik Agentur für technische Grafik und Visualisierung), Bergheim: 101.1, 103.2, 110.1, 110.2. |fotolia.com, New York: Heidi Mehl 243.1; Ljupco Smokovski 261.1, 261.2, 261.3, 261.4; Miqul 243.2; Visual Concepts 252.9; VRD 251.1, 251.2, 251.3, 251.4, 251.5, 251.6, 251.7, 251.8, 251.9, 251.10, 251.11, 251.12, 251.13, 252.1, 252.2, 252.3, 252.4, 252.5, 252.6, 252.7, 252.8; yalapeak 274.2. |Google Germany GmbH, Hamburg: 134.1; Google LLC 281.2. |Hauser, Bernhard, Bisingen: 96.1, 99.1, 100.1, 118.1, 128.1, 129.1, 129.2, 129.3, 130.1, 130.2, 130.3, 133.1, 133.2. |Hild, Claudia, Angelburg: 100.2. |iStockphoto.com, Calgary: alengo 234.1; beetle8 235.2; cynoclub 242.2; Dean Turner 250.3; dlewis33 190.2; DNY59 190.1, 250.2; DoraZett 242.1; MARIA TOUTOUDAKI 253.1; nullplus 139.2; Onur Döngel 234.2; Silvia Jansen 250.1. |LibreOffice: 9.1, 12.1, 13.1, 13.2, 13.4, 14.3; Hauser, Bernhard 9.3, 14.1, 14.2. |Microsoft Deutschland GmbH, München: 9.2, 12.2, 12.3, 12.4, 13.3, 15.1, 15.2, 17.1, 17.2, 18.1, 18.2, 19.1, 19.2, 19.3, 31.1, 31.2, 32.2, 33.1, 33.2, 33.4, 34.2, 34.3, 35.2, 37.2, 39.1, 40.1, 40.2, 40.3, 50.1, 109.1, 109.2; Apel, Olaf 30.1, 30.2, 32.1, 33.3, 34.1, 35.1, 36.1, 36.2, 37.1, 38.1, 38.2, 39.2, 41.1, 41.2, 50.2; Hauser, Bernhard 11.1, 16.1, 16.2, 16.3, 17.3, 20.1, 20.2, 21.1, 42.1, 42.2, 43.1, 43.2, 43.3; Peters, Markus 23.1, 25.1, 27.1, 28.1, 29.1, 44.1, 44.2, 45.1, 46.1, 46.2, 47.1. |Picture-Alliance GmbH, Frankfurt/M.: Helga Lade Fotoagentur 246.1. |stock.adobe.com, Dublin: absent84 151.2; alphaspirit 93.2; andriano_cz 147.1, 152.1; Antonioguillem 290.1; bakhtiarzein 284.1; Bartussek, Ingo 194.1; BCFC 53.4; Beboy 93.1; benchart 237.1; boxerx 76.2; Bruno 289.1; bsd555 151.3; by-studio 275.1; Chaosamran_Studio 53.1; Dmitry 95.1, 95.2; dzm1try 237.2, 238.1, 238.2, 238.3, 239.1, 239.2, 239.3, 241.1, 244.1, 244.2, 245.1, 248.1, 248.2, 248.3, 248.4, 248.5, 248.6; Eichinger, Julien 53.5; fotografiedk 139.1; funkenzauber 169.2, 179.1, 179.2; Galina 121.2; Gorodenkoff 53.3, 280.1; Graas Media 102.1; Harry HU 192.1; iconimage 282.1; JenkoAtaman 92.1; JrCasas 185.2; Kneschke, Robert 169.3, 170.1, 170.2, 170.3, 170.4; Kuklyshyn, Mykola 140.1; lassedesignen 52.1; Lysenko.A 151.1; MclittleStock 6.2, 276.1; Mironov, Andrej 236.1; NicoElNino 141.1; Nouwens, Hein 280.2; Photo-SD 76.1; Pixel-Shot 163.1, 169.1; Popsy 104.1; Race, Dan 274.1; Rawpixel.com 53.2, 138.1; REDPIXEL 52.3; ronstik 52.2; rosinka79 187.1; s-motive 102.2; sdecoret Titel; senoldo 184.4; Siarhei 288.1; Sloop Communications 284.2; stockpics 6.1; strichfiguren.de 141.2, 141.3, 141.4, 141.5, 141.6, 141.7, 145.1, 145.2, 145.3, 145.4, 146.1, 146.2, 154.1, 154.2, 155.1; thingamajiggs 185.1; tippapatt 138.2; underdogstudios 122.1; v.poth 7.1, 153.1, 156.1, 157.1, 167.2; VAKSMANV 191.1; valerybrozhinsky 121.3; WoGi 157.2, 160.1, 165.1, 167.1, 168.1, 168.2; XuBing 92.2; xyz+ 120.1; © swisshippo 121.1. |Thiersch, Bernhard, Reutlingen: 59.1, 59.2, 60.1, 61.1, 63.1, 64.1, 65.1, 66.1, 70.1, 70.2, 71.1, 72.1, 72.2, 73.1, 75.1, 75.2, 77.1, 78.1, 80.1, 81.1, 86.1, 87.1, 87.2. |University of Tartu, Tartu: 142.1, 142.2, 143.1, 181.1, 181.2, 181.3, 181.4, 181.5, 181.6, 181.7, 182.1, 182.2, 182.3, 183.1, 184.1, 184.2, 184.3. |Verkehrs- und Tarifverbund Stuttgart GmbH (VVS), Stuttgart: 286.1. |W3Schools: 208.1, 208.2, 208.3. |Wi-Fi Alliance, Austin, Texas: 103.1. |WIKIMEDIA Foundation, Inc., San Francisco: Wikipedia Wordmark is a trademark of the Wikimedia Foundation and is used with the permission of the Wikimedia Foundation. We are not endorsed by or affiliated with the Wikimedia Foundation. 281.1. |www.bing.com: 115.1, 115.2.

Wir arbeiten sehr sorgfältig daran, für alle verwendeten Abbildungen die Rechteinhaberinnen und Rechteinhaber zu ermitteln. Sollte uns dies im Einzelfall nicht vollständig gelungen sein, werden berechtigte Ansprüche selbstverständlich im Rahmen der üblichen Vereinbarungen abgegolten.